Zeewater is zout, zeggen ze

SIMONE LENAERTS

Zeewater is zout, zeggen ze

DE GEUS

Tweede druk, 2009

Elke overeenkomst met bestaande personen berust op louter toeval

De motto's zijn afkomstig uit resp. het nawoord bij *Stephen D.*, toneelstuk door Hugh Leonard naar de romans *A Portrait of the Artist as a Young Man* en *Stephen Hero* van James Joyce, De Bezige Bij, Amsterdam 1968, p. 97; Lucretius, *Over de natuur. Lofzangen op Epicurus*, Ambo/Athenaeum-Polak & Van Gennep, 1984, vertaald door Aeg. W. Timmerman, boek I, vers 62-68 en boek III, vers 5-7

Omslagontwerp Mijke Wondergem
Omslagillustratie © Jan Schiphorst
ISBN 978 90 445 1114 7
NUR 301

Voor Lode en Paul

'... wat wilt ge gaan doen in onze maatschappij, Miss Hessel?' vroeg Rörlund. – 'Ik wil wat frisse lucht binnenlaten, Dominee', antwoordde Lona.

*

Toen nog op aarde klaarblijkelijk het mensdom in
gruwelijke slaafsheid
neerlag, verdrukt door de godsdienst die hoog uit
streken des hemels
dreigend met vreselijk gelaat zijn hoofd aan de mensen
vertoonde,
waagde een sterfelijk mens, een Griek, voor 't eerste
zijne ogen
op te slaan tegen hem, zich voor 't eerst tegen hem te
verzetten...
Hem onderdrukten geen Goden-legenden, geen hemel
met blixems
dreigend of donker gerommel.

Neen, 't is uit liefde alleen dat ik U thans na wens
te bootsen!
Zal wel een zwaluw met zwanen zich meten? En zullen
ooit bokjes
Bevrig van pootjes, de vaart van het krachtige paard
evenaren?

Proloog

Papa heeft het weer over Louis-van-'t-vogeltje, die hij zo noemt omdat hij ons Kareltje, de kanarie, cadeau deed en om hem niet te verwarren met Louis van Doorn. Papa en mama zijn het beestje gaan ophalen, op een weekdag, na het werk. Mama had haar mooiste jurk aangetrokken. Ze brachten er de hele avond door. Er kwamen blokjes kaas op tafel, zoute pinda's en ze dronken pale ale. Ze moesten zich op de duur nog haasten om de laatste bus te halen en dat met een vogel in een vogelkooi.

'Raymond, wat een gezellige avond', hoorde ik mama zeggen bij hun thuiskomst. 'Die Louis is een leuke man en zijn vrouw Odile een vriendelijk mens.' Bij die uitspraak moeten papa's ogen zijn gaan blinken, want als mama zoiets zegt, betekent het, dat ze de hele avond niet één keer vervelend had gedaan. Daar maakt papa zich soms op voorhand zorgen over, dat mama hem rode kaken doet krijgen en zeker tegenover Louis-van-'t-vogeltje, die tenslotte onder zijn leiding moet werken.

Maar alles was goed verlopen. Behalve voor mij. Jean-Pierre en ik waren alleen thuis gebleven. Mama had beneden het licht uitgedaan, het straalkacheltje uit de badkamer gehaald en het in Jean-Pierres kamer gezet, omdat het boven te koud was. Op de oude houten tafel in zijn kamer, een erfstuk van ons mam uit de Arthur Sterckstraat, had ze schaaltjes neergezet met koekjes en snoepjes: rode neuzen, spinnen, muisjes, Hollandse babbelaars, en ze verwittigde ons voor niemand open te doen. Maar niet de schrik voor dieven, vreemde geluiden of bangmakende schaduwen hielden me wakker. Nee, Jean-Pierre. Hij had kauwgom weten te bemachtigen en hij riep de hele avond aan één stuk door: 'Rosa, ik ga hem inslikken, ik ga hem inslikken!' Waardoor ik in alle staten was, want mama zegt altijd: 'Pas op, slik nooit kauwgom in, dan gaat je slokdarm dichtkleven en ga je dood.' En ik zag Jean-Pierre al levenloos voor me, blauw uitgeslagen, en ik die de schuld zou krijgen. Geen oog deed ik dicht.

En zo heb ik bij hun thuiskomst mama die vriendelijke woorden horen uitspreken, hen in bed nog horen giechelen en eind goed, al goed, ben ik met een gelukzalig gevoel in slaap gevallen. En nu zit papa af te geven op Louis-van-'t-vogeltje en aan haar gezicht te zien, hangt dat mama de keel uit.

DEEL I

I

Altijd dat verschrikt opveren. Die schelle wekkerbel. Afzetten. Voeten op de kille vloer. Brrr. De deken over mijn bedwarme schoot trekken. Lampje aan. Het wiebelt op het gebarsten roze marmeren blad van het nachtkastje. Een gelig lichtschijfje. Een halve maan schijnt door het raam. Tegen mijn brillenglazen asemen, de wasem wegpoetsen met de punt van het laken. En zij, met haar rug naar mij, verroert zich niet. Slaapt ze? Doet ze alsof? Zoals ze daar ligt, precies een amoebe met een flanellen nachtkleed aan. Och, laat haar, dat ze haar plan trekt. Au, au. Door die geeuw lijkt mijn kinnebakkes wel uit het gelid geraakt. Pyjama uit. Mijn kleren van de stoel. Mijn broekspijpen stijf opgedroogd. Verfomfaaid. Natuurlijk, gisteravond nat tot op mijn onderbroek thuisgekomen. De elastiek uit mijn sokken. Mijn blauw-roodgeruite hemd. De manchetten rafelen. Mijn stijve witte col dichtknopen. Rondom zit een gitzwart lijntje. Waar mijn nekvel de col raakt. Als met een potlood afgetekend. Wat wilt ge, de week loopt op zijn laatste benen en iedere dag een propere col, nee, dat kan Bruin niet trekken. Stukwas, een kostelijke affaire. Een snok aan de strop van mijn cravate. Op de tast het midden zoeken tussen de punten van de col. De knoop op zijn plaats. Ziezo, blindelings. Zelfs met de kin tegen de keel gedrukt, raakt mijn blik de knoop niet. Nu eerst met de kolenkit naar de kelder.

Papierproppen, hout, de vlam erin. Het duurt voor de kolen rood opgloeien. Oppoken. Nu versta ik het waarom ze een stoof een continu noemen, dat me ineens te binnen schiet dat dat van het Frans komt. Dat ik dat nu pas aan elkaar knoop, dat ik daar zo oud voor geworden moet zijn. De waterketel opzetten. Boterhammen smeren, rookvlees van 't paardje en pepersaucisse. Bewaren het beste. Gisteravond is de keukentafel niet afgeveegd, zie ik. Voor de verandering. Het plakkerige toile-cirée. Alles moet ge zelf doen. De papieren broodzak. Die zit in mijn kazak, gladgestreken. Boterhammen erin. Het water kookt. Thee in de pot, drie schepjes. Thee, flets, een tas koffie tijdens de schaft zou me beter smaken. Moet ik bonen malen. De onwillige koffiemolen tussen mijn knieën klemmen, als tussen een bankvijs. Anders is er geen beweging in te krijgen. Het zijn de botte messen. Tegenwoordig zijn er elektrische koffiemolens. Tegenwoordig is alles elektrisch. En het doorschenken tot de dras niet meer schuimt. Als zij een handje toestak, ja. Zou toch normaal zijn, vind ik. Ach ja, ik vind zoveel. Een enkele keer brengt ze het wel eens op, is ze vroeg uit de veren. Loopt ze eerlijk gezegd vooral in de weg. Waar is het theeziftje? In godsnaam, Rika, mens, leg de dingen terug op hun plaats. Nee, alles laten rondslingeren. In de keukenkast misschien. Niets te vinden. De doorweekte theeblaadjes dan maar gelijk als krioelende bruinzwarte kevers laten meedrijven bij het overgieten van de thee in de drinkbus. Als ge dat in uw mond krijgt. Om van de bittere nasmaak maar te zwijgen. Daar, in de gootsteen ligt het. Ook op het laatste nippertje. Een keukenhanddoek om de kokendhete bus wikkelen. Al te vaak mijn vingers verbrand. Kom, en nu voortmaken.

De voordeur voorzichtig dichttrekken, dat ik niemand wakker maak. Aan de overkant bij Pauwels brandt licht. Mijnheer Pauwels, bediende bij de EBES*. Al op. Waar gaan we dat schrijven? Et voilà, mijn dagelijkse voettocht naar de fabriek, als een schim langs een scherm van neergelaten blaffeturen. De straatverlichting laat het voor de zoveelste keer afweten. Lampen op hoge palen, precies giraffenekken. Kinderziekten zeggen ze bij de stad. Pikdonker, op de metalige halve maan na, zoals in de oorlog met de verduistering. Die keer dat ik na het speruur over straat liep op

---

* Zie 'Aantekeningen' op p. 413.

het Zuid, in de Victor Driessenstraat, met het zinken babybad boven mijn hoofd, of dat bad me tegen de vliegende bommen zou beschermen. Om Bernard, onze buurman, te depanneren. Solange, zijn vrouw, die net uit het kinderbed kwam en niets had om het wicht in te wassen, gaf niet af, ze moest absoluut een fatsoenlijk bad hebben. 'Of moet ik hem in een emmer steken en hem uit mijn handen laten ritsen, glad als een paling, zo'n kletsnat pasgeboren mormel. Of wilt ge misschien dat hij verzuipt? Ik weet het, die schreeuwlelijk staat u niet aan, het is er de tijd nogal voor, verwijt ge mij. Of ik hem uit mijn hoge hoed getoverd heb. Een ongelukske, maar een ongelukske waar ge met twee moet voor zijn. Dat vergeet gij, hé', snauwde ze in het bijzijn van iedereen Bernard huilend toe. Van haar battavie maken, zich niet generen. Hij mocht haar hebben. En ik die er ineens aan dacht dat de vorige bewoners in de kelder een enigszins roestig zinken kinderbad vol lege bloempotten hadden achtergelaten. Maar dan, de Sicherheitspolizei, die me onderweg tegenhield, mijn *Schein* vroeg, me niet geloofde dat *das Fräulein nur ein Bad wollte um das Kind zu waschen.* Huiszoeking aan mijn been. Heb ik ze geknepen. Niks gevonden. Gelukkig was Rika juist enkele dagen daarvoor zonder boe of ba begonnen mijn boeken op te stoken. Een voor een verdwenen ze het vuur in. Upton Sinclair, *No pasaran*, Theodore Dreiser. Zelfs mijn boeken over vliegtuigbouw, mijn premies van de Wereldbibliotheek, kleine, precieuze uitgaven, Tagore, Hölderlin. Ik had het eerst niet eens door. Stom van verbazing stond ik ernaar te kijken. 'Je houdt je nu wel koest met je politiek, maar er zijn lijsten, misschien sta je daarop. Een mens weet nooit. En ik betrouw die van hiernaast niet. Als ze binnenvallen is het te laat, en om die boeken nu een voor een te gaan triëren, nee, daar heb ik geen zin in', zei ze. Ik zie haar nog staan, met het deksel van de cuisinière als een triomfantelijk gevangen vis, spartelend aan de kachelhaak, en uit de ronde opening de omhoog flakkerende vurige vlammen.

Om haar gerust te stellen en te redden wat te redden viel, *Rode taïfoen*, *16 IJzeren schreden*, een uitgave van de boekengemeenschap van de Vrienden der Sovjet-Unie, mijn Maxim Gorki, mijn Ilja Ehrenburg, mijn Sinclair Lewissen, *Hoofdstraat, Babbitt, Elmer Gantry*, heb ik alle boeken die ons in een lastig parket konden brengen, ingemetseld onder de keldervloer, een kist met gereedschap erbovenop geschoven. Zij natuurlijk gloriëren nadien. 'Zie je wel, het hing in de lucht, je deed het bijna in je broek, je zou jezelf nog hebben verraden, slapjanus.' Slapjanus. Dat Hollands van haar, ze leert het af. Nu zou ze platbroek zeggen of broekschijter. Alleen van haar jij en haar jou is ze niet af te brengen. Een ander mens toch, toen. Schappelijker, vrolijker. Na de oorlog, in Borsbeek, is het begonnen. Niet akkoord met de bouwplannen. Zei ze: 'In die zandbak, moet ik me daar levend gaan begraven?'

'De stad van de toekomst', zei ik. Daar had ze geen oren naar. Onvermurwbaar. Hier, het huis van de Verlindens, hij ambtenaar bij de IJzeren Weg, die heeft niet te klagen, al zijn extra legale voordelen en zijn vrouw, madame Verlinden, verkoopster in de Grand Bazar, rayonverantwoordelijke. Achter de schutting het gegrom van een elektrische pomp om grondwater op te pompen. In de diepte de betonnen palen met verroeste ijzeren staven; de vervaarlijk ogende uitsteeksels, komen juist boven de begane grond uit, net vreemdsoortige reuzencactussen. Palen van het bedrijf Pieux Franki, rijk geworden alleen van Antwerpen-West. Die palen, een streep door mijn rekening, nooit over gesproken toen we de grond kochten en wie denkt daar nu uit zijn eigen aan.

De Renault Dauphine van mijnheer Raedts, leraar, veel vakantie. In de zomer met zijn vrouw en zijn kinderen gaan kamperen aan de Costa Brava. De Spaanse schatkist spijzen, Franco steunen, en bij hun terugkeer de mensen de ogen uitsteken met hun bruinverbrande vel. Die keer toen ik hem zei: 'Wij zijn ook weggeweest' en hij mij vroeg: 'O ja, mijnheer Lahaut, naar waar?' en ik met een serieus gezicht antwoordde: 'Naar Nivrance-sur-l'Escaut.' Zijn grimmig lachje. Volgens mij begreep hij het niet eens… Robbé, raar volk, Verbraeken, verzekeringen, schijnt een leep ventje te zijn. Ik ken ze, een voor een, maar sinds de wet van Collard leeft iedereen meer op zijn eigen. Het wordt niet luidop gezegd, maar er is tweespalt. Ze stoken de kinderen zelfs tegen elkaar op. Liggen allemaal nog op één oor, menen allemaal dat ze het zwaar hebben. Eén dag bij ons op de zaal en dan gaan we spreken.

Voilà, daar, het blauwe straatnaambord met de witte letters op de houten paal: HERMAN GORTERLAAN, Letterkundige. Die naam, een meevaller, om de hoek is het de Prudens van Duysestraat. Prudens van Duyse. Klinkt niet. En straat. Bij ons is het laan. Hoewel, op de bomen blijft het wachten en een laan zonder bomen is geen laan. Toch liever de Herman Gorterlaan dan de Prudens van Duysestraat. Herman Gorter. *Het historisch materialisme voor arbeiders verklaard.* Ik zie de brochure nog op het salontafeltje liggen, bij ons thuis in de Balansstraat. En zijn *Mei.* Een nieuwe lente en een nieuw geluid: ik wil dat dit lied klinkt als het gefluit dat ik vaak hoorde voor een zomernacht, in een oud stadje langs de watergracht en dan… in huis is 't stil, maar de donkere straat, nee donker is het in het huis en stil in de straat en dan, papaapapaapapaapapaa en iets met schijn. Gouden schijn, gele schijn of gulden schijn in de gevel van het raamkozijn. Nalezen. Denk ik iedere dag. Twee keer, 's morgens als ik passeer en 's avonds als ik passeer. Het komt er niet van.

De laan uit, de schrale, uitgestrekte zandvlakte over. Ze ligt ongeduldig te wachten om verkaveld te worden. Kunnen ze gaan bouwen, eenverdiepinghuizen met rode puntdaken, zoals het mijne. Een tochtige doorsteek. Alleen met het sprieterige, zo vroeg in de ochtend nog stijfbevroren gras, de verijsde plassen op het uitgesleten pad, de donkere violette wolken in de donkere violette lucht, als een bonte koeienhuid van violet op violet, de mistige zever. Een onveranderlijke va-et-vient, voor de vele volgende jaren. Maar niet een vooruitzicht dat me doet verzinken in een grondeloos gevoel van ledigheid. Integendeel. Het leven heeft nog wel wat in petto, denk ik toch, hoop ik tenminste. Niets groots of meeslepends. Sterren van de hemel plukken, nee daar beginnen we niet aan, ga weg, geen bravoure, gewone, geleidelijke vooruitgang zou al een zege zijn. Hoewel het afgejakker, onderbetaald en voor een geschoold arbeider, een metaalbewerker, een machinesteller-brigadier. Altijd moeten krassen om rond te komen. Het steekt. Meestergast had ik moeten zijn. Hebben ze voor die uitgekookte vleier van een Alfons de Vos gekozen, de mouwveger. Mijn gezindheid zit er voor veel tussen, zeker weten.

Naar Alaska emigreren. Dat zou een uitkomst zijn, dikke prés, prachtige huizen, modern comfort. Ge wordt er in de watten gelegd dat 't niet schoon is. Het artikel uitgescheurd. Het zit in mijn kazak. Het gebouw van Imalso, de tunnelingang komt in zicht en daar in de verte, aan de overkant, onze nieuwe toren die sinds kort kant-en-klaar uitrijst boven het stadsgezicht. Er valt niet naast te kijken, naast die toren, het blauwe neon, BELL TELEPHONE MANUFACTURING COMPANY. Jongen, ik kom eraan. Stap ik vanuit de totale verlatenheid ineens mee in de dagelijkse vroegochtendlijke optocht. Werkvolk aangevoerd door de stoomtrein, de boerentram, door de helblauwe Polderbussen die de ronde van de omliggende dorpen doen. Burcht, Beveren, Melsele, Zwijndrecht. Een mensenstroom, door de Scheldetunnel aangezogen en opgeslokt. Het merendeel dokwerkers, boerenzonen, er valt tegenwoordig meer te verdienen bij de boten dan op de boerderij. Aanschuiven tussen de zware, robuuste, wagengroene getraliede hekken. De roltrap op. De diepte in. Rechts mannen met velo's, Mobylettes, moto's, wiel aan wiel, als wieltjeszuigers. Hoe sommigen erin lukken met het grootste gemak, de zware machines – nonchalant, handen losjes op het zadel, koesterend bijna – vast te nemen terwijl anderen schuin achteroverhellend het stuur krampachtig vastklemmen, of ze een wilde stier bij de hoorns in bedwang moeten houden. En wij, als een opgejaagde horde, denderen links van hen in konvooi naar beneden.

Op de tussenverdieping lachen Danny Kaye, Romy Schneider en Karlheinz Böhm ons toe op meer dan levensgrote publiciteitspanelen. De tunnelpijp door. Vijfhonderdtweeënzeventig meter. Alle maten zitten in mijn kop. Het specifieke, duffe, ondergrondse, natteklerenluchtje. En onder mijn voeten de plavuizen, met in het midden de strook putdeksels, de smalle goot, die door het gerochel van de dokwerkers tot één fluim is verworden. De glimmend witte wandtegels, blauw afgeboord. Alles lijdt onder de klammigheid. Op dit uur, dat ge over de koppen kunt lopen en bij dit weer, een dampige begankenis in beide richtingen. Die van de shift van tien tot zes, die de nacht erop hebben zitten, die naar hun dorpen terugkeren met vermoeide, rooddoorlopen ogen, de blauwe schijn van de doorgeschoten stoppels op hun kin, zwarte verweerde handen, en wij in tegenovergestelde richting op weg naar het werk. Kopzak over de schouders, mallette onder de arm, kazak in de hand, armen zwaaiend, in cadans, strakke pas, als paraderende soldaten of machinaal vorderende wezens, met gekromde rug, in een sukkelgangetje, in gedachten verzonken, onderbroken door de versmeltende stemmen en de galmende schaterlach van gezamenlijk opstappende maten. Wij, die tussen de tweewielers laverend elkaar dag in dag uit, jaar in jaar uit, tegemoet komen, voorbijsteken, elkaars gezichten herkennen, zonder dat ooit iemand, iemand groet. Eeuwige vreemden voor elkaar. Met zijn allen meegevoerd op het traag vorderende ritme van de opwaartse roltrap, lijk passagiers op een voorbijvarend schip of als mak vee, en geloosd op het smerige pleintje voor het tunnelgebouw, hartje oude stad, de grond bezaaid met de door weer en wind tot smurrie omgewerkte resten van friet en het grauwe papier van de puntzakken, verdroogde, halfvergane bladeren en appelsienschellen, braaksel van zatlappen. De iriserende vetvlekken in de waterplassen. Hondenstront onder de bomen en de banken met hun stronkvormig gebeitelde poten omheen het basketbalveld. 's Zondags worden er echte competitiematchen gespeeld. Spannen ze het plein af met metershoge rieten matten, en wie niet wil betalen, moet noodgedwongen tussen de spleten in het riet gluren.

Nu eerst naar de gazettenwinkel aan de overkant van het plein. Mijn gazetten liggen klaar. Zaken zijn zaken en de klant is koning zal hij denken, onze astrante gazettenman. Als ik erbij stilsta, die keer, dat hij langs zijn neus weg zei: 'Mijnheer Lahaut, gij zijt toevallig geen familie van? Die heeft het niet lang moeten voortvertellen met zijn "Vive la République".' Nu ziet hij mij niet meer, dacht ik toen, dit gaat te ver.

Sprong zijn vrouw voor hem in de bres: 'Mijnheer Lahaut, een zwanske, ge kent hem, hij zet de mensen graag op hun paard. Ik heb hem al zo vaak verwittigd, we gaan klanten verliezen.'

Een zwanske, een zwanske, niks geen zwanske, zij zoete broodjes bakken natuurlijk. Ik ken hem, hij zweert bij *'t Pallieterke* en van mijn voetbalpronostiek en mijn Littlewoods die ik iedere week netjes bij hem binnenbreng, heeft hij toch ook zijn percentje. Nog één verkeerd woord en hij ziet mij niet meer.

'Mijnheer Lahaut, hebt ge het nieuws gehoord? Ge zult wat te lezen hebben.' Hij kan het niet laten. Zijn valse monkellachje. Maar wat hebben ze er weer van gemaakt, de heren journalisten. Geen tijd nu, gazetten wegsteken en doorstappen of ik haal het niet. Tikt ge één minuut te laat oe ponskaart in, valt in één klap een volledig uur van oe pré weg. Een schande.

De Oever op, de Kloosterstraat in. De straat oversteken. Altijd op dezelfde plek, bij de helverlichte bakkerij. Een lichtbaken in de donkere straat. Uit het keldergat rijst de geur van versgebakken brood op. Die reuk. Een mens zou er droefgeestig van worden. De bakkerin, jonglerend met een ovenplaat knapperig verse boterkoeken. Stevige boezem, weelderige bos krullen. Een bloem in 't veld. Kom, Raymond, keert op oe stappen terug, ga die bakkerij vlug binnen, voor oe twee koffiekoeken. Gunt oe die.

'Zoals altijd, mijnheer Lahaut, een met rozijnen, een met frangipane?'

De missiespaarpot, het vrolijk lachend, ja-knikkend negertje. Dat gebedel. Zo fortuinen verzamelen. Ze weet het, de bakkerin. Ze vertrouwde me een keer toe: 'Mijnheer Lahaut, ik begrijp u, de kerk, zwijg me erover, maar wat wilt ge, wiens brood men eet, diens woord men spreekt, dat zegt men toch, hé mijnheer Lahaut. De nonnen van het klooster kopen hun brood bij ons. Het overschot van de dag komen ze 's avonds ophalen. Aan een preske. Voor hen én voor de meisjes van het pensionaat. Die schapen krijgen iedere dag oudbakken brood voorgeschoteld. En die ouders zullen wel betalen voor goede voeding, maar dat blijft onder ons, hé mijnheer Lahaut. Als ge die dutsen de donderdagmiddag in rij, drie per drie, zwijgend voorbij ziet sjokken op weg naar het park, weer of geen weer, altijd met dat vale cabanneke aan, precies wandelende driehoekskes, en die triestige snuitjes.'

'Om den brode moet gij het nu niet doen, hé', zei ik haar en daar moest ze om lachen.

'Merci. Goeiedag, mijnheer Lahaut. De volgende alstublieft.'

Mijn vingers tintelen. Koud, koud, koud. De zich haastende, stoom uitblazende voetgangers, als geisers op IJsland. Een bomvolle tram rijdt ratelend voorbij, de mensen hangen tot buiten. Zou ik ook kunnen doen, de tram nemen. Ach, geld uitgespaard. Het is nu al de eindjes aan elkaar knopen. Op de tanden bijten voor het huis. En dat altijd moeten horen.'Jij met je huis, ik hoefde geen huis, niks kunnen we ons nog permitteren, maar mijnheer wilde zijn eigen huis, mij laat het ijskoud dat huis.' Aan één stuk door op die temerige toon. Haar woorden. Als een dolkmes hollen ze me uit, schrapen ze me leeg. Het kleurige blik van de voorbijrijdende auto's. Een loper duivenstront rond de kerk. De donkere etalages van de gesloten winkels en cafés. Behalve van de Zwarte Kat, de rode neonverlichting flikkert op de neogotische bakstenen gevel. Achter de lila in lood gevatte ruitjes van de vitrine huizen de hoeren, de uitzuipsters, die slappe thee voor sterke drank laten doorgaan. Dat beweert men. Een hand op mijn schouder. Is dat verschieten.

'Betrapt. Proberen binnen te kijken?'

'Louis, alstublieft, ik dacht dat ik iets aan mijn hart kreeg.'

'Hebt ge het gehoord, Raymond? Ze gaan ons pakken. Ze gaan zeggen: "Ziede na wel, golle met olle Stalin", nu zeggen ze het daar al zelf.'

'Louis, we laten ons niet in het defensief drukken. Ze gaan ons niet hebben, onze tegenstanders, met hun schampere opmerkingen. We moeten ze van antwoord dienen. Wacht tot bij de schaft. Ik heb *De Rode Vaan* in mijn kazak. We moeten de commentaren doornemen.'

'Zo strijdlustig, Raymond. In conclaaf zeker, deze middag.'

'Ja, en we zullen u tot paus kiezen, zijt ge onfeilbaar, moogt gij de rijke rooms-katholieken vertellen dat ze de geest van de vasten vervalsen als ze op vrijdag lekkere visschotels binnenspelen. Kreeft en zalm staan op de zwarte lijst. Wijting mag, sardines in olie, kabeljauw met witte saus ook, en sprot.'

'Ik kan u niet volgen, Raymond, waar hebt ge het over?'

'Wel, wat ik zeg, over de paus, die verwittigt zijn welgestelde schapen in een herderlijk schrijven, of hoe noemen ze dat, op vrijdag geen vlees en alleen de vis die arme sloebers zoals wij ons kunnen permitteren. Ik heb het gelezen, het staat zwart-op-wit in de gazet van gisteren. En de rest van de week mogen ze zich dan te pletter vreten zeker. Maar kom, Louis, we moeten doorstappen of we komen niet op tijd, en één minuut te laat, een heel uur van oe pré. Een echte schande.'

'Gelijk hebt ge, maar Raymond, gij zegt niets?'

'Ik heb het gezien, ik heb het gezien. Amai, het groot lot uit Louis, welk merk? Ik ken daar niets van.'

'Zündapp, Bella, splinternieuw model, spring op, Raymond, ik geef u een lift.'

'Louis, gij hebt uw stuurwanten aangedaan.'

'Handen vrij en toch bevriezen ze niet. Ge hebt ze er maar in te steken.'

'Wat hebt ge waar maar in te steken?'

'Raymond, dat ben ik van u niet gewoon, gij altijd zo-ne serieuze.'

'Zie, Louis, hoe vanuit de omliggende straten het werkvolk naar één punt stroomt, naar de poort van ons driehoekige fabrieksgebouw, precies of wij worden aangetrokken door een stralend en verleidelijk visioen.'

'Gij leest te veel boeken; door een magneet, ja, en wij het ijzervijlsel, tot poeder geslepen metalen stofjes.'

Onze zaal, zaal 232, een struikgewas van machines, brullen de enige manier om verstaanbaar te zijn. Smeerolie, vet, wij in vlekkerige overalls. De vrouwen voor het fijnere werk, op gelijke afstand van elkaar, ononderbroken dezelfde bewegingen herhalend, tot de sirene de middagpauze aankondigt.

Vijfentwintig minuten verlost van het werk. Wij kruipen ietwat verdoken bij elkaar, tussen de machines, met onze brooddoos op de knieën. Wij met zijn vijven, Louis-van-'t-vogeltje, Louis Van Doorn, Valeer, de jonge Leon en ik. Een partijcel. Mijn rookvlees zwart uitgeslagen, mijn plakjes salami zweterig, verdroogd, gekruld. *De Rode Vaan* ligt open op mijn knieën. We hebben veel te lezen.

'Ons Elza heeft deze ochtend in alle vroegte spek met eieren gebakken, gaat dat smaken', zegt Valeer.

'Spek met eieren, daar moeten ze in uw paradijs een hele week voor werken, wat zeg ik, een maand', sneert Wilfried Verstraeten. Moet die juist passeren.

'Smoel toe... Sorry, kameraden, die gast werkt op mij als een rode lap op een stier. Woonde bij ons om de hoek, met de bevrijding hebben ze bij hem thuis alle meubels onder luid applaus door het raam gezwierd. Die gingen me een gang. En zijn zuster, die mag van geluk spreken, die is de dans ontsprongen, voor hetzelfde geld was ze haar haar kwijt geweest. De Duitse soldaten, welopgevoed, waren wij boerenkinkels tegen!' Valeer is buskruit.

'Het is zijn bedoeling u de gordijnen in te jagen, Valeer, gun hem dat plezier niet, negeer hem gewoon', zegt Leon.

'Het gaat erom dat sommigen zeggen: "Och Here, och arme, en de vrouwen, die sukkels, hun haar afscheren, waar was dat voor nodig." Compassie, allez, kom hé, ze wisten waar ze mee bezig waren.'

Hij heeft gelijk. Valeer is in die zaken even onverzoenlijk als ik.

'Of op het verkeerde paard gewed', zegt Leon. 'Maar nu moeten we vooruit, achteruit is voorbij en wat voorbij is, daar moet ge uw energie niet meer in steken.'

'En het kwaad niet met kwaad vergelden zeker, uwe catechismus zit er goed in gepompt, dat zalvende', komt Louis Van Doorn tussenbeide.

'Kameraden, luister naar wat ik hier lees.'

'Ja, en als Raymond het woord neemt, is het zwijgen en luisteren, mannen.'

'Louis, ge kunt het niet laten, hé. Kameraden, zie, de titel over een dubbele pagina: "Het testament van Togliatti". Kan ik beginnen? Wacht, waar staat het, wat ik oe wil voorlezen...'

'Raymond, komt er nog wat van?'

'Ha, hier, dit moeten we onderstrepen: *De personencultus verhindert de militanten, welke zich in de nabijheid bevinden van een persoonlijkheid die het voorwerp is van een cultus, zich te ontwikkelen, zonder nog te spreken van de grote schade die zulk een cultus doet aan op wie zij gericht is, wat niet wegneemt dat de werkers persoonlijkheden nodig hebben, in de bedrijven, in hun woonwijken en hun organisaties. Kritiek was nodig en gerechtvaardigd, maar hiertegenover plaatsen wij de grootse verwezenlijkingen van het socialisme. Wij moeten ons niet gehinderd voelen, te verklaren dat die verwezenlijkingen niet zonder moeilijkheden en fouten tot stand kwamen.*'

'Voilà, het spreekwoord zegt het, snoeien doet bloeien.'

'Van Doorn, onderbreek me niet. Ik lees voort... *de kwestie is ernstig en moeilijk, wat niet wegneemt dat Stalin een plaats in de geschiedenis verdient. Het is in niemands belang het stokpaardje van de kampioenen van het anticommunisme, het zich schuldig maken aan de gewilde vervalsing van de realiteit van de geschiedenis, aan te wenden. We moeten ons behoeden tegen het ondergaan van de invloed der propaganda van de tegenstander, zoals bij sommige kameraden het geval is. Het Westen dient verantwoordelijk gesteld te worden voor het laakbare optreden van Stalin. De Koude Oorlog en de kapitalistische agressie hebben hem belet een goede democraat te zijn, en hem tot zijn droeve vergissingen gebracht…* wie had het beter onder woorden kunnen brengen. Palmiro Togliatti, wat zijt gij een schrandere geest.'

'Raymond, ge zoudt u zelf bezig moeten zien. Die glimlach om uw lippen. Aandoenlijk. Een mens zou er sentimenteel van worden, maar ik vraag me af of Chroesjtsjov dat potje niet beter gedekt had gehouden. Want zeg zelf, moet Togliatti zich niet weren als een duivel in een wijwatervat?'

'Louis, kameraad, pas op, ge gaat u toch niet aansluiten bij de herauten van de vijand, zoals Togliatti het zo schoon kan zeggen. Luister, knoop dit goed in uw oren: *als wij nu ook nog aan twijfel ten prooi vallen, wij moeten de anderen overtuigen van de juistheid van onze overtuiging. Chroesjtsjov heeft de moed gehad problemen te behandelen die tot rijpheid zijn gekomen. Hier in het Westen zijn ze zover nog niet, de Amerikaanse bewapeningspolitiek en de schade die de trusts aan de nationale economieën berokkenen, moeten in het daglicht gesteld worden.'*

'En kijk naar Italië, met de verkiezingen voor de deur, hoe die Segni zijn macht misbruikt om de Italianen tegen Togliatti op te zetten', zegt Valeer.

'Een echte schande. Terwijl de statistieken uitwijzen dat de levensvoorwaarden in de Sovjet-Unie beter zijn dan in Italië', zegt Louis Van Doorn.

'En dat hij de schaapherders op Sardinië vergeet, terwijl hij nota bene van ginder afkomstig is. Maar zo is het toch altijd, van niets tot iets kent zichzelve niet,' zegt Leon, 'maar ondanks alles, kameraden, ik heb er een goed oog in, wij veroveren Rome. Zeker en vast.'

'Of wij hier niet zwoegen voor een habbekrats, terwijl ze zonder ons kunnen inpakken. Winst, winst en nog eens winst en de kleine garnaal moet content zijn met de kruimels. Maar zolang die kleine garnaal vrijdags van de kreeft afblijft is alles oké.'

'Dat ligt op uw maag, hé Raymond, van de paus met zijn kreeft, dat moet ge de anderen vertellen. Maar iets helemaal anders. Niet verschieten. Als wij nu eens met z'n vijven onze kandidatuur stellen om te emigreren naar Alaska.'

Grote consternatie.

'Ze komen er handen tekort. Het staat in de gazet. Een lang artikel en een adres waar ge inlichtingen kunt krijgen. Onze vrouwen, onze kinderen, ons have en goed. Inpakken en wegwezen. De voorwaarden, gasten, als het is zoals ze het u voorschotelen, amai, grave. Ik vind het een overweging waard.'

'Louis, Alaska, ge meent het niet. Alaska, wat gaat ge daar doen, radarposten bouwen om de Russen te bespioneren?' zegt Louis Van Doorn.

'Ons gedachtegoed zal danig geapprecieerd worden en gaan we met ons allen, met onze hand op het hart, meekwelen: "Then conquer we must, when our cause is just." Ge verstaat die woorden toch?' voegt onze jonge Leon eraan toe.

Valeer, die een sigaret rolt, aan het vloeitje likt: 'Ge bevriest daar het hele jaar door.'

'Hier werken we toch ook voor de Amerikaan', zegt Louis-van-'t-vogeltje. Hij is ocharme helemaal van zijn apropos. Ik moet hem uit de penarie helpen.

'Kameraden, er is niets mis aan ordentelijk uw kost te willen verdienen, daar moet ge uw idealen niet voor opgeven.'

'Ja, Raymond, gaat gij hem wat verdedigen, terwijl ge hem daarnet nog verwittigde zich niet aan te sluiten bij de herauten van de vijand, of hoe formuleert Togliatti dat ook alweer', zegt Valeer. Die is kwaad.

'Ik weet het, het klinkt misschien raar dat ik met van die ideeën rondloop, maar een mens daarvoor direct zo te blameren', zegt onze Louis-van-'t-vogeltje. Hij is in de war. Hij voelt zich belaagd. Ik moet de gemoederen bedaren.

'Wij moeten in ieder geval de gelederen gesloten houden, kameraden, aan één zeel trekken, wat niet wegneemt dat wat wij van het leven verlangen voor ieder van ons verschillend is.'

'Raymond, ge doet zo bedaard plechtig. Gij zijt precies zelfs niet gechoqueerd om wat Louis in zijn kop heeft.'

'Ik denk dat velen onder ons een beetje in de war zijn, Maurice Thorez zegt het ook, de aftakeling van de Stalincultus moet met de grootste zorg voorbereid worden.'

'Raymond, het zou iets zijn voor ons, Alaska, ge vliegt daar met uw eigen vliegtuigje naar het werk. Het staat erbij in de annonce. De vlieglessen die wij samen in Deurne volgden, ze zouden ons uiteindelijk van pas komen.'

'Louis, niet overdrijven. Het is bij theorie gebleven. Was de oorlog niet uitgebroken, wie weet waren we misschien piloot geweest.' Blijf ik veinzen of kom ik met het artikel boven water? Open kaart spelen? Kan ik het Louis Van Doorn, Leon en Valeer aandoen? Ge moet mensen niet onnodig ontredderen.

'Raymond, dat was een tijd, hè, voor de oorlog. God wat hebben we ons geamuseerd op het vliegplein.'

'Ge zegt het. Als we toen hadden geweten wat we nu weten.'

'Ja, en als ons kat een koe was, konden we ze melken achter de gordijn. Als gij daar in een iglo wilt gaan zitten, Louis. De eskimo's bieden u hun vrouw aan, al zegt ze u niets, is ze tandeloos, vel over het been of juist kogelrond. Hun manier van gastvrijheid. Ze blijven er gewoon op zien terwijl ge met hun vrouw bezig zijt. Maar nu serieus, heeft er iemand de artikels in de *Volksgazet* gelezen? Andere koek. Blind, doof, medeplichtig noemen ze de communisten in hun commentaren. Wat denkt ge daarvan, hoe durven ze. Voor een socialistische krant', komt Louis Van Doorn tussenbeide.

'Als ze konden, zouden ze ons opvreten met huid en haar, zoals de Fransen ortolanen binnenspelen. Hoe laat is het, mannen? De sirene gaat loeien. Terug aan de slag.'

'Zeg, Raymond, wat zegt ge nu weer over de Fransen?'

'Weet gij dat niet? Die vogeltjes, die ze met veren, karkas en al, zoals ik zeg met huid en haar oppeuzelen achter een doek, ja, met een doek voor hun gezicht. Dat is daar de traditie. De mannen. De vrouwen mogen er niet aan meedoen.'

'Zijt ge ons weer wat op de mouw aan 't spelden, Raymond?'

'Nee, ik zweer het, ze doen dat in een streek ergens in het zuiden. Van die rariteiten komen overal voor. Bij ons zijn er wel die levende vissen met een slok water doorslikken.'

'Vissen, krijgt ge vissen door uw keelgat?'

'Zeker. Natuurlijk geen hele pladijs, hè Leon.'

2

'Tot slot herhalen we de dimensies: het getal 1 staat voor een punt. Een punt heeft geen dimensie.'

'De nuldimensie, mijnheer.'

'Goed, Agathe.'

'De 2 staat voor een lijn.'

'Die gaat door twee punten, mijnheer.' Lydia Jespers.

'Eén dimensie, mijnheer, een lengte.' Julien De Rover.

'Juist, Julien, en vergeet niet wat ik over de lijn zei. Komen we bij de 3.'

'Een vlak, mijnheer.' Sieglinde Lissens. 'Twee dimensies, mijnheer, een lengte en een hoogte.'

'Ik kan mijn oren niet geloven. En de 4?'

'Een lichaam, mijnheer, drie-di-men-si-o-naal, een lengte, een diepte en een hoogte.' Willy De Nul.

'Onwaarschijnlijk, allemaal een bank vooruit. Daar sta ik van te kijken.'

'Dat dat zo mooi uitkomt, mijnheer. Wie heeft dat uitgevonden, mijnheer?' Natuurlijk. Zij weer. Agathe Apers vanop de laatste bank, voor de muur met de lijsten met werkwoordvervoegingen, ik drink nooit t, gij drinkt altijd t, hij drinkt t als hij tegenwoordig is.

'Uitvinden heeft daar niets mee te maken, Agathe. Je zou kunnen zeggen, dat is altijd zo geweest, alleen moest er iemand opkomen en het benoemen, en wat die dimensies betreft, die hebben we aan Pythagoras te danken, die...'

'Aan de python, mijnheer?' roept Willy De Nul.

'Gaat ge me wat voor de zot houden, Willy?' Is dit nog vriendelijk bedoeld of is het al een beetje een dreigement? Want als mijnheer Schollaert uit zijn krammen schiet...

'Wat ik nog wou zeggen...' Oef, hij spreekt weer op normale toon.

'Mijnheer, mijnheer.'

'Ja, Agathe?'

'Ik wil iets vragen, mijnheer, over de nuldimensie, mijnheer. Wat is een punt dan, mijnheer, en wat is nul of beter hoeveel is nul, mijnheer?'

Altijd van die vragen stellen. Wat is een punt? Wat is nul? Wat een vraag. Mijnheer Schollaert daarvoor in de rede vallen.

'Nul is een rondeke, nul is een lege portemonnee, nul is niets', antwoordt mijnheer Schollaert kortaf. De hele klas lacht venijnig.

'U zegt toch dat voor alles wat bestaat een woord bestaat. Punt en nul en niets zijn toch woorden, dus iets van al de ietsen die bestaan, dan mag ik toch vragen wat die ietsen juist zijn?'

'Weet ge wat, verandert gij rap in niets, gaat ge seffens weten wat niets is en zijn wij in één keer van u af', roept Reginald Gevers. Die kan Agathes bloed drinken. Luid schatergelach. Mijnheer Schollaert eist stilte.

'Agathe, er bestaan ook woorden voor dingen die niet echt bestaan, voor dingen die ge alleen kunt denken of voelen of... Rosa, wat zit ge nu te dromen, volgt ge de vogels?'

'Nee, mijnheer, wat u zei over de lijn, mijnheer. Dat...'

'En dat alles er al was voor iemand het ooit gezien heeft. Maar, mijnheer, kan iets er echt zijn als het nog nooit door iemand gezien of gedacht is?' Weer Agathe. Blijven aandringen en mij daarvoor zo brutaal onderbreken. Zet ik haar betaald. Greta Gregoir aanporren. Een knipoog. We verstaan elkaar, Agathe zal ervan lusten. De blikken worden heimelijk doorgegeven, als een onzichtbare ketting rijgen ze aan elkaar.

'Natuurlijk, Agathe, in de oertijd, er brak een tak van een boom en nog een. Braken er twee takken van de boom. Akkoord? Alleen was er toen niemand om dat te constateren, te tellen, er was niemand om zich daarmee bezig te houden, maar ze lagen er wel allebei, die takken.

Mieke, houdt u vast aan de takken van de bomen,
Mieke, houdt u vast aan de takken van de mast.
Als Mieke valt, dan valt ze in 't water,
als Mieke valt dan valt ze in 't nat.

De hele klas kijkt verbaasd lachend rond. Typisch mijnheer Schollaert. De zot uithangen. Van de os op de ezel springen.

'Samen,' zegt hij, 'één, twee, drie.'

'Mieke, houdt u vast...'

'Agathe, alles wat de mens ontdekt heeft, was er voor het ontdekt werd. De microben, de bloedcellen, uranium, de golflengte, de luchtdruk, de zwaartekracht, de bloedsomloop, penicilline, plankton, het zenuwstelsel en zo kunnen we voortgaan. Aan ontdekken komt waarschijnlijk nooit een einde.'

'Ja, Reginald?'

'Zal de dag dan niet komen, mijnheer, dat alles ontdekt is en niets meer uit te vinden valt?'

'Wie weet, in elk geval voor morgen is dat nog niet', zegt mijnheer Schollaert. 'Maar nu iets anders. Ik heb jullie gisteren verteld over...?'

'Jan zonder Vrees', roept Sieglinde Lissens.

'De kleinzoon van Neeltje uit het Krabbenstraatje in Antwerpen', vult Ingrid Goossens aan.

'En de echte Jan zonder Vrees was een? Wie weet het nog?'

'Een Bourgondische hertog, mijnheer.'

'Goed, Agathe.'

'Wie noemt mij het hele rijtje Bourgondische hertogen in de juiste volgorde? En zonder spieken.'

Spieken. Mijnheer Schollaert gebruikt meer en meer Hollandse woorden en als hij eraan denkt, zegt hij ook jij in plaats van gij, want jij is ABN. 'Wij worden nu eenmaal betaald om jullie ABN te leren, de richtlijnen van het ministerie van Onderwijs. Daar willen ze iedereen met jij leren spreken. Maar voor het zover is zal er nog héél veel water door de zee moeten vloeien', zei mijnheer Schollaert onlangs met een grijnslachje. Echt vlot ligt zijn 'jij' niet in zijn mond, hij is dat niet gewoon. Ik wel, thuis met mama.

'Het begint met Filips de Stoute, die van zijn paard viel, mijnheer.'

'Willy, goed geprobeerd, maar mis. En vingers wil ik zien. Geen geroep.'

Mijnheer Schollaert noemt ook de jongens altijd bij hun voornaam. Klinkt vriendelijker. De andere meneren doen dat niet. Zeker mijnheer Ackermans van acht B niet. Die zou tegen Willy nooit Willy, maar altijd De Nul zeggen. En bij het minste wat Willy fout zou doen, zou hij zeggen: 'De Nul, ge hebt uw naam niet gestolen, weet ge wat ge zijt?' En hij zou met zijn duim en wijsvinger een rondje maken en er zijn neus door steken.

'Ik weet wie van zijn paard viel, mijnheer. Dat was Karel de Stoute en hij had geen zoon en toen werd zijn dochter Maria van Bourgondië hertogin.'

'Agathe, heb ik gezegd dat jij het mocht zeggen?'

Weer op haar nummer gezet. Mijnheer Schollaert kan niet wegsteken dat ook hij van Agathe tegen de muren op loopt.

'Meester, meester, ik ken ze allemaal.'

'Oswald, wie ben ik?'

'Mijnheer, meester.'

De hele klas lacht. Oswald De Wolf zegt altijd meester, omdat hij pas bij ons op school is en omdat hij uit Melsele komt, waar ze in plaats van 'het is heel koud' 'nijg koed' zeggen en waar ze aardbeien kweken en zijn oudere zus aardbeienprinses is geworden. Ze heeft in de krant gestaan en de leerlingen van de dorpsschool spreken de onderwijzer met meester aan. '"Meester" is niet correct. Een meester is een advocaat of iemand die iets veel beter kan dan alle anderen', heeft mijnheer Schollaert hem uitgelegd. Maar Oswald raakt het niet gewoon mijnheer te zeggen.

'Kom op, Oswald.'

'Filips de Stoute, Jan zonder Vrees, Filips de Goede, Karel de Stoute, Maria van Bourgondië, Filips de Schone.' Oswald somt ze op zonder er een over te slaan.

'Proficiat, Oswald, knap hoor.'

Zie Agathes sip gezicht. Zij wist ze natuurlijk ook. Juist goed. En juist goed dat ze nu ook, als het haar beurt is, op de laatste bank moet zitten. Toen ze nog geen bril had, mocht ze altijd vooraan blijven zitten. Was het toch nog een gepier. Toegeknepen ogen en rimpeltjes rond haar neus. Precies een in stilte knorrend varken. En door haar log postuur kon wie achter haar zat amper zien wat erop het bord geschreven stond, en als ge er iets van zegde, zei mijnheer Schollaert dat ge dan maar een beetje moeite moest doen. Niemand kan Agathe Apers uitstaan. Gelukkig zit ik niet naast haar, gelukkig zit ik naast Greta Gregoir. Naast Greta Gregoir zit ik het liefst. Iedereen wil naast Greta Gregoir zitten. Een baasspeler, dat wel. Als we touwtje springen, moet zij als eerste. Als tweede kiest ze toch altijd voor mij. Naast Greta Gregoir en op een bank bij het raam zit ik het allerliefste, want daar is het altijd het lichtste. Zelfs op donkere dagen, als mijnheer Schollaert de lampen in de klas aansteekt. Vanaf hier zie ik goed de soorten grijs van de voorbijtrekkende wolken. Er is veel variatie in het grijs. Het verandert de hele tijd, van wolkeloos doorschijnend paarlemoer, effen parelgrijs, kan het overgaan naar asgrauw en dreigend paars tot het bijna antracietzwarte van zware bewolking. Antraciet, de kleur van de stofjassen van de onderwijzers, antraciet met witte stipjes. Mijnheer Schollaert draagt nooit een stofjas, gelukkig maar. Meestal door zijn moeder gebreide truien met blokjespatroon, precies bakstenen, die er bovenop liggen. Hij kijkt op zijn horloge: 'Jongens, met Jan zonder Vrees gaan we straks voort. Het is speeltijd, wie doet de melk vandaag?' Jackie Janssens steekt zijn vinger op.

'Jij, Jackie, goed. Doe je tenminste iets. Slaapkop. Jou interesseert niets.' Jackie Janssens haalt de houten bak binnen die de melkboer elke ochtend voor de deur van de klas deponeert. Hij steekt drinkrietjes door de aluminium deksels van de twintigcentiliter glazen flesjes, deelt ze rond. Nu het buiten koud is, blijft de melk lekker fris. Lauwe melk, bah. En pap. Botermelkse pap of gortepap. Bij de gedachte aan pap krijg ik het benauwd. Het rimpelige vel, de reuk. Mama maakt soms pap. Gelukkig moet ik er nooit van eten. Zelfs niet proeven, niet één lepeltje. Papa zegt altijd: 'Het zou eens terug oorlog moeten worden.' Zelfs dan. Ik zou nog liever van honger sterven. Mijnheer Schollaert diept een pakje sigaretten op uit zijn jaszak. Hij leunt achteraan tegen de muur, naast de bank van Agathe.

'Een punt is het eerste wat na niets komt', zegt mijnheer Schollaert tegen Agathe, terwijl hij wolkjes sigarettenrook uitblaast. Wat hij zegt is alleen voor haar bedoeld. De anderen hebben er geen erg in, maar ik heb het wel gezien. Met het drinkrietje in haar mond kijkt ze naar hem op, met de ogen van een dikke madonna, zoals op de schilderijen in de kerk. Schuin naar boven.

De bel.

'Jassen aan', roept mijnheer Schollaert, sigaret tussen zijn vingers. In de gang houdt hij de kapstokken onder de ramen in de gaten. In rij naar de speelplaats. Een dikke, witgekalkte streep scheidt de meisjes- van de jongenskant. Op die streep moeten de gestraften de speeltijd doorbrengen. Handen op de rug. 'Kunt ge daar wat staan pierewaaien', zegt mijnheer Schollaert. 'Het zal u leren.' Van de witte streep trekken wij ons over 't algemeen weinig aan, behalve als mijnheer Ackermans toezicht houdt en dat is vandaag niet het geval.

'Waar is ze? Waar is ze?'

'Tegen de muur van de turnzaal. Ten aanval!' We springen op onze paarden, we kletsen met de ene hand tegen onze dijen, met de andere bootsen we echoënd indianengeluiden na. Korte, krachtige rukjes van de hand tegen de lippen, die de hand als een gummibal weerkaatsen. Zo galopperen we over de speelplaats. Greta de aanvoerster, wij erachteraan. We stappen af en gaan in een kring om Agathe heen staan.

'Dikke boerin, gij denkt dat ge alles weet.'

'Agathe, Agathe met haar dikke gat!'

'Schele otter.'

'Gij kunt gaarstoven in uw eigen vet.'

'Ochgot, ochgot, Agathe, wij doen toch niets, wij spelen alleen maar botsautootje.'

Agathe bedekt haar gezicht en haar hoofd, haar handen en armen als buffer, en zonder één kik geeft ze haar lijf prijs aan onze vuisten.

'Haar voet vastpakken', roept Greta Gregoir.

Oswald, die het graag aan zou hebben met Greta Gregoir, doet altijd alles wat Greta zegt. Hij tilt Agathes voet van de grond. Ze verliest haar evenwicht, dondert omlaag, rok omhoog. Luid geschater. Ligt ze daar met haar dikke, plompe benen bloot tot aan haar onderbroek. En wij gillend, lachend weglopen. Het is toch tijd. Het gaat bellen. Terug naar de Bourgondische hertogen. We huppelen naar de rij. Scanderen: 'Agathe Apers, apen aap. Agathe Apers, apen, aap!'

'Mijn bril, gij weet zeker niet wat dat kost', horen we haar huilend roepen.

'De tijd vliegt snel, gebruikt hem wel', zegt mijnheer Schollaert. Middag. De schoolbel rinkelt. Een over-en-weer geloop in de lange gang, die als een grote U om de speelplaats heen loopt en waar alle klassen op uitkomen. Geduw, getrek, geroep. Terechtwijzingen. Iedereen buiten. Een refter ontbreekt voorlopig nog. Wij moeten onze boterhammen opeten, bijeengetroept in een paar klassen.

'Nee, nee, mijn beurt. Ik doe vandaag de middagstudie.'

'Mijn bijverdienste.'

'Ik kan het ook goed gebruiken.'

'Wij hebben pas gebouwd, dus broodnodig.'

'Hoor ze bezig. Wij zijn hun bijverdienste', zeggen wij tegen elkaar, terwijl we bibberend staan te wachten in een ijzige motregen. Mijnheer Ackermans, de bonenstaak, heeft het pleit gewonnen. Hij komt voor de rommelige rij staan met zijn loerende, donkerronde kraaloogjes, net Gust, de gorilla in de zoölogie, alleen bedreigender.

'In stilte doorlopen', beveelt hij.

Eenmaal binnen in de klas moeten we eerst en vooral onze theedoek over de schoolbanken uitspreiden.

'Denk erom, geen vettige banken', zegt hij.

We schuiven zwijgend, zijwaarts de banken in. De brooddoos op de theedoek. Het deksel van de brooddoos oplichten, de doos in het deksel plaatsen, de boterhammen rechtstreeks vanuit de doos, een voor een opeten.

'En niemand die het waagt broodkorsten te verdonkeremanen, in een lessenaar tussen schriften en mappen, of in de turnzakken aan de haken van de banken te proppen. Knoop het in uw oren.'

Mijnheer Ackermans' genadeloze blik zorgt daar wel voor en wie geen theedoek bij heeft, kan zijn boterhammen opeten op zijn achterste op de trede voor het bord, brooddoos op de knieën. Drinken doen we met de lippen aan de drinkbus, als bouwvakkers op een werf. Sommigen hebben een thermosfles, met een bijbehorend bekertje, dat op de dop geschroefd zit. De binnenwand, in verzilverd glas, spat bij het lichtste tikje in gruzelementen uiteen en vermits de schoolbanken schuin aflopen, tuimelt er om de haverklap een van een bank. Zoals in cowboy-en-indianenfilms, indianen te paard van bergkammen het ravijn in storten. Die van mij onderging het hetzelfde lot. En ik was zo trots op mijn hemelsblauwe thermos. Had ik ook eens iets wat de anderen hebben.

Onder mijnheer Ackermans' toezicht is het eten en zwijgen. Hij eist doodse stilte.

'Als uw boterhammen op zijn, houdt ge u met iets bezig. En voor wie zich verveelt of zijn mond niet kan houden, heb ik iets in petto', zegt hij lafhartig, terwijl hij rondkijkt of hij iemand zoekt om in de pot te steken. Hij vindt altijd wel een slachtoffer, dat rijkelijk van strafwerk voorzien wordt. De tafels van vermenigvuldigen of een werkwoord vervoegen in de acht tijden. Soms wel vijf werkwoorden. Heel de muur van zijn klas hangt vol met de vervoegingen op platen verbleekt bristolpapier. De sterke, de zwakke, de onregelmatige werkwoorden. Spelling en spraakkunst zijn zijn stokpaardjes. De voltooid verleden toekomende tijd. De vvtt. Hoe iets tegelijkertijd verleden en toekomende tijd kan zijn, moeten wij nog leren. Houdt hij geen rekening mee en als hij zegt: 'Bravo, bravo, doe zo voort', weet ge hoe laat het is. Gemene dingen op een grappige manier zeggen, daar is hij goed in. Iedereen is bang voor hem, behalve Filip Masson. Tegen Filip Masson is hij kruiperig vriendelijk. Niet moeilijk. Filip Massons vader is voorzitter van de vriendenkring van de school en prefect van het grote atheneum in de stad. Maar als ik Viviane Verlinden mag geloven, is aan de overkant, bij de nonnen van het Onze-Lieve-Vrouw ter Sneeuw Instituut, de middagpauze echt een kwelling. Tezamen in één enorme refter, aan lange tafels, weliswaar met de luxe van een kop, een bord, een vork en een mes, maar op houten banken zonder rugleuning, en als ze hun boterhammen op hebben, moeten ze blijven zitten, handen op de rug, tot de laatste, haar laatste kruimel op heeft. Kwestie geduld, beleefdheid, goede manieren aan te kweken en als een paar meisjes gaan doorzakken, roept de surveillerende non: 'Recht, rechtop, rug kaarsrecht en mond dicht.' En wie niet luistert krijgt een fikse por van de wijsstok tegen de ruggengraat. 'Tegen uw paternoster, zeggen de nonnen en dan denken ze dat ze plezant zijn', zegt Viviane Verlinden.

Gelukkig ben ik vandaag de gelukkige. Mijnheer Schollaert heeft mij uitgekozen om hem tijdens het middaguur een handje toe te steken. Ben ik rap van mijnheer Ackermans verlost. Alleen in de klas met Mijnheer Schollaert. Heerlijk.

Mijnheer Schollaert rookt een sigaret, zijn transistorradio staat aan: 'mijn portatiefke', zegt hij. Beige met een wijnrode band. De muziekdeuntjes schallen vrolijk door de lege klas.

'Rosa, haal eerst de rekenschriften op', zegt mijnheer Schollaert.

Ik reik hem de stapel schriften aan. Gaat hij de oefeningen nakijken. Hij schrijft altijd een opmerking onder aan het blad. Naargelang puik, knoeiwerk of iets tussenin. Hij noteert de punten in zijn puntenlijst. Mama vindt hem als twee druppels water op Tony Curtis lijken.

'Ruim wat op, Rosa, en leg de mappen op een nette stapel.'

'Het bord vegen, mijnheer?'

'Ja, doe dat.'

Eerst met een kletsnatte spons. De druppels lopen in de mouw van mijn trui. Natte wol voelt vervelend aan. Met de uitgewrongen spons over het bord en dan met de bordvod. Geen nevel van krijtvegen achterlaten, zorgvuldig te werk gaan.

'Mijnheer?'

'Ja, Rosa.'

'Mijnheer, zou dat nu echt waar zijn, mijn vader zegt dat ze in Amerika volhouden dat de aarde plat is. Anders staan ze daar met hun hemel en hun hel, zegt hij.'

'Het schijnt, in sommige streken.'

'En als ge daar luidop durft zeggen dat de mensen afstammen van de apen, steken ze u in de bak. De evolutietheorie is daar des duivels. Hier hebben we gelukkig Teilhard De Chardin, pertang een jezuïet. Dat zegt mijn vader dikwijls, mijnheer, en terwijl hij dat zegt, wordt hij kwaad en vuurrood en roept hij: steek het goed in uw oren, godsdienst is de opium van het volk. En ik weet wat opium is, mijnheer, dat staat in *Kuifje*, in *De krab met de gulden scharen*.'

'Rosa, zoudt ge eerst en vooral eens proper water willen halen?' zegt mijnheer Schollaert. Ik loop met de emmer de klas uit naar het kraantje op de gang.

Ziezo. De emmer terug op zijn plaats. Mors ik. Vanop zijn stoel kan mijnheer Schollaert de plas niet zien. Water droogt vanzelf op.

'Nu de prullenmand. Die moet leeggemaakt worden', commandeert hij. Maar wel met een knipoog. De rieten mand naar een van de grote vuilnisbakken op de speelplaats verslepen. Moet ik aan mijn buurmeisje denken. Christel Weiremans. Ze is bang van haar vader. Ze is altijd content als hij moet gaan loodsen. Ze mag van hem niet meer met mij omgaan. Zelfs geen goeiedag zeggen. 'Ik blijf toch uw vriendin, in het geheim', heeft ze me gezegd.

De prullenmand op zijn plaats.

'De planten water geven, mijnheer?'

'Ja, Rosa.'

Waar staat het rode, ijzeren gietertje?

'Mijnheer, bij ons in de straat, mag die niet met die of die spelen van een vader of een moeder. Wij doen het toch. Ze houden het niet in de gaten, ze zeggen het alleen. En in onze straat geloven alle mensen in God, behalve wij. Wij zijn de enigen, of toch bijna. En ze kunnen niet geloven dat we niet in God geloven. Maar Godelieve Vets mag wel met mij spelen. Laat Rosa maar binnenkomen, we zetten nog geen hond op straat, zegt Godelieves moeder. Al haar kinderen moeten voor mij bidden. Ik ben een verloren schaap, zegt ze. Tien jongens en één meisje. De familie Vets. De vader is koster.'

'Als die allemaal voor u bidden, kunt ge op uw beide oren slapen. Maar als je nu vlug eens met de keerborstel zou willen rondgaan. Het is hier net een zandbak. Hoe komen jullie toch aan die vuile zolen.'

'Mijnheer… ons huis is zeven meter breed. Een huis van de wettetaaie. Mijn vader zegt dat altijd, wij hebben gebouwd met de wettetaaie. Wat hij ermee bedoelt weet ik niet, maar aan zijn stem te horen, moet het iets heel goeds zijn.'

'De wettetaaie, dat zal ik u uitleggen, Rosa, en dan mag je gaan. Kan je nog even buiten spelen voor de bel gaat.'

DE WET DE TAEYE, schrijft mijnheer Schollaert op het bord. 'Een wet die mensen die een huis bouwen een handje helpt, ze krijgen geld van de staat, een premie en De Taeye is de naam van de minister die de wet opgesteld heeft.'

'Ah, zo.' 'Wettetaaie' klonk grappig, raadselachtig, als een toverspreuk met een geheime kracht. Dat is nu voorbij. Spijtig. Maar het mijnheer Schollaert kwalijk nemen? Nee.

'Ge kijkt zo raar? Gelooft ge me niet?'

'Jawel, mijnheer, maar u kraste met uw vingernagel over het bord. Ik krijg daar koude rillingen van over mijn rug en speeksel in mijn mond.'

'Het is een overblijfsel uit onze evolutie, toen het gekras afkomstig was van roofdieren, die hun klauwen schrapend tegen rotsen scherpten en bij onze aapachtige voorouders een angstreactie uitlokte.'

Dat moet ik papa vertellen. Zal hij zeggen: 'Ziet ge wel, nog een bewijs.' Ik heb dat ook als mama haar nagels vijlt.

'En nu ingerukt mars, taterwater', zegt hij.

Oei, wil hij van mij af? Misschien denkt hij: Ik kies in 't vervolg iemand anders.

3

Zie me zitten op een keukenstoel, als vastgevroren op een blok ijs. Ik, Rika Lahaut-Vroeg-in-de-Wey. Mijn thee koud, de kaarsjes voor het theelichtje op, de theemuts zoek en die klamme schimmelplekken in een hoek van het plafond door de lek van de boiler in de badkamer. En Raymonds gesakker daarover. Dat is het ergste. Het gesakker. Is de wereld te klein omdat de installateurs knoeiers zijn en hij daardoor in kosten valt. Maar als ik zeg: een huis is om miserie vragen...

Mam, mam, waarom heb je me aan mijn lot overgelaten? Ik voel me zo reddeloos verloren. Vroeger in de Arthur Sterckstraat, als ik daar aan terugdenk. Mam, jij die zelfs nooit wilde dat ik een aardappel schilde. 'Geen vieze randen onder je nagels', zei je. 'Daar heb ik je niet voor in de wieg gelegd.' En dat ik met een kantoorbediende moest trouwen. Iemand in een net pak, das, witte boord, aktetas, een jasje-dasjeman. Weet je wat Raymond nu wil, mam? Dat ik buig, toegeef, mee met hem in de fabriek ga werken. 'Bij ons is er werk genoeg,' zegt hij, 'voortdurend een tekort aan vrouwenhanden.' Als hij dat gedaan kon krijgen, mam, ik had er op slag een andere man aan, daar niet van. Maar met een opgewekt humeur wordt hij zo melig, zo klef. 's Morgens vroeg mee met hem de baan op en 's avonds dezelfde weg naar huis, dag in dag uit. Ik mag er niet aan denken. Een nachtmerrie. Nee, nee, ik doe het niet, maak je geen zorgen, ik doet het niet, mam, al is het dat ik het laat voor jou. Maar die gespannen sfeer. Of er een spook door het huis waart, een spook dat mijn keel dichtknijpt als ik hem hoor binnenkomen. Die trek op dat gezicht. 'Hou je dan ten minste bezig met het huishouden.' Die doffe dagelijkse eentonigheid, moet ik daarmee opgezadeld zitten, mam, een leven lang, gisteren eender als vandaag en ook morgen en overmorgen, en het schuldgevoel, als niets me afgaat, ik geen zin heb een klap uit te voeren, de uitzichtloosheid voor me zie, dag na dag, na dag. 'Wat doen die andere vrouwen dan?' Dat durfde hij me voor de voeten te gooien. 'Ik ben die andere vrouwen niet', zei ik. Mam, ik weet het, je hebt me verwittigd. Ik hoor het je nog zeggen: 'Kindje, kindje, waar begin je aan. Iemand van de Socialistische Arbeidersjeugd en bovendien een schaker. Schakers, de saaiste mensen die op Gods akker rondlopen, geintjes tappen, nou vergeet het, enkel tot dodernstig geëmmer zijn ze in staat, reken maar.' Had ik maar naar jou geluisterd, mam. Ja, er is iets tussen hem en mij dat onze zielen gescheiden houdt. Wij zijn geen goede combinatie. Alleen in veertig, met de Achttiendaagse Veldtocht, toen hij krijgsgevangen werd gemaakt en ik vreesde hem nooit meer levend terug te zien, toen zag ik hem graag geloof ik, keek ik uit naar zijn thuiskomst. Mocht dat gevoel me nog eens overvallen, naar iemand te verlangen, het echte ongeduldige hunkeren, smachten, dagen aftellen, als ik dat nog eens mocht meemaken... Het leven, mam. Hoe moet een mens zijn leven leven? In godsnaam, wie legt me dat eens uit. Ach, het haalt niets uit. Het gepieker maakt me alleen treuriger, huiveriger, kouwelijker. Slapen. De zalige gedachte aan slapen, vederlicht wegzinken, het onwezenlijke, zweverige gevoel of je gaat opstijgen, dat ijle en tegelijkertijd de slaap die je hoofd zwaar op je hoofdkussen neerdrukt. Slapen met slappe, krachteloze als met dons opgevulde ledematen. Niet meer overgeleverd aan dat hulpeloos verdriet. Kom, tel tot tien en breng de moed op je van die stoel te hijsen, forceer je, sleep je de trap op. Eerst mijn poeder Dr. Mann en de wekker zetten tegen de tijd dat de kinderen uit school komen.

4

Mensen spuien de tunneluitgang uit. In het wachthuis, bij de halte van de boerentram en de Polderbus, is het een gezucht en een gedrentel. Sigaretten worden opgestoken, Tigra Filter, de sigaret van de sportman. Om de haverklap wordt op horloges gekeken, gaan de wijzers zich wat spoeden zeker, en de buschauffeur, die voor de neus van de tientallen zich haastende pendelaars is doorgereden, wordt luidruchtig vervloekt.

'Die buschauffeurs, ze doen het ervoor, pure machtswellust, maar thuis niks te zeggen.'

'Nondeju, kan ik hier een uur staan schilderen, leutig is anders', zegt een man, beige-groene gabardine, epauletten, ceintuur, dubbele knopenrij, wit hemd, stijve col, cravate, in de boenwas gezette aktetas, bureaubediende, misschien wel ambtenaar. 'Nondeju, nondeju', waarna de stilte onder de wachtenden weerkeert.

De wind wervelt, vuilnis waait op, schuift verder over restjes aangekoekte sneeuw, om te eindigen in een halfbevroren, waterige plas. Tegenwoordig zoudt ge naast iedereen een gardevil moeten zetten, korte metten maken, voor elk papiertje een fameuze boete. Het zou rap afgelopen zijn. Het doordringende gefluit van de vertrekkende trein. De langgerekte stoomwolk, die boven de daken uitkomt, als een signaal voor de haastige dokwerkers, die zich in een schimmige optocht in de avondschemer richting stationnetje begeven. Waar de meesten evenwel stranden in café De Wachtzaal op het stationsplein. Een nagenoeg voltallige shift hangt als één grauwe groep op barkrukken, drinkt drieëndertigers. Jeanne en Germaine, de serveersters, hebben de handen vol. De leeftijd van de jeugdige fleur voorbij, bedekt een schattig met broderie anglaise afgewerkt, wit gesteven schortje hun bolle buik. Op plateaus dragen ze de glazen rond, bier met een kraag, naar behoren getapt. Vriendelijk, maar kordaat lezen ze al te vrijpostige drinkebroers de les. 'Handen thuishouden, het is u geraden.' Vuile handen, zwarte gezichten, schuimsnorren, sigaretten tussen vergeelde vingers geklemd, rode zakdoeken met vaalwitte bollen om de nek gebonden, gespannen buiken in werkbroeken, waarover zonder uitzondering een lendebrede zwarte elastische band met een geelkoperen sluiting dichtgeklikt zit. Gelach en gebral, hijsen, munten in het orgel gooien, kaarten voor grof geld, met veel misbaar slagen binnenrijven, gespannen gezichten, ruzies, kort handgemeen, geduw en getrek, gesus, uren later, ladderzat, huiswaarts. Die op hun bromfietsen of zware moto's terug naar Zwijndrecht, Beveren, Burcht, Melsele, waar moeder de vrouw angstig zit te wachten.

'Krijg dat thuis,' zegt Rika meer dan eens, 'zo'n vent met waterige, verdwaasde ogen, die met in het achterhoofd de aanval is de beste verdediging al vanuit de deuropening met dubbele tong dreigementen lispelt.' En dan zeg ik: 'En een gevaar op de baan, Rika. Als ze een ongeluk veroorzaken, wordt hun huis onder hun gat verkocht.' Prijst ze zich gelukkig dat ze mij heeft. Oe huis, dat ze onder oe gat verkopen. Alleen de gedachte bezorgt me rillingen. Louis van Doorn en Leon durven na het werk ook wel eens voorstellen: 'Kom, Raymond, één pint bij Jet in de Bristol op het Zuid, daar doet ge toch geen vlieg kwaad mee. Toe, vader, drink niet meer, die tijd is voorbij.'

'Kameraden, wallebakken, daar begin ik niet aan.' Nee, voor mij geen cafébezoek. En zie, zoals 's morgens uit het niets de mensenstroom opdoemt, is het nu of door een mysterieuze vingerknip iedereen op slag verzwonden lijkt. Sta ik hier ineens weer moederziel alleen. Een minuutje uitblazen. Mijn vaste zitbank opzoeken, dicht bij de waterkant. De verlaten, drassige dorheid van het door onkruid overwoekerde oevergras, dat afhelt tot bij het riet, het zwarte slib en de in verval geraakte houten aanlegsteiger, waar in de zomer de mensen komen zonnebaden, hun vakantie doorbrengen. Ik woon hier toch maar, kan ik dan niet laten te denken en daarom ben ik nog geen zelfgenoegzame zak. Nee, toch. Het zachte geklots, de meerimpelende donkere deining van het opkomende water, de ene rimpel die overgaat in de andere. Kan ik naar blijven kijken. Van mij zal er allang geen sprake meer zijn, maar dit blijft eeuwig voortduren. Hier alleen, de kudde van me af geschud. De kudde. Chaplin, *Moderne tijden*, speelden ze in de Crosly. 'Kom, Rika, dat mogen we niet missen.' Nee, ik moest absoluut mee naar *Sissi* en nadien is het er niet meer van gekomen. IJswater, als haarfijne, doorzijgende, venijnige speldenprikken op mijn voorhoofd, tegen mijn brillenglazen. De bank glibberig van het nat. Mijn kont klammig. 'Zie ik de lichtjes van de Schelde, dan gaat mijn hart wat sneller slaan...' Onnozelaar, zou iemand passeren, me hier in mijn eentje zien zitten zingen, in dit ijzige gemiezer, die zou denken, goed zot. De nevelige overkant in de avondschemer, de kade met de driehoekige fronten van de daken van de hangars, de aangemeerde schepen, de blinkende, vergulde, sidderende ribbels op het water, het voorbijvarend vrachtschip, een sleepboot, het silhouet van de stad. Quatsch natuurlijk, pure quatsch, dat minutenlange zelfvoldane gestaar of alles, ginds aan de overkant uitgestald, mijn exclusieve eigendom is. Maar het doet me deugd. De torens. Daar, die van mij. En ja, ik weet het, het heeft in *De Rode Vaan* gestaan: de Kathedraal, de Boerentoren en sinds kort, de toren van Bell Telephone Manufacturing Company, een heerszuchtig triumviraat, hoogmoedig en opdringerig, pronkerig zinnebeeld van financiële macht, kerk en kapitaal. Bij de inhuldiging, pardon, de inwijding, pastoor en kwispel waren paraat, oreerde, onze big chief, Van Dyck, pardon, baron van Dyck, mijnheer is in de adelstand verheven: 'De toren van Bell Telephone regeert voortaan mee als een lichtbaken over de stad.' Het werk werd neergelegd en via luidsprekers in de ateliers konden we de speechen meebeluisteren. Een geste! Maar toch, eerlijk is eerlijk, ik zou een leugenaar zijn, die toren, de hele fabriek, zaal 232, ik heb er iets mee. De ingenieurs, die zogezegd toevallig een babbeltje met me komen slaan, sinds ze mijn uitgewerkte voorstel in de ideeënbus hebben gevonden. Vijf man minder voor de productie van de stukken. Keken ze van op. Een premie van vijfduizend frank opgestreken. Ze blijven me uitvragen. Polsen. Zagen me de oren van de kop. En ik gloriëren. En onze kersverse lichtgewicht meestergast, onze Alfons De Vos, die regelmatig met zijn staart tussen zijn poten afkomt: 'Raymond, kunt gij het probleem oplossen? Ik ben nog niet genoeg ingewerkt.' Hij heeft me nodig, ik voel het, hij luistert naar me. Ik zou kunnen denken: ik zwijg als het graf, ze hebben mijnheer tot meestergast gebombardeerd, dat ze hun plan trekken. Zijn ze in staat me buiten te werken. Kalmeer, kalmeer, maakt oe niet zo druk. Geniet van de rust en sta stil bij het groter geheel. In Frankrijk, zesentwintig procent winst. Vijf miljoen kiezers gewonnen, en ginder zal het zesde vijfjarenplan een belangrijke stap zijn in de verwezenlijking van de nieuwe samenleving. Leon zei het daarstraks echt pakkend: 'Goedschiks of kwaadschiks, de toekomst is aan ons, daar is geen weg naast. Geduld, kameraden, geduld.' Die jongen is een aanwinst. 'Raymond, weet gij, in dat uitgestrekte land komen de burgers bijeen in hun fabrieken, in hun dorpen, in hun steden, vergaderen over het vijfjarenplan, over de economie, over de cultuur, geven kritiek, brengen initiatieven naar voor. Zij zijn met de toekomst van hun staat begaan, want zij zijn de aandeelhouders.' Als dat niet gesproken is. Ja, ja, dat slag jonge mensen hebben we nodig. Maar wat Louis-van-'t-vogeltje te berde bracht over Stalin en Chroesjtsjov. Kunt ge hem ongelijk geven? Waar is de tijd toen alles duidelijk was, klaar als pompwater, toen ge tenminste wist wat ge moest denken... Vliegtuiggeronk. Louis heeft het bij het rechte eind. Als de oorlog er niet was tussengekomen, waren we misschien piloot geweest. Mijn cursussen van Deurne liggen te beschimmelen in de kelder. Waren we... dagen de spoken van mijn nooit ingeloste verlangens op, mijn allang vervlogen voornemens. Ze zeggen dat ge zijt wat ge doet en wat ge doet daar kiest ge zelf voor. Dat zeggen ze, ja. Heb ik dan voor het verkeerde gekozen? Ik zou nochtans best een content mens kunnen zijn, als, als, as, as, asse. 'Asse zijn verbrande kolen daar krijgde niks voor', zei ons va altijd. Nee, ons va zei: 'Daar geeft een jood niet om.' Die woorden kunt ge vandaag de dag met goed fatsoen niet meer uitspreken. Ons va bedoelde het niet slecht, voor de oorlog stond ge daar niet bij stil. Hij zei ook altijd: 'Als iedereen gaat kunnen lezen en schrijven, zullen we wat meemaken, zal het gedaan zijn de mensen bloskes wijs te maken.' En Rika vitten, als ik het waag ons va zijn woorden aan te halen. Vader, vader, nu zijn ze geleerd en ze laten zich nog beduvelen en ze kunnen lezen en wat lezen ze, flauwekul, de Frut, de *Libelle*, Courths-Mahler. Och va, ik denk zo dikwijls aan oe verhaal, ik heb het al aan ons Rosa verteld. Ons Rosa. Die gaat doorleren, zeker en vast, maar die kleine, daar heb ik mijn bedenkingen bij. Vader, de geschiedenis, die ge ons altijd vertelde van in de catechismusles, hoe ge de pastoor op zijn eigen woorden pakte, toen hij een stuk uit de Bergrede declameerde: "Zalig zijn zij die arm zijn van geest, het Rijk der Hemelen hoort hun toe" en gij op zijn vraag:"Eugène, antwoord mij, aan wie behoort het Rijk der Hemelen?" antwoordde: "Aan de zotten, mijnheer pastoor." En een pets kreeg en hoe ge u verdedigde, ge hadt uw les toch goed geleerd, ge kont de hele Bergrede uit uw hoofd opzeggen, en ge het nog een keer ging herhalen; het Rijk der Hemelen behoorde toch aan de armen van geest, "dat zijn toch de zotten, mijnheer pastoor", waarop ge weer een pets tegen uw oren kreeg en buitengeschopt werd. Zo jong en al zo flegmatiek, en in die tijd. Veel is er helaas niet veranderd, het is nog altijd zo, als ge niet naar de pijpen van de paters danst, blijft ge een paria. De pijpen. De pijen. Va, oe gebeente luistert niet, ik weet het, maar tegen wie moet ik het zeggen, het onkruid heeft ook geen oren. Alaska. Met wat ge daar verdient, is al oe miserie in één klap van de baan. Louis, die het lef had erover te beginnen. Kop op, opstappen, ze wachten thuis en ik raak doorweekt.

Zonder enige beschutting over het platgetrapte wandelpad, de ruige verlaten vlakte over. Een woestijnachtige wildernis van opgespoten zeezand. Opboksen tegen de open wind in. Ik voel me als ingepakt door een natte lap. De dreigende wolkenhemel, ge zoudt zweren, een donker blauwachtig dennenbos op een schaduwrijke plek in de verte. Op de verlichtingspalen blijft het wachten. De eerste straten komen in het gezicht. De rechtlijnig afgebakende stukjes grond, bouwpercelen, waarop huizen verrijzen of gaan verrijzen voor gezinnen, voor moeders en vaders, die werken, voor later, voor de oude dag en voor de kinderen. Zo zit het leven in elkaar. Bijna thuis. Mijn huis. Tenminste niet zo'n schamel huis van vliegenpapier, van 'de Paters' of nog erger, van de socialewoningbouwmaatschappij Wonen en Dromen. Mijn huis met zijn zeven meter brede gevel. Alstublieft! En Louis-van-'t-vogeltje die en passant lachend zei: 'Zeg, Raymond gij spreekt van zeven meter of het er minstens twintig zijn. Petit-bourgeois. En gij vergeet één ding, kameraad, eigendom is diefstal.' Proudhon, het anarchisme, of híj míj iets moet wijsmaken. Proudhon heeft dat zo niet bedoeld. Dat zal ík hem eens uitleggen. De Louis. Dat ik altijd een witte col en een cravate draag, daar kan hij ook op zitten vitten. 'Gij zijt geen arbeider, gij zijt precies een universiteitsprofessor als ge u ziet lopen. Dat komt door al die boeken van de Wereldbibliotheek die in uw kop zitten. Dat straalt gij uit.' Ik moet mijn wrevel tegenover hem opzij zetten. Hij meent het niet slecht.

De Anton Bergmannstraat. Splinternieuwe huizen, gaten waar nog gebouwd moet worden, cementmolens, hopen grind, zakken zand, verroeste staven, onder zeildoek afgedekte ladingen gevelstenen. De lege tuintjes, de eerste schuchtere aanplantingen langs de achterzijde van de Herman Gorterlaan. Volop licht bij de Van Lommels. Boeren, rijk geworden in de oorlog met de zwarte markt. Kunnen geen a van een b onderscheiden, maar de wet van Gutt omzeilen, da was een kleintje. Waar komt anders al dat geld vandaan, waarvan betalen ze heel hun train-de-vie, hun Anglia de Luxe? Maurice hebben wij ook zo geholpen tegen mijn principe in en achteraf het hele bedrag eerlijk terugbetaald, wat niet van de andere kant van de familie gezegd kan worden. En hij had er geen verhaal tegen gehad. Ja, Maurice, die mag wel eens met de kinderen toereke rond rijden in zijn Ford Zodiac met witte banden, dat is wel het minste. Hij wil ons geld lenen voor de afwerking van het huis of voor de rustieke bank die Rika zo graag in de gang wil. Precies het enige aan het hele huis dat haar interesseert, een rustieke bank met klauwenpoten en leeuwenkoppen. Past perfect bij de marmeren tegels, vindt ze. Maurice wil ons het geld lenen aan een interessante interest, want het geven: 'Ge zoudt het niet aanvaarden, hè Raymond, het zou uw eer te na zijn.' Mijn eer te na. Hij kan eens komen. En het is simpel, er blijft nu al geen cent over op het einde van de maand. Nog meer afbetalen? Van peeschijven zeker. Rika kwam ermee af, mijn stiefbroertje wil ons voorthelpen. Stiefbroertje, dat zegt ze graag, stiefbroertje is toch zo'n leukerd. Stiefbroertje mag van geluk spreken. Begonnen als main-d'oeuvre kreeg hij achteraf de hele ijzergieterij in de schoot geworpen. Zijn baas had geen opvolger. Dertig man personeel, een hoogoven in zijn tuin. En dat durft beweren: het geluk, Raymond, dat zoekt ge zelf op... Godverdomme, daar hebt ge het, het radeloze onbehagen. Het bedreigende van het onvoorspelbare. Op vijftig stappen van mijn voordeur steekt het de kop op. Een klem op hart en keel. Nooit van tevoren weten of ge haar van voren of van achteren hebt. Omdat ik mijn gezond verstand gebruik, omdat ik de kerk in 't midden probeer te houden. Hoe krijgt een mens het voor elkaar het tij te keren, dat zij denkt: Oei, oei, hij is op komst, ik zal me maar een beetje voegen.

Hij is er, je kan je klok erop gelijkzetten. De kille klik van het verspringende slot, de eerste voetstap op de marmeren tegels, witte en zwarte, ruitvormig gelegd. Hij zal zorgvuldig zijn voeten vegen, zo is hij. Onlangs zei ik hem nog: 'Zoals jij je voeten veegt, is binnen de kortste keren de hele vloermat kaal, al een geluk dat het echte kokos is.' Had je die blik in dat afgetobde gezicht moeten zien. De doffe smak van de dichtklappende deur. Zijn fonkelende, uitwaaierende gestalte door het matgebobbelde glas van de keukendeur, en de naderende, slepende stappen. Eerst zijn overjas netjes aan de kapstok achter de kelderdeur, de kam door zijn haar, hoe hij het doet, een kaarsrechte scheiding en zonder spiegel.

Voeten vegen, op de witte marmeren tegels lopen, de zwarte sparen, schoensporen blijver er nadrukkelijker op achter. Pardessus aan de haak achter de kelderdeur, zwaar van het nat, de loshangende lus, een rafelend lintje... alles moet-te zelf doen. Mijn velouren klak, de voering blinkt van het vet, de ingebakken messcherpe schedelgeur. Als het beter weer wordt, moet hij naar de wasserij. Mijn brillenglazen poetsen. Mijn haar, het wordt dun en pluizig. Hop, het kammetje de binnenzak van mijn veston in, schoenen uit, geruite kemelharen pantoffels aan. Licht aan in de keuken. Ik zie een bewegende schaduw. Etensgeur. Ze is bezig. Maar laat ons niet te vlug victorie kraaien, met haar weet ge nooit.

Hij is er. Bezig zijn, bezig blijven, aardappelen prakken, een klontje Planta toevoegen, pletten, melk erbij, niet opkijken, gebaren van kromme haas, om het met zijn woorden te zeggen. Niet zozeer om tegendraads te zijn, dat niet, maar die zoen. Ik heb geen zin in zijn zoen, in zijn slurpende lippen op mijn voorhoofd. De houten lepel in de ene, het rood afgebiesd, in wit katoen gehaakte pannenlapje in de andere hand. Kan ik me mee vastklampen aan een oor van de hete kookpot. Of ik die pot in bescherming neem, of ik hem wil behoeden voor naderend onheil. Of die pót door hem gezoend moet worden. Een van de zes, grijsgroen geëmailleerd, gratis geleverd bij het elektrische fornuis. Wij de enigen in de straat die op elektriciteit koken, zijn idee. 'Ik ben voor de vooruitgang, de moderniteit', zegt hij altijd.

Ik blijf pal voor het fornuis staan, moet hij van terzijde naar me toe neigen, met zijn hoofd haast boven die hete pot gaan hangen.

'Dag zoet.'

Zoet. Een mens zou ernaar snakken doof te zijn. Krijgen we eerst zijn rituelen. Hoe hij zijn oude schooltas openmaakt, zijn kazak. De pinnetjes van de riempjes steken altijd keurig in de gaatjes en de riempjes zitten zorgvuldig in de lusjes. Ze lossnoert, losgespt. Ja, de drinkbus eruit, de beugelsluiting laten opwippen, de bus omspoelen en met schoon water gevuld een plek zoeken op de bomvolle gootsteen. Heeft ze de hele dag niets te doen, staat de vaat er nog, zal hij denken. Nu gaat hij de kruimels uit de verkreukte papieren broodzak schudden en die gladgestreken en opgevouwen opnieuw in zijn boekentas laten verdwijnen. Zijn twee dagelijkse kranten onder zijn oksel klemmen. Ziezo, de tas op zijn vaste stek achter de keukendeur.

'Voilà. Dag zoet. Wat een hondenweer, mijn broekspijpen plakken tegen mijn benen.'

Kijk hoe onhandig hij zich wendt en keert. De draaitol. Ach, ik kan niet blijven staan roeren of mijn leven ervan afhangt, niet naast hem blijven kijken. Maar hij staat op vinkenslag, een halvedraai en ik heb prijs, ik ontkom niet aan die zoen.

'Dag zoet.'

Het ligt op het puntje van mijn tong: hou toch op met je zoet, zoet, met je gezanik. 'Goeieavond, Raymond.' Niet opkijken. De ruisende buislamp. Mijn ogen verdragen dat felle witte licht niet.

'Zoet, met dat weer had ge de blaffeturen beter wat vroeger neergelaten, ze houden de kou tegen. Het is nog winter.'

De manie om een mens aldoor de les te lezen. In hemelsnaam, Hendrika, hou je lippen op elkaar.

Best dat ik zelf de daad bij het woord voeg. Eerst proberen naar buiten te kijken, de donkere schemer in. Mijn ogen afschermen met een hand tegen het glas van de keukendeur. De tuin van mijn huis. De betonnen paaltjes, in eigenhandig getimmerde bekistingen gegoten. De koning te rijk toen ik de eerste paal gaaf tussen de houten planken vandaan haalde. Moest ik aan ons moeder denken, als zij destijds een perfect gebakken cake uit de vorm schudde. Die heerlijke geur als de oven openging. Tussen de palen kiekendraad gespannen. De betonnen plantenbak langs de volledige lengte van het koertje, ook van Bibi. Er gaan knalrode geraniums in komen en ik ga een tuinpad aanleggen, met ernaast borders met bloemen: tulpen, gladiolen, asters, dahlia's, pioenen. Meemaken hoe die droge knollen tot leven komen. Een waar genoegen zal het zijn. En in het midden komt een gazon, met op de hoeken cirkelvormige uitsparingen voor rozenstruiken, en helemaal achteraan zal er plaats genoeg overblijven voor een seringenstruik, een appelboom, een perenboom en een mestput. En mijn droom: een volière bouwen zoals vroeger bij ons thuis in de Balansstraat. Wat staat Rika nu naar mijn rug te staren. Ze heeft er geen erg in dat ik het in de weerspiegeling van het glas zie, dat ik het in de gaten heb.

'Kom, ik heb oe nog geen smakkerd gegeven.'

Heeft hij me toch te stekken. Te weinig bewegingsruimte in het keukentje. Die zoen op mijn voorhoofd, pal boven mijn neus. Hij zoent me zoals een postbeambte een brief afstempelt. Een man kust zijn vrouw als hij thuiskomt van zijn werk, punt uit. Zo is hij. Huiver en kippenvel, maar daar staat Jean-Pierre in de deuropening tussen de woonkamer en de keuken, de schobbejak met duidelijk zichtbaar, trots en treiterachtig, het blikken speelgoedtankje in zijn handpalm.

'Mama, eten we puree met een ei?'

Heb ik hem nog zo op het hart gedrukt: 'Je krijgt het tankje, maar laat het niet aan papa zien.'

'Ja, lieverd, spinaziepuree met een ei, lekker, niet?' Zijn vieve oogjes. Een knipoog. Hij weet het, hij windt me om zijn vinger.

'Joepie, puree met een ei, lekker.' Hij rijdt met het tankje over de keukentafel. 'Takke takke takke takke.'

Raymond zal het zijne ervan denken. Ik kan het raden: doe maar, geef maar uit. Het geld groeit toch op onze rug en op de koop toe oorlogsspeelgoed met USA erop, jij voedt hem goed op, niks komt van dat mannetje terecht. Zie Raymonds rood ontstoken ogen achter de dikke brillenglazen van zijn zwaar hoornen montuur. Het is weer erg. Tiens, hij zwijgt als vermoord, verdwijnt naar de woonkamer. De spinazie door de passe-vite malen. Te lang gekookt, net niet aangebrand, bruingroen verkleurd. Wie niet content is, legt zijn hoofd er maar bij neer. Alles mengen.

'Jean-Pierre, een beetje rustiger, mijn hartendief.' Ik hoor het Raymond nog zeggen bij Jean-Pierres geboorte: 'Jean-Pierre. Wat een naam. Belachelijk, bourgeois. Grand jarre, petit noble, in een smal straatje.' Toch voet bij stuk gehouden. 'Durf het mij niet meer flikken, doe het mij niet meer aan, hem rap rap een andere naam te geven als je hem gaat aangeven bij de burgerlijke stand, zoals met Rosa.' Hij heeft het niet meer gewaagd. Het staat chique, een dubbele naam met een streepje ertussen, nou en... en, ach, daar heeft hij niets mee te maken. Jean-Pierre heet tenminste Jean-Pierre, anders had hij dat kind, mijn hoofd eraf, Eugène genoemd, naar zijn vader. Met Rosa heeft hij het me mooi gelapt. Beatrix, zo had Rosa moeten heten. Ons mam vond Beatrix zo mooi, de naam van het Hollandse kroonprinsesje. De verslagenheid van ons mam bij het kraambed toen ze besefte dat het te laat was. En dat Rosa haar eigenlijke naam Dolores is, Dolores Rosa, zonder streepje ertussen. Rosa valt nog uit te spreken. Dolores, stel je voor. Die naam nooit over mijn lippen gekregen. Er tijdens mijn dracht nooit over gesproken, over namen. En dan ineens lap. 'Liefjes van vroeger?' vroeg ik hem. 'Nee,' antwoordde hij, 'heldinnen.' Hoe zijn blik daarbij oplichtte. Rosa... Rosa wie ook weer...? Luxemburg. 'Rosa Luxemburg, martelares voor de goede zaak, gestorven voor haar ideaal, vermoord, in het kanaal geworpen.' Zijn vlammende, dwepende glans toen hij die woorden uitsprak. Net een amateurtoneelspeler. 'Het zal wel, wie zijn gat verbrandt moet op de blaren zitten', zei ik hem. Het is toch zo. Hoe hij toen om mijn onverschilligheid van woede was gaan zwellen. En Dolores. Ook weer die schittering in zijn ogen. 'Dolores Ibárruri, La Pasionaria!' Met dat mens loopt hij hoog op. Had zijn moeder er geen stokje voor gestoken, was hij gaan strijden met de Internationale Brigades. 'Over mijn lijk, liever bange Piet dan dooie Piet', moet ze geroepen hebben vanuit hun aan de keuken palende pomphuis, en in een handomdraai had ze zijn plunjezak omgekipt. 'Ja, voor ons moeder heb ik het gelaten.' Heeft hij mij althans verteld, de held. Zijn moeder zaliger, klein, gedrongen, rondborstig. Nooit in een goed blaadje bij haar gestaan. Ik had geen handen aan mijn lijf, huishouden doen zou nooit mijn fort zijn, maar wel in mijn armen haar laatste adem uitgeblazen, toevallig, een geraaktheid, maar toch. Altijd twee schorten voor, het kleine over het grote, bleef het grote schoon. 'Zonder mijn frakvoorschoot voel ik mij niet op mijn gemak', zei ze altijd. De eerste keer dat ik bij hen een voet in huis zette, in de Balansstraat, gooide ze mij zonder veel complimenten een gestreken laken toe, mocht ik helpen opvouwen. Mooie entree.

Schoonschrift. Een plezant huiswerk. 'Kalligrafie', zegt mijnheer Schollaert. 'Volhouden, daar komt het op aan, het laatste woord even netjes als het eerste. Volhouden, zoals bij alles wat ge doet, doorzetten, nooit gemakzuchtig worden, een goede raad voor wie er wil komen in het leven.' Dat zegt mijnheer Schollaert altijd. De hoofdletter W oefenen, in gewoon koordschrift, in sierschrift, in blokletters. Wie weet waar Witte Willem woont, Witte Willem woont wijd weg. Daar is papa. Hij legt altijd de kranten op de lege fruitschaal.

Ons Rosa. Ze heeft het wollen tafelkleed voor een stuk omgevouwen. Ze is aan haar huiswerk bezig. Onder mijn oude Coca-Colakleurige bureaulamp. Zonder hulp en zonder morren. Ze wil altijd mijn inktpot gebruiken, met de kobaltblauwe vulpeninkt, Quink van Parker, waarmee ik het reservoir van mijn Waterman vul. 'Dikke, sappige inkt', zegt ze. 'Niet te vergelijken met het waterige, afgewassen blauwe nat uit de inktfles waarmee op school de inktpotten gevuld worden.' Met het vuilroze vloeiblad dept ze zorgvuldig elke nieuwe regel droog. Het wordt te donker in de kamer. De lampadaire aansteken. Een erfstuk van Rika's moeder. De gefronste stroken van de satijnen bois du rose lampenkap hangen vol stof. Kareltje begint te fluiten. Zijn kooi dient dringend schoongemaakt en de gemorste velletjes van de zaadjes liggen over de vloer verspreid. Me bukken. Met de zijkant van mijn hand de velletjes bij elkaar vegen. Ik moet ze een voor een van de grond plukken. Zijn er nog genoeg kolen op de kachel? Het deurtje onderaan openen. Met de pook voorzichtig het rooster schudden. Opgepast voor de dwarse barst. Achter het gescheurde mica van de raampjes licht het vuur op. De aslade nakijken. De blaffeturen neerlaten. Ook in de voorkamer. Er moeten zo rap mogelijk gordijnen voor die ramen komen. Daar heeft Rika gelijk in. Iedereen kan van op straat binnenkijken. Van mijn overuren misschien. IJskoud is het hier, maar als ge de dubbele, glazen tussendeuren openzet en hier ook de stoof aansteekt, stookt ge oe arm. Het water in het aquarium wordt troebel. Het biologisch evenwicht, gemakkelijker gezegd dan gedaan. De thermometer controleren, warmwatervissen zijn fragiel. De door Rika's moeder in grindkleurig garen gecrocheteerde lapjes. Het hele huis is van voren naar achteren met die lapjes gepaleerd. Onder de fruitschaal, onder de porseleinen herder en herderin, onder de Oost-Indische vaasjes, onder de boekensteun, twee stenen turkooizen olifanten, onvervalste art deco, onder de echte Delftse vaas, onder de glazen pot met vergulde krullen om boerenjongens in te bewaren, onder zowat alle snuisterijen. 'Ons mam, die kon handwerken, ons mam, die kon alles, ons mam was een heilige', zegt Rika om de haverklap. Het koninginnenstuk: het tafelkleed op het ronde salontafeltje. Mag op zijn minst het stof ook wel eens uitgeklopt worden. De lapjes kleven tegen de ruggen van de clubfauteuils, van de twee doorgezakte lompe bakbeesten, ook erfstukken van haar moeder, en van de twee andere in tomatenrood fluweel. Die komen van bij vader en moeder thuis. Om vettige vlekken van hoofdhaar te voorkomen, zegt Rika. De natte pijpen om mijn benen, en als ge dan maar twee broeken hebt, een aan en een in de was.

'Is het al goed zo, papa?'

Papa knikt ja. Zie de vooruitgestoken, omgekrulde onderlip. Het rode, vliesachtige vlees van de binnenkant van zijn mond puilt uit, als een langwerpige glazige blaar.

'Ge kunt u uitwringen, papa.'

'Het begint al te drogen.'

Hoe Rosa me nakijkt, heimelijk, van opzij. Ze brengt me van de wijs. Ze houdt alles in de gaten.

Wat mijnheer Schollaert daarstraks beweerde. Dat er onzichtbare draden tussen mensen moeten bestaan. Draden van lucht zinderend in de lucht, draden van genegenheid, van deernis of van afkeer. 'En gij, haantje-de-voorste, of zeg ik hennetje-de-voorste,' zei hij tegen mij, 'gij moet u forceren, proberen tegen u eigen in vriendelijk te zijn voor Agathe. Gij gaat nu naar Agathe toe. Ze schoppen haar weer, ik heb het al een hele tijd in de gaten. Dat moet afgelopen zijn, Agathe kan er niets aan doen dat ze is zoals ze is. Eigenlijk is ze heroïsch.'

‘Wat is heroïsch, mijnheer?’

‘Heldhaftig. Ze trotseert uw pesterijen zonder verpinken, komt nooit klagen.’

Agathe, een heldin.

‘Knip de draden van afkeer door, meisje’, zei mijnheer Schollaert. Maar Agathe is onuitstaanbaar. Ze kan zo doordrammen. ‘Ooit kan toch hetzelfde zijn als nooit, hè mijnheer? Een ooit die er nooit komt, alleen weet ge dat niet op voorhand.’ En daar moeten wij dan allemaal naar zitten luisteren. Ze zal nooit afleren alles beter te weten. Ze vraagt erom gepest te worden, met haar logge lijf, haar lillende billen, oudevrouwenbillen. In de turnles, ge moet ze zien lopen. Maar dat Agathe zo ineens door mijn gedachten schiet... mensen die ge verfoeit zonder reden. Ik moet stoppen op mijn pennenstok te zuigen, de punt is al helemaal uitgerafeld, draderig geworden, als het vlassen staartje van Jean-Pierres houten paardje.

‘Eten.’ Mama roept ons.

Mama en papa naast elkaar, kijken aan tegen de groen-witgespikkelde keukenmuur. Glansbeton. In het midden hangt de te grote almanak van Coca-Cola. Ze hebben er nog woorden over gehad, over die almanak.

‘Coca-Cola komt mijn huis niet in en dan hangt gij dat ding tegen de muur.’

‘Om dat armetierige glansbeton van jou, dat ik zo vreselijk vind, een beetje te camoufleren’, zei mama.

‘Glansbeton kwam goedkoper uit dan tegels, dat weet ge goed genoeg.’

Ik tegenover Jean-Pierre aan het smalle tafeleinde. Het keukentje is te klein voor de houten tafel, maar we hadden die tafel nu eenmaal. In de lengte tegen de muur geschoven, vult ze de hele ruimte op.

Vier borden, vier vorken, vier waterglazen. Lege mosterdglazen. Eieren worden geprakt, het eigeel kleurt de puree, klompjes margarine smelten in een kuiltje, vorken worden naar monden gebracht, getik tegen de borden.

'Puree met een ei, lekker, lekker', kraait Jean-Pierre. 'Mama heeft speciaal voor mij mijn lievelingseten gemaakt, hè mama? En ik heb ook nog een tank gekregen, hè mama?'

'Zwijgen en eten', zegt papa.

De twee uiteinden van het witkatoenen touwtje van de strop van papa's gestreepte pyjamabroek bengelen tussen zijn benen, zijn gulp gaapt, vormt een gleuf. Zijn onderbroek, van het merk Avion, vormt gelukkig een strak wit scherm, anders zou ik alles van papa kunnen zien. Nu zie ik alleen een soort omzwachtelde zwelling. Ik ken het slurfachtig dingetje van Jean-Pierre en dat van de jongens in de straat, als ze een wedstrijd houden om ter verste wateren. En die keer toen we bedot speelden in de kerk, iedereen verscholen zat en ik met Marc, de oudste van de broers Vets, nadat hij galmend 'achtennegentig, negenennegentig, honderd, al wie 'k zie is eraan' had geroepen, mee op zoek ging. Een karwei in die grote kerk. De massa kerkstoelen met hun lage biezen zittingen en hun hoge rugleuningen, al die zuilen, hoeken en kanten en kapelletjes, heiligenbeelden in wit marmer, het offerblok, de doopvont. Hij troonde me mee. We kwamen via een deur opzij van het altaar in de sacristie, toppunt van geheimzinnigheid. Ik was nog nooit in een sacristie geweest, het was ongelofelijk spannend en ik ademde heel diep de duffe wierookgeur in en Marc zei: 'Kom, ik zal u rap de gewaden tonen die de priesters aantrekken als ze de mis opdienen.' Hij duwde me een soort kleedkamer binnen, en een en al bewondering voor de prachtige stoffen van de misgewaden en de kazuifels die op kapstokken aan een ijzeren bar hingen, en onder de indruk van de sfeer, had ik niets in de gaten, en voor ik het goed en wel besefte, stond Marc voor me met zijn gulp losgeknoopt en zijn fluit had in al zijn glorie het ruime sop gekozen, of die al te lang opgesloten had gezeten in de te krap zittende velouren broek, die tot in zijn liezen trok; een korte broek met pijpen die amper over zijn billen reikten, een korte broek met te korte pijpen, en ik keek op een ietwat glimmend, bont en blauw strak gespannen paaltje zonder slurfachtig uiteinde, maar met een gekloven uitstulping, met een gleufje precies zoals de rode jappekes die mama wel eens koopt. Kriekjes. 'Neem hem eens vast, voel er eens aan', vroeg hij, me raar aankijkend. 'Zeg, zijt gij gek. Viespeuk. Dat zou mijn moeder zeggen', zei ik. Ik lachte, maar met een geforceerd giechellachje. Welk model zou papa hebben?

'Houd uw verket eens vast, als een grote jongen, ge zijt toch geen klein boeleke meer, en ellebogen van tafel', commandeert papa.

'Laat dat kind toch eten, jij met je tafelmanieren.' Mama weer zo bits. Papa's behaarde vingers, de groenige slierten puree, rondmalend in zijn mond, als mortel in een mortelmolen. Hij smakt. Hij ruikt naar de fabriek en naar niet gewassen zijn.

'Bij ons op de zaal, het was weer wat vandaag.'

Daar hebt ge het, het heeft lang geduurd.

'En Louis-van-'t-vogeltje moet oppassen, het is nani omdat we van hem Kareltje hebben gekregen, dat 'm moet denken dat hij wat meer mag dan een ander en dat hij moet denken dat hij het beter weet. Als hij zo bleft, gaat hij uit de ploeg.' Papa raakt opgewonden.

'We zijn niet doof, met je gekeel.' Mama.

'Beroepsmisvorming. Mijn schuld?'

Papa weet toch dat mama er niet tegen kan als hij over de fabriek begint. Die uitleg over de machines. Over radertjes, tandwielen, lagers, matrijzen, geperforeerde metalen plaatjes. 'Het is zo simpel, al die stukken hebben een reeksnummer, het wijst zichzelf uit, moet ik het stap voor stap uitleggen, voordoen, kinkels zijn het, die mannen.' Altijd laten horen dat hij daar de lakens uitdeelt.

'Lekker?' Mama kijkt vertederd naar Jean-Pierre.

'En de ingenieurs hun handen staan zo.'

Papa legt zijn vork neer en toont hoe de ingenieurs hun handen staan. Strekt zijn armen voor zich uit, draait zijn handpalmen naar buiten, de ruggen tegen elkaar.

'Dat doen wij ook op school', roept Jean-Pierre. 'Met het liedje van de zeehond.' Hij aapt papa na en maakt er geluiden bij: 'Oe, oe, oe, oe.' Mama moet lachen.

'Maar wanneer ga jij nu meestergast worden? Daar spreek je nu al zo lang over.' Mama vraagt het heel scherp en zo onverwachts.

'Tegen Louis ben je kordaat, je zou beter wat meer praat hebben tegen de bazen. Maar voor een betere positie laat jij je altijd schuren.'

Papa gaat nu geen woord meer uitbrengen, hij gaat zich inhouden, hoewel hij in zijn binnenste kookt. Altijd hetzelfde liedje, en als mama nu ook nog zegt trek zo geen lijkbiddersgezicht.

'Takke, takke, takke, takke.' Jean-Pierre laat het tankje rond zijn bord rijden. 'Takke, takke, takke', om een waterglas. Nee. Hij stoot het om, het water gutst in zijn bord, vormt een plas op het gebloemde tafelkleed in toile-cirée.

Papa slingert zonder één woord het tankje de keuken door. Mama vraagt of papa zot is geworden.

'Had dat ding naar boven gesmeten, tegen je neonbuis, gooi die stuk, ben ik meteen van dat vreselijke witte licht af dat jij zo praktisch vindt, of hoe zeg jij dat met je geleerde woorden. Functioneel. Of efficiënt. Lieve hemel, een beetje gezelligheid zit er bij jou niet in, ken jij niet. Al een geluk dat ons mam dit niet meer hoeft mee te maken.'

Jean-Pierre huilt. Mama tilt hem van zijn stoel. Hij hangt met zijn hoofd in de kom van haar elleboog. Als een big met de poten in de lucht. Een big, eerder een gestroopt konijn. Ze wiegt hem. Alsof hij nog een baby is. Papa bukt zich om het tankje op te rapen. Hij zet het terug op tafel, zoekt tussen het gebruikte serviesgoed met de aangekoekte etensresten in de witporseleinen gootsteen een schoteldoek om de plas water op te vegen. De bittere trek om zijn mond.

'Wat is er mis met dat licht? Ik wil kunnen zien wat ik eet.'

'Het doet pijn aan mijn ogen.'

Papa slokt zijn bord verder leeg. Op zijn gesmak en op het gesnotter van Jean-Pierre na is het nu doodstil in de keuken.

'Hansje Pansje kevertje, die klom eens op een hek', begint mama zacht te zingen. En of het twee beentjes zijn, stappen haar wijsvinger en middelvinger van pols naar schouder over Jean-Pierres arm: 'En toen kwam de regen, die spoelde alles weg.' Roetsj, haar vingers glijden naar beneden. 'Toen kwam het zonnetje, dat maakte alles droog.' Vingers opnieuw stapsgewijze de hoogte in. 'Hansje Pansje kevertje die kroop toen weer omhoog.'

'Dat kietelt', zegt Jean-Pierre door zijn tranen heen giechelend. Vanop mama's schoot kijkt hij papa met verholen triomf aan.

'Nog eens', zegt hij.

'Eet nu maar eerst voort', zegt mama.

Papa schept een extra portie op, schraapt in de pot. Eet voort. Smakt voort. Niemand die nog iets zegt. De stukjes eiwit uit de puree prikken, de rest moet ik niet meer. Die doodse stilte... De lijn. Wat mijnheer Schollaert over de lijn zei.

'Mijnheer Schollaert heeft iets verteld en ik moet er maar aan blijven denken. Julien De Rover dicteerde de zinnen van het dictee. Mijnheer Schollaert schreef ze op het bord. "Punt, andere lijn", zei Julien en mijnheer Schollaert zei: "Mis. Punt, andere streep", en hij trok een lijn op het bord. "Dit is geen lijn, dit is een streep", zei hij. "Zowel links als rechts kan ik die streep doortrekken, het bord voorbij, langs de muren van de klas, het raam door, de wereld rond, het heelal in, mijn leven lang kan ik bezig blijven, maar die streep zal nooit af zijn. Die streep is altijd een stuk van een lijn waar nooit een einde aan komt. Trouwens, de streep op het bord is allang geen streep meer, maar een vlak, een rechthoek met een lengte en een hoogte. Lijnen en strepen kunt ge eigenlijk niet zien, die kunt ge alleen denken." En dat vind ik nu raar, dat lijnen en strepen eigenlijk niet bestaan. En nu zit ik de hele tijd in gedachten een lijn te trekken, mijn lijn zit al heel ver, mijn streep eigenlijk, en ik wil ermee stoppen, maar het lukt niet, ik blijf ze doortrekken, of er een enorme in de war geraakte knot wol die niet afgewikkeld raakt, in mijn hoofd zit en...' Hoe mama naar me kijkt, of alle kleur uit haar ogen is weggevloeid. Ze doet me schrikken. Jean-Pierre laat zijn tankje weer over tafel rijden.

'Ja, dat is waar, een lijn is oneindig, ge kunt die in gedachte blijven verlengen tot in de eeuwigheid, amen. Een lijn is een idee', zegt papa met volgepropte mond. 'Zoals de getallen. Ge kunt vier borden of n'importe hebben, of de vierde in de rij zijn, maar vier, de vier als de vier bestaat niet, de getallen zijn zoals een truweel waarmee ge kunt metsen, de werktuigen waarmee ge kunt rekenen of een volgorde bepalen, werktuigen in uw gedachten. Getallen zijn iets transcendentaals, maar daar zijt ge nog te jong voor.' Schiet zijn eten in het verkeerde keelgat. Schor, gorgelend gehoest.

'Armen omhoog, papa.'

Mama blijft onbewogen.

'Dat komt ervan. Niet moeilijk, je verslikt je in je eigen woorden. Jij moet altijd zo geleerd doen tegen de kinderen', zegt mama en terwijl probeert ze Jean-Pierre te voeren. Tevergeefs.

'Schattebout, en je lust het zo graag.'

'Papa heeft erop gespeekt.'

Papa paarsrood. Mama mept hem nu toch tussen zijn schouderbladen. De paniek, dat iemand die zich verslikt, stikt, de beslagen ruiten met de spoortjes zigzag dalende waterdampdruppels, de opgestapelde wanorde in de gootsteen, de natte schimmelplekken in een hoek van het plafond, boven het verzamelde, lege, niet of slecht uitgespoelde regiment melkflessen met groenbeschimmelde melkbodems, die een ranzige geur verspreiden. De door papa zelf getimmerde keukenkast waar hij met veel goede moed aan begon, maar waar blijven de sloten en de handgrepen? De triplex deurtjes hangen er vermoeid, halfopen bij. Schappen met conservenblikken, een uit de gescheurde zak gegleden heuveltje kristalsuiker, een half pak peperkoek, kruimels van koekjes, koffiekopjes met ingevreten randen, een pot verschaalde thee, de zwarte korrels tegen diarree, die als zoete asse in de mond smaken, een zakje geel zwavelpoeder tegen zweren, allerhande doosjes medicijnen, borden en bestek, kriskras door elkaar. Het akelig witte licht. Papa's rauwe, gierende uithalen. De neergelaten rolluiken als een verstikkend pantser om ons heen. Ik moet hier weg. De kamer in. Ik hoor mama zeggen: 'Ze krijgt haar kuren weer.' De dubbele glazen tussendeur door. Ik kruip in een van de clubfauteuils in de ijskoude, donkere voorkamer, armen om mijn knieën, en of het nare, drukkende gevoel me achterna geslopen is, zich tegen me aan heeft gevlijd, overvalt die ambetante gedachte me weer: ik vind het hier niet plezant, ik wil hier weg, voorgoed, waarom treuzelt de tijd toch zo. Hij duurt, hij duurt, hij blijft maar duren. Komt er ooit een einde aan? Ooit. Hoe lang duurt ooit? 'Kwestie van jaren. De tijd een duwtje in de rug geven, zoals water water voortstuwt, als dat eens kon', zei Theo Vets, die ook graag al een grote mens zou willen zijn. 'Of toveren,' zei ik, 'hocus-pocus-pats, ik wou dat ik volwassen was.' Ik weet het heel zeker, ik zou graag ergens naartoe willen waar de mensen vriendelijk zijn tegen elkaar. Dat wil ik allang, van toen ik nog niet wist waar de kinderen vandaan kwamen, en mama me probeerde wijs te maken dat ooievaars de kinderen brengen en ik niks zei maar het niet geloofde, want hoe geraakten de ooievaars aan de baby's en aan de doeken waarin ze de baby's zogezegd vervoeren, en hoe kwam het dat de baby's tijdens de vlucht nooit uit die doeken tuimelden, en ik dan maar zelf iets bedacht. Dat dokters baby's in ziekenhuizen aan elkaar opereren. Alle nodige stukken, armen, benen, magen, harten in bakken klaarliggen. Ja, toen al dacht ik: pech, dat juist op het ogenblik ik afgewerkt was, mama en papa langskwamen. En wat ik ook erg vond, dat de dokter niet een paar andere stukken koos toen hij mij in elkaar stak. Onderwijl heb ik me erbij neergelegd. Ik moet wel. Niemand kan iemand anders zijn, weet ik nu. Theo Vets heeft zijn vader en moeder bespioneerd. Hij heeft het met zijn eigen ogen gezien, het geheim van de seks. Door hem weet ik dat ik ben wie ik ben: door papa zonder pyjamabroek en zonder onderbroek aan, en nu moet ik me niet meer afvragen waarom ik niet het kind van Rita Hayworth en Aga Khan ben, dan was ik Yasmine Khan. De foto in de *Libelle*, Yasmine tussen haar vader en moeder in, in Parijs voor de Eiffeltoren. Ze hadden mooie kleren aan, ze lachten naar de fotograaf. Ze hebben alles. Of een wonderkind, zoals Minou Drouet. Zij stond ook in de *Libelle*, in een jurk van glanzende taft, madrasruiten. Veel mensen om haar heen. Maar het gevoel dat ik liever iemand anders met een andere vader en moeder zou zijn, blijft. Behalve op school, als mijnheer Schollaert me een tien geeft voor voordragen, of als hij mijn tekening kiest om in de klas aan de muur te hangen. En natuurlijk als Theo Vets in de buurt is. Van alle broers van Godelieve is hij de bijzonderste. Van alle jongens uit de straat, van alle jongens in de wijde omtrek. Hij is speciaal. Waarom weet ik niet, maar als hij in de buurt is, voel ik me anders dan anders. Beter. Opgewonden. Betoverd. Zijn haar valt goed, een broske met een weerborstel, en zijn wipneus is zo koddig. Hij is klein van gestalte in vergelijking met de andere jongens van zijn leeftijd, dat wel, maar naargelang zijn lengte heeft hij grote voeten, en mama beweert dat kleine ventjes met grote voeten hun scheut later krijgen. Hoewel, mama dat misschien alleen maar zegt omdat Jean-Pierre ook klein is voor zijn leeftijd en in verhouding volgens haar ook grote voeten heeft… Boven mijn hoofd zie ik vaag de omtrekken van de luster, een bak in glazen rechthoeken verdeeld, precies vastgekleefd aan het plafond. 'Dat is nu nog eens een echt art deco-stuk, van vroeger bij ons thuis', zegt papa herhaaldelijk. Wat hij bedoelt met art deco? Hij zegt zoveel dat ik niet begrijp. Alleen de vissen krijgen hier verwarming. Papa en zijn aquarium. Hij wil ook een volière bouwen in de tuin. Met die dingen is hij graag bezig. Met mijn handen over mijn armen wrijven, krijgt ge het warm van. Alleen soms 's zondags wordt hier in de voorkamer de kachel aangestoken en worden de dubbele glazen tussendeuren opengezet. Is het net of de twee schoorsteenmantels tegen elkaar leunen. Deze hier is in travertijn. Dat zegt papa, travertijn. Ja, 's zondags. Soms. Mama wil dat, voor de gezelligheid of als er bezoek komt. Als er bezoek komt. Nonkel Maurice en tante Martha, als die komen, dan is alles anders, zonniger. Nonkel Maurice is een plezanterik. De ritjes naast hem op de bank in zijn Ford Zodiac met witte banden. Dan knijp ik mijn ogen toe en vraag ik me af, waar rijden we nu en nu en waar zullen we zijn en wat zal ik zien als ik mijn ogen weer opendoe. Een spelletje in mijn eentje. Het lichte, zweverige gevoel dat ge ervan krijgt. Of als nonkel Maurice over kinderkopjes rijdt, precies op de kermis, op een carrousel of op de levende paardjes. Is het of er iets aan het klotsen slaat, dat loszit in uw buik. Spijtig van Giselle. 'Wat een kruis, zo'n kind', zegt mama altijd. 'Het zit in de familie langs de kant van tante Martha, wat zijn ze met al hun geld, dat is iets voor heel je leven. Ik zag van in het begin dat er wat mis was, ze smeerde haar stront tegen de muur, at hem op, en dat ze haar naar dat ballet hebben genoemd dat ze gezien hadden in Brussel, voor ze trouwden.' Ja, als mama het over Giselle heeft, kijkt ze content naar mij. En als ze op bezoek komen, zegt mama: 'Wees jij een beetje toeschietelijk, Giselle kan het niet helpen, ze is onhandelbaar, ze kunnen er nergens mee komen.' Giselle heeft een opgedrongen gezicht, zoals Agathe, maar in het abnormaal. Als ze iets zegt, versta ik het amper. Als ze op bezoek zijn, danst nonkel Maurice altijd met mij in het rond en zingt van Rosamunde. Ik denk dat hij mij liever als dochter zou hebben. Tante Martha, die iedere zondag zonder één keer over te slaan naar de mis gaat, zou die bidden om Giselle terug normaal te krijgen, en zou ze nooit kwaad zijn op God? En nonkel Roger, tante Dorothea, mijn kozijn Norbert en twee nichten Nicole en Denise. Dat ik dat pas weet, dat die er ook zijn. Ze zijn precies uit de lucht komen vallen. Nonkel Roger. Papa's broer. Ze moeten vroeger ruzie gehad hebben. Tenminste mama met tante Dorothea, en door de faire-part die in de brievenbus stak hebben ze zich na al die jaren verzoend. 'Zij hebben de eerste stap gezet, ik wil me nu ook niet laten kennen,' zei mama, 'we zullen Nicole voor haar trouw een elektrische frietketel cadeau doen.' En nonkel Roger heeft naderhand een postkaartje gestuurd om te bedanken en om te vragen op bezoek te komen: 'Want we zouden zo graag Rosa en Jean-Pierre leren kennen. Het is toch geen werk, Rika. Uw kinderen weten niets af van het bestaan van hun familie, terwijl we eigenlijk op een boogscheut van elkaar wonen. Ge pakt de tram tot in de Oude-God, daar komen we u ophalen.' Spannend. Hoe zouden ze eruitzien? Hopelijk antwoordt papa vlug. Tante Dorothea heeft een winkel overgenomen, een oud garen- en bandenwinkeltje. 'Fournituren,' vertelde papa, 'er wat artikels bijgepakt.' En met een winkel kunt ge tegenwoordig niet meer zonder telefoon, dus kan papa ook gaan telefoneren in de kruidenierswinkel Central, bij Bertha, of hiernaast bij die van Vennesoen, die willen er zelfs niets voor. Maar papa zegt altijd: 'Nee, nee, just is just.' Betaalt altijd netjes vijf frank. 'En als ze naar ons komen, doen we dan een feest, mama?' 'Een feest, een feest, ik zou niet weten ter ere van welke heilige', zei mama. Mama kan zo vlug van die kribbige antwoorden geven, terwijl ik zo graag eens een feest zou willen hebben. Bij ons is het nooit feest. Ik hoor mama afkomen.

'Wat zit je te kniezen in die kou en in het donker, mal wicht. Kom die kamer uit. Straks ben je ziek, kan ik de dokter laten komen, en hoe zit het met dat huiswerk? Maak het af of ruim het op.'

Mal wicht, ook een van mama's Hollandse uitdrukkingen.

Mama steekt het volle licht aan in de woonkamer. De luster met donkerhouten armen en rode perkamenten lampenkapjes brandt boven onze tafel en op onze stoelen met bruinlederen zittingen en op de buffetkast met zijn gebombeerde deuren. Er moet nog veel gebeuren in ons huis. Op de vloer liggen provisoir losse stukken afgetrapte linoleum in afwachting van het vaste tapijt. De geplafonneerde muren zijn nog steeds kaal en zonder één likje verf. Mijn huiswerk voortmaken.

'Zorgvuldig van letter naar letter, met oog voor elk detail, zo wil ik het zien', zegt mijnheer Schollaert. 'Als ge schrijft moet het precies zijn of ge een touwtje tekent.' Mooie letters. Moderne. BROEDER-SCHNEIDER staat op de plaat met het alfabet, boven het bord. In het Onze-Lieve-Vrouw ter Sneeuw Instituut leren ze nog schrijven met krullen, met van die precies opzij gewaaide lussen. Papa schrijft met het nieuwe schooljaar altijd mooie titelbladen in mijn schriften. Hij kan dat. Ik mag hem dat altijd vragen. Grote blokletters met een tekenpen en ook in Oost-Indische inkt, zoals in de verbleekte roze map, waarin hij zijn tekeningen van de nijverheidsschool bewaart. Mechanica, staat op het etiket. Hefbomen, raderassen, kogellagers. De uitleg erbij in minuscule bloklettertjes, geschreven tussen vier millimeter van elkaar verwijderde, met de lat getrokken potloodlijntjes. 'Pareltjes', zei hij trots op een keer, toen hij door de map bladerde. 'Ja, precies Leonardo da Vinci. Wij hebben daar op school een boek over', zei ik. Keek papa van op. Ik moet voortdoen. Maar Jean-Pierre hindert mij. Met zijn ononderbroken getakke-takke-tak en met zijn in slagorde opgestelde loden soldaatjes. De stofvlokken wolken onder de tafel uit. Precies het dampend kruit van zijn oorlogsgewoel.

'Schudt zo niet met de tafel, Jean-Pierre, mijn pen bibbert.'

'Piep, gij moet niet zo kwaad naar me kijken met uw rode kop ondersteboven onder tafel. Ik ga hier niet weg, Rosa, dit is mijn hoofdkwartier.'

Papa op een stoel bij de roodgloeiende kachel, ietwat doorgezakt, met de *Volksgazet* als een scherm om hem heen, zijn voeten op het voetenbankje. Hier is de schoorsteenmantel in bruin marmer. De pendule tikt parmantig. Tik... tik... tik... tik. Mama neuriet mee met de radio. Mantovani en zijn orkest... Door het vuur. Mijnheer Schollaert heeft dat allemaal duidelijk uitgelegd. Door het vuur konden de voorhistorische mensen hun vlees gaan bakken en braden en roosteren of koken. Smaakte het beter en zo werd ook hun leven beter en gezelliger, want gezelligheid wil toch ieder mens, en zo dicht bijeen, voor de warme gloed van de vlammen, gingen de voorhistorische mensen elkaar van alles vertellen. Meer dan boodschappen mededelen of seinen geven. Misschien gingen de mensen, als ge ze al mensen kont noemen, elkaar toen graag zien en gingen ze dat elkaar duidelijk maken, en door al dat gebabbel of soort van gebabbel gingen hun hersenen uitzetten en werden ze slimmer, en op de duur, maar dan zijn we natuurlijk al veel later, waren ze slim genoeg om zich af te vragen hoe het in elkaar zat met het leven en de dood en de hemel met de sterren en de aarde met het water, en zo zijn ze op de goden gekomen, en nog later hebben ze van al die goden samen één God gemaakt. Dat was simpeler. Dus de mens heeft God geschapen en niet andersom. Of uitgevonden. Dat is juister. De mens heeft God uitgevonden. Maar dat willen de meeste mensen niet gezegd hebben, zegt mijnheer Schollaert. En er bestaat misschien wel iets wat ge God kunt noemen, het antwoord op hoe het oerbegin begonnen is, iets wat voorlopig onvindbaar blijft. Volgens mij moet het iets heel weerbarstigs geweest zijn, minuscuul klein, met een weerhaakje, een hardnekkig venijnig dingetje, dat niet afgaf, maar dat iets, daar kan alleen de wetenschap naar op zoek gaan, alleen de wetenschap zal dat raadsel stapje voor stapje ontrafelen. Nee, om dichter bij God te komen, zal bidden geen zoden aan de dijk brengen, daar is zoals ik zeg de wetenschap voor. En Willy De Nul, die later geleerde wil worden – hij heeft nu al een microscoop en een scheikunde doos – riep: 'Ik ga later naar het begin van het begin op zoek, een makkie, een kolfje naar mijn hand.' 'Rustig maar', zei mijnheer Schollaert. 'Eerst zien en dan geloven.' En Greta Gregoir, die een beetje katholiek is, maar toch niet genoeg om naar het Onze-Lieve-Vrouw ter Sneeuw Instituut te gaan, maar wel haar plechtige communie zal doen, zei: 'Misschien is de enige die het weet de paus, want hij is de gezant van God op aarde, maar moet hij zwijgen van God.' Moest Agathe Apers zich weer moeien. 'God is iemand en tegelijkertijd niemand, hè mijnheer?' Ja, het vuur is heel belangrijk geweest, om slimmer te worden en ook om het leven te verbeteren, gezelliger te maken. Wat begint mama nu ineens te dansen?

Doe maar. Opzettelijk en met een heimelijk genoegen met haar elleboog tegen mijn gazet stoten, telkens als ze voorbijkomt. Zie ze bezig, om de tafel heen manoeuvrerend, met een ingebeelde partner en met de nadrukkelijke bewegingen van een dansschoolleerlinge, *Tango, Jealousy*. Dat ze me nu mijn rust eens gunt, dat ik tenminste mijn gazet kan lezen. Komt ze weer langs me heen gescheerd, weer een por. Omwille van de lieve vrede, Raymond, negeren.

Nu ergert hij zich waarschijnlijk dood, de stijve hark. Hij verdraagt niet dat ik zo goed kan dansen, dat ik gracieus ben. Die boosaardige twinkel in zijn ogen, hij moet weer iets gelezen hebben in de krant, zie dat leedvermaak.

'Jij en je krant.'

Altijd die wrevelige uitvallen en waarom me uitdagen? Ze weet dat ik er niet tegen kan. De melodie halverwege. Ze onderbreekt gelukkig haar gefladder. Keert de rust weer. Ineens, een trieste blik, toegespitst op een vluchtpunt, of ze door de muur heen, de verte in kijkt. Wat gaat toch door dat hoofd?

Vroeger, in de Châtelet, ik zat niet veel op mijn stoel. Allemaal vroegen ze mij ten dans. Emile, zoon van de gordijnenwinkel in de Drie Koningenstraat, behangen, garneren. Je kon hem altijd door een ringetje halen. Soms droeg hij een geruite golfbroek. Had het wat kunnen worden tussen ons? Was hij de prins op het witte paard, die ik ben misgelopen? Stond hij in vuur en vlam voor mij en was hij te verlegen om het me duidelijk te maken? Of was het omdat ik geen vader had? Dacht Emile misschien ook dat ons mam een bedrogen dochter was? Nooit heb ik zijn bedoelingen kunnen achterhalen. In vuur en vlam. Ach, gewone mensen zijn daar niet voor in de wieg gelegd. Prins Rainier van Monaco en Grace Kelly, ja, die zullen wel weten wat hartstocht is.

'Ik wil de krant vanavond ook nog lezen, Raymond, je bent ze toch niet uit het hoofd aan 't leren, hè.'

'Hier als ge wilt, neem ik wel *De Rode Vaan*'.

'Ik ga eerst thee zetten.'

Theepot omspoelen, citroen in plakjes snijden, op een schap in de kast staat een mica zakje spinnetjes en een al geopende doos met kattentongen en bokkenpoten. Een eeuwigheid duurt het voor het water kookt. Hij met zijn moderne tijd, met zijn elektriciteit.

'Rosa heeft me gestampt, ze heeft me gestampt met haar schoenen aan.'

'Hij is begonnen. Hij schudde expres met de tafel en zie nu, een klad. Wat gaat mijnheer Schollaert daarvan zeggen?'

'Ik heb een buil. Ik bloed, ik bloed. Mama, kijk, ik bloed.'

'Ik kan niet eens rustig thee maken. Kreng, hij bloedt. Kom, mijn mannetje.'

'En die klad. Mijnheer Schollaert heeft nog gezegd: geen vlekken.'

'Mijnheer Schollaert, mijnheer Schollaert, jij met je mijnheer Schollaert, mijnheer Schollaert voor, mijnheer Schollaert na.'

Mama's krenkende oogopslag. Ik ben toch ook haar kind.
'Jij zit er met je neus bovenop en jij laat het maar betijen.'
Kan mama weer ruziemaken met papa.
'Ik wil rust, zou-de die kleine niet in zijn bed leggen? Het is tijd. Of dat hij boven gaat spelen.'
'In die kou zeker.'
'Daar gaat 'm niet van dood. En dat hij stopt met dat gejank, het Gesproken Dagblad gaat beginnen.'
De radio een kwartslag luider, de stoel dichterbij, papa's oor tegen de gespikkelde glinsteringen van de over de luidspreker gespannen grove stof in de zijkant van de radio. Anders verstaat hij niets.
'Sssst, zeg ik.'
Papa's dreigende, priemende blik door het zware hoornen montuur, zijn wijsvinger voor de mond. Jean-Pierre likt aan een knalrode lolly.
'En ik, mama?'
'Het was de laatste.'
'Jean-Pierre krijgt altijd alles.'
'Omdat jij nooit aardig voor je kleine broertje bent, mispunt.'
Met mijn inktgom veeg ik een gat in het blad. Toch proberen. Mijn blad met de klad tussen duim en wijsvinger klemmen.
'Stop daarmee, ge verkreukt oe blad op die manier, ik zal de klad wegkrabben met een Gilletteke. Wacht tot de berichten voorbij zijn.' Of papa met zijn ogen luistert, precies zuignappen, die de stem van de nieuwslezer opslurpen.

Raymond met zijn kranten, zijn nieuwsberichten en zijn Bell Telephone Manufacturing Company, dat telt, en zijn huis, al zijn genegenheid gaat naar het huis, voor de rest. Zie, de duistere plooi tussen zijn gefronste wenkbrauwen. Ik moet hem nog iets zeggen over... Zijn heftig nee schudden. Ook goed, ik zwijg. Draait hij de radio nog maar een kwartslag luider.

De langgerekte p…ffffft die tussen mama's gesloten lippen glipt als een weggemoffelde wind tussen dichtgeknepen billen.

'Zet die radio stiller, ik zal mijn mond wel houden', zegt mama. Ze heeft het presenteerblad op tafel gezet, met het theestel, suikerpot, melkkan, de suikertang, echt zilver. Mama roert in de thee. Thee met suiker en een schijfje citroen. En een poeder Dr. Mann tegen de hoofdpijn. Altijd die hoofdpijn. Mama schept wat kristalsuiker op een lepeltje. Het tot rechthoekig zakje gevouwen witpapieren velletje waarin het poeder Dr. Mann verpakt zit, vouwt ze open en via een messcherp gootje in het papiertje, strooit ze het poeder tussen de suiker op het lepeltje. In één hap slikt ze alles door met kauwende mondbeweging. Een huivering. Het is dat bittere. Ze knabbelt een koekje op. Om de vieze smaak te verdrijven. Ze drinkt thee na. Met een stijfdeftige pink. Precies of ze toneelspeelt. Theedrinken doet mama de hele dag aan één stuk door. Van Nellethee en ze spaart de punten voor de prentjes van Piggelmee. Niet alleen voor ons. Ze vindt die albums zelf ook énig, zegt ze. Ze neemt haar breiwerk van het buffet. Een truitje voor mij. De rug. Een patroon uit de *Libelle*. Ribbels. Twee rechts, twee averechts. Lelijk, die grijsgrauwe, prikkende wol, maar toen ik mijn handen moest uitsteken en mama de streng om mijn polsen hing om de draad op te winden tot een bol, vond ik het wel gezellig tussen ons. 'Ik ga eens proberen', zei mama. 'Ons mam heeft het me nooit geleerd. Breien hoefde ik niet te kunnen. Ik zou het later veel beter hebben dan zij. Ik zou kleren kunnen kopen in de duurste winkels van de stad, daar zou zij wel voor zorgen. Je ziet wel. Ik hoop dat het lukt, een truitje voor jou. Ja, kindje, ons mam die kon alles: haken, breien, naaien. Ze naaide voor anderen en ze was strijkster in de wasserij Brio, gespecialiseerd in plisées. De klanten kwamen van heinde en ver, de chiqueste modehuizen. Ze streek voor Tienrien, dat wilde wat zeggen. Het is van altijd boven die hete damp te staan, zeggen de dokters.' En dan zwijgt mama, tranen wellen op in haar ooghoeken, zit ze weer aan de tijd in de Arthur

Sterckstraat te denken en aan ons mam. Op zo'n ogenblik zou ik willen dat ik mama gelukkig kan maken. Zie ze bezig met het breiwerk, ze taxeert de lap, bestudeert het patroon.

Ik ben er bijna, moet gaan minderen voor de armgaten. Zie hem. Hij lijkt op zijn stoel vastgespijkerd. Het nieuws waarschijnlijk. Iets met Chroesjtsjov. Hup, daar gaan we, dat gescheer met zijn duim over zijn lippen, baantjes trekken, en die bonkende slapen, op-en-neer, op-en-neer, net twee blaasbalgen.

'Wat wilde gij zeggen daarstraks?' Zijn onverwachtse vraag klinkt mat.

'Niets. Nu ben ik bezig. Laat me met rust, ik word krikkel van dat breien, en stop met die duim, dat dwangmatige gebaar, ik kan daar niet tegen, dat weet je.'

'Kan ik oe helpen, wil ik de uitleg lezen?'

'Wat weet jij van breien? Jij denkt dat je alles kunt.'

'Ik vraag het alleen, om oe te helpen. En, zoet, nu gij bezig zijt, zoudt gij iets voor mij willen doen? Ik heb het al gevraagd, de lus van mijn pardessus.'

Loopt hij de kamer uit, zonder op antwoord te wachten. Ik hoor hem de trap op stommelen.

Daar is hij weer, met een pakje scheermesjes en met zijn nog klamme overjas over zijn arm.

'Rosa, kom, geef uw cahier hier.' Voorzichtig, nauwgezet schraapt hij de inktvlek weg.

'En daar moest jij zo'n heisa om maken, je ziet er niets meer van. Die jas is voor morgen, eerst wijsraken uit dat breipatroon.'

Papa hangt de jas over de leuning van de stoel waar hij al de hele avond op zit. Jean-Pierre propt stilletjes alle spinnetjes die in een glazen schaaltje op tafel staan een voor een in zijn mond. De lolly heeft hij op het wollen tafelkleed neergelegd. Papa staat op, verdwijnt naar de keuken. Hij komt terug met de geruite wollen doek die hij iedere avond over de vogelkooi gooit.

'Jempi, Kareltje gaat naar Bethlehem en gij ook en neemt oe tank mee, dat die van onder mijn ogen uit is.'

'Het moest eruit, hè, het lag op je lever, hè. In godsnaam wat is daar nu mis aan, in godsnaam, een stuk speelgoed. Laat dat schaap toch doen. Hem leren schaken, ja, dat wil jij. En hem over Chroesjtsjov vertellen zeker. Ik heb het wel gehoord. Het is op de radio geweest, het ging over Chroesjtsjov of niet soms? En durf die kleine nog eens Jempi noemen. Je weet dat ik het niet kan hebben. Voor je er erg in hebt, is die naam ingeburgerd en noemt iedereen hem zo. Het laatste wat ik wil. Heb je het gehoord? Jean-Pierre is het, hè lieverd? Kom, we gaan naar boven.'

'Ik wil samen met Rosa.'

Duikt die snotaap vliegensvlug onder tafel. Klampt hij zich vast aan het gebombeerde onderstel. Niemand zal hem zonder meer losrukken. Omwille van de lieve vrede, Raymond, laat het over oewe kant gaan, zie lijdzaam toe, want als ge iets onderneemt, als ge die kleine vanonder de tafel wegtrekt, als ge uit oe vel springt, het zal niet in goede aarde vallen. Dat kind is echt geen zegen. Pluist oe gazet verder uit en houd oe tong achter oe tanden. Blijft zitten waar ge zit, op de stoel met oe voeten op het voetenbankje. Nog door Maurices vader ineengetimmerd. Vokke Victor, de ziekelijke geest... De gevonden voorwerpen. Klapdorp: donkerblauwe autoped met ballonbanden. Offerandestraat: voetenbankje en regenzeiltje. Stuivenbergplein: wollen sjerp met rode en beige kleuren. Kloosterstraat: een paar zwartlederen dameshandschoenen. Koningin Astridplein: een zilveren muntstuk. Melkmarkt: twee nieuwe meetlatten van een halve meter. Dahliastraat: roze paternoster in roodlederen zakje. Scheldestraat: bruinlederen aktetas met drinkbus en boterhammen. In het grootwarenhuis Vaxelaire-Claes: rood-witgeruite damesparaplu, een rechterherenhandschoen, half bruinleder, half astrakan, een koperen antenne. Sint-Jansplein: witte vrouwenblouse in een plastieken zak, maat 46. Alfons de Cockstraat: vleesmolen van roodkleurig gietijzer, merk Versteylen, Schildersstraat: bruinlederen aktetas, inhoudende snelbinder, fles koffie en boterhammen. Sint-Norbertusstraat: vijf coupons van de lening van Wederopbouw. Lange Gasthuisstraat: blauw regenzeiltje met tirette voor fietser. Oude Vaartplaats: rijwielpomp in zwart bakeliet. Kielpark: namaak plastieken oester inhoudende paternoster met witte bollen. Wilrijkse Plein: paternoster met bruine bollen en bruin lederen zakje. Cederlaan: een motorbril. Belgiëlei: ring waaraan één contactsleutel GM8975 en één kastsleutel. Krant dichtvouwen. Grabbelt Rika ze bliksemsnel van mijn schoot.

De houten vensterbank, die volgens het lastenboek in marmer uitgevoerd had moeten worden. Boerenbedrog vanwege de aannemer. Doe er maar iets tegen, een proces aanspannen voor een vensterbank, een op voorhand verloren zaak. De glazen vaasjes met de uitgebloeide hyacinten staan er nog, of de bollen, de wortels, het verdroogde loof gewoon verder mogen blijven pronken. Hoogdringend opruimen. Alles moet ge zelf doen. De hele dag thuis. Nondeju, waar houdt ze zich mee bezig? Hoe brengt ze de dagen door? Tijd verdoen. Verlang ik soms iets speciaals? Gewoon het gewone, een beetje orde op zaken, de boel aan kant. Is dat te veel gevraagd? Ik versta het niet, altijd dat nukkige, die kwaadwilligheid, de binnenpretjes als ze obstructie pleegt. En hoe zit het met die kleine? Die maakt geen aanstalten onder de tafel uit te komen.

'Raymond, hij heeft René Floriot, de beste advocaat van heel Frankrijk. Bezeten waren ze.'

'Zotten. Zo zot als een achterdeur, ze zouden daar beter over zwijgen.'

'Ik weet het, met moordzaken ben je bij jou aan het verkeerde adres.'

'Ben ik principieel in.'

Hij, de principiële. Je kind vermoorden omdat je minnaar het eist als bewijs van je grote liefde voor hem. Volstrekt in de ban van die man, was ze. Leerling van Saint-Cyr. Het uniform. Hartstocht, hartstocht. Hartstocht moet iets bovenmenselijks in je losmaken.

Als ge haar in de gaten houdt, hoe ze opgaat in die historie. Overal hebben ze er de mond van vol. Zelfs op het werk. Of er niets belangrijker in de wereld gebeurt.

'Rosa, wat kom je naast me staan. Iemand die over mijn schouder meeleest. Kan ik niet tegen.'

'Ik lees niet mee, mama, ik kijk op het andere blad. Minou Drouet. Het gaat over Minou Drouet.'

'Minou Drouet?'

'Een wonderkind. Ze schrijft mooie gedichten.'

'Met wonderkinderen loopt het altijd slecht af. Behalve met Shirley Temple, die is goed terechtgekomen.'

Mama snapt niets van Minou Drouet. Voortlezen in mijn boek van de boekerij, onder de bureaulamp, zodat het licht goed op de bladzijden valt. Dat ik mijn ogen niet verknoei. *De hut van Oom Tom.* Als mijnheer Schollaert voorleest, is het gezellig in de klas. Iedere zaterdagochtend, het laatste uur van de week. Eerst alles opruimen en dan begint hij. Hij kan goed voorlezen, maar het gaat te traag vooruit, ik kan niet wachten tot mijnheer Schollaert het hele boek heeft uitgelezen, ik wil zo rap mogelijk weten hoe het afloopt. *De hut van Oom Tom* is spannend en om te huilen. Ik lees graag spannende boeken om te huilen, tot mijn tranen een voor een op het blad druppelen. Dat huilen doet me goed, of ik zo eventjes verlost ben van iets wat altijd als een gewicht op mij weegt, ook als er niets is om mij druk over te maken. Iets waar ik altijd voor op mijn hoede moet zijn. Maar in de klas hou ik mijn tranen in bedwang, ik wil niet uitgelachen worden, dat ze gaan zeggen: Rosa, de blètsmoel. Als ik blader tot achter in het boek weet ik ineens hoe het afloopt, maar dan is de spanning eraf.

'Die toverbal bewaar ik voor morgen, mama, mag ik in bed niet op zuigen, hè mama, want als ik hem inslik kan hij in mijn keel blijven steken, hè mama.'

'Wijze jongen.'

Kust Rika hem op zijn kruin. Heeft die snotaap zijn aftocht afgekocht met wat spinnetjes, een kattentong en een toverbal. De komediant. Zo jong en al zo doortrapt.

'Rosa, Jean-Pierre wacht op je.'

Daar. Kan Rosa mee naar boven. Hij naar bed, zij ook. Daar is Jean-Pierre onverbiddelijk in, en ondanks dat ik altijd zeg: niet toegeven aan die dwingelandij, doet Rika altijd teken: Rosa meekomen. Raymond, oe ni moeien. Zwijgen.

'Is 't schoon, Rosa?'

'Ja, papa, het loopt goed af met Eliza en haar kleine Harry. Ik ben gaan loeren, maar toch blijft het spannend. Eliza moet barrevoets over de ijsschotsen van de Ohio springen om naar Canada te vluchten. Is de Ohio ver van Canada, papa?'

'Rosa, kom je?'

Mama is met Jean-Pierre in de badkamer. Hij moet zijn tanden poetsen. In een hoek van zijn kamer, tussen de stofwolken, staat zijn speelgoed. Dozen Matador en Meccano, een garage en autootjes, een fort. Begin ik alvast zijn cowboys en indianen bij elkaar te ramasseren, anders struikelt hij er nog over of trapt ze kapot.

'Rosa, papa zegt dat de indianen de goeden zijn, want de cowboys wilden de indianen verjagen en hun grond afpakken. Franky Vennesoen zegt dat het niet waar is, dat de indianen altijd de slechten zijn.'

'De indianen zijn wel betrouwbaar, als ze de strijdbijl begraven en de vredespijp roken menen ze het. Het zijn geen bedriegers.'

'Denkt ge dat, Rosa?'

'Rosa, help me even de lakens en de deken van zijn bed recht te trekken.'

Probeert Jean-Pierre toch zeker opnieuw onder de oude tafel uit de Arthur Sterckstraat te kruipen. Mama grijpt hem beet, ze neemt hem in haar armen, hij spartelt lachend, krijsend tegen. Ze legt hem op bed neer, een echt bed met houten spijlen, haar neus duwt ze in zijn navel, ze kust zijn buik.

'Mama, mijn nagelenbuik, dat kietelt', lacht hij, hij trekt zijn benen op, knelt ze om mama's zij en slaat zijn armen om haar heen.

'Gevangen,' zegt hij, 'nu kan je niet meer weg, hè mama.'

'Potverdraaid.'

'Sterk, hè', zegt hij. Mama wringt zich lachend los, kleedt hem uit, doet zijn pyjama aan.

'Kijk, mama, mijn forsbollen.'

'Van de spinazie, zoals Popeye', zegt mama.

'Rosa, hebt gij forsbollen?' roept Jean-Pierre.

Ik ben in de deuropening gaan staan, op wacht, om zo vlug als kan de plaat te poetsen. Mama is naast hem op bed gaan zitten. Haar trucje met het slaapzand. Ze wrijft haar duimen en wijsvingers tegen elkaar boven zijn wagenwijd open ogen. Hij gelooft echt dat ze onzichtbaar slaapzand in zijn ogen strooit. Het zeurende geluid door het geschuifel van haar vingertoppen voor zijn ogen, maakt hem slaperig. Of ze hem hypnotiseert. Het lukt altijd. Als zijn ogen beginnen te wankelen, kan ik stilletjes naar beneden sluipen.

'Raymond, ik blijf boven, ik ga slapen, ik heb zo'n hoofdpijn, breng mijn thee als je wil.'

De gordijnen dichttrekken, zo ver mogelijk. Helemaal dichtschuiven lukt niet. Van kleur verschenen, over de grond slepende lappen. De zwarte, stoffige randen. Afkomstig van het hoge, smalle raam in Borsbeek. Met de slaapkamer aan de tuinkant, die overgaat in de kale zandvlakte, hebben we voorlopig geen overburen. Mijn korset uit. Fletsrose, ingeschoren bloemmotief. Maatwerk. Camoufleert mijn buik beter, door de baleinen en de veters om aan te rijgen. Vroeger had ik geen buik. Vóór mijn zwangerschappen. Gelukkig heb ik mijn taille nog. Ik was bang ook mijn taille kwijt te raken. De rubbertjes van de jarretels beginnen te verduren. Mijn nylons afstropen. Mijn witte benen. Hier en daar zwarte haren. Wie ziet het in de winter? Dat lastige vleeskleurige, geribbelde katoenen gordeltje. Het zit verdraaid. Jeukt. Die maandelijkse last. De band losknopen. Hem in de emmer sop met bleekwater zwieren. Ik zet de emmer beter onder de stoel, in het inhammetje tussen de muur en de kleerkast. Staat hij uit het gezicht. Morgen het water verversen. De menstruatiegeur begint zich te verspreiden, lauw en wee. Daar is Raymond met de kop thee. Op de tast de sluiting van mijn Playtex Cross-Your-Heart zoeken.

'Warme. Zet ik de tas op het nachtkastje, zoet?'

Ze heeft het poederachtige van een grote, dikke mot. Hoe haar borsten uit de potten van haar soutien-gorge donderen. Hoe ze haar vaalblauwe, doorschijnende nylon slaapkleed over haar hoofd laat wervelen. In de gleuf tussen de twee matrassen eelt, huidschilfers, teennagels, schaamhaar.

'Ik weet het, het is hier stoffig, als ik mij morgen beter voel, ga ik poetsen, alles schoonmaken, alles eens goed onderhanden nemen. Schone lakens leggen.'

'Goed idee, zoet.'

Haar mooie kaptafel met dat prachtige roze marmeren blad en de spiegel in geslepen glas. Wat zit er in de laden? Kluwen kousen met ladders, gelijmd met nagellak op de doorgeritste plekken en oude *Libelles* en *Margrieten* die ze absoluut wil bewaren. Daar dient de kaptafel tegenwoordig voor. Die kaptafel moest en zou ze krijgen. Die hoorde erbij. 'Ik trouw niet als ik die kaptafel er niet bij mag nemen', dreigde ze destijds. Schertsend weliswaar.

Beter voet bij stuk gehouden. En onlangs, gans overstuur, jammerend, hysterisch klapwiekend: 'De ring van ons mam, de ring van ons mam.' Ik den onnozelaar, op handen en voeten door de kamer gekropen, op zoek naar de met diamantjes bezette ring, de laden uit de kaptafel getrokken, de rommel eruit gekieperd. Gelukkig kwam de ring tevoorschijn, tezamen met haar collier met de gele, amberen kralen.

'Dat halssnoer heb ik niet gemist. Dat was totaal uit mijn gedachten', zei ze, enigszins gekalmeerd, zo langs haar neus weg. 'Nu nog het briefje van de krijgsbegravingsdienst. Als ik dat eens terugvond. Ik heb me al gek gezocht. De knagende gewetenswroeging daarover. Ik hoor het bompa nog zeggen: 'Kindje, koester deze brief.'

Koesteren! Mijn nekharen kwamen recht overeind. Ik had haar een pak rammel kunnen geven. De collier, een geschenk van mijn moeder aan haar en daar stapte ze zo licht overheen, maar dat vergeelde vodje, daar zit ze mee in. Zoals toen de voorgevel van het huis opgevoegd moest worden, toen de voegers voor de deur stonden met de vraag of ze wit, grijs of zwart voegsel moesten gebruiken. Een kind weet dat bij rode bakstenen het best grijs opgevoegd wordt. Nee, zij zonder nadenken: wit. Die vuurrode bakstenen met witte voegen. Een klap in mijn gezicht, die zaterdagmiddag toen ik voor het voldongen feit stond. Ik had mijn hart kunnen opvreten. Mijn voorgevel, ik, zoon van een aannemer, ik, die weet hoe het moet. Dat wit met dat rood, een decor voor een poppenkast, het huis van Jan Klaassen. Niet meer en niet minder.

'Hoe komde daar nu bij, had dat aan mij overgelaten.'

En zij, jammerend, klagend, snotterend: 'Wat kan mij dat voegsel schelen. Ons mam, ik heb zo'n verdriet om ons mam. Die voegen kunnen me gestolen worden, daar is een mens in de rouw toch niet mee bezig.' Het witte voegsel. Het kwelt me iedere dag opnieuw.

'Drinkt oewe thee, zoet. Ik heb er een zandkoekske met een

gekonfijte kers bij gelegd, lust ge graag.' Naast het bed hurken, haar de kop thee aanreiken. Haar verwarde haren met die ontelbare schuifspeldjes. Een boeket strobloemen. Zo voelt haar kapsel aan, als ge er met oe hand langs strijkt.

'Ach, de wereld is een schouwtoneel, ieder speelt zijn rol en krijgt zijn deel, alleen niet iedereen speelt de hoofdrol, is het niet, zoet?'

'Jij altijd met je gezegdes, met je gewichtig doen. Tot morgen. Doe het licht uit. Ik wil in het donker liggen. Die hoofdpijn. Vreselijk, altijd die hoofdpijn. Jij kan dat niet begrijpen. Wanneer raak ik daar ooit van af.'

'Slaap wel.' Ik knip het licht uit.

'Rosa, ik heb in het nachtkastje naar de atlas gekeken. Hij ligt er niet meer. En waar de Ohio ligt, weet ik niet uit mijn hoofd. Maar hebt gij geen goesting om met mij te schaken?'

'Nee, ik wil mijn boek verder lezen, het is zo triest. Die Mr. Shelby, die smeerlap, die hardvochtige slavendrijver. Hij eist het zoontje van Eliza op, de kleine Harry, en Eliza is vastbesloten met de kleine Harry te vluchten. Ik wil verder lezen.'

Eigenlijk wil ik best schaken met papa, maar als mama onverwachts naar beneden zou komen en ons betrapt terwijl we zitten te schaken. Mama zou het verraad vinden, hoewel mama altijd zegt: 'Jij bent een echte Lahaut', en daar bedoelt ze niet veel goeds mee. Daar bedoelt ze mee dat ik waggel als ik ga en dat ik later een propje zal worden zoals papa's moeder. Dat ziet ze nu al aan mijn figuur, zegt ze. Onlangs dreigde ze ermee dat als ik er geen gewoonte van maak mijn buik in te trekken, ze een korset voor me gaat kopen. Lydia Jespers draagt een korset, op haar blote buik, onder haar onderbroek. Jakkes. Daarvoor wist ik zelfs niet eens dat voor meisjes kleine korsetten bestaan. 'Jean-Pierre aardt meer naar mij', zegt mama. Jean-Pierre is spits, mager, een fret. Ik vraag me af wat dat met mama's figuur te maken heeft. Ik heb dorst. In de keuken een glas kraantjeswater halen. De vuile borden met de resten verdroogde spinaziepuree, de gebruikte vorken en de glazen met afdruksels van vettige lippen, achtergelaten, of we na een razzia stante pede zijn opgepakt. Zoals in de oorlog met de joden in Berchem, om de hoek van de Arthur Sterckstraat. Dat heeft mama verteld. Ze heeft het met haar eigen ogen gezien, zegt ze. Voor de rest vertelt mama alleen vrolijke dingen over de Arthur Sterckstraat. Papa heeft het schaakbord toch genomen. Hij zet het op een punt van de tafel, net niet in wankel evenwicht. De stukken op hun plaats. Zijn schaakboek. Gaat hij een partij bestuderen. Matchen naspelen is leerrijk, beweert hij. Mahler-Zukertort, Breslau 1862, kan ik aflezen. Op het getik van de pendule en het geroffel van de regen tegen het rolluik na, is het doodstil in de kamer. Na elke zet wisselt papa van plaats.

'Die regen. Achtereen is het weer overstroming zoals in drieënvijftig. Het water stond op de Suikerrui meer dan een meter hoog. Bij de apotheker kunt ge het nog zien. Die heeft een streep op de gevel getrokken tot waar het water reikte', zegt papa met een toren tussen duim en wijsvinger naar het geblindeerde raam starend. 'En als het vannacht opnieuw stevig gaat vriezen, dan gaan we pas wat meemaken. Wil ik oe anders herdersmat eens aanleren?' probeert hij opnieuw.

'Nee, ik wil uwe passer gebruiken.'

'Als ge er voorzichtig mee omspringt.'

Papa is zuinig op zijn gerief. De passer dateert nog uit de nijverheidsschool, en na al die jaren heeft hij ook nog dezelfde ijzeren winkelhaak, gradenboog, liniaal, een vulpen van Waterman in zijn bezit. Hij bewaart alles als kleinoden in de lade van het afgedankte radiokastje. Het koperen haakje omkeren. De zwarte doos is binnenin bekleed met blauw fluweel. In sleuven liggen de passer en toebehoren. Cirkels trekken, doorkruist door andere cirkels tot zich caleidoscopische motieven vormen. Inkleuren. Voor mijnheer Schollaert. Hangt hij morgen op het prikbord naast zijn bureau.

‘Papa, mijn tekening is af, ik ga naar boven.’

‘Ja, het is tijd’, zegt papa. Hij kijkt niet op. Hij bestudeert nog steeds dezelfde schaakpartij.

Tandenpoetsen. Op het glazen schapje boven de lavabo staan het geblutste scheerbekken met kalkaanslag, een cilindervormige stuk scheerzeep met verdroogd sop op de top, een krabbertje met het scheermes op papa te wachten. Hij scheert zich ’s avonds voor hij gaat slapen. ’s Morgens komt het er niet van. Vaste handelingen, zoals kakken. Mama zegt: afgaan en papa: ik moet naar het kabinet. Elke avond omtrent tienen verdwijnt papa voor een poos. Zijn lichaamswarmte dringt de bril in. Zijn rondwarrelende kwalijke reuk. Een baldadige stank. Niemand stinkt zo nadrukkelijk als papa. Stinken in de overtreffende trap, en zijn formaten raken nooit doorgespoeld, blijven drijven, cirkelen rond in de pot, als volgevreten goudvissen in een bokaal. Ik probeer hem altijd voor te zijn. Au. Stoot ik me toch, aan ons Hoovertje. Het staat daar ook zo geprangd, in een hoek van de badkamer, naast de lavabo en onder de boiler. ‘Een eigen wasmachine, de moderne tijd.’ Nog iets wat papa dikwijls herhaalt. En ik die de was kan doen als mama te veel hoofdpijn heeft. Moet ik eerst de rubberen, geribbelde, groenig grijze slang over het kraantje van de lavabo trekken, de slang in de kuip hangen, de kuip laten vollopen, waspoeder erbij: Omo. Zie ik het deinende wasgoed kopje duikelen, verdwijnen in het schuim. Al die broeken, hemden, handdoeken, zakdoeken, als machteloze drenkelingen, speelballen van het kolkende water. Na de spoelbeurt de wringer op de kuip vastklikken en met de helft van de in twee gezaagde houten steel van een afgedankte bezem, de gespoelde stukken een voor een uit het water hengelen en een hoekje van zo’n opgevist stuk, voorzichtig tussen de rubberen rollen proppen – opgepast voor de vingers – en met de andere hand tezelfdertijd de zwengel ronddraaien. Een heerlijk gevoel is het, dat wel, een soort van verrukking, als het wasgoed platgewalst tussen de rollen vandaan komt en het uit het wasgoed geperste water als een waterval naar beneden klatert. Ja, het wasgoed door de wringer halen, is een plezierige karwei. Behalve als de kinderen uit de straat buitenspelen, komen aanbellen en ik mama naar de voordeur hoor sloffen, haar de deur hoor openmaken, en haar hoor zeggen: 'Nou nee, vandaag moet ze mij helpen.' Dan schaam ik me om haar nylons, die als zwamvlokken om haar enkels zitten. Dat ik sinds we met de school een bezoek brachten aan de paddestoelententoonstelling in het Peerdsbos, mama's afgezakte, slodderende kousen altijd met zwamvlokken vergelijk. Schaam ik me om haar Hollands en voor haar vlekkerige peignoir, haar verwarde haren, en dan voel ik me hierboven van de hele wereld afgesneden. Alleen met mama, die de ene na de andere poeder Dr. Mann doorslikt, thee drinkt in de verduisterde woonkamer, want haar hoofdpijn verdraagt geen daglicht.

Mijn kleren uit. Ik heb een blauwe plek op mijn bil, zie ik. Mijn nachtpon over het hoofd. Flanel. Gezellig zacht en warm. Vlug mijn bed in, onder mijn deken. Het is ijskoud. Dat ik bed zeg, terwijl het geen echt bed is. Het is 'ons mams' oude cosy corner, een erfstuk uit de Arthur Sterckstraat. Mama zegt dat het vroeger een chique meubel was, met die met ingeschoren bloemmotief overtrokken bekleding, zegt ze. Een gewriemel met de benen om de kapotte, omhoogstekende ressorts te ontwijken. De juiste positie vinden en dan kan ik me overgeven aan mijn fantasie. Het huis waar we met een groep vriendjes, vriendinnetjes en natuurlijk met Theo Vets en mijnheer Schollaert, die de leiding heeft, wonen en alles zelf beredderen, zoals in het boek over de kinderen van het Pestalozzidorp. Een soort plezant weeshuis aan een meer waar we in kunnen zwemmen en met een bootje op varen. Mama en papa bestaan niet meer. Als ik die even uitschakel, komt een vredige, wattige vrolijkheid over me heen, voel ik me wegglijden in een duizelige diepe warmte. Soms droom ik al, terwijl ik nog slaapdronken wakker ben. Probeer ik het moment te grijpen, de seconde, de overgang tussen waken en slapen. Ik slaap nog niet, ik slaap nog niet, ik slaap nog niet. Tot ik mijn leven voel stollen in een soort ongelooflijk, gelukzalig gezwijmel.

De haard is bezig uit te doven. De schaakstukken opruimen. Moet het schuifdeksel weer moedwillig doen. Het wil de gleuf niet in. Hout leeft. De doos op zijn vaste plaats op een schap van het afgedankte radiokastje. Naast mijn schaaktrofee, eerste prijs, tweede categorie. 'Met die gebeitelde lauwerkrans lijkt het wel een miniatuur grafmonument', zei Rika met lichte spot, de dag ik ermee thuiskwam. Maar een proficiat, nee, die kon er niet af. Dat was te veel gevraagd. Uit het stapeltje boeken op het onderste schap mijn Erasmus' *Lof der zotheid* nemen. Pentekeningen van Hans Holbein, Wereldbibliotheek, Amsterdam. Mijn brevier. Nooit naar bed zonder ten minste één hoofdstukje te lezen. Erasmus maakt me rustig. Waar was ik gebleven. Hoofdstuk XX... *Goede hemel, wat zouden er geen echtscheidingen of nog erger dingen overal plaatsvinden, als niet de huiselijke omgang van man en vrouw door middel van vleierij, scherts, inschikkelijkheid, dwaling en huichelarij, allen zeker mijn trawanten, gesteund en onderhouden wordt! O, wat zouden er weinig huwelijken gesloten worden, zo de bruidegom zo wijs is een onderzoek in te stellen, welke aardigheden dat schijnbaar zo fijne en zedige maagdekijn reeds lang voor haar huwelijk heeft uitgehaald...* Het hoofdstuk uitlezen. Erasmus, om uw duimen en vingers af te likken. Een fatsoenlijke boekenkast, dat mis ik hier. Mijn boeken liggen over het hele huis verspreid. Schiet het me ineens te binnen, waar heb ik mijn albums over veertig-vijfenveertig? Kunt ge toch niet naast zien. Het laatavondnieuws. Herhaling hoogstwaarschijnlijk, te laat voor nieuwe feiten. Toch maar luisteren, terwijl de keuken vlug opruimen. Wat een troep. Daar begin ik niet meer aan. Een stukje tafel vrijmaken, dat ik tenminste morgenochtend mijn boterhammen kan smeren. De kleverige borden, hup, die kunnen er nog bij, mee de bomvolle gootsteen in, in wankel evenwicht tussen een kookpot en een bakpan. Een mens wordt er zo bitter van, aan een stuk door proberen de kerk in 't midden te houden. De nieuwsberichten. Dit is je reinste westerse propaganda. Knop omdraaien. Ik ben moe. Naar de wc.

Op mijn tenen de trap op. Mij scheren.

Voorzichtig het bed in schuiven, dat ik haar niet wakker maak.

'Wat heb je zolang op de wc zitten doen? Denk je dat ik niet weet wat je daar uitspookt, ik weet het wel, wees daar maar zeker van.'

'Is dat verschieten, ik dacht dat gij allang sliep. Welterusten.' Met haar rare gedachten. Soit.

'En hou je koude voeten bij, net ijsklompen.'

5

'Rosa, ik kook niet vandaag en ik zie dat we zonder brood zitten.'

Dus ik.

'Ga jij even naar de bakker.'

Ziet ge wel, ik dus. Ik kan de kou door. Geen goesting. Ze moet het aan mijn gezicht zien, mama.

'Wil je soms dat ik Jean-Pierre stuur. Kom, rep je of je staat voor een gesloten deur. Hier, geld.'

Dan maar in één moeite naar de boekerij. Boete uitgespaard. Waar is de kabas? Aan de kapstok achter de kelderdeur. Het boek erin. Jas aan, muts op, sjaal om. Oei, de deur te hard dichtgetrokken. Per ongeluk. Mama zal denken, doet ze expres. Kan ze weer kwaad op me zijn. De verlaten straat op. Valavond. Overal gaan de rolluiken vroeg omlaag. Om de koude tegen te houden. Bij ons gewoonlijk het vroegste. Tenminste als mama het niet vergeet. Bij ons hangen nog altijd geen gordijnen voor de ramen. Iedereen kan binnenkijken. Surtout als een lamp wordt aangestoken. Zitten wij precies in een vitrine. Handen in de zakken. De muntjes voor het brood zijn door een gat in de voering van mijn jaszak gegleden, zitten gevangen onder aan de zoom. Ik voel het en de kabas bengelt tegen mijn been. Twee aaneengestikte lappen afgedankt tapijt, de handvaten in zwarte, hun glans verloren toile-cirée. Ongezellig om zo in mijn eentje in die mistige, schemerige kou door een lege straat met alleen blinde huizen te lopen. Voor de meeste deuren is de sneeuw geruimd. Dat doen de moeders, 's morgens als de kinderen naar school zijn vertrokken. Bij ons doet papa het, voor het licht wordt, in de donkere, krakende kou met zijn loodzware schop, die dient om de tuin om te spitten. Het krassend geluid van het metalen blad, het geschraap in de slapende straat. Ik hoor het vanonder mijn deken, het doet zeer aan mijn oren en ik krijg er speeksel van in mijn mond. Zoals onze aapachtige voorouders, als ik mijnheer Schollaert mag geloven. 'Iedereen ruimt sneeuw, het is verplicht, als iemand zijn nek breekt voor uw deur, zijt gij verantwoordelijk', beweert papa. De bijeengeschepte sneeuw die overdag smelt, 's avonds weer aanvriest, een boord hobbelige, asgrijze, glimmende ijskorsten vormt. Bevroren prakken. Dat dingen me altijd aan andere dingen doen denken, altijd gerommel in mijn bovenkamer. Zoals met het laatste winteroffensief. Dat zei mijnheer Schollaert. 'Dit is het laatste winteroffensief.' Dacht ik: Offensief? Offensief? Het Von Rundstedt-offensief. Daar heeft papa het soms over. Oversteken. Voorzichtig over de ijskorsten. 'Aaaauw.' Een verijsde sneeuwbal tegen mijn voorhoofd. Nee. De tweeling, Hildeke en Raoul Robbé. Ze zitten als struikrovers verstopt achter de nieuwe Renault Dauphine van mijnheer Raedts. Dat ze op dit uur en met deze kou op de loer liggen.

'In de schaar.'

Vliegensvlug zijn hun armen als een vangnet over me heen gezwaaid. Voor ik kon reageren. De lach op hun gezicht zegt genoeg. Twee tegen een, ongelijke strijd. Me loswringen.

'Nu hebben we u, hè. Nu gaat gij ervan lusten.'

'Blijf van mijn lijf, laat me gerust.' Ik spartel tegen. Ik wring me in alle bochten. Ik zie mijn muts in een boog door de lucht vliegen.

'Ja, ja, doe maar.'

'Nog veel praat ook.'

Beginnen ze tegen me aan te beuken. Twee stormrammen. Niet laten zien dat ik bang ben. Hildeke doet haar wanten uit. Als neergestorte bergbeklimmers blijven ze aan linten bengelen, die aan weerskanten op de voering van de mouwen van haar jas aan knopen vastzitten. Gaat ze aan mijn haar trekken.

'Au, au, stop daarmee.'

Ze blijft trekken, trekken, met die valse lach op haar gezicht. Uit alle macht trekken. Mijn schedelhuid wordt opgelicht en aangespannen als een tentzeil, ik voel het. Een hele pluk haar moet ze vasthebben.

'Gij zijt een kind van de duivel, duivelskind, duivelskind', sist ze.

Raoul is ondertussen tegen mijn schenen gaan stampen met zijn bottinnen met ijzertjes aan de tippen. Ze gaan nooit meer ophouden, die twee. Ze gaan me doodschoppen of doodranselen en ik luk er niet in me los te worstelen.

'Rotzakken, rotzakken, stop toch.'

'Gij gaat branden in de hel', gilt Raoul. De grijns, terwijl hij zijn elleboog om mijn hals drukt. De wurggreep. Ze willen me echt vermoorden. Ik moet met al mijn krachten uit hun klauwen zien te komen. 'Auauauauauauauauauauauauauauauauauw.' Ik schreeuw zo hard ik kan. Ik kan niet harder. Ik schreeuw me schor, en niet één voordeur die wordt opengetrokken. De mensen moeten mijn gegil toch horen, en dat die ijselijke kreten niets meer met spelende kinderen te maken hebben. Hildeke schopt mijn kabas, die al op de grond lag, een eind verder. Het boek vliegt eruit, schuift voort tot onder de Anglia De Luxe van de Van Lommels. Ik moet blijven roepen tot iemand me komt bevrijden, maar Hildeke commandeert: 'Raoul, haar de mond snoeren.' Raoul drukt zijn hand tegen mijn mond tot aan mijn neusgaten. Ik ga stikken. Ik ga stikken. In zijn hand bijten. Ik bijt maar ik bijt in niets, ik bijt er altijd naast, mijn tanden schampen af. Slaag ik er toch in de muis van zijn hand tussen mijn tanden te klemmen. Bijten, bijten, mijn tanden erop stukbijten als het moet. Hij lost.

'Ge zijt nog niet van ons af. Wurgen we haar?'

'Ja, komaan.' Ze trekken elk aan een uiteinde van mijn wollen sjaal. Ze kunnen er niet genoeg van krijgen. De lafaards, de sadisten. Bezeten zijn ze, mijn sjaal bindt mijn keel af, snoert mijn keel dicht, mijn strottenhoofd gaat verbrijzeld worden. Hoe lang duurt het voor ge flauw valt?

'Geeft g'u over?' Raoul die mijn sjaal loslaat. Krijg ik tenminste weer lucht.

‘Geeft g’u over…? Wad’ist…? Geeft g’u over, ja of nee?’ Hij kijkt me aan. Zijn ziekelijke, kleinerende blik, terwijl hij mijn arm omwringt tot op mijn rug.

‘Laat me gerust.’

‘Zeg het dan, zeg eerst: ik geef me over. We kunnen ook opnieuw beginnen.’

‘Ik geef me over.’

‘Eerst genade zeggen’, zegt Hildeke.

Nee, dat zeg ik niet, wat denken ze wel.

Raoul wringt mijn arm nog verder om.

‘Genade’, zeg ik.

Ze laten me los, steken hun tong uit, verdwijnen luid lachend in het zijpoortje van hun huis.

‘Lafaards’, roep ik hun na. Mijn muts, de kabas. Het boek. Ik kan er niet bij. Het is te ver onder de auto voortgeschoven. Op mijn knieën op een ijskorst. Nee. Plat op mijn buik, mijn arm zo ver mogelijk uitgestrekt, raken de toppen van mijn vingers nipt het boek. Met kleine porretjes luk ik erin, krijg ik het onder de auto vandaan. Controleren of de lidkaart nog in het mosterdgele bristolpapieren zakje achter in het boek zit. En nu lopen, de hoek om naar de bakker, een hand op mijn hoofd, op de zere plek, verlamd van schrik, ontzet, trillend, tranen van woede wegslikkend. Maar ook opgelucht, ik heb het er tenminste levend van afgebracht. Die twee. Ze zijn tot alles in staat. Gemene heethoofden. Met een kwaadaardig plezier iedereen de stuipen op het lijf jagen. Ze kennen er wat van. Heel de straat gaat hen uit de weg, maar vooral op mij hebben ze het gemunt. Als ik alleen ben natuurlijk. Anders wagen ze het niet.

De bakker staat op punt de bakkerij te sluiten. Zijn haak op de lange houten stok steekt al hoog in het oog onder aan het rolluik. De smalle, wagengroene houten latjes ratelen met één fikse ruk naar beneden. Te laat.

‘Op de valreep’, zegt de bakker. Hij laat me binnen door het in het rolluik uitgespaarde poortje. 'Een groot grof gesneden, alles wat ik nog heb.'

Ik probeer de muntjes op te vissen die zich inmiddels ergens tussen de voering en de stof van mijn jas hebben genesteld.

'Laat zitten, Rosa, gratis voor niets, omdat gij het zijt. Is er iets? Wat staat ge met uw hand over uw hoofd te wrijven. Maar ge staat te trillen op uw benen en uw gezicht staat op schreeuwen.'

'Die van Robbé.'

'Dat addergebroed.'

Uit een glazen bokaal haalt hij een Mokatinetoffee van Roodthooft, het gezicht van een Arabische kamelendrijver op het papiertje.

'Hier sè.'

'Dank u wel.' Ik wikkel het papiertje met het strikje bovenop van de toffee. Precies het strikje op de kop van Wiske van Suske en Wiske.

'Ik zou Ronald roepen,' zegt hij, 'maar die is juist aan zijn huiswerk begonnen. Dat is daar nogal wat gescheten met dat huiswerk en Ronald maar zagen, zagen.'

Vorig jaar zat Ronald nog bij mij in de klas. Kwamen we na school samen naar huis. Altijd lachen. Op een dag stond de pastoor van de parochie in de bakkerij en zei tegen Ronalds moeder: 'Madame Teugels, katholieke mensen sturen hun kinderen naar katholieke scholen en ik denk ook dat het beter zou zijn voor de klandizie. Uw zoon naar de gemeenteschool sturen, dat is pure provocatie, of zo ervaren de mensen dat in elk geval. Ik zeg het u maar', en Ronald vertelde dat zijn vader toen tegen zijn moeder zei: 'We gaan het ons niet moeilijk maken, overal leert ge lezen en schrijven' en toen hebben ze hem van school veranderd. 'Spijtig, er zijn geen meisjes in het college van de Broeders van Liefde. Voor de rest.' Ronald, de meisjeszot.

'Hier, vergeet het brood niet, Rosa. Ge zijt een beetje van uw melk, hè, ik zie het. Kom, doe uw kabas open, stop ik het er zelf in, anders zijt ge weg zonder.'

'Nog eens bedankt', zeg ik. Achter me sluit de bakker het poortje in het rolluik. Sta ik moederziel alleen op de brede, lege laan. Een ijskoude, snijdende bries. De heen en weer zwiepende kale takken van de dubbele bomenrij. In hoopjes valt de sneeuw van de takken. Hoogst af en toe passeert een enkele auto. Met scheutjes flikkert de straatverlichting aan. Op mijn hoede, haastig de Herman Gorterlaan voorbij sluipen. Stel u voor dat die twee creaturen een nieuwe hinderlaag voor mij gespannen hebben. Van alle katholieken zijn zij toch de katholieksten. Toen hun huis gebouwd werd, lieten ze boven de voordeur speciaal een nis metsen en nu staat er een Onze-Lieve-Vrouwebeeld van Franse steen in. Zij zijn ambetante katholieken... Mijn hoofd, mijn schenen, alles doet me zeer. Zuigend op de toffee. Ik weet goed genoeg waarom die twee me haten. Omdat wij niet katholiek zijn en de kinderen in de straat, hoewel die allemaal wel katholiek zijn, toch liever met mij dan met hen spelen. Dat verdragen ze niet. Ze zijn jaloers. Dat is het. Ze kunnen ons toch lekker alleen maar staan nagapen als wij met de hele troep uit de straat weglopen naar de zandvlakte, waar de nieuwe huizen gebouwd worden, waar we bedot gaan spelen, op een leer van een bouwwerf klimmen, ons verstoppen op de eerste verdieping, waar ge al kunt zien waar de badkamer, waar de wc, waar de slaapkamers gaan komen en we een uitzicht hebben als op een wachttoren, en we lachend een neus naar die twee trekken, hoewel die dat dan allang niet meer kunnen zien. En als we een kamp graven, moeten we ervoor zorgen dat ze de plek niet te weten komen. Die keer, dat ze daar ineens stonden, met de bouwvakkers, of ze zomaar uit het niets waren opgedoken. 'Daar de planken en het zeil, hebben ze bij olle gepikt.' Ging de baas de planken woedend terugpakken. Kregen we ze bijna op ons hoofd, raakten we bijna bedolven onder het zand dat op de planken lag. Dreigde die woesteling ermee aangifte te doen bij de politie. Ja, toen konden die twee lachen, de klikspanen. 'Pikzwart zouden ze moeten worden, van boven tot onderen, zoals de raven en de kraaien, die vroeger toen de dieren nog konden spreken, pronkten met hun mooie, witte, zilververblindende pennen, tot ze als straf om hun praatzieke tonggekras veroordeeld werden ten eeuwige dagen zwartgevederd door het leven te vliegen', zei Maria Kegels, die het had gelezen in een sprookjesboek, en de zin uit haar hoofd had geleerd omdat ze zilververblindende pennen, praatzieke tonggekras en zwartgevederd zo'n mooie woorden vindt en later schrijfster wil worden en daarom alle mooie woorden die ze tegenkomt nu al onthoudt. 'We moeten een wachtwoord bedenken om de tweeling of om vreemden in het algemeen buiten te houden', stelde Theo Vets voor. 'Camelot, of Sesam open u, of Zon en Schild.' Theo Vets heeft altijd goeie ideeën. Ons kamp. Nu is het nog te koud, maar achtereen kunnen we weer buitenspelen. Kunnen we aan de slag. Gaan we eerst een lange, brede kuil graven. Schuppen, schuppen, met man en macht schuppen. Tegen de muur rond om rond zullen we een lange zitbank van zand afgraven en we zullen ook een keukentje uit het zand schuppen. De entree van het kamp ligt altijd in de diepte. Met een sprongetje komen we in een gangetje. Een greppel. Dan zal het opnieuw planken pikken worden. Er zit niets anders op. De planken die de bouwvakkers gebruiken om hun kruiwagen naar boven te duwen, of om een stelling te maken waar ze op zitten als ze muren metsen. Planken die we met zand camoufleren. Echt zeezand met schelpen, zeemessen. 'Het zijn hier precies de duinen zoals aan zee', zegt Viviane Verlinden. Zij is al dikwijls aan zee geweest. In Blankenberge. Ik zou ook wel eens aan zee willen komen. Voor de echte entree hangen we een zeildoek met rijggaten. We vinden er vast ergens een. Wordt het kamp een donker hol. Steken we, als iemand kaarsen en stekskes bij heeft, kaarsen aan. En dicht opeengepakt zingen we dan van 'Dicht bijeen is warm, ver vaneen is koud, koud, koud.' De meisjes koken zogezegd. Met blaadjes, takjes, gras. In potjes en doosjes die we vinden, of we brengen wat spullen mee van thuis. Iets echt om te eten. Pennywafels, froufrous met chocoladevulling of soldatenkoeken. Wat wel vervelend is, is het zand dat in onze mond kraakt als we van de koeken eten. Plezant is anders, maar het smaakt toch en zand schuurt de maag. Dat zegt mama als ze de sla niet goed genoeg gewassen heeft, of de spinazie. 'Die kan je blijven spoelen', zegt ze. En het zand dat we in de ogen krijgen. Het schroeit en krast, en hoe meer we in onze ogen wrijven, hoe erger het wordt, tot op de duur onze ogen vuurrood zien, sommigen in paniek beginnen te roepen: 'Ik ben blind, ik ben blind.' En dan hoor ik papa's barse woorden weer, toen ze ons huis aan het bouwen waren en we naar de vorderingen kwamen kijken. Vanuit Borsbeek, twee trams, verbinding, afstappen op de Suikerrui, verder te voet de tunnel door. Papa, die met de stukadoors stond te babbelen, eventjes niet op Jean-Pierre lette, die keitjes mikte in een blauw geribbeld roestige vat met een spierwitte, smeuïge pap. 'Ongebluste kalk, als dat in uw ogen spat, zijt ge blind', snauwde papa verschrikt, terwijl hij Jean-Pierre bij het vat wegmaaide en hem trakteerde op een pandoering van jewelste. Met benepen hart dacht ik: de stukadoors met hun ontelbare witte spatten ongebluste kalk om hun ogen, op hun wimpers, hun neus, op het haar dat onder hun petje uitkomt. Ze gaan allemaal blind worden, maar ze weten het niet, anders zouden ze toch voorzichtiger zijn. Ik beeldde me hun oogkassen in, zwarte, uitgebrande gaten. Doodskoppen. Ongebluste kalk. Sindsdien lopen de rillingen me over de rug als iemand die woorden uitspreekt. Als we in het kamp spelen, gaan de jongens op jacht. Ze maken bogen van buigzame takken, de pijlen van steviger hout, met achteraan een inkeping, waar de elastieken pees kan achterhaken. Van die elastiek met fijne groefjes, die om een kartonnen kaartje gewikkeld zit. Elastiek die de moeders door de sleuf van onderbroeken trekken als de rek uit de elastiek is. Wie zo'n onderbroek draagt, heeft 's avonds altijd een rode, jeukende striem op zijn buik, precies een zweepslag. Ik wil altijd mee op jacht met de jongens, maar een pijl wegschieten lukt me nooit. Bij mij valt hij gewoon voor mijn voeten op de grond, hoe dikwijls ik het ook probeer. En Jean-Pierre, die er altijd wil bij zijn. 'Ga je buiten spelen, mij goed, neem Jean-Pierre mee. Let goed op hem', zegt mama. Die keer, toen Joost en Jozef Kegels, Ronald Teugels, Theo Vets en de anderen zegden: 'Jean-Pierre, als ge bij ons wilt komen, moet ge eerst ingewijd worden.' Met een touwtje bonden ze zijn polsen vast. Gelukkig ver genoeg uiteen. Moest hij in zijn eentje de kruipruimte onder een bouwwerf in. Ze wilden hem bang maken, ze dachten dat hij zou beginnen te huilen. Konden ze zeggen: 'Ge zijt nog te klein.' Ze deden het voor mij, dat ik van hem verlost zou zijn, maar eigenlijk wilde ik dit niet, maar ik zweeg, liet hen betijen. Deden ze er nog een schepje bovenop.

'Nu zijt gij onze gevangene, gij moet hier op ons wachten, wij gaan vergaderen wat er met u moet gebeuren.' Hij onderging het zonder verpinken. Ik was er niet gerust in, hij is toch mijn broer. Ik zei: 'We moeten in de buurt blijven, als er iets misloopt.' Jean-Pierre bleef geduldig wachten tot wij terugkwamen. Theo Vets kerfde met een zakmesje in Jean-Pierres arm, smeerde een druppel van zijn bloed op ieders voorhoofd. Het touwtje van zijn vastgebonden polsen gingen ze doorbranden. 'Dat hoort erbij', zei Jozef Kegels. Ze staken een kaars aan. Jean-Pierre gaf geen kik. Hij leek het spannend te vinden. Af en toe raakte de vlam zijn polsen. Met mijn heilige schrik voor vuur bad ik, laat het touwtje vlug doorgebrand zijn. Niet echt bidden. Ik bid nooit. Meer hopen.

'Nu mag ik er altijd bij zijn, hè', zei hij fier.

'Ja,' zegden ze, 'als ge kunt zwijgen.' De binnenkant van zijn handen vertoonde rode vlekken. Toen we thuiskwamen, snuffelde mama met haar neus in het rond, of ze als de reus van Klein Duimpje ging zeggen: 'Ik ruik mensenvlees.'

'Ik ruik iets. Brandlucht. Toch geen vuurtje stook gedaan?' zei ze. Jean-Pierre wreef over de rode vlekken om zijn polsen. Zweeg als het graf.

'Hij is in de brandnetels gevallen, mama', loog ik vlug. 'Hij zat verstopt aan de betonnen schutting bij de spoorweg. Daar groeien er veel.'

'Hummeltje,' zei mama, 'jeukt het?'

Gelukkig hield hij zijn mond. Wilde aan mij laten zien hoe groot hij wel niet was. Bij mama gedraagt hij zich als een echte kleuter. Krijgt hij alles gedaan.

Het is een eind naar de boekerij en zo alleen in het halfduister en in die mistige kou lijkt het nog verder dan het echt is. De villa's met de witgeschilderde gevels en de zwarte pruimenpaarse dakpannen komen in zicht en ik moet ook nog voorbij het Onze-Lieve-Vrouw ter Sneeuw Instituut. Een modern gebouw. Drie verdiepingen in bananenschilgele, grijsopgevoegde gevelstenen. De ramen vormen langs de straatkant één lange glazen strook. Dat papa niet wil dat ik daar naar school ga. Hij wil niets met nonnen te maken hebben. Ze prikken met veiligheidsspelden de monden van babbelzieke kinderen dicht, beweert hij. En volgens Viviane Verlinden zeggen de nonnen: 'De gemeenteschool is de school voor de kinderen van het gemene volk, de naam zegt het zelf, de school van de goddelozen, de school van de duivel. Met de kinderen van de gemeenteschool zoekt ge beter geen contact, laat die maar links liggen. We zullen voor hen bidden, want dat zal nodig zijn. De gemeenteschool, die barakkenschool.' En dan trekken de nonnen hun neus op, vertelde Viviane. Omdat onze school uit houten klassen bestaat zonder verdiep. Geen barakken. Prefab paviljoenen. Maar Viviane trekt zich toch niets aan van wat de nonnen zeggen en de anderen ook niet. Kijk nu, op het balkon van de eerste verdieping staan zeker zes van die nonnen. Precies zwarte, wapperende spoken. Wat doen die daar op dit uur? Angstaanjagend in het bijna donker. Van nonnen ziet ge alleen hun voorhoofd en hun aangezicht en hun mollige, roze handen met gecraqueleerde rimpels, precies verkreukt papier. Zouden ze een lijf hebben zoals gewone vrouwen? En wassen ze dat? Doen ze ooit al die zwarte kleren uit? Halen ze dat wit karton rond hun hoofd wel eens weg en die stijve bavette onder hun kin? En zijn ze echt kaal onder die kap? Ze zijn zo griezelig. Het vlug op een lopen zetten.

De straat oversteken. Kom ik bij de boekerij aan. In een paviljoen van mijn school. Sta ik me daar te hijgen, hijgen. Op de deur, het plaatje: FILIAAL 9. In ieder hoekje een nageltje met een uitgelopen roestkransje omheen. Lang had ik er geen erg in dat het plaatje er hing, tot het me op een dag opviel. Filiaal 9. Filiaal 9, wat wil dat zeggen, dacht ik toen, wat hangt dat plaatje daar te doen? En het rare is of het woord zelf me heeft ingefluisterd wat het wil zeggen, want ik heb het nooit iemand gevraagd, en op een dag drong het ineens zomaar tot me door en iedere keer opnieuw, als ik voor de deur van de boekerij sta, moet ik eraan denken hoe ik het toen ineens wist. Binnen brandt een somber, gelig licht. De bibliothecaris neemt mijn boek onmiddellijk aan. Heeft hij iets te doen. Alleen met zijn twee. Ik en hij. Op dit uur, met deze kou, komt er geen kat. Ik moet alle rekken voorbij lopen. Mijn voetstappen klinken hol als het gestommel van een toneelspeler op een houten podium. Voorbij de mosgroene boeken van afdeling A, eerste lezertjes, de rodekoolrode van afdeling B, de grijsblauwe van C. Stuk voor stuk met harde kaft ingebonden boeken, muren van boeken, grauw als vilten lappen. Bij de zwart ingebonden boeken van afdeling D moet ik zijn. Eigenlijk moet ik boeken uit C kiezen, maar die vind ik te kinderachtig. En zoek maar tussen al die eender gekleurde ruggen. De boeken voor volwassenen hebben geplastificeerde kaften, ziet ge tenminste de prent op het omslag. De bibliothecaris neemt een stapeltje teruggebrachte boeken en zet ze op het schap waar ze thuishoren. Dan gaat hij de planten water geven. Dat zijn er niet veel. Keert hij maar weer terug, ellebogen op zijn bureaublad, het puntje van zijn neus omgeplooid op zijn gevouwen handen met verstrengelde vingers, als voor een gebed. Zijn duimen cirkelen om elkaar heen. Zit hij suffig voor zich uit te staren. Die slappe, slome, man met zijn in een krans gedrapeerde rossige haarlok, om zijn kale kruin te camoufleren, en dat belachelijke bolle buikje, dat helemaal niet bij zijn magere lijf past. Of het met een fietspomp opgepompt is. Hij komt naar me toe geschuifeld. Ik heb dat niet graag. Misschien omdat hij een stofjas draagt, een beige. De drogist van de Lancelotlaan draagt ook zo'n stofjas. 'Die stuurse bleekscheet met zijn mottenballenlucht', zegt mama altijd. Mannen met zo'n stofjas zijn onbetrouwbaar, maar waarom ik dat vind, weet ik zelf niet.

'Hier, Jules Verne, *20.000 mijlen onder zee, De reis naar de maan*, spannend en leerrijk tegelijkertijd. Of dit, *Meten is weten*, over de geschiedenis van de meetkunde in het oude Egypte.'

'Ik lees liever boeken die over gewone mensen gaan.' Hoofd naar de vloer gericht, mijn blik naar de glimmende, grijsgroen gevlamde ziekenhuislinoleum.

'De scheepsjongens van Bontekoe', dringt hij aan.

'Ik vind wel iets.'

Ik vertik het hem te vragen naar het boek waarnaar ik op zoek ben. Hij keert terug naar zijn stoel achter de balie. Zijn getik met zijn Bic op het bureaublad. Hij maakt me nerveus.

'Komt er nog wat van, ik ga sluiten', roept hij, omdat ik een kwartier later mijn keuze nog niet gemaakt heb.

Top Naeff. *Schoolidyllen.* Ja zeg, als de boeken niet op hun juiste plaats staan. Buiten is het intussen helemaal donker en ik moet weer langs het Onze-Lieve-Vrouw ter Sneeuw Instituut. Het heeft geen zin te blijven talmen, er voorbij moet ik toch.

De bibliothecaris kijkt alvorens mijn kaart af te stempelen naar de datum. 'Nipt op tijd, hè', mompelt hij zonder op te kijken. Hij heeft het licht al uitgedaan. Staat met de sleutel en zijn boekentas in zijn hand aan de deur, terwijl ik nog bezig ben het boek in de kabas te stoppen. Of hij wil zeggen, ik sluit u op als ge u niet een beetje spoedt.

Gelukkig is aan de overkant geen non meer te bespeuren.

'Hier is het brood, mama. Ik heb het voor niets gekregen.' Wriemelen om de muntjes met mijn verkleumde vingers boven te halen.

‘Raoul en Hildeke hebben mij aangevallen.’

‘Hildeke, zeg maar Hilde, je mond zal niet scheuren. Dat kind met haar plomp, boertig figuur. Een echt kamerolifantje. Ze zijn niet goed wijs, die twee. Met zo veel kinderen thuis. Ze kijken er niet naar om. Jeetje, ik zie het, een kale plek op je hoofd. Wacht tot ik die vader of die moeder te stekken krijg. Kom, geef ik je een pakkerd.’

Ik heb het ervoor over me iedere dag te laten aftuigen, als mama in ruil zo lief voor me is. Een pakkerd. De moeder van Viviane Verlinden zou zeggen: ‘Kom, ik zal er wat moederkeszalf op doen.’ Mama met haar Hollands, met haar jeetje of haar gossiemijne, of sneu, of asjemenou, of enig, of leuk. Als de anderen het horen, vragen ze me: ‘Is uw moeder een kaaskop?’ Het komt door ons mam, die is altijd Hollands tegen mama blijven spreken. Ons mam. Raar dat ik het normaal vind als mama over ons mam spreekt en ik haar ook mam noem.

‘En Raoul heeft me gestampt, zie, mijn geschaafde schenen.’

‘Je kan je mannetje toch staan. Terugmeppen. Hier thuis heb je praatjes genoeg. En kan het in het vervolg een beetje minder. Ik ben daarstraks wezen kijken of de voordeur er nog instond.’

Het klinkt ineens heel kribbig. Zo is het altijd met mama, van de ene minuut op de andere kan ze van stemming veranderen. Afgelopen met troosten. Ik kan haar niet dwingen.

‘Het was twee tegen een, mama.’

Mama haalt haar schouders op.

‘Geef je jas, naai ik dat gat in je zak dicht.’

‘Ik doe het zelf wel’, zeg ik. Ik weet dat mama naaien haat.

‘Ook goed’, zegt ze en ze gaat op een stoel aan tafel zitten. Ze begint in de *Libelle* te bladeren.

‘Ik ga naar mijn kamer, mama.’ Mama kijkt niet op. ‘In die kou’, zegt ze alleen.

Mijn poppenbed, mijn poppenstoeltjes, het tafeltje, het kastje, stuk voor stuk in Borsbeek door vokke Victor ineengetimmerd.

Koningsblauw geverfd. Door de poppenmeubeltjes blijf ik aan hem denken. Nooit wordt over hem nog gesproken. Als een inktvlek is hij weggegomd. Het is een geheim, en zolang het geheim een geheim blijft, blijft ge u afvragen wat er gebeurd is. Wat hij mispeuterd heeft. Iets heel ergs. Dat kan niet anders. Misschien omdat hij veel bezopen was. Misschien is hij een dief. Misschien zit hij in de gevangenis. Mijn poppen opruimen. Ze zitten naast elkaar op mijn bed. Martine, Brigitte, Patrick, Barbara, Pascale. Zo worden baby's tegenwoordig genoemd. Mijn Martine is van echte schildpad. Haar hoofd heeft opgeschilderd haar, een naar binnen gekeerde krul van oor naar oor, en ze heeft een ovale stempel in de nek, MADE IN NÜRNBERG, precies een litteken. Ik stop haar in bed naast Brigitte, mijn oudste pop met haar blinkend gezicht, ook met de ogen en de mond opgeschilderd. Met haar hals hangt ze vast aan een met stro opgevuld lijf in zakkengoed, waaraan de twee armen en de twee beentjes bengelen. Patrick, mijn negerpopje, kan er ook bij. Hij droeg een raffia rokje toen ik hem kreeg. Ik heb een broek voor hem gebreid, bij Godelieve in de veranda. Barbara heeft bewegende wimpers. Ze kan echt slapen en ze heeft echt haar, dat ge kunt kammen. Barbara, zo zou ik zelf graag willen heten. Pascale, mijn nieuwste pop, een babypop, fluweelzachte gummi, een verjaardagscadeau, die neem ik bij mij in bed, die slaapt in mijn armen. En Koosje, mijn lieve teddybeer. Won vokke Victor op de foor. De naam, Koosje, heeft ons mam bedacht. In Borsbeek. 'Koosje, kom, jongen, het voitureke in.' Die belachelijke vergulde rieten kuip op houten wielen. Een sinterklaasgeschenk. Daar ben ik eerlijk gezegd nooit content mee geweest. Christel Weiremans van hiernaast heeft een prachtige poppenwagen op hoge wielen, van het merk Silvercross, met een kap die in alle standen gezet kan worden. Een echte pasgeboren baby past erin. En ze heeft een en echte meisjeskamer met moderne meubels op dunne pootjes, van die koperen kegeltjes. Daar droom ik van. Hier staan alleen afdankertjes. De cosy corner en mijn kastje, een oud grammofoonmeubel met bovenop een houten kap waaronder een enorme hoorn zit. His Master's Voice. De zwengel ligt erbij. Dat die bewaard is gebleven. De binnenwand is als het binnenste van papa's passerdoos bekleed met korenbloemblauw fluweel. Alles uit de Arthur Sterckstraat... Maar wat kwam ik hier eigenlijk doen? O ja, een postkaartje uitzoeken om over te tekenen in de poëzie van Greta Gregoir. Ik calqueer nooit, ik teken altijd zelf. Ik verzin ook altijd zelf een versje, want 'bloempjes verwelken, scheepjes vergaan', daar kom ik niet mee af. En in de hoekjes 'tip top de datum staat op zijn kop', doe ik ook nooit. Dat geeft het blad alleen maar een slordig aanzien. Als ik een poëzie zou hebben, zou ik tip top de datum staat op zijn kop, verbieden. Welke kaart kies ik? De doos puilt uit. Mijn verzameling, afkomstig van het beetje familie of van de enkele kennissen die we hebben. Mensen die we haast nooit zien, die alleen voor de gelegenheid kaartjes sturen, en soms kaartjes voor mij en Jean-Pierre, uit Holland, van tante Mien en tante Bep. Die sturen gewoonlijk kaartjes met ogen die bewegen als we met de kaartjes schudden.

Met de doos op schoot op bed. Vanop het uiterste puntje kan ik nog net door het raam naar buiten kijken. Maar altijd als ik dat doe, zie ik de Zatte weer door de straat zwalpen. Lallend, zingend, vloekend, een handkar met vodden en oude rommel voortduwend. Hoor ik zijn geroep: 'Ze kunnen allemaal mijn kloten kussen, godverdomme, hoort ge't, mijn kloten kussen.' Er liepen kinderen uit de straat mee, die hem uitlachten. Ik durfde dat niet. Doodsbang was ik van die man. De schrik glibberde door heel mijn lijf. Ik verstopte mij onder de vensterbank. Die oude, vieze man, een echte smeerkees, de laatste bewoner van De Put. Weigerde te vertrekken uit zijn vergronde krot. Met de politie zijn ze hem komen halen. Ze hebben hem in een gesticht gestoken.

Mijnheer Schollaert heeft in de les milieustudie verteld over De Put. 'Een overblijfsel van een stukje geheel verdwenen stad', zei hij. 'Alleen de kerk natuurlijk, die staat er nog.' Hij liet ons op foto's zien hoe gezellig het ooit was. Rijkelijk versierde danszalen met hoge plafonds, bogen, krullerig ijzerwerk. Straten vol restaurants en cafeetjes, waar de mensen plezier kwamen maken en mosselen eten. 'De oude straten en de ruïnes van de afgebroken huizen zitten voorgoed onder het opgespoten zand, jammer', zei mijnheer Schollaert en Agathe Apers, die weer moest laten horen dat ze alles beter weet, kon het niet laten: 'Is het zoals Pompeï, mijnheer? Dat hebben ze terug opgegraven.' Toen Agathe Apers toch mooi de loef afgestoken. 'Ik heb wat overbleef van die straten en de oude school nog gezien in het echt', zei ik. De nijdige trek op haar gezicht, toen ik van mijnheer Schollaert mocht vertellen wat ik wist over het opspuiten. Ik vertelde dat zand door buizen aangevoerd met een enorme kracht over het land gespoten werd. Tot in Zwijndrecht. Hoe wij met zijn allen met cachou botten aan door de enorme plassen baggerden die door het opspuiten waren ontstaan, en hoe we op handen en voeten door de achtergelaten meterslange aaneengeklikte, afgekoppelde buizen kropen. Griezelige, lange, pikdonkere tunnels met roestige wanden en we van het roffelend, hol geluid van onze vorderende handen en knieën, suizende oren kregen. Er altijd wel een plaaggeest was, die alles stremde. We gevangen zaten. Niemand noch voor- noch achteruit kon. Was het een gillen en duwen in een soort heerlijke paniek, tot het kruipende konvooi zich opnieuw in beweging zette, om daarna eens zoveel te genieten als het eerste lichtpuntje en de wolken aan de hemel weer zichtbaar werden. We opgelucht herademden en zogezegd achtergelaten in de Sahara, plat op de buik, naar water snakkend, voortslopen. Altijd met de schrik om het hart en toch altijd opnieuw door die buizen kruipen. Dat we ons altijd goed amuseerden. Alle kinderen van de klas luisterden gespannen naar mij en toen zei mijnheer Schollaert: 'Rosa, gij behoort mee tot de pioniers van deze nieuwe stad, beseft ge dat?' Keek ik met een zegevierende grijns Agathe Apers aan, die verwaand met haar ogen knipperde. Met haar schouders schokte. Haar hoofd omdraaide.

‘Rosa, kom je naar beneden.’

De soepketel staat met water gevuld op het fornuis. Boven, in de badkamer, is het te koud om te douchen en de warmwaterboiler is defect. Mama heeft de oven aangezet, de ovendeur staat open, het zinken bad staat ervoor. Ik moet altijd denken aan de oven van de heks van Hans en Grietje als ik in die open oven kijk. Mama giet het kokend water uit de soepketel in het bad. De ruiten van de keuken dampen aan. Aanlengen met koud water. Eerst Jean-Pierre. Die staat al in zijn blootje en steekt voorzichtig de toppen van zijn tenen in het bad. ‘Te warm, te warm’, gilt hij rondhuppelend, waarbij zijn floske meeslingert. Voor hem is de teil groot genoeg. Hij spat de hele keuken nat. Ik neem het boek van de boekerij, terwijl ik mijn beurt afwacht op een stoel aan de keukentafel. Eerst naar de prenten kijken.

Jean-Pierre wordt afgedroogd. Mama trekt hem liefdevol zijn pyjama aan, schenkt hem een beker warme melk in met veel suiker en enkele oranje druppels teinture d’iode... ‘Tegen de valling en goed voor het verstand’, zegt mama.

Voor mij is het bad te klein. Ik zit er ongemakkelijk in met opgetrokken knieën.

‘Rosa, kom, was ik je haar.’

Een washandje voor mijn toegeknepen ogen houdt de prikkende shampoo niet tegen. Dop.

‘Jouw haar, pierenverdriet’, zegt mama. Ze spoelt het af, wrijft het in met een rauw ei. ‘Krijg je mooi glanzend haar van’, zegt ze. Dan eten we een boterham, waarna ik aan de tekening in de poëzie van Greta Gregoir begin.

6

‘Knippen en een permanent?’

‘Dat denk jij. Kan ik een jaar voort. Een kaalgeschoren nek en van die belachelijke krulletjes. Ik ben geen poedel, geen abrikoosje. Ik ga nu eens doen wat ik wil. Moeial. Je zal zien.’

De rugkant van haar jas in beige skai – twee elkaar snijdende naden, een horizontale en een verticale. Zevenachtste model met in hetzelfde materiaal overtrokken knopen. Ze knoopt nooit een jas dicht, slaat de ene helft altijd over de andere, knelt de panden met de hand onder de borst stevig tegen zich aan. Meer schwung, nonchalant en toch met stijl, vindt ze, hoewel de ene jaspand gewoonlijk lager hangt dan de andere. Eronder komt haar mooiste jurk kijken, rode rozen op een blauwgestreepte achtergrond, Boussackatoen. Uit een winkel in de Quellinstraat. Opgedirkt, nagels gelakt, wangen gepoederd, lippen gestift, met de vingertoppen de kin afgetast naar stekelige haartjes, daar heeft ze last van. Haar kittelorige getik van de halfhoge hakken op de marmeren tegels in de gang. Deur dicht. Weg is ze, naar salon Empire in de Anneessensstraat.

Zaterdagochtend, zij naar de coiffeur, de kleine mannen naar school, het rijk voor mij alleen. Klak op, sjaal onder de revers van mijn ribfluwelen veston. Eerst mijn mok koffie leegslurpen en dan aan de slag. Op dit kale lapje aarde kan ik me tenminste uitleven. En kijk, krijg ik het gezelschap van wat blauwe lucht. Koud, scherp, helder. En van rondcirkelende meeuwen. Denken dat er iets te rapen valt. Kom, handen uit de mouwen. De eerste spadesteek. Steek, steek, steek, steek. Vier inkervingen, littekens, die een vierkant vormen alsof ik een geheim verbond sluit met mijn grond. De kluit oplichten, omkieperen, omtoveren tot een hoopje rulle aarde. Het vergt een systematische aanpak, van links naar rechts, de volgende rij van rechts naar links. Zoals ons moeder indertijd wanneer ze een landschap borduurde in kruisjessteek op zo'n voorgekleurd stramien van de mercerie Coralie in de Coquilhatstraat. Spitten, een inspannende bezigheid, maar het hoort erbij, dit soort werk, bij een huis met een tuin. Steekt een gure wind de kop op, snijdt me de adem af of de lucht vol glassplinters zit, maar ik voel het bloed door mijn aderen stromen. De handen warm blazen en voortwerken. Zie maar eens aan, de schup gaat de grond in, rij na rij, voet op het stalen blad, de steel tegen de binnenkant van mijn knie, mijn romp gespannen. Het is niet iedereen gegeven om overweg te kunnen met zo'n schup, zo'n zwaar geval. Hoor eens aan, mijnheer Vennesoen oefent vandaag vroeg op de dag. Heeft het niet onder de markt, pianist bij het NIR en 's nachts in de Piet Hein op het De Coninckplein. Het nachtleven. Die man moet wat meemaken. Een joviale buur. Alleen als het ambras is met zijn madame. 'Ik vraag u iets, ik vraag u iets, hebt gij geen oren? Antwoord, antwoord.' Zijn handen staan los als ge het mij vraagt. Wat wilt ge, met zo'n beroep. Het is de nerveuze vermoeidheid. Maar kom, met andermans huishouden moet ge u niet bemoeien. Even op adem komen... Ze vragen arbeidsters bij ons. Met twee inkomens zouden we het royaler hebben, konden we vooruitkomen. Ik wacht af, Rika keert altijd opgeruimd uit de stad terug. Als ze niet onmiddellijk haar stekels opsteekt, begin ik er nog eens over, over een job bij ons in de fabriek. Waarom doet ze altijd zo moeilijk? Vrede op aarde aan alle mensen van goede wil, zeggen ze met Kerstmis, zouden ze een heel jaar aan één stuk door moeten zeggen. Goede wil, daar zegde wa natuurlijk. Wa doede eraan. Maar laat ik me nu concentreren op mijn tuin. Mijn staat van genade. Kom, staat van genade, voortspitten. Onverbiddelijk.

'De gedachten zijn vrij, wie raadt ze daarbinnen, ze dansen voorbij als nachtelijke schimmen, geen mens kan ze naarden, geen jager ze raken, la, la, la, lalalaaa.'

Daar, onze rivierloods, met zijn gouden anker op de mouw

van zijn uniformjas, zijn gouden sterren en strepen. Verbiedt zijn dochter met ons Rosa om te gaan, omdat ze voorbije zomer, op een zondag bij hen aanbelde in badkostuum. Een schande vond hij. Op een zondag in badkostuum. Dat ging nu toch te ver. En hij had alles van haar gezien. Mijnheer Allesgezien. Ocharme, dat kind in badkostuum, onfatsoenlijk. Maar die optocht van de Chiro elke zondag, dat vlagvertoon met die XP-, XP-, XP-tekens op de vaandels. Het hele misselijke, militaristische gedoe. In stoet naar het lof, in uniform, die gastjes in bruine hemden, roffelend op trommen op het commando van de blikken fluit van de leider als tamboer-majoor en de meisjes in dat blauwe katoenen kleedje en die gele cravate en daar loopt zijn dochter tussen en dat hoort zeker bij een ordentelijke opvoeding. Precies de Hitlerjeugd. Die pilaarbijter. Hij zou Onze Heer van 't kruis bidden. Die quatsch. Verzinsels om de mensen te knevelen. De oude Grieken stonden verder. Democritus, Epicurus, de Romein Lucretius, eeuwen geleden. Ze konden niet anders dan wat om de hete brij heen draaien, maar zij wisten het al: dood is dood, punt uit... En neem Maurits van Nassau, prins van Oranje, die in zestienhonderd en zoveel, toen men hem op zijn doodsbed vroeg zijn geloofsbelijdenis af te leggen, koelbloedig antwoordde: 'Wat ik geloof: dat twee en twee vier is en vier en vier acht en de rest... zien we wel.' In zestienhonderd en zoveel! En hij, onze loods, meer dan driehonderd jaar later, is daar nog niet aan toe, en dat heeft gestudeerd, vindt mij een achterlijke arbeider. Als het zo voortgaat, zijn we binnen afzienbare tijd terug bij af. Kijkt hij expres de andere kant op, moet me nog wel de helft van de tuinpaaltjes betalen en de draad. Ik ben eens curieus wanneer hij daarmee over de brug komt. Staat hij wat te rommelen in de wandkast tegen de tuinmuur. De schappen liggen netjes op orde. Rika kan een puntje zuigen aan zijn vrouw, madame Weiremans, altijd in de weer. Hij keert zich om.

'Goeiemorgen, mijnheer Weiremans.'

Zijn kortaf knikje. Hij verdwijnt met stoffer en blik naar

binnen. Kom op, doorwerken. Als ik me haast, kan ik vandaag teelaarde verspreiden, gras zaaien. Een zegen dit perceel. Dat ik daaraan ben geraakt. Van geluk gesproken. Een tuin die overgaat in een echt duinlandschap. Tot in Zwijndrecht alleen zand en nog eens zand. Lang zal het niet meer duren. Aan een tempo worden nieuwe straten aangelegd. Eens de rioleringen getrokken, zal het hier rap volstaan. Nog meer bakstenen eenverdiepinghuizen, rode pannendaken. In de verte de hemelhoge schoorsteen met de vlam van de petrol. Een boeiend gezicht. Vooral 's avonds bij zonsondergang. Echt schoon. Mijn eeuwige vlam. Ja, mensen, dit is de vooruitgang. Een draad spannen tussen de palen, dat moet ik ook doen, kan de was buiten drogen, kunnen de lakens wapperen in de wind. Maar eerst het tuinpad aanleggen. Ik moet me een waterpas en een schietlood aanschaffen en die lege melkflessen moeten eindelijk de keuken uit. Afspuiten met de tuinslang. Onbegrijpelijk, een heel regiment heeft Rika inmiddels opgespaard, een fortuin aan statiegeld. Dat doe ik straks. En daar is de zon, in haar volle glorie. Een koude, heldere zon, ter hoogte van de kerktoren schat ik, moet ze staan, want ze valt zijdelings de tuin in. De zon, leve de zon. Wie heeft iets tegen de zon, maar te veel zon is te veel van het goede. Met de volle zon in huis verschiet alles van kleur. Hoe laat is het nu juist? Weet ge, ik ga voor een verrassing zorgen, de rij afmaken en ik stop ermee. Mijn schup wegzetten en naar de kelder om patatten.

Voilà, ineens een volle mand naar boven gebracht. Het aardappelmesje. Waar ligt het? moet ik weer eerst de hele tafelschuif omrommelen. Orde, Rika, orde. Hier. Het houten heft is gespleten, verweerd door de vele afwasbeurten. En Rika maar klagen. 'Soda, slecht voor mijn handen, kijk, die rode prikkende schraalheid. Mijn handen, net schuurpapier. Ik kan niet zonder mijn tube Citrodermine.' Tegenwoordig zijn er dure afwasproducten. Die wil ze. Pure geldklopperij en ze kunnen niet tippen aan soda, dat ontvet het best... Zie eens aan. Mijn schillenkrul.

Eén lange serpentine. Wie doet het me na? Zie ze schoksgewijs naar beneden dalen. Hoe ze zich neervlijt op het stuk gazettenpapier. Of ik een marionet manipuleer. Aardappelen in dikke plakken, de plakken in frieten snijden en in de week leggen in het wit email teiltje met het blauwe randje. Komen de koolhydraten vrij, wordt het water troebel, schuimig als een sopje. Zijn de frieten knapperiger. Zo. Nu de garde. Mosterd, eierdooier, fijnolie en kloppen maar. Druppeltje citroen. Proeven, een lik met de vinger. Perfect. Heerlijke mayonaise. Wat suiker over de komkommerschijfjes strooien, een mespunt zout. Olie en een geut azijn van de Blauwe Hand en naar Oscar om paardenbiefstuk. De man doet zijn best, geeft kwaliteit, en nu er eindelijk een beenhouwer in de buurt is en we niet meer voor iedere honderd gram toespijs de tunnel door moeten, kunt ge hem niet over het hoofd zien... Rika bij de afdeling gloeidraadaansluitingen, en waarom niet. Het gaat in orde komen. 'Voorwaarts en niet vergeten, wat maakt ons zo sterk in de strijd. Bij hong'ren en bij eten, voorwaarts en niet vergeten, de so-li-da-ri-teit.' Het Solidariteitslied. Welt op vanuit mijn binnenste. Het is mijn jubelende stemming. De Arbeidersjeugd. Voor de oorlog. Dat was een tijd. Gertrude. Onze kampeervakanties op de Kalmthoutse Heide met de hele ploeg. We kookten ons eten op een primus. Waar ligt het leren hoesje met de piepkleine fotootjes en de gekartelde randjes? Gertrude. Werd ze verliefd op die Cyril Lissens. Stapte ze mee over naar het VNV. Wou ze van die Franse naam af. Ging ze zich Geertrui noemen. Had ze evengoed de e kunnen laten wegvallen. Gertrud. Had ze haar naam verduitst. Goed fout in de oorlog. Ze zijn ongeveer tezelfdertijd als wij hier in de buurt komen wonen. Op het Esopetplein. Haar Cyril, gedraaid en gekeerd Hendrik Conscience. Dat ons Rosa nu het vriendinnetje is van haar dochter. Ik wil dat niet verbieden. Ze zitten samen in de klas. Gertrude. Een vrouw uit de duizend.

Het is een gedrum in de hal, het enige in steen gebouwde gedeelte van onze school, met links het bureau van de directeur, rechts de conciërgewoning.

'Wat een bonte, kakelende bende', lacht mijnheer Schollaert, terwijl hij met een brede armbeweging de schoolpoort opengooit en ons een prettig weekend toewenst. Aan de overkant gaat het er anders aan toe: een processie van keurige meisjes, in blauw uniform, stapt in doodse stilte buiten. De verplichte korte hoofdknik uit respect voor moeder-overste, een dragonder van een non, die de meisjes van kop tot teen monstert. Hebben ze hun handschoenen aan, zijn de jassen dichtgeknoopt, zit hun muts recht, lopen ze in de rij, drie per drie? Een litanie aan geboden. 'Die kinderen wordt tenminste enig fatsoen bijgebracht, die van hierover lijken wel wilden', zeggen de vaders en moeders die hun dochter staan op te wachten. 'Kijk eens aan, duwen en trekken, rennen over de muurtjes van de voortuintjes van de villa's, die dienen daar toch niet voor. Valt er een in een bloemenperk, bloemen geknakt. Ja, en nu gillend, joelend op de loop. Bohemers zijn het. Leren ze dat daar niet, respect voor andermans zaken? En hoe zijn die kinderen in godsnaam uitgedost, hoe durven ze die zo naar school sturen.'

Mijn schoenen bij de schoenmaker. Met mijn mosterdkleurige cachou watersloefen met hun ovale gaten, mijn grijze wollen sokken steken erdoor, stap ik het Onze-Lieve-Vrouw ter Sneeuw Instituut voorbij of ik spitsroeden moet lopen. En zij dan met hun belachelijke bonnet op het hoofd. Voor geen goud zou ik in hun plaats willen zijn. Liever bij mijnheer Schollaert in de klas dan bij zo'n norse non. Mijnheer Schollaert weet veel meer, over planten, over dieren, over levensleer, over de geschiedenis van de mensen. Nonnen weten alleen veel over God. Op Godelieve Vets, Christel Weiremans, Maria Kegels, Viviane Verlinden moet ik niet wachten. Mijn vriendinnen doen of ze me niet kennen, als ze toevallig in die lange rij buitenkomen op hetzelfde ogenblik dat ik passeer. Ze doen het omdat de nonnen niet mogen zien dat ze met mij omgaan. Eens de straat overgestoken, gaan we gewoon samen verder naar huis.

'Jean-Pierre, gaat gij maar al door, ge zijt groot genoeg, ga al alleen naar huis, ik wacht op iemand.'

'Nee, ik blijf bij u.'

'Nee, ik wacht op iemand, zeg ik.'

'Op wie?'

'Dat moet gij niet weten, curieuze-neuze-mosterdpot.'

'Ik blijf toch bij u. Het moet van mama.'

'Ik wacht op Godelieve, als ge het wilt weten.'

'Ik geloof u niet.'

'Ik geef u vijf frank uit mijn spaarpot als ge mij nu even alleen laat, gij wilt er altijd en overal bij zijn. Zeg tegen mama dat ge met Franky Vennesoen zijt meegekomen.'

'Goed. Voor vijf frank. Als ge ze niet geeft, ga ik het zeggen. Ge moogt me niet alleen laten van mama.'

Waar blijft hij nu? Doe niet zo ongeduldig, zit stil, wemelkont. Het college van de Broeders van Liefde ligt een eind verder en het is een dik kwartier later uit. Omdat tegen die tijd de meisjes van het Onze-Lieve-Vrouw ter Sneeuw Instituut verondersteld worden uit het blikveld te zijn verdwenen. Hier in het verlaten wachthuisje van de autobus, kan ik rustig op Theo wachten. Hier gaan ze ons nooit vinden. Ons Geheime Verbond. Pas gesloten bij mij op de stoep aan de voordeur, toen Theo me leerde bikkelen. Hij is daar een as in. Hoe het begonnen is? Bij hem thuis in de veranda, toen Godelieve me leerde breien met vier priemen. Godelieve kon het al, breien met vier priemen, ze leerde het bij haar op school bij zuster Benedicte. Eerst heeft ze een washandje gebreid en nadien een paar sokken. En Theo, die altijd bleef rondlummelen in de veranda, maar als Godelieve dan vroeg: 'Hé, Theo, nu ge hier toch zijt, wilt ge een spelletje met ons meespelen?' iedere keer onhebbelijk nee antwoordde, met een air van ik heb wel wat beters te doen, en 'vraag het aan

Francis of Peter' zei. Tot die keer... 'Vooruit, om u te plezieren. Ik offer me op. Mens erger je niet, Ganzenspel, Pim Pam Pet, Vlooienspel, kies wat ge wilt.' Mens erger je niet. En ik die het ineens in de gaten kreeg, telkens hij kans zag een van mijn pionnetjes weg te duwen, terug naar af, de manier waarop hij me aankeek. Zijn geamuseerde blik, maar ook of ik in de ogen van een losschietende waakhond keek. Zo diep drong zijn blik in me door. Ja, toen is het begonnen. Ik keek terug, rechttoe rechtaan. Hij gaf het eerst op, wendde als eerste zijn blik af. Ik zei: 'Bij gezelschapsspelletjes hangt het ervan af hoe de teerlingen rollen, toeval, maar met schaken moet ge goed nadenken om te kunnen winnen. Maar goed kunnen nadenken, daar wordt ge mee geboren, dat is dus eigenlijk ook toeval. Eigenlijk is alles wat gebeurt en alles wat is, toeval. Mijn vader zegt: "Ge zijt er, maar voor hetzelfde geld waart ge er ook niet geweest, was er in uw plaats een ander geweest of waart gij zelf iemand totaal anders geweest, maar dan waart gij het niet meer."' En Theo's moeder, die bezig was wasgoed nat te sprenkelen, ineen te frommelen, een strijkijzer van het vuur nam, begon te strijken op haar strijkplank met bovenop een schattig kleiner strijkplankje voor de hemdsmouwen, had alles gehoord. Ze had de hele tijd de oren gespitst.

'Rosake, dat moogt ge zomaar niet zeggen, het is niet het toeval, het is de voorzienigheid', zei ze ineens.

Tegelijkertijd zachte en toch forse woorden, uitgesproken met die fluwelen stem van haar. Theo keek me steels glimlachend aan, met een blik van: zwijgen. De voorzienigheid. Dat woord had ik nooit eerder gehoord. Ik ken alleen de Socialistische Vooruitziende Vrouw. Daar is mama lid van... Is hij nu nog niet in aantocht. Nee, zelfs in de verte zie ik niemand afkomen. Waar blijft hij? Hij is het toch niet vergeten?

Dezelfde breidoos als Godelieve, zo'n lange, smalle roodlederen breidoos, het model met aan weerskanten twee ijzeren lusjes, die ge moet wegdraaien en neerdrukken om hem te sluiten, zo'n breidoos zou ik ook graag hebben. Maar waarvoor zou ze dienen? Want bij ons op school komt van breien niet veel in huis, omdat we daarvoor naar juffrouw De Muynck moeten en de jongens van juffrouw De Muynck gaan dan naar mijnheer Schollaert. En soms denken mijnheer Schollaert en juffrouw De Muynck: Dat over en weer geloop, als we nu eens een weekje overslaan, maar vooral, denk ik, is het om de heisa met de moeder van Ingrid Goossens te omzeilen. Ingrid Goossens haat breien, laat altijd steken vallen, broddelt alleen maar en juffrouw De Muynck krijgt het van Ingrid Goossens regelmatig op de heupen. Gaat ze haar uitkafferen. Moet Ingrid Goossens thuis alles herbeginnen. Tot die keer dat Ingrid Goossens de dag nadien op school kwam met een pico bello breiwerk en juffrouw De Muynck van de lap naar Ingrid Goossens keek en hardvochtig zei: 'Veel te regelmatig, jouw werk niet, als jij denkt dat ik dat niet zie, denk dan maar rap wat anders. Dat doen we daarmee', en juffrouw De Muynck de breinaald uit de steken trok, het breiwerk uithaalde tot er niets meer van overbleef dan een bolletje geonduleerde wol, dat ze de beteuterde Ingrid Goossens met een 'alsjeblieft, bedrieger' in de handen duwde. 'Jij moet punten krijgen, niet ons mama.' Juffrouw De Muynck spreekt altijd met 'je'. Maar de volgende ochtend, Ingrids moeder. Hysterisch was ze de klas binnen gevallen. Dat het uit moest zijn Ingrid nog langer te treiteren met die afschuwelijke breilessen, trouwens iets van in deezekes tijd, wie breit er nu nog zelf onderbroeken? En er volgde een tirade over gelijkheid en de eis dat haar Ingrid voortaan mee mocht timmeren met de jongens, dat was tenminste nuttig voor later. En mijnheer Schollaert en juffrouw De Muynck zegden tegen elkaar: 'Als we daarmee moeten beginnen, waar begint het, waar eindigt het', en daardoor vallen de handwerklessen bij ons grotendeels in het water. Spijtig. Godelieve leert me ook borduren, point-clair, de festonneersteek, mazen, knoopsgaten inzetten. Kunnen we tezamen poppenkleertjes maken… Een veranda zoals bij hen, zou ik bij ons thuis ook graag hebben. Ons huis.

Het is even nieuw als de andere huizen en toch heeft het onze al iets uitgewoonds. Onze voorgevel met het verveloze houtwerk en die bruine lappen voor de ramen in de slaapkamers, dat kunt ge toch geen draperieën noemen. Al die afgeleefde meubels en die afgetrapte linoleum en dat lelijke glansbeton in de keuken. Bij de Vetsen hebben ze roomkleurige, glimmende tegeltjes met een bruin boordje bovenaan, dat is wat anders, en hun keukenkast met die laatjes. Zes laatjes in twee rijen boveneen met stevige handgrepen in geribbeld plastic. Eigenlijk zijn het grote scheppen, waarin, rijst, zout, bloem, havermout, suiker en chapelure bewaard worden, een beetje zoals de scheppen die de drogist van de Lancelotlaan in de jute zakken heeft steken, met de gedroogde blaadjes lindethee, de stokjes calichehout, zeep in vlokken en van alles dat ge los per gewicht kunt kopen. Dat ziet ge als Theo's moeder zo'n schep uit de kast trekt. En de rood-witgeblokte gordijntjes voor hun keukenraam, een vichy ruitje afgewerkt met een gefronste volant en met een lint losjes bijeengebonden. In hun gootsteen staat altijd een pannetje met witte yoghurtbloempjes onder de stromende kraan. Waar het wel een beetje vreugdeloos is, is in hun eetkamer. Dat komt door de met hun doordringende boenwasgeur, massieve, druk bewerkte meubels die beter in een klooster zouden passen en door het behangpapier. Boorden met witte lelies met een zilveren biesje omkranst op een donkerpaarse, bijna zwarte achtergrond alsof een rouwfloers in de kamer hangt, zoals toen bij ons in Borsbeek, in de salon, toen ons mam gestorven was en in een kist opgebaard lag. Maar het komt denk ik vooral door die enorme houten Jezus aan het kruis, met zijn naar voren vallend hoofd, de klinknagels die door zijn voeten steken op ooghoogte. Het is er nooit stoffig zoals bij ons en alles is er altijd aan kant, of ze er nooit komen. En in hun voorkamer met hetzelfde behang zit Theo's vader, het liefst in zijn eentje, naar orgelmuziek te luisteren in de leunstoel met houten armen. 'Bach', zegt Godelieve. Af en toe laat hij een van de kleintjes paardje rijden op zijn knie. Hij trekt altijd een ernstig gezicht. Kosters zijn altijd serieuze mensen. Zijn hoofd op zijn smalle nekje. Precies een gestrekt gierennekje met een uitstekende adamsappel. Ik denk soms dat het nekje gaat knakken. Dat het zijn hoofd met zijn dunne, sluike haar niet kan blijven dragen. En hij is zo vroom. De hele familie is vroom, maar hij toch de vroomste. De godganse dag rijdt hij over en weer tussen zijn huis en de kerk, op zijn zwarte, zware fiets in zijn eeuwig grijze pak en beige regenjas, een broekklem aan zijn broekspijpen. En Marc, Theo's oudste broer. Die durft mij nauwelijks nog onder de ogen komen, maakt dat hij weg is als hij mij in de veranda ziet zitten. Wat heeft die in korte tijd een glimmend voorhoofd gekregen en een pukkelige kin, een blonde snor en haar op zijn benen. Hij draagt tegenwoordig altijd lange broeken, behalve natuurlijk op zondag als hij naar de Chiro gaat. Hij is groepsleider geworden, denk ik, want ik kwam hem tegen met een metalen fluitje aan een gevlochten touw om zijn nek. Alle broers gaan naar de Chiro, altijd in hun korte, bruine velouren broek, zowel in de zomer als in de winter, zelfs als het vriest dat het kraakt, met grijze wollen kniekousen en een tweede paar omgeslagen over de veters van de zware bottinnen, hun bruin hemd met een insigne op de mouw. Maar komt Theo nu nog of komt hij niet meer… ?

Ik heb ook een insigne, een schildje, een cadeautje van nonkel Maurice en tante Martha, meegebracht uit Zwitserland, een geborduurde edelweiss tegen een bergachtig landschap met sneeuw op de toppen. Het begint los te komen zie ik, mama heeft het niet goed vastgenaaid. Het zit ter hoogte van mijn ronde, geribbelde litteken van de pokkeninenting. En op het borstzakje van mijn witte moltonnen windjack van de turnkring heb ik ook een schildje met initialen, de drie verstrengelde rode w's, van Welzijn, Wil en Weg, een kokarde, zeggen ze bij de turnkring. En sommigen noemen het een badge. Ha, daar! Theo, sierlijk de bocht nemend, parallel met een meeuw in de lucht, parallel is evenwijdig. De lijnen van een notenbalk, de tramsporen geeft mijnheer Schollaert altijd als voorbeeld. Daar is Theo. Eindelijk. Hij krijgt me in de gaten, begint rechtopstaand te trappen. Met mijn boekentas mijn watersloefen camoufleren, mijn voeten naar achteren houden. Raken enkel de tippen de grond.

Ja, ja, volle gas en nu uit alle macht schurend remmen. Zie, zijn fietswiel zal pal voor mijn knieën tot stilstand komen. Een echte acrobaat.

'Goed uitgerekend, Theo.'

'Kunnen, hè.'

'Ja, plof maar neer, bloemzak.'

'Hocus pocus pats…'

'Mmmm, wit-roze spekken. De lekkerste. Die met kokosnootschilfers steken rap tegen. Dank u, dank u.' Dank u, dank u en dat ik aan die 'dank u' niets meer weet toe te voegen. Zo met ons twee, brengt hij me van de wijs, mijn gedachten onbruikbaar, mijn stem hees.

'Waarom duikt ge nu ineens achter mijn rug?'

'Er komen jongens van het college voorbij gefietst, als ze me zien.'

Ik voel de spek op mijn tong smelten. Zalig. Theo kijkt me aan. Hij maakt me verlegen.

'Ge zijt laat, Theo, ik dacht al.'

'De schuld van die pater bij wie ik in de klas zit, die geniepige dwerg. Die heeft mij razend gemaakt, de lafaard. Hij liet iedereen buiten en mij duwde hij opzij, smeet de deur voor mijn neus dicht, ging ervoor staan met een blik of hij mij ging opvreten. "Vets, ik zal u uw vet eens geven", riep hij. Te weinig lootjes verkocht naar zijn goesting, voor het goede doel, voor het gebouwenfonds voor de uitbreiding van de school, en ik als zoon van de koster moet het goede voorbeeld geven. "Maar, nee, mijnheer pleegt obstructie. Gij gedraagt u asociaal. Door uw schuld gaat de klas de prijs van de meest verkochte lootjes rateren, kan iedereen de grotten van Han op zijn buik schrijven en het geleid bezoek aan de burcht van onze dappere Godfried van Bouillon, en dat komt alleen door u. Beseft ge dat wel?" Kneep hij zo hard hij kon in mijn kaak, begon hij mijn oren om te draaien, weet ge waarom? Dat laat geen sporen na, daar krijgt ge geen blauwe plekken van. Als ge blijft doorknijpen wordt het pletten. Bij pletten krijgt ge wel blauwe plekken. En bij pitsen ook, komt de nagel in het vel, krijgt ge kleine bloedende wondjes die blauw uitslagen. Hij zoekt altijd iets om mij uit te kafferen. "Gij met uw brutale, spotzieke trek om uw mond", zegt hij dan. Wat zit ik die pater te haten.'

'Zo kwaad, ge zijt precies een opgeblazen kikker, Theo.'

'Ja, lacht gij maar.'

'Ge moet me niet zo duwen, ik schuif bijna van de bank. Theo, ik zal u iets vertellen van bij ons op school. Gaat gíj lachen. Mijnheer Schollaert, onze meester, is bijna altijd goed gezind en die kan soms ineens op van die rare gedachten komen. Daarstraks begon hij over woorden. "Woorden," zei hij, "wat zouden we zijn zonder woorden? Kinderen, hebt ge daar al eens bij stilgestaan? Over woorden valt veel te zeggen," zei hij, "en het speciale is dat ge om iets over woorden te zeggen, dat alleen met andere woorden kunt doen." En dan begon hij over vieze woorden, "of wat daarvoor moet doorgaan", zei hij, want volgens hem bestaan vieze woorden niet. "Bijvoorbeeld," zei hij, "zeg me, waarom eigenlijk gebruiken we voor de restanten van onze spijsvertering nooit het kortste en het simpelste woord dat daarvoor bestaat? Waarom wordt het ene woord meer gewaardeerd dan het andere, waarom kan het ene wel en het andere niet, waarom worden sommige woorden bevoordeeld?" Kent gij het kortste woord voor de restanten van onze spijsvertering, Theo?'

'De restanten van onze spijsvertering? Natuurlijk, wat wilt ge dat ik zeg... kak?'

'Bij ons in de klas durfde niemand het luidop te zeggen. "Zie je wel", zei mijnheer Schollaert. "Er zijn woorden die ge niet durft uitspreken omdat ge hebt geleerd dat ge dat niet doet. Wel, zo'n woord doet ge onrecht. Er is natuurlijk het woord en het ding zelf, maar", zei hij heel plechtig, "het woord is onzijdig", en dan keek hij de klas rond met een ondoorgrondelijke glimlach. Wij begrepen er geen jota van. En toen zei Julien De Rover: "Bedoelt u het woord kak, mijnheer?" Iedereen schaterlachen en mijnheer Schollaert zei: "Ik zie er die hun neus al ophalen, terwijl er niets te zien of te ruiken valt. Kak, amper drie lettertjes, amper twee klanken en ge spreekt het woord uit en onmiddellijk krijgt ge de stank in uw neus, anders zoudt ge niet zo lelijk doen en bij kaka, denkt ge vanzelf aan kinderkak, of niet soms? Uitwerpselen, ontlasting, excrementen, uw behoefte doen, kan door de beugel, dat klinkt fatsoenlijk en proper. Of fecaliën, dan denk je aan iets uit de scheikunde." Excrementen of fecaliën, hadt gij die woorden al gehoord, Theo?'

'Nee, maar is die meester van u wel een normale?'

'Een normale? Waarom niet. "Stoelgang", zei ook iemand.'

'Stoelgang, Rosa. Stoelgang, dat vind ik een belachelijk woord. Stoelgang. Moet ik aan een kakkedoor in een oudpekeshuis denken.'

'"Grote boodschap" klinkt reukloos, vindt mijnheer Schollaert. Iedereen begon dooreen te roepen. Echt, of mijnheer Schollaert het erop aan had gestuurd. Stront, schijterij, drek, drol, keutels, pis, snottebellen, scheten, rochels, slijmen, fluimen. Tot hij om stilte riep. Dan ging hij voort: "Slik eens goed," zei hij, "neus, keel, oren, voelt ge het? Soms slikt ge uw snot gewoon weer in, zit het in uw keel. Walgt ge daarvan? Het zijn allemaal voortbrengselen die ons lichaam zelf produceert, die lichaamseigen zijn." Theo, bah, wat zit ge in uw neus te peuteren.'

'Als dit niet vies is, voilà, een korst en op de koop toe bengelt er een strengetje natte snot aan.'

'Precies slakkenslijm... bah.'

'Hier, pak aan. Steek mijn snot in uw mond, slik hem door, eet hem op. Een stukje van mij. Mijn lichaamseigen snot.'

'Als een ouweltje zeker. Dat moet gij doen in de kerk, dat is zogezegd het lichaam van Christus. Een hostie. Inslikken zonder op te bijten, hè. Weten, hè.'

'Een hostie, proficiat, hoe weet gij dat?'

'Van Christel Weiremans. Ze heeft me ook gezegd dat haar vader zegt dat ik in doodzonde leef. Theo, veegt ge de snot nu aan de bank af? Viezerik. Christel bidt ook voor mij, dat ik toch in de hemel kom, maar eerst zult ge in het vagevuur moeten, zegt ze. Is dat zo?'

'Wat?'

'Van mij, dat ik in doodzonde leef?'

'Dat is zo, ja. Maar het is niet in het vagevuur, het is in het voorgeborchte waar ge terechtkomt.'

'En is doodzonde iets erg, iets waaraan ge doodgaat?'

'Ja, iets heel erg. Het ergste, maar ik ga er wat aan doen, dat gij gespaard blijft.'

'Wat?'

'Zult ge wel zien.'

'Ik wil weten wat.'

'Geduld tot straks. Kom ik u ophalen en ge moet niet zo kwaad kijken.'

'Ik kijk niet kwaad. Ik ben aan 't denken, en als ge denkt trekt ge uw wenkbrauwen samen tot een scherpe boog, komt er een rimpel boven uw neus. Ga maar eens voor de spiegel staan… wat ik nog wilde zeggen, ge moet niet denken dat mijnheer Schollaert niet streng kan zijn als het moet en hij lijkt op Tony Curtis, mijn moeder vindt dat. Ze zei het een tijdje geleden, toen we buitenkwamen uit de Rex.'

'In de Rex spelen ze *Trapeze*. Zijt ge naar *Trapeze* geweest? Gelukzak, wij gaan nooit naar de cinema. Alleen volgende zondag, uitzonderlijk met de Chiro naar *De wereld der stilte*, een diepzeeavontuur van Walt Disney, maar vissen en waterplanten laten me koud.'

'Het moet wel mooi zijn. Van Cousteau, die heeft een onderwatercamera uitgevonden, vertelde mijn vader.'

'Ga ik liever naar *Tom en Jerry*.'

'Of naar *Mijn kleine Hongaarse Piroschka*. Met Liselotte Pulver.'

'Als dat maar waar was. Als erin gekust wordt, is het al verboden. Gij zijt een gelukzak.'

'Weet ge hoe mijn moeder dat zegt?'

'Wat zegt?'

'Gelukzak.'

'Nee.'

'Bofkont, wat een woord, hè, Hollands. Hebt gij haar al eens Hollands horen spreken?'

'Nee, niet dat ik weet, maar hoe was *Trapeze*?'

'Spannend, ge houdt uw adem in, ge denkt de hele tijd dat er een ongeluk gaat gebeuren, dat ze naar beneden gaan storten, en het is in cinemascope. Romantisch, met Tony Curtis en Burt Lancaster en...'

'Gina Lollobrigida. Ik heb ze op de foto gezien in een paars kostumeke met pailletten en stras.'

'Een maillot, dat vindt gij sexy zeker, hè Theo. Mijn moeder wilde die film zien en ze heeft ons dan maar meegenomen. Onderweg naar huis sprak ze geen woord, niets geen commentaar. Ik zag het aan haar gezicht, aan haar mond, dat ze een verhaal over verliefden fantaseerde, dat ze daar in gedachten mee bezig was. Heeft ze de hele avond toch zachtjes zitten huilen zeker. Ik kan er niet tegen dat ze huilt. Mijn vader deed of hij het niet zag, of misschien had hij het echt niet gezien. De tranen biggelden stilletjes over haar wangen. Ze veegde ze af, frommelde wat met haar zakdoek, ging wat thee drinken, begon het opnieuw. Uw moeder is zo niet, die is, hoe moet ge dat zeggen, ingetogen, nobel.'

'Nobel?'

'Ja, zoals koning Nobel in *Reynaert de vos*. Gij moet niet zo opletten, niet zo in de gaten houden of uw moeder of uw vader slecht gezind zijn. Bij u thuis gaat alles vanzelf. Er zijn nooit troebelingen.'

'Af en toe wel. Mijn moeder trekt soms een ongelukkig gezicht, dan slikt ze en kucht ze of er iets in haar keel zit.'

'Als dat alles is. Ik kom graag bij u thuis. Bij u thuis voel ik me op mijn gemak.'

'Ge moet in 't vervolg een beetje opletten met wat ge zegt als ge bij ons komt.'

'Waarom? Uw moeder is toch altijd vriendelijk. Vorige week zei ze me nog: "Rosake, ge moet een vingerhoed gebruiken, spaart ge de toppen van uw vingers."'

'Weet ge, mijn moeder hoort dat gij aan Godelieve soms vragen stelt over Jezus en Jozef en Maria, maar als Godelieve begint te vertellen, zoals toen over Onze-Lieve-Heer, dat die uit drie stukken bestaat – want waarom zeggen ze anders dat alle goeie dingen in drieën bestaan. Dat ge doet alsof, maar in uw binnenste moet lachen, ermee spot, Godelieve voor de gek houdt. "Het ligt er duimendik bovenop", zegt mijn moeder.'

'Uw moeder heeft het mis, ik hoor echt graag, die verhalen over God en over zijn zoon, maar dat ge gelooft dat het echt gebeurd is? Dat ge uit uw graf kunt opstaan en naar boven vliegen?'

'God kan mirakels doen en mijn moeder zegt: "Ik verdraag dat verwaande in Rosa's ogen niet."'

'Het is een gedacht van uw moeder.'

'Waarom zwijgt ge nu, Theo?'

'Rosa, niet geloven dat God bestaat. Als ge goed nadenkt. Hij, die hemel en aarde geschapen heeft. Dat kan toch niet anders. Wie heeft het dan gedaan volgens u? Mijn moeder zegt: "Van alle zichtbare dingen is het heelal het grootste, van alle onzichtbare dingen God, en God is het grootste." Er is niets groter dan God en ge moet er niet mee lachen.'

'En gij moet niet zo duwen, lig ik weer bijna van de bank.

Mijnheer Schollaert beweert dat God eigenlijk een idee van de mensen is.'

'Wat! Goed zot. Zoiets durven zeggen. Die meester van u is van lotje getikt, maar kom, we zijn weg, spring op mijn portebagage, bij mij zullen ze zeggen, waar blijft hij?'

'En Marc? Zegt die iets over mij?'

'Wat? Ik versta u niet, van vanachteren op de fiets moet ge harder roepen.'

'Ik versta u toch... Marc, zegt die iets over mij?!'

'Marc? Nee, wat zou Marc over u kunnen zeggen? Die denkt meer en meer dat hij in plaats van mijn broer mijn vader is. Begint zich met alles te bemoeien. Ik denk dat Marc priester wil worden.'

'Ik vroeg het maar voor alle zekerheid.'

'Voor alle zekerheid?'

'Of zomaar. Stop hier, Theo. Dat stukje doe ik te voet. Tot straks.'

'Tot straks, Rosa, zie dat ge klaarstaat.'

Met Theo parlementeren over geloven of God bestaat of niet bestaat, ik doe niets liever. Is de knip op het onderste raampje? Nee, het is nooit op slot, kan ik er met mijn arm door, kan ik aan de klink, moet ik niet bellen. Daar is Jean-Pierre met uitgestoken hand. Die laat er geen gras over groeien, de bedelaar.

'Ja, ja, Jean-Pierre, ik kan niet vliegen.'

De deur van de keuken naar de tuin staat open. Druppels vliegen in het rond of een uit het gezicht staande kletsnatte hond net uit het water is gesprongen. Het is de bij de vier punten bijeengepakte keukenhanddoek die papa heen en weer slingert om het water uit de sla te schudden. Die handdoek, precies een aan een houten stok bengelende knapzak, zoals op prenten in sprookjesboeken... met zijne rijfstok, met zijne strijkstok, met zijne lapzak, met zijne knapzak... Knapzak is een ouderwets woord, zoals tondeldoos. Papa heeft mama's voorschoot voorgebonden. Hij heeft de lege melkflessen omgespoeld. Ze staan buiten te drogen. Nu lijkt de keuken groter.

'Dag, papa.'

'Dag.'

Papa schudt de slablaadjes in een kom en neemt uit de kast een vers pak ossenvet, met de blauwe ossenkop op de verpakking. Hij pelt het vetvrije papier van het ossenvet af. Het gaat de frietpot in.

'Mmm, frieten. Vers vet ziet mooi wit, hè papa.'

Het vet begint zachtjes te smelten, brokkelt af, als de paraffine die Theo's moeder in een pannetje smelt om over haar zelfgemaakte confiture te gieten. Frieten, biefstuk, de kom sla, de kom komkommer, het schaaltje met de mayonaise, de reuk van het frietvet. Het water komt me in de mond. En straks op stap met Theo en de zon schijnt en de lucht is blauw en papa is goed gezind. Ik zie het aan zijn gezicht. Hij is aan de tuin begonnen en de radio staat aan: 'Ik noem haar sproetje, sproetje, sproetje, omdat er op haar snoetje en haar neusje lief en fijn, duizend gouden sterretjes zijn.' Nu gaat het er hier echt gemoedelijk aan toe. Echt gezellig.

'Ik heb honger, papa.'

'We wachten op mama, Rosa.'

'Blijft ze nog lang weg?'

'Nee, ze gaat er direct zijn.'

'Ik wil eten.'

'Een ogenblik geduld.'

Mijn haar in een glamourvolle geblondeerde wrong. Vallen mijn donkere wenkbrauwen bij uit de toon. Daar let niemand op. Voor die keer ik in de stad ben, een koffie in de Locarno, zo'n hoge, smalle filter, geserveerd op een glimmend plateautje, melkkannetje, schaaltje, alles in echt zilver. Een toefje slagroom, een chocolaatje van Godiva. Dat ga ik mij permitteren.

Obers in zwarte pakken, zachte muziek, gedempt licht, pluche tafelkleedjes. In acajouhouten lambrizeringen gevatte spiegels.

Bordeauxrode lederen muurbanken. Je zakt er heerlijk in weg. Het doet me denken aan de stemmigheid van de Arthur Sterckstraat.

Nee, nee, nietwaar. Wie daar zit. Is het hem? Ja, het is hem. Jeetje, of de duivel ermee speelt. Nog altijd even elegant. En dat ik de hele tijd in zijn gezichtsveld zit. Kent mij vast niet meer. Drink ik nog iets? Wacht ik even af? Ga ik naar hem toe? Of stap ik op? Raymond zal denken, waar blijft ze. Hè, hij krijgt me in de gaten. Ik zie hem denken. Hij weifelt. Hij glimlacht. Hij is toch niet zeker. Ik ga gewoon naar hem toe en maak me bekend. Hij is me voor.

'Emile Van Hemelrijck, zegt u dat nog iets?'

'Natuurlijk.'

'Ik had u in de gaten. Is ze het, is ze het niet?, zat ik te denken. Hendrika! Zeker twintig jaar geleden! Kom in mijn armen, dat ik u embrasseer. Hebt ge efkes tijd? Neem ik mijn theetje, kom ik bij u zitten. Lang geleden. Niet te geloven. Ge woonde in de Arthur Sterckstraat, niet? Ik heb u menig keer thuisgebracht.'

'Dat herinner ik me al te best. Na dansavonden in de Châtelet.'

'Ik ben zelfs enkele keren mee bij u binnen gestapt. Hendrika. Hoe is het mogelijk. Ik kan mijn ogen niet geloven.'

'Emile, Emile. Heb je nog steeds de gordijnenwinkel in de Drie Koningenstraat?'

'Na de oorlog zijn we verhuisd naar de Dambruggestraat. Wat wilt ge drinken?'

'Nog een koffie, graag.'

'Ik roep de garçon. Een koffie voor madame en voor mij een thee met citroen, alstublieft. Hendrika Vroeg-in-de-Wey. Het was geen evidente naam.'

'Er werd mee gelachen.'

'Ik zie u weer helemaal voor me. Ge waart geen muurbloempje in de Châtelet. Een goede danspartner. Gij danste met een elegantie. Wat is er sindsdien gebeurd? Hoe gaat het u in het leven?'

'Ik ben getrouwd, Voor de oorlog nog. In negenendertig. Ik heb twee jonge kinderen.'

'En?'

'Dat is het zowat. Veel meer valt er niet te zeggen.'

'Ge moogt echt gezien worden. Mooi kapsel.'

'Ik kom recht van de coiffeur.'

'Het doet me zo'n plezier u na al die jaren terug te zien. Vertel verder, ik ben altijd aan de curieuze kant geweest. Met wie zijt ge getrouwd?'

'Met een brave man in feite. Een harde werker. Maar om eerlijk te zijn... ach.'

'Wat ach. Vertel. Ik heb alle tijd. Ik heb voldoende personeel. Niemand die mij afjaagt.'

'Mijn man en mijn kinderen wachten op me.'

'Laat ze een keer wachten. Weten ze wat ze missen. Dat kan nooit kwaad.'

'Dat ik je hier ontmoet. Weet je, ik denk soms nog aan de avonden in de Châtelet. Nadat mijn vriendin trouwde, was het voor mij daar ook afgelopen. Er zijn wisselende periodes in een mensenleven. Zo is het toch? Mijn man heb ik leren kennen op een feestavond van de Socialistische Syndicale Jeugd. Mijn buurmeisje troonde me mee. Liliane de Laet. Je moet ze ook gekend hebben. "Een huldeavond voor Pot en Grijp en een gezellige dansavond", hield ze me voor. "Je moet niet bang zijn. Ze lopen daar niet rond met staarten, horens en bokkenpoten. Denk dat niet", zei ze een beetje schamper, omdat ze wist hoe mijn familie over socialisten dacht.'

'Ik herinner me dat gij bij uw grootouders woonde.'

'Met mijn moeder. Ons mam. Ik heb mijn vader nooit gekend. Jij dacht destijds waarschijnlijk, zoals vele anderen, dat ons mam een bedrogen dochter was. Ze moest steeds maar opnieuw uitleggen dat haar verloofde sneuvelde aan de IJzer, als een van de eerste soldaten, terwijl ze in positie was van mij. Sommigen beweerden, achter haar rug, dat het een smoes was, keken haar aan met scheve ogen. Ze was nog zo jong. Ik sprak er nooit over.'

'En ik heb er nooit bij stilgestaan. De moord op die socialistische militanten herinner ik me. Een schokgolf ging door de hele stad. Wat, het hele land was in rep en roer. Vierentwintiguursstakingen alom. Pot en Grijp.'

'Mijn toekomstige man was een van de acht die de katafalk van Pot, of was het Grijp, de hele stad door droeg.'

'Echt waar? Indrukwekkend, die rouwstoet.'

'Ik dus mee naar dat feest, ter ere van die twee mannen met hun rare naam, zonder ze thuis van iets wisten. Naar het rode schorremorrie. Ik belandde in een danszaal. Je kent dat soort zalen, smeedijzeren pilaren, hoge plafonds, een granieten dansvloer, waar omheen talloze tafeltjes en stoelen. Een enorme tapkast. Veel volk. Ik zat daar, onwennig, verkrampt en vooral verbaasd te luisteren naar wat er rond de tafel uitgekraamd werd. Het ging over politiek. Mijn toekomstige man deed uitgelaten zijn duit in het zakje. "Een Volksfront, Liliane, je hebt het bij het rechte eind, daar moet voor geijverd worden." Een zin die ik me herinner als gisteren. Ineens sprak hij me aan: "Ziede na juffra, we zijn wel proletariërs, maar geen proleten." Zijn eerste woorden tegen mij. Ik wist echt niet wat te antwoorden. Hij droeg een driedelig pak. De meesten waren netjes gekleed. Sommigen in plusfours, geruite kniekousen, vlinderdasjes. Een mouwloze jacquard v-hals. Bij de meisjes veel plooirokken, tricot truitjes, schoenen met riempjes.'

'En gij, weet ge nog wat gij aanhadt, Hendrika? Gij waart altijd goed gekleed. Kleren hebben me altijd geïnteresseerd.'

'Een nieuwe jurk. Zwart, met witte noppen. Kuitlengte, mouwen tot aan de elleboog, boordje in piqué. Ons mam kon naaien.'

'Hendrika, ik zie u weer helemaal voor me. Vertel verder.'

'Er werd één minuut stilte in acht genomen voor Pot en Grijp. Er werden speechen afgestoken. Ik moest een uiteenzetting over de politieke toestand ondergaan. Ik wilde in feite gewoon weg. "Nog even geduld", fluisterde Liliane. "Dan begint het echt." Er installeerde zich een orkestje op het podium. Een pianist tokkelde enkele maten, en als bij toverslag veerde de voltallige zaal overeind, linkerarm in winkelhaak, gebalde vuist en begon als uit één keel, in extase te zingen. Ik hoorde voor het eerst de Internationale, zoals ik daar ook voor het eerst Rika werd genoemd. Zo kennen de mensen mij. Met dank aan Liliane de Laet. "Hendrika, die naam, te gek om los te lopen", zei ze. "Al te belachelijk." Zo had ze me niet durven voorstellen. De in vervoering zingende massa maakte me bang. Emile, toen moest ik aan jou denken, aan ons ongecompliceerde dansen in de Châtelet. Daar voelde ik me thuis. Dat was mijn wereld. "Ik ben hier weg, zo rap mijn benen me dragen kunnen", zei ik tegen Liliane, terwijl als slotakkoord "En rood is troef" werd geschreeuwd.

"Nee, samen uit, samen thuis", zei ze kordaat. "Trouwens, ik zal u wat zeggen." Fluisterde ze me in het oor: "Ge hebt een touche. Mijn maatje, Raymond Lahaut. Eén uit de duizend", en ze verdween met ene Isidoor, een blonde snor, richting dansvloer. Raymond zat met een hand in zijn broekzak en staarde de andere kant op. Ineens tuimelde een metalen voorwerp uit de broekzak en stuiterde voort tot onder mijn stoel. Ik bukte me, raapte het voorwerp op.

"Hier, je broekveer", zei ik.

"Pardon?" vroeg hij hoogrood. "Ha, mijn velospeld. Bedankt." Daarmee was de kous af. Ik wist inmiddels hoe hij heette. Op zeker ogenblik heb ik het initiatief genomen en gevraagd of hij met mij wilde dansen. Wij zaten daar toch maar als twee wassen beelden. Ik had het kunnen weten, maar ik was al opgestaan. Er restte hem niets anders dan achter me aan te stommelen en op de dansvloer aangekomen, een arm om mijn schouder te leggen. Een heel varken had tussen ons in gekund. Een geschuifel zonder enig gevoel voor maat en ritme. Een echte houten klaas. Zo is het begonnen. Die nacht deed ik geen oog dicht. Ik voelde me gevleid, een man die belangstelling voor mij toonde. Kolen van ogen. Wikken en wegen. Wat voor, wat tegen. Hem of een ander, iemand zou het wezen, en jou, Emile, was ik compleet uit het oog verloren en eerlijk gezegd, tussen ons is er ook nooit wat geweest. Raymond nam me mee uit. Ik kwam voor het eerst in de opera, *Aïda* van Verdi. Met de 'Triomfmars' moest hij zich inhouden om niet mee te zingen. Prachtig. Kwamen ze de scène op met echte paarden, een olifant, een kameel. Ons mam zei me: "Ben je weer met die droogstoppel op stap geweest, die stoethaspel, loontrekker in dat ritssluitingenfabriekje La Tirette? Kindje, voor zo'n man heb ik jou niet in de wieg gelegd. Arbeiders, een ruw volkje, altijd vuile handen, hoe dikwijls heb ik je al niet gezegd, een kantoorbediende, een man van het slag jasjedasje, daar moet je naar op zoek." Moest ik weer aan jou denken, Emile. Jij, zoon van een zaakvoerder. Maar wat de doorslag gaf, ons mam bleek zelf op vrijersvoeten. Na al die jaren. Victor. Een weduwnaar met een jonge zoon, Maurice. Kwamen onderdrukte ongenoegens tussen ons mam en mijn grootouders bovendrijven. "Je moeder... wil ze heiliger zijn dan de paus, wil ze een echte moeder zijn voor die jongen, maar wij hebben u kunnen grootbrengen." En is het op een bakkeleien uitgedraaid over een vergeeld briefje van de krijgsbegravingsdienst. In verband met de stoffelijke resten van mijn vader. Bomma en bompa hadden het in 1924 op hun naam toegestuurd gekregen. Het ging over het herbegraven van hun zoon en ze hadden het stukje papier aan ons mam toevertrouwd. "Koester deze brief." Ik was een kind, maar ik hoor het bompa nog zeggen: "Koester deze brief", of het velletje papier een boodschap uit het hiernamaals was. Ons mam kleefde het notaatje tegen de achterzijde van mijn vaders ingelijste foto op de schoorsteenmantel. Daar bleef het jaren bewaard. Tot de wrijvingen begonnen en bompa op een dag met een passepartout ons mams kamer binnendrong en het briefje losmaakte van de lijst. Het duurde een poos voor ons mam erop uitkwam, maar toen ze erop uitkwam, die dag staat in mijn geheugen gegrift. "Je hebt Victor nu. Onze Jean-Pierre is uit je hart. In geen weken bloemen neergezet voor de foto van ons kind, maar wel zijn oorlogspensioen opstrijken", verweet bompa ons mam. "Je kan er naar fluiten in de toekomst. Het staat op onze naam." "Je moet uit mijn kamer blijven", riep ons mam naar bompa. "Mag ik na twintig jaar proberen nog iets van mijn leven te maken? En Jean-Pierre, de vader van mijn kind, zal nooit uit mijn hart zijn. Het ene heeft niks met het andere te maken." Pijnlijk. Nooit was er een onvertogen woord gevallen. En nu ineens oorlog. In die periode ben ik aan trouwen beginnen denken. De knoop doorgehakt. Ik ging mijn zinnen zetten op die Raymond Lahaut... en... de vonk in mij moest ik zelf maar aansteken, mezelf begeerte aanpraten. Zo ben ik met die man getrouwd. En hoe zit het met jou, Emile, als ik dat vragen mag.'

'Met mij... Hendrika... als ik destijds met u danste in de Châtelet, trok ik u dan tegen de gilet? Heb ik ooit op straat mijn arm over uw schouders gelegd of u in uw middel vastgepakt? U op de mond gekust?'

'Wat zijn dat nu voor rare vragen, als jij je dat zelf niet meer kan herinneren? En na al die jaren, wat doet het ertoe, Emile?'

'Schat, ik vraag het niet zomaar. Ach, uw antwoorden zijn overbodig. Ik zal het u uitleggen. Ik was bijna getrouwd. Bijna. De faire-parts waren verstuurd. De mis was geregeld. Een gezongen mis. De feestzaal gehuurd. Een traiteur besteld. Maar ik voelde dat er iets niet klopte. Ineens realiseerde ik me wat er aan de hand was. Je kunt je dat niet voorstellen, het is of de aarde beeft, golft, splijt...'

Wat nu? Vanwaar dat plotse onbedaarlijke snikken? Zijn hoofd tegen mijn schouder. De kelner kijkt lichtjes gegeneerd in onze richting. Die kan er ook niet aan uit.

'Hendrika, onze pa had een nieuwe verkoper aangeworven, hij heeft me mijn frank doen vallen, ik wist niet wat me overkwam. Ik was op slag smoor-, smoor-, smoorverliefd op die jongen, om zot, zot, zot van te worden, en die gast natuurlijk niet gediend van mijn avances. Zeg nu eerlijk, zie ik eruit als een janet? Nee toch?

De dagen voor onze trouw waren voor mij desastreus. Hoe moest ik die hele cirque die ik samen met mijn verloofde en onze ouders op touw had gezet, stopzetten? De miserie om alles te annuleren, en dan zwijg ik over het drama voor mijn toekomstige vrouw. Een braaf meisje, diep gelovig en zo romantisch. Ze zei me: "Ik wil mijn onschuld bewaren. Het is mijn wens maagdelijk met u in het huwelijk treden." Mij kwam dat natuurlijk goed uit. "Ik respecteer uw wens", zei ik. "Dat ge mijn wens respecteert, respecteer ik ten zeerste", zei ze. "Man naar mijn hart." Ik was de man naar haar hart. Ze hebben haar moeten opnemen, ze sloeg helemaal door, ze had er nog nooit van gehoord, van mannen die het met mannen doen. En mijn familie... Ik, enige zoon. Mijn vader heeft zich uit de zaak teruggetrokken, spreekt niet meer tegen mij, kwijnt weg in zijn huis in Erps-Kwerps. Hendrika, ik zie het, ge zijt van uw apropos. Dat had ge nooit gedacht, hè. Kom, laat ons iets hartigs drinken. Een portje of een sherry om het te verwerken en op ons weerzien. We moeten dat in de toekomst meer doen, iets met elkaar gaan drinken.'

'Emile, ik moet naar huis.'

'Hendrika, laat de hele boel voor een keer schieten, blijf nog even bij mij en vertel mij verder, hoe gij leeft. Garçon!'

'Mijn man wilde een huis bouwen. Zo geschiedde. De afbetaling groeit ons boven het hoofd. Geen cent blijft over. Altijd de eindjes aan elkaar knopen. Altijd krassen om de maand uit te komen. Alles wordt opgeofferd aan het huis. Je moest zien hoe we geïnstalleerd zijn. Overgeërfde meubels. Versleten draperieën, stukken afgetrapte linoleum.'

'Hendrika, ik doe een geste, ik reken hier af en ge komt mee naar mijn zaak, tien minuten wandelen. Ik heb een nieuwe lading tapijten binnen. Daar maakt ge om te beginnen een keuze uit.'

'Emile...'

'Niets te Emilen, ik heb mijn hart kunnen luchten tegen een oude kennis. Ge weet niet hoe goed dat doet.'

Daar komt madame Mullet aangedraafd. 'Goeiemiddag, madame Mullet. Te laat. Jammer, had ik je eerder gezien dan had ik de buschauffeur gevraagd even geduld te hebben.'

'Bedankt in ieder geval, madame Lahaut, het zal wachten worden op de volgende. Madame Lahaut, ik ben het niet vergeten, maar mijn man is momenteel met ziekteverlof, het spit, weet u. Moet ik zien wat ik doe. Ik kom langs, een dezer dagen.'

'Wil ik het artikel bij je in de brievenbus steken?'

'Nee, als mijn man het toevallig zou vinden. Ik kom het liever zelf ophalen. Goeiemiddag verder, madame Lahaut.'

Altijd die reuzenstappen, de steltenloopster, een lange lijnen lut met paardentanden. De stakker. Iedere ochtend voor dag en dauw beent ze naar de kerk, met verse snijbloemen uit haar tuin, schikt ze in de metalen kelk voor het houten madonnabeeld, brandt kaarsen. 'Sedert jaren spreekt mijn man niet meer tegen me, ik ben als de onvruchtbare vijgenboom verwijt hij mij, de schrale schoot.' Ze vertrouwde het me toe, tranen in de ogen. Het moet in een opwelling geweest zijn. Een schande van zo'n man. 'Misschien ligt het wel aan hem, dat kan. Traag zaad', heb ik haar verteld. Keek ze van op. Nooit van gehoord. Over het artikel gesproken. Dat wilde ze lezen...

Daar, madame Kegels. Zij, het tegendeel. Bij hen raak je de tel kwijt. Aan nummer hoeveel zouden ze inmiddels zijn? twaalf? dertien? Jozef, Joost, Joris, Jan... alle jongensnamen beginnen met de J van Jezus en voor de meisjes de M van Maria: Marleen, Monica, Marcella... 'Handig voor de naamlintjes in hun kleren', zei ze me een keer, met die onverdraaglijke, eeuwig vreugdevolle blik. Ze draagt haar glimmende vleeskleurige steunkousen tegen spataders, haar degelijke stapschoenen met spekzolen, plompe neuzen, een vergulde gesp bovenop. Ja ja, overduidelijk, geen twijfel mogelijk, het is zover, nummer hoeveel? in de maak en kijk, die ogen. Of ze in staat zijn zelf licht af te geven. Authentieke zielsverrukking onder de kortgeknipte pony van haar pagekopje, haar rode boerenwangen, puur natuur, nooit een ietsjepietsje lippenrood, preuts. Altijd even vriendelijk. In mijn gezicht althans. Ze heeft het achter de mouw, dat is zo bij die mensen. 'Mij plamuren zoals die van...' en toen passeerde ik en zweeg ze en keken ze me aan, de vrouwen van het vrouwengilde die de kerk waren gaan dweilen.

'Het weer wordt beter, hè madame Lahaut, lente in de lucht.'

'Laat ons hopen, madame Kegels.'

Ach, de buren. Een toevallig in deze straat neergestreken samenraapsel. Ieder in zijn eigen nieuwe huis en deur dicht. Voelen zij zich hier thuis. Niemand is van hier. Tot voor enkele jaren bestond 'hier' niet en leven is er helemaal niet. Vroeger, in de Arthur Sterckstraat, bij mooi weer, zaten we tot stukken in de nacht te palaveren, zelfs met die van de Laet. Prosper, Lilianes vader, schrijlings achterstevoren op een stoel, zijn armen op de rugleuning, zijn bretellen naar beneden en zijn vaan uit zijn broek. Dat bestaat niet meer. Nu is het ieder voor zich en God voor ons allen. Moest ik me aansluiten bij het vrouwengilde. Zou verschil uitmaken. Madame Mullet heeft een tijd terug een visje uitgeworpen. Een keer in de week komen we bijeen in het zaaltje van het parochiehuis, met koffie, cake. Mee de kerk gaan dweilen zeker. Je moet ze zien vertrekken, gelaarsd en gespoord. Uitgelaten schoolmeisjes.

Maar iets anders. Raymond. Raymond zal zitten wachten. Zijn zure blik, zijn zwaarmoedig zwijgen. Ik kan het me levendig inbeelden. Hoe zijn stroefheid te trotseren? Als hij het hele verhaal te horen krijgt. Zit ik mee aan zijn portemonnee. Hoe hij daarop gaat reageren.

Mijn sleutel. Een luchtstroom doet de deur tussen de gang en de keuken dichtsmakken. De deur naar de tuin staat open. Hij is buiten bezig. Hij krijgt me in de smiezen. Zijn gefronste wenkbrauwen. Hem vóór zijn.

'Je hebt nogal doorgewerkt, Raymond. Je ziet er rood van, en al die melkflessen uitgespoeld, dat was nodig, en op de koop toe een heel diner klaargemaakt.'

Zie ze staan, breeduit in de opening van de keukendeur, haar armen over elkaar, als een forse verdedigingswal.

'Vanwaar komt gij? Ge zijt zo laat en wij zitten wachten. De kinderen kregen honger. Zijn we maar begonnen.'

'Waar zijn ze?'

'Wie?'

'Wie nu, de kinderen.'

'Buiten.'

Die trek om zijn mond.

'Waar buiten?'

'Jean-Pierre, hiernaast bij die kleine van Vennesoen. Ze tokkelen samen op de piano. Hoort ge het niet? Mijnheer Vennesoen zal goed gezind zijn, laat hij alles toe, te zot of te bot.'

'Jean-Pierre is muzikaal, zoals ik. We moeten hem naar de muziekschool sturen. Hoe vind je mijn haar?'

'Blond.'

'De coupe, bedoel ik.'

'Goed, zoet, goed voor drie dagen. Daarna wordt ne chignon een vogelnestje.' Zijn pokergezicht. Leunend op zijn spade.

'Zo'n antwoord had ik kunnen verwachten.'

'Ge vraagt mijn gedacht. Ik stop ermee voor vandaag, zal ik de frietpot weer opzetten, oe vlees bakken?'

'Hoeft niet, ik doe het zelf wel. Ik dacht, ik maak mij mooi voor mijn man. Krijg je dat als commentaar. En waar is Rosa?'

'Met een van die jongens van Vets op schok. Hij is haar komen ophalen. Ze is de laatste tijd niet weg te slaan bij die kwezels. Ze proberen haar te bekeren, denk ik. Die van Vets, die van Vets en consorten, wanneer gaan bij die mensen, de schellen van de ogen vallen? Wanneer gaan ze inzien dat het allemaal quatsch is?'

'Je kan het niet laten. Doen die mensen een vlieg kwaad? Jij bent toch ook heilig overtuigd van je gelijk? Jij denkt toch ook dat je de waarheid in pacht hebt. Maar weet je waarom ik zo laat ben? Ik dacht: Ik verwen mezelf een keertje, ik ga een kop koffie drinken in de Locarno. Zit Emile van Hemelrijck, de zoon van de gordijnenwinkel destijds in de Drie Koningenstraat, pal tegenover me. We herkenden elkaar om te zeggen onmiddellijk. We zijn aan de praat geraakt.'

Zie hem, op zijn kousenvoeten op de keukenvloer. Hoe zijn beide grote tenen pontificaal door de gaten van zijn sokken steken. Ik moet die gaten stoppen en de lus van zijn jas vastnaaien.

'Oe grote liefde.'

'Mijn grote liefde, hoe kom je erbij?'

'Hoe dikwijls ik oe die naam heb horen roepen in oe dromen. Echt waar. En tegen Maurice indertijd: 'Emile, díé kon dansen.'

'Ga weg. Emile bleef me vragen stellen. We hebben twintig jaar overbrugd, te beginnen bij mijn eerste ontmoeting met jou op die huldeavond ter nagedachtenis van Pot en Grijp.'

'Toen gij zonder blikken of blozen zei: "Pot en Grijp, een goeie naam voor een komisch duo." Dat herinner ik mij nog héél goed.'

'Of ik heiligschennis pleegde. De verontwaardiging. Ons mam had gelijk.'

'Gelijk?'

'Dat socialisten over 't algemeen mensen zonder humor zijn. Op mijn beurt vroeg ik Emile hoe het met hem was, hoe hij zijn leven leefde. Hij aarzelde. Dan kreeg hij een hysterische huilbui en kwam het eruit. Raymond, ik wist niet wat ik hoorde. Ik heb nooit iets miszien aan die jongen, maar hij is homoseksueel. Ik geraak er echt niet over uit.'

'En toppunt dat hij nooit uit oe gedachten is geweest.'

'Ik heb al spijt dat ik het je verteld heb. Weer iets om mij aan te wrijven, als het je uitkomt.'

'Wat aanwrijven? Het is de natuur, het is geen misdaad.'

'Ik ga de frietpot opzetten. Mijn biefstuk bakken.'

Emile. En dat ik hier nu zit, in dit keukentje. Dat ik hier waarschijnlijk mijn hele leven zal uitzingen. Het komt allemaal terug. De films die ik ging zien met Liliane De Laet in de Berchem-Palace. *Hold Your Man* van Sam Wood. De gretigheid van de gevoelens tussen Clark Gable en Jean Harlow. Claudette Colbert in *Cleopatra*. De mysterieuze aantrekkingskracht die ik in het echt zag tussen Liliane en Isidoor, haar blonde snor. En ik, ik voelde niets. Ik dacht alleen met grote, diepe angst aan de dag dat de duistere handelingen zouden aanbreken. De dag dat ik me voor die vreemde man zou moeten uitkleden, terwijl ik ternauwernood mijn eigen blote lijf durfde te bekijken. Door hem aangeraakt worden. Betast. Al die duistere handelingen. Nee, daar keek ik niet naar uit. Ik had nooit een naakte man in levenden lijve gezien. Schaamte ging me nekken. En het mechanisme om de vonk aan te steken, ontbrak bij mij… ontbreekt. Blijkbaar.

Pot en Grijp. *De Stem van de Werker* moet hier ergens rondslingeren. Op het schap van het oude radiokastje, onder mijn schaaktrofee: WIJ ZIJN HEN NIET VERGETEN. REEDS TWINTIG JAAR. LAFFELIJK VERMOORD DOOR DE FASCISTEN IN HET CENTRUM VAN ANTWERPEN, POT EN GRIJP, DE SACCO EN VANZETTI VAN DE LAGE LANDEN. De *Volksgazet* maakte er geen woord meer aan vuil. Schandalig. Alleen in het vakbondsblad werd er nog aandacht aan besteed. De opgebaarde lijken in het volkshuis in de Breydelstraat. De met rouwfloers beklede kamer en dé foto. Wij, die de katafalk optillen. Dat Rika er uitgerekend nu over begint. Het wil lukken. Haar niets gezegd over de foto. Ik dacht dan maakt ze toch alleen maar schampere opmerkingen. Pot en Grijp. Dat hun dood mij parten zou spelen. Enfin, het hangt ervan hoe ge het beziet. Toeval, een samenloop van omstandigheden, het lot, uw bestemming. Zonder hun dood was er geen herdenkingsavond geweest, was ik Rika misschien nooit tegen het lijf gelopen. Ze was elegant. Ik herinner me zelfs wat ze die avond aanhad, een kleed met bollekes. Ik ben verwittigd geworden. 'Raymond, ze mag gezien worden, daar gaat het niet om, maar geen vrouw voor u, kameraad.' En onze Roger: 'Raymond, Raymond, ik zou toch eerst eens vijf keer nadenken.' Alleen Liliane pushte me. Ze kende Rika's situatie. Moeder en dochter onder één dak, bij twee oude, triestige mensen. Altijd die schrijnende blik in hun ogen, maar toch ook, kale kak. De schijn hooghouden. Soms kwamen twee tuttige tantes logeren. Tante Mien en tante Bep. Die weten inmiddels dat ze beter uit mijn buurt kunnen blijven. Liliane omschreef Rika als naïef. Een meisje dat niets afwist van het leven. Nooit had gehoord van syndicale strijd. 'Toch moet ge uw hart volgen, Raymond', zei Liliane. 'Als ze u aanstaat, moet ge niet twijfelen. Ge gaat Gertrude erdoor vergeten.' Liliane. Opgepakt in de oorlog. Ravensbrück. Nooit meer teruggekomen. Isidoor, haar blonde snor, dook onder. Na de oorlog met een ander getrouwd. Wat moet een mens doen? Zo is het leven. En nu zit Rika in de keuken in haar eentje haar teljoor leeg te eten. Het kan verkeren, zei Bredero. Over een job bij ons op den Bell zwijg ik best. Niet het geschikte moment. Achteraan in de tuin kleurt een spie zonlicht de aarde helemaal goud, zie ik.

'Het heeft me gesmaakt, Raymond. Lekker vlees. Nu de tuin omgespit is, lijkt hij groter, vind je niet? Wanneer ga je gras zaaien?'

'We zouden de ruiten eens moeten kuisen.'

'We of ik, Raymond? Wat bedoel je? Raymond, ik heb je nog iets te vertellen... Ik had het met Emile over ons huis, hoe wij hier geïnstalleerd zijn. Enfin, Raymond, ik ga er geen doekjes om winden, ik heb, kort en goed, bij hem twee tapijten gekocht, een ronde voor in de voorkamer, witte fond, roze rozen en voor hier een grote, drie bij vier, lichtblauw met hetzelfde motief, afgeboord met lange, witte franjes, licht van kleur om de boel wat op te vrolijken. Pasteltinten.'

Stilte. Verbijstering. Paniek.

'En wie zal dat betalen? Gij soms? En waarvan? Van uw mosselgeld zeker. Hebt gij dan geen greintje gezond verstand in oewe kop?'

Ik had het kunnen raden. Laat hij zich smartelijk neervallen. Grijpt hij de brede, afgeronde armleuningen vast. Zijn vingers knijpen in het fluweel of hij er water uit probeert te persen. Ogen ten hemel. Wangen vuurrood van verontwaardiging. Perplex.

'Waar haalt ge het, hoe durft ge.'

Zijn gejammer.

'Waarom doe je zo lelijk? Het is op afbetaling, op vierentwintig maanden, een interest van niks en het vervoer doet hij gratis.'

'Interest? Die homoseksueel heeft het goed aan boord gelegd. Afbellen.'

'Ik denk er niet aan. Ik wil die tapijten, trouwens, ik heb een contract getekend.'

'Gij gaat me te gronde richten. Er blijft nu iedere maand al geen frank meer over, we zitten al tot over onze oren in de schuld.'

'Ja, jij hebt je zin doorgedreven. Het nieuwe radiogrammofoonmeubel.'

'Dat waren echt voordelige voorwaarden, speciaal ter gelegenheid van de inhuldiging van onze nieuwe toren.'

'Onze nieuwe toren, onze nieuwe toren, wat is daar nou van jou aan, jij met je Bell Telephone. De directie had al haar personeel een radioplatenspeler cadeau moeten doen. Jij durfde niet anders dan intekenen. Ze hebben er de prang opgezet, je moreel verplicht. Alleen een grote mond hier tussen vier muren.'

'Ach, ga weg, mens, en wat zijn we vooruit met tapijten. We gingen toch tapis-plain leggen.'

'In de eeuwigheid, amen, zeker. Met die tapijten zie je haast niets meer van de verschoten linoleum als je een beetje met de losse stukken schuift.'

'Gij zijt spilziek.'

Typisch, staat hij op, maakt hij dat hij wegkomt, in de gang, de twee treden op, duikt hij met de krant de wc in.

Ik moest die kamer uit, ik zou ongelukken hebben begaan... 'Dromen der wetenschap'. Een voordracht van Jean Rostand. De mens van het jaar 2000. Het jaar 2000, dat maken we niet meer mee: *De man van het jaar 2000 zal gemakkelijk 120 tot 150 jaar kunnen leven, indien de ziekelijke factoren en de bederving der weefsels tegengehouden kunnen worden. Van de organen van overleden personen zal tegen die tijd een voorraad worden aangelegd, die als wisselstukken zullen dienen, zoals wisselstukken in een garage. Maar wie zal hij zijn, de man van het jaar 2000, als al zijn organen vervangen zijn? De vreemde realiteit van onze tijd is inderdaad reeds de heerschappij van het artificiële: kunstzijde, kunsttanden, artificiële producten op alle gebied. Gaan we aldus niet naar het artificieel genie, de artificiële jeugd?* Ja, in het licht van wat hier staat, heeft het geruzie over tapijten niet veel zin... *De mensensoort zal ook voorbijgaan, zoals de dinosaurussen en de kortschedeligen. Stilaan zal de kleine ster die ons tot zon dient, haar lichtende en warmende kracht verspelen. Alle leven op aarde zal ophouden. Van de hele menselijke beschaving, ontdekkingen, filosofie, idealen, godsdiensten, zal niets meer overblijven. Dat is een eindvisioen dat niet optimistisch stemt, maar ook de geleerde niet belet zijn biologische onderzoekingen voort te zetten, zijn bijdrage te leveren aan de vooruitgang der mensheid. Wat ook het eindwoord zal zijn van het levensraadsel, zo kan het lot voor de bioloog niet anders dan groots zijn. Ofwel zal hij eindigen met het leven te scheppen, en zal hij zich tot de rang der goden verheffen. Ofwel zullen zijn inspanningen vruchteloos blijven, zal hij op het onbekende stuiten, maar hij zal tenminste toch de ongewone fierheid bezitten, het onschepbare te behandelen, met het goddelijke te spelen. En wellicht vinden onze nakomelingen met hun extra geprepareerde hersenen het middel om tijdig naar een nieuwe zonnebuurt te verhuizen.* Goed en wel.

Alleen op het einde van de maand moet tot nader order de hypotheek afbetaald worden.

'Getikt! Rosa, ge zijt er precies niet bij, die met iets wit aan hun voeten mochten niet overlopen. Gij hebt witte turnsloefen aan of zijt ge het beu en laat gij u expres vangen.'

'Ja sè, ik stond te dromen.'

'Achter de krijtlijn, bij de andere getikten, tot het volgende spel.' Jozef Kegels met zijn bevelen. De baasspeler.

Dat we nu een paar uur later, na het grote ogenblik, minstens met twintig 'Schipper, mag ik overvaren, ja of nee' spelen, op rolschaatsen. De mijne zijn te krap geworden. Ik krijg het onderstel niet verder uitgeschoven, mijn tenen zitten opgekruld tussen het ijzeren plaatje van de hiel en het leren lapje van de tippen. Wat is er nu weer misgelopen tussen mama en papa? Omdat papa met het eten zat te wachten? Lag hij daarom zo uitgeteld in de clubfauteuil? Een geslagen hond.

'Waar is mama, papa?'

'In haar bed.'

Recht van de coiffeur en naar bed, nee, dat klopt niet. Ze zal er toch aan gedacht hebben een haarnetje op te zetten. Ze moeten het zelf maar uitzoeken. Had ik mijn rolschaatsen niet moeten pakken, had ik van niets geweten. Theo heeft me echt overweldigd. Dat het geflikt was voor ik er erg in had. 'Voilà, nu ben ik gerust, deze kaars krijgt ge van mij cadeau.' Zijn vader die de kerk binnen kwam. De schrik die we hebben uitgestaan, en het spannendste nu, wanneer Theo me aankijkt en we verder gewoon met de anderen meespelen en niemand enig benul heeft van ons GE-VE zoals we het Geheime Verbond noemen. Ja, zoals afgesproken stond ik op wacht voor het raam in de voorkamer, tot Theo voorbij zou komen fietsen.

'Naar waar hebben we het?'

'Zult ge wel zien.'

We spurtten weg, wijdbeens achter op zijn bagagedrager. Mijn handen om zijn middel. De nieuwe, nog lege straten door, voorbij de speeltuin van het nieuwe parochiehuis, voorbij bouwwerven, tot we in volle vaart, hotsebotsend op het glooiende kasseienpad, afstevenden op de roodzwarte bakstenen kerk, met zijn spitsoplopende kerktoren, zijn windhaan op de top, zijn grote vensterrozet met het gebrandschilderde raam. Het enige oude gebouw dat het opspuiten overleefd heeft en er nu moederziel alleen bij staat, in een wijde, uitgespaarde, verzonken zandkom. Theo ging zijn fiets tegen de achtergevel van de kerk zetten. Ik bleef wachten. Een duif op een richel boven de kerkpoort produceerde een groenig grijswitte medaille. Het scheelde niet veel of het was prijs geweest, die vieze smurrie in mijn haar. Een volgens mijnheer Schollaert lichaamseigen voortbrengsel van de duif, moest ik denken, en voor de rest stond ik me echt af te vragen wat er gebeuren ging. Spannend, want de lege, holklinkende kerk is een van mijn lievelingsplekken, vooral om bedot te spelen. Buiten het akkevietje toen met Theo's broer, dat was een beetje gênant.

'Wat zijt ge van plan?' vroeg ik toen Theo opdaagde.

'Kom, dit is het moment, mijn vader doet zijn middagdutje', zei hij en hij greep mijn hand beet. Hij loodste me mee het kerkportaal binnen, duwde de zware zijdeur open, trok me mee tot bij een uit een zuil stulpende arduinen kom met uitgesleten sierrand. 'Het wijwatervat', fluisterde Theo. 'Dat weet ik', antwoordde ik. Hij toverde bliksemsnel een bakelieten bekertje uit zijn jaszak, schepte er zo veel wijwater mee op als hij kon, want het wijwaterpeil stond redelijk laag, prevelde woorden die ik juist genoeg hoorde om ze te verstaan en onderwijl goot hij in allerijl de inhoud van het bekertje over mijn hoofd uit. De koude druppels lekten over mijn kruin naar beneden en voor ik van mijn ontsteltenis bekomen was, riep hij: 'Het telt, het telt, ge kunt er niets meer aan veranderen. Nu moet ge alleen nog in het doopregister komen.'

Met mijn arm veegde ik de druppels van mijn gezicht en zei kortaf: 'Aan wie hebt gij dat feitelijk gevraagd, ik ben baas over mijn eigen', maar ik deed alleen maar of ik boos was.

'En wie zijn mijn meter en mijn peter?' vroeg ik.

'Dit is een noodgeval, die peter en meter zijn zorgen voor later en ge moet niet zo roepen. In een kerk moet ge fluisteren.'

'En als wij bedot spelen?'

'Ja', zei hij en hij haalde zijn schouders op.

'En dopen doen ze toch boven een doopvont', zei ik.

'Dopen kan overal', zei hij en hij keek me aan met de liefste glimlach van de wereld. Hij toverde de kaars uit zijn zak, overhandigde ze me plechtig. Een gewone, witte waskaars, zoals er altijd klaarliggen voor in geval de plon springt. 'Dat geven ze altijd', zei hij en hij gaf me een zoen op mijn voorhoofd, zoals papa mama soms kust als hij 's avonds thuiskomt van zijn werk.

'Het is heel simpel, voor u blijft het hetzelfde, voor u heb ik gewoon een scheutje water over uw kop gegoten en ik, ik voel me meer op mijn gemak, iedereen content', zei hij lachend, maar ook met een strengheid of hij voortaan een soort heerschappij over me kon uitoefenen.

'Vroeg of laat zult ge de gave van de Heilige Geest ontvangen. De genade van God. Dan zult ge mij dankbaar zijn. Op het einde der tijden.'

'Is dat als ik doodga?'

'Nee, op de dag des oordeels, op het einde van de wereld, dan gaat God een vonnis uitspreken over alle mensen, de levenden en de doden, wie de hemel in mag, wie de hel in moet. Wie niet gedoopt is, komt sowieso de hemel niet in.'

'Het einde der tijden, als ge daarop moet wachten. Doet God het alfabetisch? Kom ik voor u, Theo. Mijn vader moest het weten.'

'Uw vader', zei hij. 'Uw vader...' en toen hoorden we de kerkpoort knarsen. Voetstappen. 'Mijn vader', zei hij verschrikt en wisten we ons op het nippertje te verstoppen achter de donkergroene, fluwelen gordijnen van de biechtstoel, op de bank met onze ruggen tegen het houten schot, onze knieën opgetrokken, onze voeten tegen elkaar. Ik gluurde door een spleetje in het gordijn en zag Theo's vader zijn vingers in het wijwatervat dopen, hij knielde neer in de middengang en met zijn natte vingers maakte hij een kruisteken.

'Doet hij dat elke keer?' fluisterde ik.

'Ik denk het', fluisterde Theo.

'Hoeveel keer per jaar zou dat niet zijn?' fluisterde ik weer.

'Ssst', fluisterde Theo. 'Wacht tot hij weg is, hij doet zijn ronde, dat duurt nooit lang.'

Ik kon het niet laten om naar koster Vets te gluren. Hij prutste aan een kandelaar, verwijderde de eindjes van de opgebrande kaarsen die mensen aansteken voor het houten Mariabeeld met de omslagdoek, in hetzelfde blauw als het jurkje van Alice in *Alice in Wonderland*, de tekenfilm van Walt Disney. Hij vulde de bak aan met een nieuwe lading kaarsen, haalde een sleuteltje uit zijn broekzak waarmee hij het klepje van het houten kastje opende en hield er een gebreid wollen zakje onder als een sok voor een teenloze voet en een minilawine aan muntjes schoof met redelijk wat lawaai het zakje in. Daarna ging hij rommelig achtergelaten kerkstoelen weer mooi op een rij zetten. Wij moesten onze handen op onze oren houden. Zo'n pijn deed het snerpend raspen van de stoelpoten op de kerkvloer. Tot onze grote opluchting schuifelde hij nadien op zijn gemak de kerk uit.

'Uw vader gaat helemaal op in zijn geloof en in zijn koster zijn. Ik zie dat. Mijn vader heeft dat ook. Die kan opgaan in zaken die in de krant staan. De politiek, zegt hij. Dikwijls vindt hij wat in de krant staat fout, dat het anders is dan ze schrijven en dan wordt hij kwaad en begint hij te roepen. Niet tegen mij of mijn moeder, tegen die van de krant. Die horen het natuurlijk niet', vertelde ik Theo.

'Uw vader,' zei Theo, 'uw vader, dat is het juist, ze zeggen dat uw vader', en hij ging voort met een nauwelijks verstaanbare fluisterstem: 'Ze zeggen dat uw vader een communist is, dat is het ergste wat bestaat, een socialist gaat nog, maar een communist. Mijn vader zei tegen mijn moeder: dat is des duivels. Maar ik heb u nu gered.'

Ik liet niets merken, maar ik was totaal van de kaart. Wat denken ze van papa? Dat hij de duivel in hoogst eigen persoon is? Ik ging gewoon voort: 'Gisteravond riep mijn vader ineens: "Maar néé, leugenaars, leugenaars, het zijn de Amerikanen die het eerst de achtendertigste breedtegraad hebben overschreden." Hij riep het in het wilde weg. Weet gij wat hij daarmee wilde zeggen, Theo?' vroeg ik.

'Breedtegraad heeft met aardrijkskunde te maken, met de cirkels op de wereldbol, de middelste is de evenaar, die ligt op nul graden. Ten noorden ligt de...'

'Dat weet ik ook', onderbrak ik hem. 'En hoe kunt ge het onthouden? De kreeft kan op de steenbok zitten, maar de steenbok niet op de kreeft.'

'Laat me uitspreken,' zei Theo, 'ergens op het noordelijk halfrond is de ingang naar de hel, een diepe trechter die alsmaar smaller wordt. Geen mens weet waar. Alleen God. Daar worden de zielen van de zondaars naartoe gezogen, onmogelijk u daar tegen te verzetten.'

'Hoe weten ze dat?'

'Dat weet ik niet, ik weet alleen dat ze het weten. Net zoals met God. God kunt ge niet zien, ge kunt hem alleen voelen. Niet voelen zoals ge iets voelt dat ge aanraakt, maar zoals zeer. Hebt gij ooit al eens een keer zeer gezien? Maar voelen doet ge het wel.'

'Pijn. Juist. Geluk kunt ge ook niet zien', praatte ik Theo een beetje naar de mond.

'Rosa, weet ge nog die keer bij ons in de veranda, toen gij zei dat alles toeval is? Toen zei mijn moeder nadien dat de ongelovigen denken dat alles toeval is, ook het leven. Alles is bij toeval begonnen volgens hen, toeval na toeval, na toeval en al die miljoenen, wat zeg ik, die miljarden toevallen hebben zich gedurende duizenden jaren opgestapeld tot weer na miljoenen andere toevallen ineens het mannelijke en het vrouwelijke toevallig ontstonden en toen kon de voortplanting ook weer toevallig beginnen. Dat bestaat toch niet? Denk toch na. Dat kan toch alleen het werk van God zijn? En mijn moeder zegt ook: "Miljoenen katholieken zouden ernaast zitten en alleen de familie van Rosa en een handjevol anderen zouden het bij het rechte eind hebben? Dat zou het toppunt zijn... Weet ge wat het is, gij worstelt nog met God.'

'Catchen', antwoordde ik plagerig. 'Maar catch is opgezet spel.' En ik zweeg en dacht: Zalig wij twee, voeten tegen elkaar op de bank in de biechtstoel. Als het aan mij ligt, blijven we zo uren onbeweeglijk zitten. Niets deert me nog. Niets weegt op tegen ons Geheime Verbond. Niets. Een nieuwe fiets, een nieuwe jurk, nieuwe schoenen. Niets. Zelfs de nieuwe doos plakkaatverf van Talens die ik onlangs van mama mocht gaan kopen, nee, zelfs die niet. Talens, de allerbeste verf. Eindelijk kon ik het opgebruikte, goedkope verfdoosje met de smalle, rechthoekige verfsteentjes waar nauwelijks nog kleur afkwam, wegsmijten. En toen mijnheer Schollaert, zoals altijd op vrijdagmiddag, zei: 'Zet uw schildersgerief klaar', kon ik mijn nieuwe, dure verfdoos bovenhalen. Greta vroeg of ze hem mee mocht gebruiken, ze was de hare vergeten. 'Ja', zei ik. Ik zette mijn verfdoos tussen ons in, wat tot dan toe altijd omgekeerd gebeurde, altijd stond Greta's verfdoos in het midden. Dat ik nu eens 'ja' kon zeggen, iets terug doen, daar was ik zo blij om. Meer, ik was gelukkig en fier. Maar dat geluksgevoel en alle wensdromen die ik maar kan dromen, verdwijnen in het niets in vergelijking met de verwarrende opwinding van het Geheime Verbond. Misschien is voor nonnen en paters geloven in God ermee te vergelijken, iets fantastisch vinden, dat niets is. Alleen een gevoel in uw binnenste. Het Geheime Verbond is het beste in mijn leven en dat Theo mij gedoopt heeft, omdat hij er niet gerust in was.

'Kom', zei hij na een poos. 'We kunnen hier geen wortel schieten.'

Waarom niet, dacht ik. Wortel schieten in die gezellige griezeligheid van de kerk. Ik zou niets liever. Zijn moeder. Zo katholiek en toch de woorden durven uitspreken: het mannelijke en het vrouwelijke... Christel is gewonnen. Kunnen we een nieuw spel beginnen.

7

Blijven ze maar staan, de tapijten, rechtop in een hoek van de voorkamer, met een touw vastgebonden. Twee slappe palen, stille getuigen van onze onenigheid. Soms zakken ze in elkaar, of ze neergekogeld werden. Lompe gewichten, telkens een gezeul om ze overeind te krijgen. En hij die groen van ergernis sakkerde: 'Pure koppigheid, ze zijn er nu, de tapijten. Rol ze dan uit.' Ik denk er niet aan.

'Pagina zes.'

Hoe hij me de dichtgevouwen krant toeschuift, zonder me aan te kijken.

'Dankjewel. Zo geven ze de koning zijn handschoen.'

Moet ge de gretigheid zien waarmee ze zich op het artikel stort. 'Nietsnutten, de hele bende. Opknopen aan de hoogste boom. Faroek was er, Onassis en Ava Gardner. Een collier van zevenendertig miljoen Franse franc, een geschenk van het stadsbestuur, vond madame niet modern genoeg, weigerde ze botweg. Schandalig.'

'Als het je opwindt, lees het niet, wie verplicht je. En als je leest, moet je alles lezen. Ze hebben op het tuinfeest ook gewone mensen uitgenodigd... hier, luister maar eens: *Dit feest is het hoogtepunt van ons leven. Het was net een familieontmoeting. Prinses Grace is zo eenvoudig, het is net of we haar al heel ons leven kennen en ze bewoog zich of ze haar hele leven lang prinses is geweest. Ze is zo mooi, ze is bevallig en men kan aan haar zien dat ze reeds veel van ons houdt. Ze zal ons doen dromen.* Het commentaar van een croupier en zijn vrouw, een ander klokje, hè.'

'Een croupier! Ons va zei altijd, als alle mensen...'

'Gaan kunnen lezen en schrijven, dat liedje kennen we. En de heldendaad van je flegmatieke vader, die durfde roepen dat het rijk der hemelen aan de gekken toebehoort, kennen we ook. Je kan er misschien een fonoplaat van laten maken. Trouwens, weet je dat Grace Kelly's vader een simpele metselaar uit Philadelphia is, zoals jouw vader indertijd?'

'Ons va was geen simpele metselaar, ons va was aannemer van cementwerken, plafonneerder, gespecialiseerd in Simili-Pierre. Ge weet het goed genoeg, ge zegt het alleen om me te kwetsen. De crash van 1930. Mijn leven had er anders uitgezien als ons va niet failliet was gegaan. Ach ja, als.'

Nu zwijgt ze, de krant opengevouwen. Gaat ze het hele relaas voor de zoveelste keer herlezen, verslingerd als ze is aan verhalen over prinsen, prinsessen en sprookjeshuwelijken.

'Veertienhonderd geleende politiemannen uit Frankrijk, de mobiele brigade met tweehonderd voertuigen, helikopters boven de stad, op de kosten van de belastingbetaler, terwijl Jan met de pet de eindjes aan elkaar moet knopen en daar hebt gij dan zoveel mee op.'

'Ach, man, zeurpiet. Donder op...'

8

Ik had er mijn hoofd op kunnen verwedden, ik heb het zien aankomen, het is weer zover, naast poeders Dr. Mann slikt ze nu ook die donkerrode pillen, cachetten, die haar versuffen, met verlamde tong doen slissen, haar onvast op haar benen doen staan, waardoor ze geen licht meer aan haar ogen kan verdragen, zodat de laatste week de blaffeturen niet één keer werden opgetrokken. En Rosa en Jean-Pierre, die proberen, wat moeten ze anders, de dagen zo goed en zo kwaad als kan door te komen. Door het verduisterde huis sluipend als schichtige katten.

Papa heeft het geld voor de soep achter de fruitschaal gelegd. Moet ik de soepboer, Soep Van Boom met zijn knalrode camionette met de klepelende klok op het dak, in de gaten houden. Gelukkig dat ge hem van ver hoort aankomen. Maken dat ik op tijd buiten sta. Opletten dat hij niet voorbij rijdt. Zal de soepboer in de laadruimte van zijn camionette klimmen en uit een van de vele ijzeren stopen, soep scheppen. Soep naar keuze. Eén schep is juist één liter, die hij dan overgiet in onze groene geëmailleerde soeppot, zonder ooit één druppel te morsen, en dat met zijn onhandige, buitenmaatse pollepel.

De avond valt. Met ons drieën zwijgend aan de keukentafel. Soep met een boterham. Papa slurpt. Mama komt binnengeschuifeld. Onbereikbaar. Ze wil thee. Ze vult de waterketel. Ze moet zich vastklampen aan de gootsteen. Ze zet de waterketel op een kookplaat. Ze zoekt de juiste knop om de plaat aan te zetten. Het kost haar moeite. Ze ploft neer op een stoel. Verdwaasd. Ik krimp ineen. Zelfs Jean-Pierre lepelt zonder op te kijken de te zoute tomatensoep met balletjes op.

'Brak', zegt papa en hij eet voort. Laten overwaaien, er valt toch niets tegen te beginnen. Is het dat wat papa denkt? Het water kookt, mama hijst zich op, wankelt naar het fornuis.

'Daar komen ongelukken van', roept papa. 'Zet die moor neer.'

Mama kijkt met lodderogen laatdunkend naar papa, probeert het kokendhete water in de theepot te mikken. Morst. Papa pakt haar bij haar polsen.

'Zet neer, zet neer, zet godverdekke die moor neer of doet ge het ervoor. Wilt ge oe misschien verbranden? Is dat de bedoeling soms?' Papa maakt haar de ketel afhandig. Hij giet het water in de theepot. Mama ploft als een bloemzak neer op een stoel, de punt van de zitting tussen haar gespreide benen. Haar vlekkerige peignoir eroverheen. Papa is aan het einde van zijn latijn. Vandaag of morgen verliest hij zijn geduld. Hij schenkt mama een kop thee in. Ze roert met een lepeltje, haar hoogstpersoonlijk zilveren, geel uitgeslagen lepeltje met de krullerige H van Hendrikje boven op de steel. Ze roert en roert of ze het besef niet meer heeft ermee op te houden. De kop thee is nog slechts halfvol, de andere helft is al roerend over de rand geklotst. Door de middelpuntvliedende kracht. De soep is op. Ik ga nog een boterham eten met een dikke laag Planta en met een ruime portie hagelslag bestrooid. Flink aandrukken. Blijven de korreltjes beter kleven. Mmmm, ze knisperen smakelijk tussen mijn tanden, en als dessert eet ik een banaan.

'Ség tegen je fader.'

'Zeg tegen uw moeder.'

Zeggen ze wat ze tegen elkaar te zeggen hebben, tegen mij. Vreselijk.

9

'Is er een sterfgeval bij u thuis?' vraagt Viviane Verlinden. Ze staat te hijgen met haar bonnet in de hand. 'Die stomme muts', zegt ze. Ze kwam achter me aan gelopen. 'De andere meisjes zijn blijven rondhangen in de buurt van het Onze-Lieve-Vrouw ter Sneeuw Instituut', zegt ze.

'Een sterfgeval? Waarom?' vraag ik.

'Omdat bij u de blaffeturen de hele tijd naar beneden zijn. Mijn moeder vroeg het zich af.'

'Nee, als er een dode is in de familie naaien ze op de jassen van de kinderen een ruit in zwarte vilt, die ge er zes weken op moet laten zitten. Ik weet dat, van toen mijn bomma stierf. Ziet ge soms zo'n lapje bij mij?'

'Dat is waar. Of een zwarte rouwband om de revers van uw jas', beaamt Viviane.

'Dat is voor de grote mensen, Viviane.'

'Waarom zijn de blaffeturen dan niet opgetrokken?'

'Als mijn moeder hoofdpijn heeft verdraagt ze geen daglicht. Komt gij buiten spelen?'

'Kom naar mij, ik ben alleen thuis. Kunt ge mijn konijn zien. Een Blauwe van Beveren. Ge gaat verschieten. Ze is echt blauw. Ik had dat nooit gezien, een blauw konijn. Gij? Ze heet Adeona. Een rare naam, niet? Heeft mijn moeder gekozen. Met die naam zal ze me tegen het kwaad beschermen, beweert mijn moeder, want Adeona is de naam van een godin die de kinderen beschermt. Adeona kent me. Ik vind konijnen de liefste dieren ter wereld. Ik wil later konijnenfokster worden.'

'Als ge er veel hebt, wordt het anders, Viviane, ge kunt ze niet allemaal graag zien. En als het uw beroep is, dienen ze om te verkopen en eindigen ze in de pot.'

'Dat is waar, Rosa, maar een paar kiest ge er toch altijd uit, dat zijn de lievelingen.'

'Ik kom direct, mijn boekentas wegzetten en ik ben er. Mag Jean-Pierre meekomen?'

Viviane kijkt Jean-Pierre aan. 'Gaat ge braaf zijn', zegt ze. Het klinkt gespeeld ouwelijk.

Mama heeft in de voorkamer twee clubfauteuils tegen elkaar geschoven. Er een bed van gemaakt. Moet ze met haar kop suf en haar lijf slap van de pillen als het ware over de hoge leuningen rollen. Alsof ze een vijandelijk kamp te veroveren heeft en door haar gewemel van de ene zijde op de andere schuiven de twee zware clubfauteuils voortdurend uit elkaar.

'Mama, ik ga naar Viviane Verlinden, naar haar konijn kijken, ik neem Jean-Pierre mee.' Wat mummelt mama nu weer?

'Ik wil niet meer naast die vent in bed. Ons mam, moest ons mam nog leven, het zou niet waar zijn.'

Een geluk dat ik naar Viviane kan. Dat mama ons mam zo erg blijft missen. Het gaat maar niet over.

'Rosa, kom, zijn we weg, Viviane wacht op ons', roept Jean-Pierre. Die is ongeduldig.

Het is een heel bijzonder konijn. Mooi, lief, zacht, met een echte blauwe vacht. Met zijn drieën lopen we erachteraan... Dat mama alsmaar met ons mam in haar hoofd blijft zitten. Of haar treuren nooit meer zal overgaan. Mama in Borsbeek op de stoel aan de keukentafel, haar gezicht verborgen in haar over elkaar geslagen armen. Snikken, snikken, snikken dat ze deed, een onbedaarlijk snikken, en het was precies of het gesnik ontsnapte vanonder haar over de tafel uitgespreide lange haren, en buiten het gesnik was het zo doods en muisstil in de keuken. Ik kon er niet tegen en ik durfde mama niet te troosten. Eigenlijk was ik kwaad op haar. Ik liep wat heen en weer, ging tegenover haar aan tafel zitten, de legpuzzel die ik begonnen was, maakte ik voort af. Een trein met veel witte lucht.

'Zie eens aan, die wolkenpartij, duizend stuks en zonder hulp, wat is ze toch pienter', zei papa, toen hij terugkwam van de begrafenisondernemer. Papa met tante Mien en tante Bep, die bij ons logeerden. Zij gingen mama troosten.

'Voortaan lief zijn voor mama, mama heeft zo'n verdriet', zegden ze me, mama in hun armen wiegend. Dat ons mam ineens dood was, terwijl ik kort daarvoor met mama en de tantes bij haar in het ziekenhuis op bezoek was geweest en ze er toch niet uitzag of ze zo rap ging sterven. Toen we er aankwamen, was de poort van het ziekenhuis nog gesloten. De tantes trakteerden in een patisserie aan de overkant. Mokka-ijs, in een aangewasemd zilveren bekertje. Boven op de bollen prijkte een paars papieren parasolletje, dat open en dicht kon klappen. De langwerpige ziekenhuiszaal. De nare reuk van gekookt eten, ether, pleisters, slappe koffie, warme melk, wak brood. De groenig gevlamde, geboende linoleum op de vloer. Palmen in stenen potten en in het midden tussen enorme zuilen, lange tafels met banken voor wie nog kon opstaan. De roomkleurige bedden op hoge poten met afgeronde, getraliede hoofd- en voeteneinden, stonden op precies gelijke afstand van elkaar. Om ons mam een zoen te geven, moest ik op de stoel naast het bed klauteren. Kon ik, als vanop een uitkijkpost, over de zaal heen kijken. Tussen kussens, witte lakens, witte bedspreien, zag ik gezwollen, uitgemergelde, verfrommelde hoofden, waaromheen de ongeruste, bange blikken van het bezoek, dat alleen fezelde. Een gefezel dat zich over de hele zaal verspreidde tot één gezoem, alsof een onzichtbare uitgevlogen bijenzwerm op de dool in de zaal rondcirkelde. Op het metalen kastje naast ons mams bed stonden een fles spuitwater, Roman Bronnen, en een tenen korfje met een tros blauwe druiven. 'Gouden druiven, van bij de primeur op de De Keyserlei', zei mama. Ik begreep dat toen niet, gouden druiven. Er stond ook een witporseleinen kommetje in de vorm van een bocht, waar ons mam haar fluimen in spuwde. Toen Mijnheer Schollaert onlangs de bocht van de Schelde in Antwerpen op het bord schetste, tijdens de les over de holle en de bolle oever, stroomopwaarts en stroomafwaarts, het estuarium, moest ik ineens aan dat kommetje denken... en de in het wit geklede nonnen, die er rondliepen. De punten van hun kappen zijn als de gespreide vleugels van pelikanen en hun dubbele kinnen als de keelzakken. Witte nonnen zien er minder gevaarlijk uit, toch vind ik ze ook in het wit akelig, of een non iets anders is dan een vrouw. Op weg naar huis fluisterden de tantes: 'Waterpleuris.' Mama huilde tranen met tuiten, ze snikte, snikte.

'Rosa, gij vindt er precies niet veel aan, hè, aan mijn Adeona', roept Viviane vanuit het houten tuinhuisje achteraan tegen de omheining.

10

Rika begint geleidelijk bij te draaien, ze mokt nog, ze is nog nukkig, maar ze laat de pillen. Dat is al iets. En nu het zondag is, staat ze erop zelf voor eten te zorgen. Kijken hoe ze het er in de keuken van af brengt. Nee. Er speelt zich opnieuw een klein drama af. Hulpeloos staat ze naar de ovenplaat met de gebraden kip te staren. Zwartgeblakerd aan de buitenkant, rauw binnenin. Mijn geduld is ineens op. Haar in het gezicht slaan, haar bij haar haren grijpen en schreeuwend en schoppend met haar de keuken aanvegen, dat wil ik eigenlijk het liefst van al. Ach, Raymond, het is beter diep in te ademen, oe handen in oe zakken te steken.

'Kom, zoet, ik zal proberen van de kip te redden wat te redden valt.'

Ze geeft de kip uit handen. Een nieuwe nederlaag. Moedeloos gaat ze op een stoel zitten.

Uiteindelijk eten we toch samen aan de grote tafel in de eetkamer. Ze heeft zelfs de moeite gedaan een proper tafellaken over de tafel uit te spreiden. Kip met een verbrand smaakje en appelmoes uit een bokaal. Onwennig, iedereen op zijn hoede. Zelfs Jean-Pierre houdt zich gedeisd, houdt haar voortdurend in de gaten. Ze eet, stilzwijgend, met lange tanden.

'De geschiedenis van dat mens in Brussel, in Sint-Gilles. Een gifmengster. Vijf doden. Pure Agatha Christie', begin ik, voorzichtig, op mijn hoede, haar stemming aftastend.

'Weet ik niets van.'

Daar begint papa nu enkel en alleen over om mama te paaien. Hij die altijd zegt: 'Moord en doodslag zouden uit de krant moeten blijven. Dat is geen nieuws. Sensatie. Bliksemafleiders, om de mensen de echte problemen te doen vergeten. In Rusland is het verboden over moorden te schrijven, alleen al uit respect voor de familie van slachtoffer én dader. Daar heerst een hogere graad van menselijkheid.' Nu begint hij er zelf over.

'Is het u ontgaan, zoet? Zelfs in de buitenlandse gazetten wordt erover geschreven.'

En mama blijven volhouden. Nee schudden met samengeperste lippen, gefronst voorhoofd.

'De tante van haar minnaar was het eerste slachtoffer, dacht men aanvankelijk. In haar blootje in een deken gewikkeld is ze in de kliniek binnen gebracht en daar is die moordenares er nog in gelukt de gouden ring van de tante mee te ritsen. Al haar juwelen en meubels heeft dat mens op haar bil geslagen en een stuk grond in Iftekerke. Ze was conciërge in het appartementengebouw van de tante. Haar vertrouwen gewonnen. Maar daarvoor moest natuurlijk de vriend van de tante eerst uit de weg geruimd worden. Tot die constatering zijn ze achteraf gekomen. De ene na de andere heeft ze koud gemaakt. Na de vriend van de tante én de tante, is ze begonnen aan de neven, de ene dus haar minnaar, de andere diens broer. En in één moeite de vriendin van de broer. Hoe is zoiets mogelijk? Volstrekt onbewogen. In geen twee jaar tijd, vijf mensen. Routine. Bij de drogist kocht ze een tube rattengif voor twintig frank. Rattengif ziet groen. Ze mengde het in kervelsoep en in de spinazie. 'Spinazie à la florentine.' Kon ze goed klaarmaken. Ze zijn allemaal in dezelfde kliniek terechtgekomen, zonder dat ooit bij iemand een lichtje is opgegaan, terwijl als ge rattengif binnenkrijgt: ge verliest uw haar, ge krijgt vreselijke buikkrampen, uw armen en benen verstijven. Dat mens is erin geslaagd van ieder slachtoffer de erfenis en de levensverzekering binnen te rijven. Van alle vijf. Dat moet gij nu eens proberen. Hoe doet ge dat, in godsnaam hoe doet ge dat, vijf keer na elkaar, zonder dat er een haan naar kraait.'

'Je zegt het precies of je het ook zou wagen, moest je zeker weten dat het nooit uitkwam. Jij zit ook alleen maar met geld in je hoofd.'

Stilte. Papa houdt zich oostindisch doof. Dat zegt mijnheer Schollaert altijd als iemand niet luistert. 'Wat scheelt er, zijt gij soms oostindisch doof geworden?' Hij heeft ook uitgelegd waarom ze dat zeggen en dat ge moet spreken van Oost-Indische inkt en niet van Chinese inkt. Papa zet de radio aan.

Raymond, in vredesnaam, houd oe tong achter oe tanden. Waar haalt ze het, hoe durft ze, zoiets zeggen, een mens zo beledigen.

'Het is Renata Tebaldi die nu zingt... De zus van de vriendin van de broer van de minnaar heeft uiteindelijk een klacht ingediend wegens verduistering. Zo is alles aan het rollen gegaan.'

'Welke vriendin van welke broer? Je maakt het veel te ingewikkeld.'

Weer dat snibbige van mama.

'De twee neven van de tante waren toch broers? Een van de broers was toch de minnaar van de gifmengster en de andere broer had een vriendin. Die heeft ze ook geliquideerd, en die haar zus is uiteindelijk naar de politie gestapt. En waarschijnlijk was de daderes van plan ook haar nieuwe echtgenoot het hoekje om te helpen. Hij had pas een levensverzekering afgesloten. Een confiseur, vijfenzestig, weduwnaar, zijn vrouw was amper een week begraven, toen die heks, dertig jaar jonger, bij hem introk. De sukkelaar is waarschijnlijk op het nippertje de dans ontsprongen, maar wel mee opgepakt, een week in Hotel de Houten Lepel geslapen, terwijl hij van toeten noch blazen wist. Maak dat mee.'

'Céleste Goethals heet ze. Ze wordt er ook van verdacht jaren geleden haar eerste man te hebben vermoord.'

Ziet ge wel, mama wist ervan. Haar stemming klaart mondjesmaat op. Gelukkig.

'Het rattengif kocht ze om haar hond te vergiftigen, Rika, maar dat kreeg ze niet over haar hart. Een echt griezelverhaal. Ge kunt het zelf niet bedenken. Ze zat altijd te breien voor het raam. Een klein, zwaarlijvig wijf, over de honderd kilogram, met een passie voor juwelen en antieke meubels. Ze sloeg alles op. Hamsteren. Hebben. Dat is haar fataal geworden, hebzucht. Aan zo'n mens moet iets mankeren.'

'Inderdaad, aan zo'n mens moet iets mankeren', aapt mama papa na.

'Ik ga een pozeke pakken', zegt papa.

Papa legt zijn ellebogen op tafel. Zijn hoofd op zijn armen. Hij zal op een, twee, drie snurken. Mama begint het beddengoed over de leuningen van de clubfauteuils te slepen, op te vouwen.

'Maria Callas, "O della madre mia casa gioconda", *La Wally* ... Catalani ... Ken ik nog van in de Arthur Sterckstraat, Rosa. Een gelukkige tijd. Help je me even de lakens op te vouwen?'

Mama schudt haar hoofd. Ze neuriet mee. Met haar gedachten is ze weer in de Arthur Sterckstraat.

'Weet je, kindje, bij ons brandden altijd schemerlampen in de drie dooreenlopende kamers.'

Daar gaan we.

'Op piëdestals hadden wij vazen staan met pauwenveren, bruine fakkels, vlassige pluimen, overal dikke Oosterse tapijten, prachtig behangpapier, namaak Cordoba en op zondagmiddag zaten we bij elkaar. Tommy, onze ruigharige foxterriër, lag onder tafel en we aten taart en luisterden naar Richard Tauber, naar de liederen uit het Land van de Glimlach, op de plaat. Of naar Jozef Schmidt. Bompa zong altijd mee. Altijd gezelligheid.'

Mama zwijgt. Tranen. Soms noemt mama tranen waterlanders.

'En weet je dat mijn vader een van de eerste soldaten was die aan de IJzer sneuvelde?' Ja, mama, dat weet ik allang, denk ik. 'Ik was nog niet geboren, ze waren nog niet getrouwd, ons mam in positie van mij, terwijl haar vrijer crepeerde aan het front. In Pervijze. Waar moest ze naartoe, als Hollands meisje, zelf nog een kind, met een kind en zonder man, en in die tijd! Al een geluk dat bomma en bompa haar in huis hebben genomen en weet je dat ik na de oorlog door koningin Elizabeth in levende lijve ben opgetild tijdens een bezoek aan de stad, én gezoend? Ondanks al haar verdriet was ons mam toch zo trots, dat ze uit alle oorlogswezen mij kozen om de koningin een ruiker bloemen aan te bieden. Wat moet ik er snoezig uitgezien hebben in mijn witte, met strikjes versierde organza jurk. Jammer toch dat ons mam zo vroeg gestorven is. Geen zestig is ze geworden. Toch geen leeftijd. Ik mis haar zo. Ze had voor jou ook van die leuke jurken kunnen naaien.'

Ja, dat is pech hebben. Had ik net als Viviane Verlinden altijd mooie jurken kunnen dragen.

'Tevergeefs heeft ons mam hemel en aarde bewogen om me de naam van mijn Belgische vader te geven, Saintflour. Op school was ik het Hollandse Hendrikje Vroeg-in-de-Wey. Van Hendrikje maakten ze Rikske. "Laat eens zien, ben je soms een jongen met een rokske aan", vroegen ze me treiterend en de naam Vroeg-in-de-Wey kon niet uitgesproken worden zonder dat de hele klas in gieren uitbarstte, terwijl Saintflour. Moet je ook op zijn Frans uitspreken.'

Daarom misschien zegt mama als ze kwaad is op papa dat ze enkel met hem getrouwd is om zijn fraaie Frans klinkende familienaam. Maar dat ze, als ze toen geweten had dat Lahaut gewoon 'daarboven' wil zeggen en er Derbovens en Verbovens met hopen rondlopen, eerst nog eens had nagedacht. Natuurlijk, en nu naar de buffetkast. Gaat ze de doos met de foto's bovenhalen.

'Kijk, zou je niet zweren, een rijkemensenkind?'

Mama als kind, op bruin gekartonneerd papier, met in een hoek de handtekening van de fotograaf, Kinkerstraat Amsterdam. Ik ken die foto's.

'Zie hier, met mijn getten over mijn laarsjes, frêle, ze zouden me onder een glazen stolp gestopt hebben.'

Er zijn dozen vol met foto's van mama. Witte jurken, witte rijglaarsjes, witte strikken in het haar en altijd die geschilderde achtergronden, landwegeltjes, parken. Jean-Pierre en ik, wij worden nooit gefotografeerd. Papa heeft toch een Kodak. Die moet ge openklappen, komt er een soort harmonica uit, precies een opvouwbaar trapje. Papa zou meer foto's van ons moeten maken, zodat ik later kan zien hoe ik eruitzag. Mama zwijgt, zet de radio af.

'Rosa, zet je de waterketel op voor thee.'

Met de stapel opgevouwen beddengoed in haar armen loopt mama de kamer uit.

Mama schenkt een kop thee voor ons in. Een koekje erbij. Haar stijfdeftige pink als ze thee drinkt. Ze staat op en haalt uit de buffetkast een flesje kersenrode nagellak. Gaat ze haar nagels vijlen, een akelig geluid, dat een siddering door mijn lijf jaagt en waar ik speeksel van in mijn mond krijg. Het overblijfsel van toen we voorhistorische mensen waren. Dat denk ik tegenwoordig iedere keer als ik van iets speeksel in mijn mond krijg. Ze schroeft het dopje van het flesje, strijkt met het borsteltje de lak af tegen het flessenhalsje. Ze verft van de nagelriem naar de randen toe. Om de lak vlugger te doen drogen, wappert ze met de handen, blaast ze op haar vingers. Als de lak droog is, brengt ze een tweede laag aan. Ja, mama springt zorgvuldig om met haar handen. Ze draagt ook altijd handschoenen, winter en zomer, en ik heb haar ook eens horen zeggen, stil mompelend: 'Emile kon het zo mooi zeggen: "Wat een welgevormde vingers."' Wie Emile is?

II

Ik heb opgeruimd, ik ben naar de bakker geweest, naar de kruidenierswinkel Central bij Bertha. Er is eten in huis. Ik heb thee gezet. En nou? Wat nou? Ronddrentelen tussen de vier muren? Alleen maar verveling hier, in dit godgeklaagde saaie oord. Raymond heeft een waslijn gespannen. Zie ik nu pas en hij heeft niks gezegd. Een stille wenk. Maar ik vertik het. Nu begin ik helemaal niet aan de was. En straks, bij zijn thuiskomst, je zal zien, kazak achter de keukendeur, altijd die kazak achter de keukendeur, je kan er donder op zeggen, van de eerste dag we hier wonen, en dan, als hij de lege waslijn opmerkt. Maandag wasdag en voilà, nou ze alles buiten kan drogen, blijft de stapel was nog liggen, zal hij denken. Gegarandeerd. Hij zal de trap op donderen, zelfs die gruwelijke zoen op mijn voorhoofd zal hij achterwege laten, en in stilte zal hij sakkeren dat hij het beu is, dat hij geen schone onderbroek meer heeft om aan te trekken. Hij zal het wasgoed sorteren, wit bij wit, kleur bij kleur, hij zal de machine laten vollopen... Of zoals eergisteren, begon hij ineens te stofzuigen. Ik las het van zijn gezicht, die venijnige trek, ze liggen er nu, uw tapijten, hou ze dan tenminste proper. Met zijn hand scharrelde hij de stofvlokken om de blokvormige poten van het buffet mee. Mijn eigen schuld. Dat ik uiteindelijk toch door de knieën ben gegaan, toch heb toegestaan dat hij ze uitrolde. En zeggen dat toen ik ze uitzocht, samen met Emile... 'Kwaliteit', zei hij. 'En voor u aan een speciale prijs, dat vind je nergens. Mijn winst laat ik vallen.' Die tapijten gingen het huis opvrolijken. Ze kunnen me geen barst meer schelen. Voor mijn part stookt hij ze op. Niets kan me nog schelen. Gelukkig is het maandag, vanavond is het zijn schaakavond, zijn club van Bell Telephone. Hoef ik niet te koken en kijk ik niet de hele avond tegen een krant aan. In Borsbeek zei ons mam altijd: 'Jij bent met een krant getrouwd, waarachter een mopperkont schuilt.' En sinds hij instaat voor de muziekinstallatie van de socialistische turnkring Welzijn, Wil en Weg, ben ik twee avonden extra van hem verlost. Toen ze het hem voorstelden: 'Mijnheer Lahaut, in u hebben we de geknipte man gevonden, want van platenspelers en bandopnemers kent u alles, hè, voor de muziek op het gouwfeest, voor de grondoefeningen.' Had je dat gezicht moeten zien. Wat voelde hij zich vereerd, belangrijk. Waande zich onmisbaar. 'Op vraag van niemand minder dan de voorzitter van de turnkring, mijnheer Masson in hoogst eigen persoon. Mijnheer Masson, prefect van het grote atheneum in de stad en voorzitter van de vriendenkring van de school. En mijnheer Senklot, hoge ambtenaar bij de belastingen. Niet de minsten die twee mannen. Belangrijke mensen, zij trekken de kar, tegenwind tegen de katholieken. 'Wij moeten laten zien dat we er ook zijn', zeggen ze. De strijdlust zinderde door het hele huis. En waarvoor gebruiken ze hem? Als manusje-van-alles. Daar komt het op neer. Tegenwoordig noemen ze hem daar zelfs bij de voornaam. Moesten de kinderen ineens ook lid worden van de turnkring. Mij niet gelaten. De eerste keer hij thuiskwam met de twee toegangskaarten voor het mosselsouper. 'Zulke initiatieven moet ge steunen', zei hij, terwijl hij de kaarten rechtop achter de fruitschaal op het buffet neerzette. 'Leert ge mensen van ons gedacht kennen.'

'Mensen van ons gedacht, wie bedoel je daarmee?'

'Dat weet ge goed genoeg', antwoordde hij, enigszins van zijn stuk gebracht.

'Ga jij me nu ook nog zeggen wat ik weet en wat ik niet weet.'

'Zoet, ge moet oe zelf een beetje openstellen voor anderen. Als de berg niet tot Mohammed wil komen, moet Mohammed naar de berg gaan.' Hup, was hij er weer met zijn gezegden.

'Me openstellen voor anderen? Ik zou net zo goed van de aardbodem kunnen verdwijnen. Geen kat die me zou missen.'

'Oezelf een beetje afkammen, Rika, zoet, doe niet zo flauw.'

Kreeg hij dat hoogdravende: 'Zelfs de grootste genieën, op een dag zijn ze net zo goed kevendrager als wij. Ja, sommigen krijgen een standbeeld met hun naam in het marmer gegrift, ze zijn er vet mee, als de pieren aan hun tenen zitten. De menselijke gewichtigheid, laat me niet lachen.'

'Gewichtigheid, gewichtigheid, als er iemand altijd gewichtig doet, ben jij het wel en genieën laten iets achter', onderbrak ik hem.

'Daarvoor moeten ze toevallig in de juiste tijd leven, de tijd creëert de genialiteit van de genieën.'

'En voor jouw genialiteit is de tijd niet rijp. Jij bent te vroeg geboren.'

Keek hij me aan. 'Ge moet er zelf iets van willen maken.'

'Van wat?' vroeg ik hem.

'Van het leven.'

'Met jou is dat moeilijk.'

'Ge moet kunnen dromen', ging hij gewoon voort.

'Zoals jij zeker, van je volière. Die van hiernaast zullen lachen als die er ooit komt. Dat gepiep en gekwetter de hele dag. Of om uren in de rij te gaan staan, om langs dat gebalsemd lijk met zijn kale kop te lopen in dat land van belofte van jou. Moest je je die reis kunnen permitteren. Mij niet gezien.'

'Rika, niet zo vitten, gij maakt het oe zelf zo moeilijk.'

'Dat moet jij zeggen, jij maakt mij gek.'

'Ik? Ik oe zot maken, en hoe? Verwijt ik oe ooit iets?'

'De manier waarop jij zwijgt is veel erger.'

Ach, het blijft een dovemansgesprek. In elk geval de avonden dat hij de deur uit is, is het net of ik meer adem heb, en dat mosselsouper, die ene keer per jaar, in het zaaltje achter dat café aan de Schelde: De Rode Meeuw, eigenlijk een verzet. Hij heeft er dit jaar nog niet over gesproken en als hij naar zijn partijvergadering moet, ben ik ook van hem af. Doet hij altijd zo geheimzinnig over.

'Wie hangt nu aan de bel, op dit uur?'

'Madame Lahaut, excuseer me dat ik zomaar op goed vallen 't uit kom bellen, ik heb al eerder voor de deur gestaan, niemand deed open. Ik zag ineens een gat. Het is voor dat artikel. Hebt gij dat nog?'

'Kom binnen, madame Mullet, als je niet te nauw kijkt tenminste, ik heb zo'n hoofdpijn.'

'Koppijn, daar kunt ge van afzien... mooie tapijten.'

'Vind je? Het artikel moet in een lade liggen, weggestopt onder een hoop paperassen. Ik heb juist thee gezet. Een kopje?'

'Gaarne, gezellig, maar ik val u hiermee lastig en juist nu, nu ge juist koppijn hebt.'

'Hoofdpijn, een mens leert ermee leven. Hier heb ik het artikel. Kan je het je man onder de neus wrijven, stopt hij misschien de schuld in jouw schoenen te schuiven. Kan hij lezen dat er bij hem misschien een mankement is. Waar het allemaal aan kan liggen, ook bij mannen. In feite is het een wonder dat er nog zo veel kinderen geboren worden. Madame Mullet, ik heb alle tijd van de wereld, lees het artikel op je gemak.'

'Waar vindt ge dat, zo'n blad, madame Lahaut?'

'Mijn man bracht het mee na een raadpleging bij zijn oogarts. Hij heeft aan één stuk door oogontstekingen. Verschrikkelijke abcessen met gele koppen die moeten opengesneden worden. Het blad lag in de wachtkamer. Het was hem om het artikel over oogontstekingen te doen en toevallig, stond er ook iets in over onvruchtbaarheid. Neem een stuk boterletter, madame Mullet, echte boterletter van bij de Hollandse bakker Barendse in de Carnotstraat. Voor echte boterletter moet je daar zijn, ik neem er speciaal de tram voor. Neem je gemak, ik ga eerst wat kolen op de kachel doen, je kan wat vuur nog goed verdragen.'

'Moeilijke woorden, madame Lahaut. Hy-per-ther-mie van de tes-ti-kels. Warmte. Warmte is slecht voor het zaad. Hadt ge dat kunnen denken. Het schijnt op te vallen bij bakkers. Van altijd voor de warme oven te staan lees ik, maar hoe zit dat dan in Afrika? Negertjes worden er toch genoeg geboren...'

'Dat moet je mij niet vragen, ik ben geen dokter, madame Mullet.'

'Ach, moest het niet zo triestig zijn, een mens zou ermee lachen, als ge leest wat hier staat.'

'Dat van de indianen, dat die speciaal in de zon gaan zitten met hun, je weet wel bloot, omdat ze met een opgewarmde handel minder kinderen krijgen? Ja, dat heb ik onthouden.'

'Hoe zijn de indianen daar in godsnaam achter gekomen en wat staat hier, as-the-no-zo-o-sper-mie of zoiets, als de staartjes niet genoeg bewegen.'

'Waar ik je over sprak, madame Mullet, traag zaad.'

'Het is dat het bij mij zo moet zijn, of er zou nog een mirakel moeten gebeuren.'

'Voor mirakels moet je naar Lourdes, nietwaar, madame Mullet?' Oei, een grapje, het viel uit mijn mond. Als ze dat maar pikt.

'Heb ik gedaan. Begeleidster van een trein vol gebrekkigen. Het heeft niet mogen baten. De hand van God. Ge denkt de tijd brengt troost, verlicht verdriet, maar ik blijf me zo bedrukt voelen.'

'Schenk ik nog wat thee in, madame Mullet?'

'Met alle plezier.'

'Kan je misschien je kopje even opheffen?'

'Als ge samenleving hebt met uw man, madame Lahaut, komen er tussen de honderd en de tweehonderd miljoen zaadcellen vrij lees ik hier en geen een van die tweehonderd miljoen, die mij heeft kunnen bevruchten. Het blijft een bittere pil. En heel weinig of juist heel veel samenleving hebben met uw man is ook niet goed... en... ik durf er bijna niet over beginnen, dat hebben wij allemaal geprobeerd. Weken spaarde hij alles op en toen dat niets hielp, hebben wij eens een hele congé payé...'

Wat een openhartigheid.

'Nooit over gesproken met uw dokter?'

'Met die oude zeur, dokter Verswyvelt van Zwijndrecht. Nee. Vrijgezel. Voor een dokter. Denk ik het mijne van.'

'Je hebt gelijk, madame Mullet, en er is geen andere dokter in de wijde omtrek.'

'"De natuur zijn gang laten gaan", mompelde mijn man telkens iemand insinuaties maakte. Maar thuis was ik het die niet deugde voor de dienst. Zo drukte hij zich uit. Niet deugen voor de dienst. Nu zegt hij niets meer. Ja, om negen uur 's avonds, klokslag, als ik vergeten ben hem zijn trappist voor zijn neus te zetten, roept hij: "Hélène, waar blijft mijn trappist?" Onlangs zei ik: "Lionel, wij spreken niet meer tegen elkaar." "Nee?" zei hij. "Zijt gij soms hardhorig geworden, ik zei u daarjuist nog dat ik honger heb."'

'Kom, madame Mullet, huil niet, het is overal iets.'

'Dat hij zijn tanden gaat schuren, dat moet ik al mijn hele leven horen. "Hélène, ik ga mijn tanden schuren." Daarmee bedoelt hij dat hij gaat slapen. Als hij nu nog zou zeggen: ik ga mijn tanden poetsen, maar schuren.'

Haar gesnik. Ontroostbaar is ze. Laat ze. Het lucht op. Een arm om haar heen, haar wat opbeuren. 'Hier, madame Mullet, neem een Haags hopje, neem ik er ook een.'

'Madame Lahaut, ik voer mijn dagelijkse strijd tegen de oneerlijkheid van het lot, een beproeving waar ik niet voor wegvlucht. Integendeel. Ik zie het als een opdracht, het geeft zin aan mijn levenspad. Het klinkt misschien vreemd in uw oren, maar de benardheid die ik ervaar, brengt mij dichter bij het mysterie van het bestaan. Waarom komt gij niet bij het vrouwengilde? Voor de gezelligheid. Geraakt gij uit uw isolement. Gij zit hier toch ook maar wat te koekeloeren. À propos, wordt het geen tijd dat uw dochter naar de catechismusles komt?'

'Madame Mullet, daar doen we niet aan mee.'

'Hoe, wat bedoelt ge?'

'Aan de communie.'

'Is dat niet verplicht?'

'Verplicht. Je zou mijn man wat horen doen.'

'Uw man, over uw man doen verhalen de ronde. Over zijn gedacht. Daarbuiten is hij een braaf mens zeggen ze. Een harde werker. Uw buurman, de pianist, dat schijnt een rare kwibus te zijn. Maar om op de communie terug te komen, hebt gij daar niets aan te zeggen en kunt ge uw kind dat aandoen, haar de schoonste dag van haar leven afpakken? Mocht ge van idee veranderen, ze is altijd welkom. Ik geef de lessen bij mij thuis. Ook voor de kinderen van de gemeenteschool. Die zijn ons even lief. Hun naam wordt ook geschreven in de palm van Gods hand. Weet ge dat zij gewoonlijk de beste punten behalen op het catechismusexamen? Mooie kinderen hebt ge, donkere kopjes. Krullenbollen. De jongste lijkt me een wildebras. Ge weet niet hoe gelukkig ge zijt. Maar nu moet ik u laten. Het is maandag, mijn was zal gedraaid hebben. Doe ik in één moeite de badkamer en de slaapkamer. Mijn vast program. Ik ben u dankbaar. Uw ontvangst heeft me goed gedaan. Ik voel de rust in mij nederdalen. Ach, madame Lahaut, dit aardse tranendal …

'Wacht, ik laat je buiten, madame Mullet. Neem het artikel mee, hou het in reserve voor als je man het nog eens in zijn hoofd haalt je een verwijt te maken.'

'Madame Lahaut, loopt gij bij mij langs, volgende keer, en wil ik anders aan onze pastoor vragen, dat hij met uw man komt praten?'

'De pastoor? Die heeft al op de stoep gestaan.'

Ze heeft haar hart kunnen luchten. Ze herwon vlug haar zelfbeheersing. Mij laat ze in de war achter. Het moederschap is het hoogste goed, zegt ze. Ik heb met haar te doen. Mannen. Allemaal van een en hetzelfde sop overgoten. Neem Raymond of vokke Victor. Gesjochten dat ons mam met die man was, terwijl ze zich in het begin zielsgelukkig voelde. Eindelijk vormde ze een stel met iemand. 'Nuchter een puike man', zei ze altijd. 'Een puike man.' Dat als hij gedronken had met hem geen land te bezeilen viel, wou ze niet weten. Ze had hem de deur moeten wijzen. 'Maurice,' zei ze, 'ik kan die jongen toch niet aan zijn lot overlaten, zo'n leuke kerel, hij beschouwt mij echt als zijn moeder.' En na de oorlog, in zevenenveertig, toen we het huis huurden in Borsbeek, was ik het die aandrong dat ons mam met hem bij ons introk. Wie had nu enig vermoeden van de ziekelijke neigingen van vokke Victor. Ik was niet gerust meer in mijn eigen huis. Ons mam heeft er gelukkig nooit iets van geweten. Ze was nog niet begraven of het hek was voorgoed van de dam.

In de huizen aan de overkant moet de zon binnenschijnen, in de tuin, in de keuken, in de eetkamer. Wat zon zou mij opbeuren. Onze tuin ligt aan de verkeerde kant. Ik heb Raymond destijds gezegd: 'Kies tenminste een perceel met zuidtuin.' Nee. Zijn zin doorgedreven. Dit stuk moest het worden. Alleen in de namiddag, achteraan bij de fruitboompjes en de mestput, komt de zon even gluren. Dé plek om van een lintje zonneschijn te genieten, naast een mestput. En Rosa, die ik tegen Jean-Pierre hoorde zeggen: 'Kijk, de zon vormt een trapezium tussen het appelboompje en het perenboompje.' Net haar vader, als ze maar met geleerde woorden kan jongleren. 'Mama, weet jij wat een parallellepipedum is en kun jij dat woord schrijven zonder fouten?' Zijn gras steekt de kop op. Sprietjes, stekeltjes, een groene kuif. Een broske. Ik betrap me er op, ik begin meer en meer zijn dialectwoorden te gebruiken. Waar ligt mijn doos poeders Dr. Mann? Mijn rug. Ik weet niet wat het is, nu begin ik ook zo af te zien van mijn rug.

12

‘Het is niet meer te harden, mam, mam.’

‘Het is de hoge koorts. Ze ijlt.’

‘Mijnheer Lahaut, iemand moet hier blijven om over uw vrouw te waken.’

‘We zullen Rosa thuishouden, dokter.’

Liefst van al was ik door de grond gezakt, toen ik thuiskwam van school en papa me meedeelde dat ik voor mama moet zorgen. Alleen met mama in het stille, bedompte huis achterblijven. Dokter Verswyvelt binnenlaten met zijn sigaar en zijn zure adem. Mama helpen haar nachthemd over haar van pijn vertrokken gezicht te trekken, als dokter Verswyvelt haar gaat afluisteren met zijn stethoscoop, als hij ‘goed inademen, madame Lahaut’, zegt en ik de andere kant opkijk om de blik op mama’s van vetrolletjes voorziene, vlezige rug, haar naar voor vallende borsten te ontwijken. Mama de kop thee aanreiken en de pillen, en zonder morsen haar de soeplepel naar de mond brengen met het medicament tegen fluimen. Maar het ergste van al is naar de bakker lopen als alle kinderen op school zijn en ik de moeders zie denken: de fatser. Papa heeft madame Vennesoen een briefje meegeven voor mijnheer Schollaert: ‘Geachte heer, mijn dochter zal de eerstkomende dagen niet op school verschijnen, omdat mijn vrouw ziek is!’ De eerstkomende dagen. Ik heb er nu al genoeg van.

‘Kom bij me op de rand van het bed zitten, neem een boek, je leest toch graag, zolang je binnen handbereik blijft’, fluistert mama schor. Haar neus komt amper boven het laken uit.

Op de rand van het bed ga ik maar weer fantaseren. Altijd over hetzelfde. Over het huis aan het meer, waar ik met Theo Vets en andere kinderen zonder vaders of moeders leef, waar we alles zelf beredderen onder leiding van mijnheer Schollaert. Soms ga ik er zo in op dat ik vergeet dat het fantasie is. Kost het me moeite ervan los te komen, of ik denk aan vroeger in Borsbeek toen we met ons mam en vokke Victor in hetzelfde huis woonden met de hele grote tuin en ik met vokke Victor op zoek ging naar coloradokevers op het loof van de aardappelplanten en ik mee de ladder van de duiventil op mocht. 'Duivenmelker vind ik een gek woord, duiven geven toch geen melk, duiven zijn toch geen koeien', zei ik hem op een keer. Moest hij om lachen. Hij dronk graag pintjes in het duivenmelkerslokaal, zagen we hem waggelend weerkeren. 'Ik wil geen zuipschuit in huis, het kan niet met de kinderen', spelde ons mam hem de les. Hij ging ook graag naar de kermis, naar de schietkraam, won altijd. Kwam hij ook met een schreef aan binnen, zijn trofee stijf tegen zich aan gedrukt, een pluchen beer. 'Voor ons Rosa', zei vokke Victor. 'Nee,' zei ons mam, 'voor Giselle, die komt op de eerste plaats, ik wil daar geen herrie over, dat is je echte kleinkind.' Daarom ging hij 's anderendaags voor een tweede beer, een voor mij. Mijn Koosje. Hij nam me mee naar de kruidenierswinkel, op honderd meter van ons huis. Mocht ik snoep uitkiezen. Koos ik zo'n rond, verguld blikken doosje Curix, met de zwarte speldenkopgrote dropjes. Voor de sterk prikkelende smaak, een mengeling van teer en licorice, maar meer om het doosje te openen, door het dekseltje met het gekartelde randje in te drukken, waarbij telkens een plezant plofje ontsnapt, zoals bij een doos schoenblink. En hoewel ik geen rijstebrij lust, denk ik dikwijls terug aan de schoteltjes, die van in de voormiddag klaarstonden op de watersteen in het pomphuis. Porties rijstebrij met bruine suiker. Gele rijstebrij met als de allerfijnste adertjes, de rode sporen, van de saffraandraadjes die rijstpap de aparte verwelkte-bloemblaadjesgeur geven. Ja, met spijt in mijn hart denk ik dikwijls terug aan de gezelligheid van die als dessert na het avondeten klaarstaande bordjes. Ons mams specialiteit. In Borsbeek was het een plezante tijd. Na de begrafenis van ons mam, is vokke Victor van de ene dag op de andere verdwenen. Nonkel Maurice is hem komen ophalen met de auto. Nonkel Maurice omarmde mama, mama huilde, nonkel Maurice had ook de tranen in de ogen, maar toen zat vokke Victor al in de auto, zonder iets te zeggen, zelfs geen goedendag. Soms probeer ik er iets over te weten te komen. Mama zegt altijd, dat is voltooid verleden tijd en dan zwijgt ze.

Er wordt gebeld.

Filip Masson. Met warm eten. 'We zijn er toch om elkaar te helpen, nietwaar', heeft madame Masson gezegd. Filip Masson haakt zonder me aan te kijken de snelbinder los en zonder één woord, duwt hij me botweg de potten in de handen en fietst onmiddellijk weg. Dat hij van zijn moeder eten moest brengen, was duidelijk dik tegen zijn goesting. Filip Masson zit in de hoogste klas, bij mijnheer Ackermans, die wel oplet Filip nooit belachelijk te maken. 'Ik word later eerste minister', verkondigt hij nu al. 'Ik ben al lid van de BSP.' De verwaande kwast. Een *fatti-bouboule*. Dat groeit eruit, zegt iedereen. 't Is te hopen voor hem.

13

'Een dubbele longontsteking, haar toestand verslechtert. Ze moet naar de kliniek', oordeelt dokter Verswyvelt.

Het is woensdagmiddag en mevrouw en mijnheer Masson zijn gearriveerd en mijnheer Senklot, de penningmeester van de turnkring, heeft zich vrijgemaakt en papa heeft verlet gevraagd op zijn werk om familiale reden. Al dat volk over de vloer, ik zie aan papa's manier van doen dat hij zich behaaglijk omringd voelt. Die twee mannen over wie hij altijd vol ontzag spreekt en over wie hij tegen mama niet zo lang geleden zei: 'Dat zijn ook twee linksen, had ik nooit gedacht.' Linksen?

'Raymond, pakt gij uw vrouw haar valies in, ik zal hiernaast bij uw buurman, bij mijnheer Vennesoen, de ambulance bellen en als die er is rijdt gij mee, wij zorgen wel voor de kinderen', zegt mijnheer Masson. Mijnheer Masson is het gewoon alles te regelen. Dat merkt ge onmiddellijk. De aanpak. Kordaat. Madame Masson zegt dat zij de valies wel zal inpakken. 'Dat is vrouwenwerk', zegt ze.

Het is wachten op de ambulance. Papa en de twee mannen hebben het intussen over de affaire-Crabb.

'Anthony Eden komt in nauwe schoentjes.'

'Ja, de admiraliteit zou op eigen houtje gehandeld hebben. Dat is een staat in de staat, zeggen ze.'

'En op dit ogenblik, nu er juist besprekingen zijn met Chroesjtsjov en Boelganin.'

'Eden gaat met Mountbatten praten om de schuldigen te straffen. Alleen weet niemand wat er bestraft moet worden: de spionageopdracht of omdat ze de eerste minister niet verwittigd hebben.'

'Weet ge wat ik denk? Dat ze een zondebok zullen zoeken, omdat alles in het honderd is gelopen en de Britse regering voor schut staat, juist nu er van ontspanning sprake is. Normaal had er geen haan naar gekraaid', zegt mijnheer Senklot.

'De Russen blijven er kalm bij, het had omgekeerd moeten zijn.' Papa's ogen glinsteren, zijn wangen lopen rood aan.

'Waar zou die Crabb zitten, precies van de aardbodem verdwenen', zegt mijnheer Senklot met een lachje.

'Op de bodem van de Theems misschien', antwoordt papa grijnzend.

De affaire-Crabb. Op de radio hebben ze het er ook de hele tijd over en toen ik de *Volksgazet* nam om de plaatjes van 'Beroemde Geliefden' uit te knippen, zag ik het in dikke zwarte koppen op de eerste bladzijde staan, IS DE SPOORLOOS VERDWENEN KIKVORSMAN CRABB ONTVOERD NAAR RUSLAND?, met onderaan, tussen haakjes, zie vervolg op blz. 3 en op bladzijde drie staat altijd het belangrijkste nieuws. Een kikvorsman die Crabb heet, dat wil lukken, moest ik denken, en dat hij het laatst opgemerkt was tussen Russische kruisen. Wat ze daarmee bedoelden? Tot ik zag dat het Russische kruisers waren, en wat zijn Russische kruisers? Ik wilde het papa vragen, maar ik kon me juist op tijd inhouden. Ik had het bijna gevraagd, maar als papa iets begint uit te leggen, zijt ge er het eerste kwartier niet vanaf. Minstens. Wij hebben de dikke van Dale in de klas, daar kan ik het zelf in opzoeken. Nu ik morgen weer naar school kan.

De ambulance is er. Een ambulance wekt altijd de nieuwsgierigheid. Madame Pauwels aan de overkant heeft de voile gordijnen opzij geschoven en staat met haar in het aangezicht door een V1 verminkte, volwassen dochter Daisy op de uitkijk. Die willen niks missen. Mama wordt in de ambulance geschoven, de deur klapt dicht.

'Mijnheer Lahaut,' roept madame Masson, 'de ambulance wacht.'

'Oei,' zegt papa, 'ik ben er. Mijn frak. Het boekje van de ziekenkas, ik had het toch klaargelegd.'

De ambulance vertrekt. Jean-Pierre begint te huilen.

'Ge moet niet huilen, Jean-Pierre, wij gaan logeren bij de familie Masson, kunt gij met Wouter Masson in zijn kamer spelen. Ze hebben een touter in de tuin en ringen om u aan op te trekken. Dat kunt gij goed, hè, en ze hebben een televisie, kunnen we *Jan zonder Vrees* zien.' Ik leg mijn arm om Jean-Pierres schouder.

'Kom, we zijn ermee weg', zegt mijnheer Masson vrolijk. 'Zit gij naast mij, Rosa, en Jean-Pierre op de achterbank.' Jean-Pierre trekt een lip, wil in mijnheer Massons Borgward Isabella, met de zwarte kersenrode leren zetels, liever vooraan zitten. Papa zegt dikwijls: de rijken zouden ze aan de hoogste boom moeten opknopen, en met mijnheer Masson komt hij zo goed overeen. We rijden mijnheer Massons straat in. Daar is zijn huis. Wat nu? Waarom rijden we gewoon verder? Hè, richting Konijnenpijp, de tunnel door. De Boulevard op. De De Keyserlei voorbij. Mijnheer Schollaert zegt altijd: 'Het is de De Keyserlei, twee keer "de", de man naar wie de straat of beter de lei genoemd is, heette De Keyser en niet Keyser.' We rijden maar voort. Autorijden is plezant. Ik zou uren in een auto kunnen rondtoeren. We komen in een lange, smalle straat. Mijnheer Masson parkeert de auto voor een groot, oud huis. Een voortuin, een balkon met zuiltjes, gestut door twee zware pilaren, zoals Jean-Pierre er in zijn blokkendoos heeft. Waarom stapt mijnheer Masson hier uit? Iets ophalen misschien? Hij klapt de chauffeurszetel naar voren en laat Jean-Pierre uitstappen. 'Kom, jongen.' Hij zegt het te opgewekt. Met zijn arm om Jean-Pierre verdwijnt hij achter de haag van de voortuin. Ik begrijp er niets van. Daar is Mijnheer Masson alweer terug. Alleen. 'Jean-Pierre is al aan het spelen', zegt hij. We rijden voort. Mijnheer Masson zwijgt. Hem vragen waarom hij Jean-Pierre heeft achtergelaten in dat huis? Ik durf niet. Een paar straten verder stopt hij opnieuw. Ik vertrouw hem niet meer. Een nog imposanter huis, met torentjes, hoge ramen, een wit bepleisterde façade, een indrukwekkende poort waar de verf vanaf bladdert. Een kasteel in de stad.

Mijnheer Masson, zijn hand op mijn schouder, belt aan. De poort zwaait open. Een enorme vestibule met een tegen de muur omhoog slingerende trap, brede treden, glanzende koperen roeden, die een groene kaalgetrapte loper in bedwang houden, zuilen waar ik onmogelijk mijn armen omheen kan slaan, overdadig stucwerk. De vrouw in een blauwe frakvoorschoot die ons heeft binnengelaten, neemt ons mee. Ze klopt op een dubbele deur, duwt ze open, laat ons passeren. Een ruime, hoge kamer, de muren bekleed met een blinkende stof, misschien wel echte satijn, een patroon van groen en rood tegen een beige achtergrond. Achter een bijna leeg, netjes geschikt, spiegelglad bruin gevlamd, houten bureau met gekrulde poten, zit kaarsrecht, op een antieke bureaustoel, een oudere, deftige, rijk uitziende mevrouw. Een echte dame. Witte parels om haar hals, ovalen broche op haar doorschijnende bloes, zware ring met groene steen aan een vinger, zilvergrijs kapsel met een mauve schijn. Mijnheer Masson en de dame schudden elkaar de hand. Mijnheer Masson en ik gaan op stoelen zitten die precies, speciaal zijn klaargezet. Mijnheer Masson en de mevrouw beginnen een gesprek in het Frans. De dame noteert af en toe enkele woorden. Aan haar gouden armband bengelt een breloque die onophoudelijk tegen de bureaurand tikt. Ze praten maar door. Een lang gesprek. Hebben ze het over mij? Dan zijn ze uitgepraat. Ze kijken elkaar vriendschappelijk aan. Schudden handen. Mijnheer Masson staat op. Hij gaat weg zonder verder op of om te kijken, geen groet, geen dag, niets. Of hij wegvlucht. Ik kijk mijnheer Masson na, paf. Ik kijk naar de dame. Zij kijkt over me heen, drukt op een zwart knopje dat vastgehecht is aan de rand van haar bureau. Ergens verderop in het huis klingelt een belletje. Even later maakt de vrouw in de blauwe frakvoorschoot haar opwachting en op alles wat de dame achter het bureau op afgemeten toon zegt, antwoordt de vrouw: 'Ja, madame, nee, madame, komt in orde, madame.'

'En, juffrouw Winnie, dit is onze nieuwe gast, neem haar mee naar de linnenkamer als u wilt.'

Ik volg juffrouw Winnie als een schaap.

Hoe ik heet? 'Rosa.'

'Ah, Rosa. Kom, ik neem u mee naar boven.' We bestijgen de trap. Op de loper maken onze voetstappen geen lawaai, maar de treden eronder kraken. Ik ruik boenwas, ik kijk over de trapleuning. Ik krijg duizelingen van het naar beneden kijken. Op de derde verdieping, in drie grote in elkaar overlopende kamers, ligt op witgelakte houten schappen een voorraad opgevouwen linnengoed. Lakens, fluwijnen, handdoeken, washandjes. Het ruikt er fris, naar zeeppoeder. Achteraan staat een vrouw te strijken, een andere stopt sokken naast een rieten mand vol verstelwerk, een andere trapt een naaimachine aan, bezig de voor- en de achterkant van een meisjesjurk aan elkaar te stikken. Op kapstokken aan een vernikkelde bar hangen, als in een kledingzaak, een serie nieuwe jurken in verschillende, vrolijke katoenen stoffen. De vrouwen kijken even op, om met een soort vriendelijke onverschilligheid hun werk voort te zetten. Best een gezellige drukte. Er staat een raam open, ik hoor meisjesstemmen of er een school in de buurt is. Op een lange schraagtafel legt juffrouw Winnie linnengoed en kleren op een hoopje. Twee badhanddoeken, twee washandjes, ondergoed, twee roze combinaisons. Nog nooit een combinaison aan mijn lijf gehad. Lydia Jespers draagt over haar korset en haar onderbroek altijd een combinaison, maar die is oud geboren zeggen ze. Twee jurken worden aan de stapel toegevoegd.

'Pas eens eerst', zegt de vrouw aan de naaimachine, me een gloednieuwe jurk met blauwe streepjes en pofmouwen aanreikend. 'Voor 's zondags.'

Sinds het bezoek van de twee Hollandse tantes toen ons huis pas af was, die als cadeau een nieuwe jurk voor me bij hadden, nooit zo'n mooie jurk aangehad. Tante Mien en tante Bep, hun eerste bezoek aan de Herman Gorterlaan was meteen hun laatste.

Ze blijven wel postkaartjes sturen. Ze weten niet dat mama zo ziek is. Ook witte sokken en een in oranje wol gebreid bolerootje worden bij de kleren gelegd.

'Dat kind heeft geen schoenen aan haar voeten en er steekt een teen door die turnsloefen', zegt de sokkenstopster. Er klinkt medelijden in haar stem. Dat iemand me zielig vindt, verdraag ik niet. Ik haat medelijden. Of een vlijmscherp mes door me heen snijdt. Het zijn mijn oude turnsloefen voor in huis, voor in de turnkring heb ik nieuwe. En ik heb schoenen, ik kreeg alleen de tijd niet om ze aan te doen, wil ik zeggen, maar het is misschien beter te zwijgen.

'Er moeten ergens nog dozen met schoenen staan.' De vrouwen beginnen kasten open te trekken.

'Probeer eens', zegt Juffrouw Winnie. 'Een paar molièrekes. Uw maat. Kunt ge voort tot we iets lichters vinden om aan uw voeten te doen.' Juffrouw Winnie legt een deel van de stapel linnengoed in mijn handen, neemt zelf de rest en we dalen de trappen weer af.

De benedenverdieping is op dezelfde manier verdeeld in drie ruime in elkaar overlopende kamers, met hoge plafonds, telkens gescheiden door een boogvormige houten doorgang. Ooit moeten er dubbele tussendeuren in gezeten hebben. Een monumentaal uitgebouwde marmeren schoorsteenmantel. De twee achterste kamers staan vol stoelen en tafels, gedekt voor het avondeten. De glazen terrasdeuren staan open. Vanop het terras met een reling in krullerig smeedijzer, leidt een verroest trapje naar een dieper gelegen tuin, met achteraan gigantische kastanjebomen die over de andere tuinen heersen en de donkere sfeer van een bos oproepen. In de tuin spelen meisjes, een volle klas, ongeveer even oud als ik. Ze dragen allemaal verschillende jurken met erbovenop allen hetzelfde oranje bolerootje. Katteke op den hoge, touwtje springen, kaatsbal met wel drie of vier ballen tegelijk, met een snelheid. Greta Gregoir kan dat ook, die kan zelfs ballen met vijf ballen, kan ze een voor een opvangen, zeker tot twintig tellend, als het niet meer is. Mij lukt het nooit en diabolo evenmin. Kan ik me kwaad over maken.

Juffrouw Winnie geeft me in handen van een andere, zich Juffrouw Juliette noemende vrouw, die 'Kom, eerst naar beneden' commandeert, terwijl ze met haar puntige kin naar een deur wijst, waarbij haar dikke bos stekelig, koperkleurig kroeshaar weerbarstig heen en weer schudt. Het rechteroog van juffrouw Juliette. Waar normaal een pupil zit, zit bij haar een melkwitachtige, doorschijnende verdikking, alsof een klodder eiwit van een zachtgekookt eitje tegen haar oogvlies is gespat, of het wit van haar oog is uitgelopen. Ik kan het niet laten in het geniep naar dat oog te loeren, terwijl de koude rillingen me over de rug lopen. Achter de deur is een trap die naar een souterrain leidt. We komen in een door tl-buizen helwit verlichte ruimte met vergeelde tegeltjes en met rijen kleedhokjes zoals in het zwembad. Juffrouw Juliette opent de deur van nummer negenentwintig.

'Daar kunt ge uw trousseau kwijt', zegt ze. Een soort ingebouwde kast.

'Ge doet al uw kleren uit, ook uw sokken en ondergoed, en trekt alles van ons aan.' Me uitkleden, terwijl zij erop staat te kijken, ik schaam me de ogen uit de kop. Haar rare blik op mijn blote lijf in dat witte licht. Ik verdraag het niet. Trek mijn onderhemdje over mijn hoofd met mijn rug naar die juffrouw Juliette.

'Klaar? Ga dan maar bij de anderen in de tuin spelen.'

Vanop het terras gaap ik de tuin in. Onwennig in de kleren. De combinaison zit ongemakkelijk, kruipt naar boven, kleeft tegen mijn billen. Aan één stuk door moet ik onder de rok grijpen om de combinaison omlaag te trekken. Er zit elektriek in. Als ge uw eigen kleren hebt uitgedaan, zijt ge precies uw eigen niet meer en de meisjes die me van boven naar onderen aankijken, grimassen naar elkaar maken, voortspelen zonder me verder te zien staan. Achter me hoor ik gestommel en geschuivel. Een aantal oudere meisjes sijpelt de kamer binnen. Nee, dat zijn geen meisjes meer.

Vrouwen. Echte vrouwen. Ze dragen schoenen met een hakje en nylonkousen met een naad. Een rechte rok. Tegen een van hen zegt juffrouw Juliette: 'Marie-Thérèse, wilt gij de kleintjes binnenroepen.' Ik hoor dus bij de kleintjes. In de rij tussen de anderen. Nu gapen ze me pas echt aan.

'Daar is uw plaats', zegt juffrouw Juliette. De meisjes blijven achter de stoel staan. Juffrouw Juliette rammelt een kort gebed af. Een gebed van moetens, van keskeschiet. Bij Theo bidden ze met overtuiging, maken er een kruisteken bij, die menen het tenminste. Een gezamenlijk afgedreund 'amen', gevolgd door 'eet smakelijk'. Een krassend geschuifel van stoelen op het parket tot iedereen neerzit. Een doodse stilte verspreidt zich over de eetzaal. Spreekverbod tijdens de maaltijd hoort blijkbaar bij de huisregels.

Slappe koffie of thee met melk, worden door keukenpersoneel met de blauwe frakvoorschoot over hun kleren in grote, nikkelen kannen rondgedragen. In het midden van elke tafel staat een bord met diagonaal doorgesneden boterhammen. Salami, kaas, hesp. Smakelijke boterhammen. HOME LAMBOTTE-PRIEM staat in groene letters op het witte serviesgoed. Aan het laatste beentje van de M een sierlijke staart gebreid, die terugbuigend de volledige naam onderstreept in een golvende lijn, zoals ge baren op de zee tekent. Nu weet ik het zeker, ik ben naar een gesticht gebracht. 'Wij zorgen wel voor de kinderen.' Ik hoor het mijnheer Masson weer zeggen. 'Wij zorgen wel voor de kinderen.'

Meisjes met tafeldienst zetten na de maaltijd de borden en schotels op een dienstkar en vegen de tafels schoon. Tegen een van de wanden in de voorste kamer zijn houten schappen getimmerd, van een gefronst bloemengordijn voorzien. Een voor een gaan de grote meisjes naar de wand, nemen een doos van het schap, kiezen een plek uit aan een van de tafels in de eetzaal. Ieder van hen bezit zo'n doos. Bruine kartonnen dozen, dozen van de Solo, van Royco, grote blikken koekjesdozen van Parein. Uit de dozen haalt ieder van de grote meisjes een pop en een volledige uitzet poppenkleertjes. Jurkjes, rokjes, broekjes, gebreide truitjes, piepkleine sokjes, zelfs een miniatuur houtje-touwtjejasje komt tevoorschijn. Alles perfect afgewerkt. Niet te geloven. Poppenkleertjes maken is hier de hobby van de grote meisjes, het verzetje na het avondeten, begrijp ik. Zijn mijn pogingen en die van Godelieve een mager beestje bij. Een beperkt groepje van de kleintjes schuift aan bij de groten. De favorietjes, de uitverkorenen, de lievelingen, dat heb ik in de gaten. Hun is het gegund met zo'n pop te spelen, haar aan en uit te kleden, bij iedere andere tenue een verhaaltje te verzinnen. Godelieve en ik in de veranda, uren amuseren we ons daarmee. Godelieve zal vandaag vast gedacht hebben: Waar blijft Rosa? En Theo, die zal ook hebben zitten wachten. Het meisje daar, dat bij die Marie-Thérèse mee aan tafel zit, is bezig Marie-Thérèses pop een verpleegstersuniformpje te passen. Ze heet Clotilde, dat meisje. Clotilde, dat ze u zo noemen. Ja, Clotilde, de vrouw van Clovis, maar dat die naam nog gebruikt wordt. Dat meisje heeft ógen, de ogen van Bambi, lange, gekrulde wimpers, een egaal vel, zacht als zijde, rap bruin zonder één sproet, dat ziet ge zo. Sluik, halflang acajou haar, een rechte frou-frou, een pagekopje. Het middenstuk van haar sappige bovenlip vormt een hartje. Ze ziet eruit zoals ik eruit zou willen zien. Ze lijkt op Viviane Verlinden. Ik trek mijn stoute schoenen aan. Dat zegt mama altijd, je stoute schoenen aantrekken. Ik trek mijn stoute schoenen aan, ik ga erop af, ik vraag haar of ik mag meespelen. Ik aarzel. Durf ik?

'Nee, nee, dat gaat hier zomaar niet', antwoordt Marie-Thérèse, die bezig is smokwerk aan te brengen op een jurkje in ruitjesstof. Die misprijzende uithaal. Ze overdondert me. Afdruipen, er zit er niets anders op. Dan maar een boek van het schap nemen en bijschuiven aan de tafel waar de andere, minder fortuinlijke meisjes zitten. *De kleine lord.* Cedric Fauntleroy. Lezen, opnieuw beginnen. Nu heb ik het eerste blad vijf keer herlezen, en ik weet nog altijd niet wat er staat. Mijn hoofd is er niet bij. Ik klap het boek dicht. Zit ik hier maar wat te zitten. Raar toch, die poppenkleertjes naaiende Marie-Thérèse, die is toch te oud voor een gesticht.

De kleintjes worden geroepen. De kleintjes! Jezus-Maria, dat ik bij de kleintjes hoor. Verzamelen aan de deur naar het souterrain. Buiten de ingemaakte kleerkasten zijn daar ook de lavabo's en de douches. Sinds mijnheer Masson me hier heeft afgeleverd, heb ik met niemand een woord gewisseld. Ja, tegen Marie-Thérèse. Maar nu ben ik verplicht iets te zeggen. Ik kan niet anders.

'Juffrouw, ik moet een grote boodschap doen.'

Juffrouw Juliette wijst de wc's, scheurt twee velletjes wc-papier van een rol die in een kastje bewaard wordt. Twee velletjes, kom ik nooit mee toe. Gelukkig, nadien onder de douche. Tanden poetsen. Zeven uur, klaarlicht buiten en ik in nachthemd. Goddomme. Vloeken. Ik vloek anders nooit. Papa, die vloekt vlug, die heeft soms gevloekt voor hij er erg in heeft.

Clotilde heeft nummer achtentwintig, de kast naast de mijne. Clotilde, klaar met haar avondtoilet, heeft zoals het klaarblijkelijk hoort voor de kastdeur postgevat, wachtend op de anderen. Ik doe hetzelfde. Tegen de kastdeur leunend, glimlach ik naar Clotilde, die onmiddellijk dichterbij schuift.

'Is uw moeder gestorven?' fluistert ze me in het oor. Ik ben blij dat eindelijk iemand tegen me spreekt. Vooral omdat zij het is.

'Nee', zeg ik.

'Uw vader?'

'Ook niet.'

'Dat kan niet. Als ze u naar hier brengen, moet ten minste een van de twee dood zijn. Mijn moeder is dood. Mijn vader komt mij soms halen, ongeveer een keer in de maand. Gewoonlijk brengt hij mij 's avonds terug. Soms blijf ik bij hem overnachten. Ik heb een kamer in zijn huis. Als ik ouder ben, bij de groten, komt hij me meer halen, zegt hij. Hij zegt ook dat ik hier niet tot mijn eenentwintigste moet blijven. Tot mijn eenentwintigste! Zou ik gaan lopen. Zeker weten.'

Het dringt nu pas ten volle tot me door. Dit is een echt weeshuis. Het weeshuis uit mijn fantasie lijkt er bijlange niet op. Is dit mijn straf omdat ik dikwijls een leven verzin waarin mama en papa weg zijn, vervaagd, opzij gezet? Maar wie zou me straffen? Niemand weet wat ik fantaseer. Mama dood? Zo rap gaat iemand niet dood. Nee, daar geloof ik niets van. Raar toch. Clotilde die gewoon vertelt dat haar moeder dood is en die gewoon voortleeft en alles hier precies normaal vindt. Oswald de Wolf, die is alleen met zijn moeder en zijn zus, zijn vader en zijn moeder zijn gescheiden, daarom is hij verhuisd. Uw vader en uw moeder die gescheiden zijn, dat is ook erg. Oswald spreekt er nooit over. Maar dood ... Wie dood is, kunt ge nooit meer tegenkomen, aanraken, die is weg, voor altijd. In een kist, onder de grond, dat is het ergste, alleen in een kist onder de grond. Dag en nacht. Ook als het vriest dat het kraakt. Of dondert en bliksemt. Wie dood is gaat ge missen.

'Wat gebeurt er nu, Clotilde?'

'Naar boven. Slapen.'

'Zo vroeg?'

'Dat is hier zo. Op uw dertiende gaat ge naar de groten, is het om negen uur.'

Om negen uur. Moet die Marie-Thérèse om negen uur naar bed?

'In de rij, in de rij, in de rij', de schelle, door de neus schetterende stem van juffrouw Juliette doet er ook geen goed aan. Bij iedere stap die hier verzet wordt, is het: 'In de rij en zwijgen, zwijgen, zwijgen.' Die commando's. Die strenge stilte.

De slaapzaal is ooit een balzaal geweest, denk ik toch, aan het balkon te zien, met de zwierig gekrulde smeedijzeren reling. Ooit moeten er orkestjes gespeeld hebben, zoals op de foto's met de balzalen die mijnheer Schollaert liet zien toen hij ons over de Linkeroever, over vroeger vertelde. Over De Put. Nu staat er een paravent met erachter het bed van de surveillante van dienst.

'Hier, bij het raam is uw bed', zegt juffrouw Juliette en ze schuift de overgordijnen dicht. Het is een echt bed, met een echte matras, met lekker frisse, kraakwit gesteven lakens. Wat anders dan de afgedankte cosy corner thuis, met de vergeelde, nooit gestreken lakens en de kapotte ressorts. Ik moet me wel het bed in wurmen als in een te smalle koker en ik durf de strak opgedekte deken en het bovenlaken niet zomaar onder de matras weg te rukken. Juffrouw Juliette doet haar ronde. Iedereen krijgt een nachtzoen. Ik liever niet. Te laat. Geen ontkomen aan. Juffrouw Juliette buigt zich over me heen. Haar weke, bleke wangen. Dat oog zo dicht bij mij. Jakkes.

'Gij zijt een flinke meid, gij hebt tenminste niet geschreid, gij doet gewoon mee met de rest, precies of ge hier al jaren zijt', fluistert ze zachtjes in mijn oor, of ze wil zeggen, dit is iets tussen ons. Ze heeft een beetje gezeverd. Het op mijn oorschelp en mijn wang achtergelaten onwelriekende speeksel veeg ik vlug weg. Ik ruik aan mijn hand. Natuurlijk, de vieze reuk op mijn hand. Mijn lichaam verwarmt de koude lakens. Enkel aan de bedranden blijft de frisse kilte bewaard. Op mijn rug liggend en met mijn benen en armen gespreid, zoek ik met mijn tenen en met de toppen van mijn vingers, de koelte. Het boek dat wij in de klas hebben over Leonardo da Vinci. Een man met lang haar, getekend in een vierkant en een cirkel, om te bewijzen dat de lengte van de uitgespreide armen van een mens, gelijk is aan zijn hoogte. Zo lig ik hier, of ze me gaan vierendelen, terwijl thuis, met dit mooie weer, de hele straat nog op straat speelt. Theo, zijn broers, Godelieve, Christel Weiremans, Patrick Verbraeken, die van Kegels, Ronald Teugels, Viviane Verlinden, Sieglinde Lissens, Julien De Rover en al de anderen. Ze zitten bij elkaar, bij iemand op de dorpel. Zeker weten. Theo. Ons Geheime Verbond. Geen minuut is het uit mijn gedachten. En dat Clotilde en Viviane Verlinden zussen zouden kunnen zijn. Clotilde heeft ook dat knokige, dat tengere. Viviane Verlinden. Voor haar is al het geluk van de wereld weggelegd. Ze krijgt altijd alles wat haar hartje begeert. Nieuwe kleren, rolschaatsen met bijbehorende witte laarsjes, een grotere fiets. Wij twee lopen dikwijls samen de tunnel door, naar haar moeder in de Grand Bazar, die op het gelijkvloers bij de lingerie staat. Gaan we gewoon even goeiedag zeggen. En als haar moeder met een klant bezig is, stopt ze ons gauw vijf frank in de hand. 'Voor een crèmmeke in de Hoogstraat, okidoki?' zegt ze. In de Hoogstraat hebben ze bananensmaak. Nergens anders te krijgen. Drie bollen voor vijf frank. En Vivianes vader is iets hoogs bij de treinen. Ze moeten rijk zijn. En toch heeft Viviane een goed karakter. Vlak voor mama ziek werd, toen we in mijn kamertje met de poppen speelden en Viviane haar eigen poppen bij had en een vol koffertje poppenkleertjes. Stuk voor stuk prachtige poppenkleertjes die haar moeder meebrengt uit de Grand Bazar, verpakt in een kartonnen doosje met een mica venstertje ervoor, gepresenteerd op een piepklein kapstokje.

'Voor zo veel geld hebben wij geen kleren in de kast hangen', zei mama, toen ze al Vivianes poppenkleertjes zag. Deed Viviane me er zomaar een paar cadeau. Zo is ze, altijd delen, nooit ruziemaken. Ze kan met iedereen overweg. Zij moet daar geen moeite voor doen. Zij is zo uit zichzelf. Ik zou ook zo'n goed karakter willen hebben. Op school, toen Greta zei: 'Ge moet eens ruiken, Agathe stinkt'. Rook ik. Agathe stonk niet. Toch ging ik ook tegen de anderen zeggen dat ze eens moesten ruiken. Dat Agathe stonk. Het eindigde, dat de hele klas naast en achter Agathe liep met de vingers op de neus, in optocht over de speelplaats. Zou Viviane nooit aan meedoen. Met kwaadsprekers meeheulen is niets voor haar. Iedereen ziet haar graag. En als we met zijn allen rondhangen in de speeltuin van het parochiehuis, wie is dan de lieveling van nonkel Ward? Juist, Viviane. Nonkel Ward, die ons vanop een bank altijd in de gaten houdt. Die de schommel begint te duwen tot we bijna over kop vliegen of op de wip gaat zitten en wij met een paar als tegenwicht op het andere zitje. Katapulteert hij ons of stapt af zonder verwittigen.

Ploffen we als blokken neer. Ons poetsen bakken is zijn grootste plezier. En het eindigt altijd op het terras voor de speeltuin. 'Wie komt bij mij op schoot zitten?' vraagt hij dan rondkijkend, terwijl hij het liefst van al Viviane op zijn schoot wil. Wij weten dat. Zeggen we: 'Vooruit, Viviane, hij wil dat gij op zijn schoot gaat zitten.' Neemt hij haar vast in haar oksels, tilt haar omhoog: 'Een pluimpje', zegt hij. Laat hij haar alsof ze als een parachute uit de lucht tevoorschijn komt, neerdalen tot ze wijdbeens op zijn knieën zit, als op het zadel van een paard. Wij er met z'n allen omheen. Gezellig. En hij trakteert, want op het terras moet ge iets consumeren. Een cola, een limonade of chocomelk uit een flesje met een rietje. We mogen kiezen, met zoveel als we zijn. Ik zou ook wel eens een keertje op zijn schoot willen zitten. Op zijn knieën hobbelen. Hop paardje hop. Nonkel Ward is een speciale, zeggen de mensen. 'Ene waar geen twaalf van in een dozijn zijn', zegt nonkel Gerard, de gerant van het parochiehuis, de oudere broer van nonkel Ward. 'Onze Ward zit altijd met zijn neus in de boeken. Hij gebruikt soms moeilijke woorden. Niet om mee uit te pakken. Die woorden liggen hem gewoon in de mond. Hij is geleerd, hij heeft gestudeerd aan de universiteit. Spijtig dat hij zijn geleerdheid niet waar kan maken.' Tussen de kieren van de gordijnen vallen de laatste zonnestralen binnen. Ik zie de lichtvlekken naast mijn bed op de parketvloer. De vogels fluiten nog steeds, maar hun gezang maakt me nog triestiger dan ik al ben in de doodstille slaapzaal. Niet het minste gefluister. Alleen af en toe een kuchje. Vallen die meisjes allemaal zo rap in slaap? Tranen. Ze borrelen op, tegelijkertijd met een neiging tot tegenstribbelen. Als wij ons nu tezamen verzetten, daar kan juffrouw Juliette toch niet tegenop? 'Een voor allen, allen voor een en Jerommeke rammelt ze allen dooreen.' Het staat in een album van Suske en Wiske. *De dolle musketiers*. Verschijnt Jerommeke voor het eerst als het Geheim Wapen. Hij draagt nog geen kleren, alleen een lendendoek. Ik heb het album gelezen, in de middagstudie, toen we bij mijnheer Ackermans met drie opeengepropt op een schoolbank voor twee moesten zitten. Hij volstrekte stilte eiste. 'Geen zuchtje wil ik horen', zei hij. 'Jullie zijn hier met veel te veel. Wie het waagt zijn mond open te doen, doof is voor mijn verwittiging, laat ik zonder pardon de oren uitspuiten. De verpleegster is op school.' Iedereen doodsbang. Het bleef muisstil in de bomvolle klas. Gelukkig mocht ik de Suske en Wiske van Oswald de Wolf lenen. Een buitenkansje, want papa wil geen mannekensbladen in huis. En vooral geen Suske en Wiske. Ik heb toen ook *De zwarte madame* gelezen. Brrr, die alsmaar groeiende kat, op het einde past ze niet meer tussen de omtrekken van de plaatjes. Iemand ligt te knarsetanden. Een paar snurken. Ik hoor de wind. De zonnestralen zijn weg. Het wordt stilaan donker. Nu zullen de kinderen uit de straat een voor een naar huis beginnen te gaan. Op het balkonnetje, achter de paravent in het schijnsel van een lampje, zie ik het silhouet van Juffrouw Juliette. Een schimmenspel. Jean-Pierre. Aan Jean-Pierre heb ik eigenlijk nog niet gedacht. Hoe zou het met Jean-Pierre zijn? Het beste dat ik nu kan doen, is proberen te slapen. Maar ik ben klaarwakker. Lig me hier te vervelen. Schapen tellen. Ach flauwekul, wachten tot de slaap me vanzelf bedwelmt, proberen aan niets te denken, maar dat is het juist, ik kan mezelf niet commanderen niet te denken. Ik zweet. Ik lig te woelen. Van de ene zijde op de andere.

Maar waar ben ik...? Was ik toch in slaap gesukkeld. Nergens een waaklampje en een nacht zonder maan. Ogen open, ogen toe. Ziende of blind zijn, het is eender. Nee, nee, ook dat. De ijle druk in mijn buik. Op slag klaarwakker. Waar zijn hier op de verdieping de wc's? Niemand heeft ze me gewezen. Juffrouw Juliette wekken? Moet ik op de tast het wenteltrapje op. Hoe lelijk zal ze doen, als iemand haar in het midden van de nacht aan de mouw komt schudden. Een zoektocht ondernemen? In mijn eentje in het pikkedonker door de gangen gaan dwalen? In dit enorme huis? Nee. Billen bij elkaar knijpen. Er zit niets anders op.

Te laat. Gedroomd. Gedroomd dat ik op de wc zat. Mijn barstensvolle blaas is in alle stilte leeg aan 't vloeien. Een niet meer af te stoppen, warme, trage straal. Mijn hoofd onder het laken. De lauwe, pikante, te lang opgehouden pisreuk golft mijn neus binnen. Ik, die nooit in mijn bed pis. Sukkel, pissebed, piskous, piskous, beddenpisser. Het hoongelach als ik morgenochtend weerloos in het midden van de slaapzaal te schande wordt gezet. Het echoot nu al in mijn bovenkamer. Wegwezen. Maar waarnaartoe midden in de nacht. Ik kan nergens heen. Er is geen uitweg. Er is geen redding. Ik zit als een rat in de val. Ik weet niet meer wat te beginnen. Radeloos. En niemand die zich over mij zal ontfermen. Moest ik me kunnen wegtoveren, of ineens sterven. Van niets meer weten. Blijven liggen en afwachten is het enige wat ik kan doen en vooral niet opnieuw beginnen te janken. Als in mijn hoofd het denken nu maar wilde stoppen. Mijnheer Masson met zijn 'Wij zorgen wel voor de kinderen.'

De dag komt in de lucht. Ik zie de eerste kronkelbewegingen onder de lakens. Het ene na het andere meisje ontwaakt. Ogen worden uitgewreven, er wordt links en rechts gekeken. Er komt een gefluister op gang. Ik met de opgerolde, klammige pon als een streng om me heen. Ik voel me vies, stijf en stram. De hele verdere nacht op één zij gelegen, links van de natte plek, die intussen, grotendeels is opgedroogd, maar door een gele, grillige krans is afgetekend. Daar is juffrouw Juliette. In peignoir daalt ze het wenteltrapje af. Loopt de zaal door. Ze komt in mijn richting. Schuift de gordijnen open. 'Goedemorgen.' Dat geschetter. Een stem van metaal. Doe ik het, doe ik het niet? Ja, komaan, loop naar haar toe, neem haar bij de arm, fluister haar in het oor...

'Juffrouw Juliette, niemand heeft me verteld waar de wc's zijn en...' Oei, die verbouwereerde blik.

'Mondje toe, wat niet weet wat niet deert', fluistert juffrouw Juliette. Haar woorden, hemelse muziek. Ik kan haar wel omhelzen, desnoods met alle plezier, mijn lippen op dat vreselijke, angstaanjagende, monsterachtige oog drukken.

Ze werkt alle meisjes de slaapzaal uit. Dan overhandigt ze me een blauw cachou zeiltje met een raar poederachtig luchtje.

'Trek de lakens af en leg het zeil op de matras, de werkvrouw komt wel propere lakens op het bed leggen. Mijn schuld een beetje, ik heb er niet bij stilgestaan dat gij een beddenpisser zijt.'

Dan. Onverklaarbaar. Ondanks dat alles goed is afgelopen, rijst een steekvlam van woede in me op. Keil ik het zeiltje door de slaapzaal? Begin ik te gillen: een beddenpisser, ik een beddenpisser, ik ben geen beddenpisser! Met alle moeite van de wereld luk ik erin mezelf in te tomen. Ze zullen het wel zien, troost ik me.

14

En nu is het vrijdag. Vrijdagmiddag. Verzamelen aan de terrasdeur, handen wassen, in volstrekt stilzwijgen in rij naar de refter. Routine, de gewoonste zaak van de wereld voor al die meisjes. Driemaal daags hetzelfde liedje, alsof ik in een van de begrafenisstoeten loop, die regelmatig op weg naar de kerk door onze straat passeren. Het verplichte wachten achter de stoel, het gebed en het besef dat me iets verschrikkelijks te wachten staat. Van de dampende borden stijgt een zurige geur op. Pap. Gortepap. Noch met de beste wil van de wereld, noch met de angstaanjagendste bedreigingen, noch met een miljoen ernaast, die pap krijg ik niet door de keel. Het geprevelde eet smakelijk. Om me heen wordt gretig bruine suiker uit klaarstaande schoteltjes geschept. Kinnekessuiker, zegt papa daartegen. De suiker wordt over de pap gestrooid, de pap omgeroerd, er vormen zich bruine slierten, draaikolkjes, die zich vermengen en de pap een vale, vieze, grindachtige kleur geven. Begint de pap er nog onappetijtelijker uit te zien. Mijn handen voor mijn mond om de oprispingen te verdonkeremanen. Links, rechts en tegenover me worden borden gretig leeggelepeld. Sommigen zijn al aan een tweede bord toe. Te midden van de doodse stilte blijft het mijne onaangeroerd. Om het niet te laten opvallen, doe ik zoals de anderen: suiker scheppen, met de lepel rondjes maken, de pap oplepelen en weer uitgieten, oplepelen, uitgieten. Een oprimpelend vel wikkelt zich om de lepelsteel. Mijn maag protesteert. Anna, de kokkin, uitgerekend zij komt de tafels afruimen. Dikke Anna, die zich uitermate gekrenkt voelt als iemand iets niet lust, het als een persoonlijke belediging opvat. Mijn wanhopig gestaar, neem dat bord in godsnaam mee, wat maakt het u uit of ik die pap eet of niet, dat juffrouw Jenny er tenminste buiten blijft, wordt door Anna beantwoord met een vernietigende blik. Mijn volle bord blijft staan. Juffrouw Jenny, Clotilde verwittigde me, voor die moet ge oppassen, die ziet precies haar eigen niet graag, uitgerekend zij heeft vandaag haar werkdag omgewisseld met juffrouw Juliette.

'Zo, van die boerrrr geen eierrrren, beste kind. Hierrrr wordt alles gegeten. Ik lust dat niet, dat kennen wij niet. Pap is gezond. Pap is lekkerrrrr. Zekerrrr op de manierrrr waarrrrop Anna ze klaarrrrmaakt, nietwaar, Anna?' De zware, rollende r van juffrouw Jenny hotst door de refter, als over een kasseiweg. Dikke Anna knikt volmondig van ja. Feldwebels, zou mama zeggen.

'Met koppigaarrrrds kunnen wij niet om. Ge eet die pap op. Ge gaat niet van tafel voorrrr uw borrrrd leeg is', en met veel misbaar, met beide handen, klauwen die een prooi omklemmen, in een venijnige, boogvormige beweging, deponeert ze het bord op een lege tafel in een hoek van de refter en sleept me aan mijn mouw mee, mijn bord achterna.

'Kunt ge tenminste de eetlust van de anderrrre meisjes niet bederrrrven. Kom, toon uw goede wil, vijf lepels.'

Met die woorden probeert ze in eerste instantie haar zelfbeheersing te bewaren. Ze wil niet snappen dat ik niet te overreden ben. Niet uit weigerachtige koppigheid, maar gewoon om niet aan tafel voor ieders ogen te moeten kotsen. Min of meer hysterisch begint ze met vlakke hand aan een stuk door ritmisch op tafel te slaan. 'Opeten, opeten, nu zult ge heel het borrrrd leegeten en trrrrrek zo geen ogen als een sterrrrvend paarrrrd.' Haar gekres. Ik verroer geen vin.

'Mijn schuld niet of in mijn keel een sassenier zit, die weigert de sluis te openen', zeg ik, in de hoop dat juffrouw Jenny begrijpt dat ik niet per se tegendraads wil zijn.

'Gaat ge me nog een beetje voorrrr de zot houden ook', roept ze. Ze knijpt mijn neus dicht. Knijpt, knijpt tot op het ogenblik dat ik zonder adem kom te zitten, naar lucht moet happen en ze haar kans schoon ziet, me hardhandig een volle lepel pap in te mond te duwen. Althans, dat is de bedoeling, maar wat van de pap binnenraakt, spuw ik evenvlug weer uit, terwijl verderop, de meisjes lusteloos stukjes schelvis op hun vork prikken en me meewarig aanstaren. Een fezelende beroering komt op gang.

'Nee, meisjes, stilte... stilte zeg ik.'

Juffrouw Jenny zet vastberaden het geknijp voort, maar elke nieuwe poging eindigt op dezelfde manier, spuwend en proestend, tot ik per ongeluk het bord met de elleboog van tafel stoot.

'Oprrrrapen en opdweilen!' gilt ze. Een razende furie.

Ik verdwijn naar de keuken. Twee keukenmeiden kijken me medelijdend aan. De pot op, gaat door me heen. Anna haalt zonder één woord een emmer uit het bezemhok en vult hem met water. Ze zet hem voor me neer. Ze geeft me een dweil en een oude krant. Kijkt me aan.

'En wat zeggen de boeren?' vraagt ze droog.

'Dank u wel', zeg ik en ik maak rechtsomkeer, duik onder de tafel. Ik leg de scherven op de krant. Ik veeg de pap op. Wring de dweil uit, de pap druipt langs mijn handen de emmer in, tot overmaat van ramp vermengd met het bloed van mijn aan de splinters gekwetste vingers.

'En ge moet niet denken dat ik u nu nog ga soignerrrren ook. Van dat beetje bloed gaat ge niet dood, maak dat ge rrrrap onderrrr mijn ogen uit zijt.'

Ik loop de refter door, pal voor me uitkijkend. Links en rechts het getik van lepeltjes tegen glazen schaaltjes. Die stilzwijgend vanillepudding met rozijnen lepelende weesmeisjes. Mijn snikken onderdrukken tot ik de eetzaal uit ben.

Zit ik in het midden van de dag op mijn bed. Het bloed welt rapper op dan ik het kan weglikken, lekt op de grond, vormt een helderrood plasje.

'Ik wil hier weg, ik wil hier weg!' Mijn kreten gieren door de lege slaapzaal. Dat die teef me aan het huilen heeft gekregen. Dat ze daar in is gelukt, dat vind ik het ergste.

Aan haar kapsel op te maken… de op de schouders vallende rol asblond haar, de naar binnen gekeerde krul, zoals die van mijn pop Martine in echte schildpad uit Nürnberg, en de loodgrijze mannenstofjas die ze over haar blauwe schort draagt. Ik moet mee, de kale vlakte over, geen gras, alleen, gruis en grind, pek en asse, zo ver ge kunt zien. Tot in Zwijndrecht. En kriskras door elkaar, honderden, misschien wel duizenden verroeste, ouderwetse ijzeren ledikanten zonder matras of beddengoed, en tussen de bedden, zich aan de tralies van de voeteneinden vastklampend, rechtopstaande skeletten van vrouwen, doodskoppen, botten met twee borstjes, een plukje schaamhaar. Ze sleept me mee over enorme hopen met graatmagere ledematen en lijven en hoofden, overschotten van mensen. Een gewriemel, maar een gewriemel dat niet beweegt. Knekelbergen. Ik zak erin weg, blijf met mijn tenen tussen een spaakbeen en een ellepijp steken, ik moet me loswrikken… de tocht blijft maar duren, verder en verder, we gaan er nooit geraken aan de barak, waar ze, zegt de vrouw met een grijns, me het vel gaat afstropen voor de productie van haar lampenkappen, want die tatoeage op mijn arm, die twee tortelduifjes met hun snaveltjes tegen elkaar, ja die bevalt haar, die zijn perfect voor een bedlampje. Een tatoeage…? Een tatoeage? Heb ik een tatoeage? Nee, ik heb alleen het litteken van de pokkeninenting op mijn arm en het schildje met de edelweiss op de mouw van mijn jas. Waarom trekt ze dan zo aan me? Gillend… nat van het zweet… die vrouw die over me heen gebogen aan mijn arm schudt, die me recht in de ogen kijkt, wie is zij? Totale verwarring. Ik droomde. Wat een opluchting. Ik droomde. Ik ben wakker. Juffrouw Jenny staat over me heen gebogen aan mijn arm te schudden. Volle licht in de slaapzaal. Alle meisjes zitten rechtop in bed. Sensatie.

15

Eindelijk, maandagmiddag, stond papa er. Onverwachts. Ik rekende er niet meer op. Hij zat in het bureau van de directrice. Op dezelfde stoel waar mijnheer Masson had opgezeten.

'Dag', zei hij.

'Zegt ge niks tegen uw vader', zei de directrice.

'Dag', zei ik. Verrast.

'Ga vlug uw eigen kleren aantrekken', zei de directrice. Tegen papa zei ze niets. We stapten zwijgend op. Papa had zijn beste kostuum aan. Zijn enige. Heeft hij zeker al van voor de oorlog. De pijpen van de broek zijn veel te wijd, de vouwen hangen over de neuzen van zijn schoenen. Smalle pijpen zijn nu mode. Ik schaam me altijd een beetje voor hem als hij dat kostuum draagt.

'Hoe is het met Jean-Pierre?' vroeg ik.

'Goed, die is sinds gisteren thuis', zei papa.

'O.'

'Hebt ge iets vernomen over die enorme scheepsramp? Weet gij er iets van?' vroeg papa. 'De Andrea Doria is aangevaren.'

'De Andrea Doria? Aanvaring? Nee.'

'Hadden ze daar geen radio?'

'Kweetnie.'

Op de tram, in het achterste, bijna lege rijtuig met de gele zitbanken in een soort geplastificeerde raffia, was papa niet meer te houden. Het hele relaas rolde over zijn lippen.

'In de mist voor de Amerikaanse kust, geramd in een hoek van negentig graden door de ijsbrekersboeg van een ander schip. Wonder boven wonder zijn er weinig slachtoffers. Acht doden op meer dan tweeduizend passagiers, enfin, momenteel. Er zijn vermisten. De burgemeester van Philadelphia was aan boord, die kwam van een bezoek aan Grace Kelly. Met de Titanic waren er vijftienhonderdzeventien doden en twee jaar later op de Sint-

Lawrencestroom over de duizend op de Empress of Ireland, maar daar spreekt niemand meer over.' Papa vertelde voort, alles tot in de kleinste details. Of hij niet durfde zwijgen.

'Onbegrijpelijk dat zoiets de dag van vandaag nog kan gebeuren, ondanks de modernste radaruitrusting. Concurrentie, daar ligt de oorzaak, tegen de tijd op varen, vertraging met een topsnelheid proberen goed te maken, wat wilt ge, immer hetzelfde liedje, time is money.'

Na die woorden viel zijn gepraat stil, terwijl we de hele tunnel nog door moesten. De vragen die ik wou vragen, ingeslikt. Waarom hij in al die tijd niet één keer een teken van leven had gegeven? Een briefje geschreven of een kort bezoekje afgelegd? Dat ik tenminste had geweten waar ik aan toe was. Zelfs op zondag was hij nooit opgedaagd. Iedere keer als de bel ging, dacht ik: Nu is het voor mij, maar altijd was het voor een ander. Met Pasen bleven we welgeteld met vijf over. Er lag bij het ontbijt een chocolade ei op ons bord, waarmee we konden rammelen als met een rammelaar, door de minuscule gekleurde suikerbolletjes binnenin. De andere vier, volle wezen, dat ze u zo noemen als uw vader én uw moeder dood zijn, liepen al in hun zondagse kleren. Ze waren naar de mis geweest. Ze moesten hun Pasen houden, zegden ze. Juffrouw Juliette zei tegen mij: 'Gaat gij ook uw goede goed aantrekken, uw jurk met de blauwe streepjes en de pofmouwen. We kunnen met u onder de mensen komen. Geeneen die er armzalig bijloopt. Ge zijt beter gekleed dan veel kinderen thuis.'

Te voet de stad door. De lucht was blauw, een zonnetje kwam achter de wolken gluren. Juffrouw Juliette sprak van een zonnetje dat deed of het verlegen was. Dat vond ik mooi gezegd. Gingen we naar de film. *Tijl Uilenspiegel.* In het Frans. Raar. Tijl, Nele, Soetekin, Lamme Goedzak in het Frans. Met ondertitels. Klopt toch niets van, en Paula Saerens die de hele film door met een paaskaart in haar hand zat, ze tegen haar kaak hield, ze aaide, ermee bezig bleef.

'Kijk, hoe schattig, de familie eend. Van mijn grootmoeder uit Namen. Dommage dat ze niet voor mij kan zorgen', zei Paula na de vertoning op de terugweg. 'Een kusje voor moeder eend', bedelde ze, drukte de kaart tegen mijn lippen. Ik kuste de kaart. Onderaan, in gouden opdruk, stond JOYEUX PÂQUES. Triestig voor Paula. Haar blik ben ik niet vergeten, maar het kwellend gevoel waar ik nu zelf mee zit, daar zie ik meer van af. Of onder mijn hersenpan een te strak opgewonden veer op punt staat te knappen.

'Rosa, komt ge mee, ik ga crème-glace kopen. Mama heeft erom gevraagd.'

Wat is papa gul. Maandagnamiddag, net thuis uit het gesticht, trakteerde hij ook. 'Om te vieren dat we weer samen zijn', zei hij.

'Kunt ge het niet voor een keer aan Jean-Pierre vragen?' Hoe hij me aankijkt.

'Zijt ge in uw lamme-tamme. De hele week zijt ge al zo lusteloos. Alles is toch weer in orde? Ge zijt weer thuis. Wat wilt ge nog meer?'

'Voor mij moet ge niets meebrengen, papa. Ik heb geen goesting in crème-glace.'

'Wat nu? Maandag hebt ge hem ook niet aangeraakt en normaal zoudt ge uw leven voor crème-glace geven.'

'Papa... hebt ge een naamkaartje afgegeven met innige deelneming?'

'Innige deelneming, waar gij mee afkomt. Is het dat wat door uw hoofd spookt, hebt ge daar al die dagen op zitten broeden? Die mensen kijken daar anders tegenaan, met christelijke gelatenheid. Ga ik wel alleen, ze-ne.'

Met de beste wil van de wereld probeer ik me te dwingen te aanvaarden dat het echt gebeurd is. Dat het geen misverstand is. Dat het onherroepelijk is. Het lukt me niet. Afgelopen maandag. Mama in de deuropening tussen de eetkamer en de gang. Veranderd, loom, mak, in één klap ouder geworden, of misschien lijkt het alleen zo, door haar uitgegroeide haar, nu het weer zijn natuurlijke kleur heeft, zwart met wit en grijs en enkel nog onderaan geverfde pieken. Afgewassen blonde pieken.

'Wat kijk je zo?' vroeg mama. Haar stem was schraal. 'Mijn haar, ik weet het. Het zat volkomen in de war toen ik in de kliniek aankwam en ze vonden er niets beter op, er zonder pardon de schaar in te zetten. En niets vragen. Het is geen gezicht. Ze vangen wat aan met een mens, eens je in hun klauwen zit.'

'Zoet,' zei papa, 'maak u daar niet druk in, met naar de coiffeur te gaan is dat verholpen. Kom, ik trakteer, we hebben wat te vieren. Rosa, we gaan crème-glace kopen.' De trage beweging waarmee mama in een clubfauteuil ging zitten. Haar vlug omarmd en met papa meegelopen naar de bakker. Na al die tijd leek de straat vreemd, hoewel alles toch hetzelfde was als daarvoor. En mooi weer. Net zomer.

'Twee wafels, twee hoorntjes.' Bij bakker Teugels hebben ze tegenwoordig vier smaken. Vanille, chocola, mokka en aardbeien. 'Ge moet met uw tijd meegaan', zegt de bakkerin. 'Ik maak er twee pakjes van, dat pakt gemakkelijker in', zei ze. Zwijgend liepen we naar huis. Papa en ik naast elkaar in de lege straat, aan de schaduwkant, ieder met een pak en toen... toen we voorbij de bouwwerf kwamen... Ik moet stoppen op mijn lippen te bijten, ik bijt ze stuk, ze bloeden al... als een doodgewoon nieuwsje, liet papa het plompverloren uit zijn mond vallen: 'Wie speelt nu katteke op den hoge op zo'n wankele schutting, daar moet ge toch niet al te snugger voor zijn. De staaf stak door zijn hoofd. Letterlijk gespietst. Het is vreselijk om zeggen, maar wie niet horen wil moet voelen. Laat ons hopen dat het voor eens en voor altijd een goede les is voor de anderen.' Of hij het over een ongelukje van niets had. De ijscrème uitgepakt, uitgedeeld, de wafels voor mama en papa, die van mama naar boven gebracht. Ze lag alweer in bed. De hoorntjes voor mij en Jean-Pierre. Ik lik liever aan een hoorntje. Met wafeltjes is het altijd ronddraaien of het ijs begint te druppen, en door de druk van uw vingers in het midden wordt de koek op de duur wak. Mijn hoorntje niet aangeraakt. De bollen laten smelten op een schoteltje. De staaf stak door zijn hoofd. Letterlijk gespietst. Of mijn hersens aan een touw vastgebonden, meters over het asfalt werden gesleept. Iedere keer als ik aan die woorden denk, voel ik weer dat pijnlijk trekkende, dat brandende in mijn hoofd. Ik liep de tuin in. Waarom? Weet ik niet, en wat me overkwam. Eerst dacht ik dat het duizeligheid was, maar het was iets anders, het was verstijving. Ja, ik was helemaal aan het verstijven. Het was griezelig. In paniek naar mijn voeten gekeken. Oef. Want ik heb gelezen dat ge verdoofd door verdriet in een boom kunt veranderen. Uw voeten schieten wortel, de stam groeit langs uw benen, uw armen worden takken, uw haar blaadjes, ge verdwijnt helemaal in de stam, de schors sluit zich om u heen en bij wie huilt, vloeien de tranen van de takken en stollen als amberen kralen. Het gebeurt echt, echt waar. Gewoonlijk geloof ik niks van dat soort rare verhalen, nu voelde ik het zelf, maar eerder of ik een paal was dan een boom. Een paal die ging omvallen. En papa die vanuit het gat van de keukendeur riep: 'Rosa toch, wat staat ge daar te staan, zijt ge soms van plan mijn jonge gras te vertrappelen?'

Papa heeft de glazen tussendeuren opengezet. De twee kachels branden. Voor de gezelligheid. Zie mama zitten, naast het aquarium. Glimlacht ze naar me of zit ze gewoon voor zich uit te staren?

'Kindje, jullie in een gesticht en ik die van niets wist. Had ik het geweten, met geen stokken hadden ze me in die kliniek gehouden. Bij de Massons, loog je vader. Opgeruimd staat netjes, zal die Masson gedacht hebben. Jullie in een gesticht. Van de Commissie van Openbare Onderstand! Van den arme! Dat die Masson uit mijn buurt blijft. En die van Senklot evenzeer. Je vader heeft me gezegd: "Ik stond met mijn rug tegen de muur, wat moest ik doen?" Ik heb er de prang op gezet, je vader verplicht zijn ontslagbrief te schrijven. Afgelopen met de turnkring. Dat ze zelf hun muziekinstallatie bedienen, een ander slachtoffer zoeken. Ik zal de windjacks donkerblauw laten verven, kunnen jullie ze afdragen.'

'Je gaat weer helemaal gezond worden, mama, je ziet er al beter uit, je hebt alweer een beetje kleur, mama.' Mama lacht lief naar me. Van de ene clubfauteuil naar de andere. Het aquarium tussen ons in.

'Kindje.'

Mama schudt het hoofd. Zwijgt. Zwijgen we allebei. Met papa de straat op, voorbij Theo's huis. Nooit meer. Nooit wil ik nog met hem door de straat lopen. Ik moet naar Godelieve toe, ik ben haar nog niet tegengekomen. Zou hun moeder weten dat ik in een weeshuis heb gezeten? Een engel, zeggen ze, een dood kind wordt een engel, God heeft de ziel zijn vleugels teruggegeven. Daar was Theo misschien al te oud voor en ach, het is toch niet waar. Maar bij de Vetsen zijn ze er zo zeker van dat het geen geloof meer is. Het is meer, het is iets wat echt is. Daar zijn papa en Jean-Pierre. Ieder met een pak. VERS IJSROOM staat in blauwe letters op het witte, dunne pakpapier, dat de bakkerin altijd afscheurt van een grote rol.

'Ze mogen alleen ijsroom schrijven als ze echte room gebruiken', zeg ik. Kijkt mama me aan met haar verwijtende blik, of verbeeld ik het me maar?

'Ik heb het haar verteld, Raymond. Ze mag het weten. Tegen die mannen met hun goede bedoelingen kon jij niet op. Of je durfde niet. Madame Mullet, die had hen in huis genomen. Zeker weten. Die mijnheer Masson met zijn mond vol over broederschap, klaarstaan voor de medemens, de oprechtheid zoeken, zijn tafelspeech tijdens het laatste mosselsouper. Ach, zand erover. Gedane zaken nemen geen keer', zegt mama mat.

'Dat is wijs gesproken', zegt papa. 'Ge moet oe kalm houden, zoet, oe niet te veel opwinden, dat is ni goe voor het genezingsproces. Laat oewe crème-glace niet smelten, ge zijt aan het smossen, zoet. Ik heb duif gekocht voor het avondeten, bij Proost, de beste poelier van 't stad.'

'Duif? Duif is duur. Heb je het groot lot uit, Raymond? Dank je, maar duif krijg ik momenteel niet door mijn keel.'

'Van duif komt ge op krachten, ge moet het proberen.'

'Rosa, mag Pluto ook in 't wit met zwarte vlekken? En in welke kleur doe ik de petten van de neefjes en de jas van oom Dagobert? Kies eens.'

Jean-Pierres vingertoppen zien blauw van de inkt van het stempelkussen in zijn drukkersdoos.

'Kies zelf... of neem groen.'

'Waarom groen?'

'Ik vind groen mooi.'

'Ik vind groen niet mooi, lichtgroen kan er nog door. Donkergroen. Bááák... lelijk.'

'Ik vind oranjeachtig geel niet mooi, Jean-Pierre... citroengeel wel... Hoe dat komt? Nu ge het vraagt, waarom vindt ge de ene kleur mooier dan de andere? Ik weet het niet, weet ge, kies de kleuren die ge zelf wilt. Ik ga naar mijn kamer.'

Alleen in mijn kamertje, met mijn poppen en mijn gedachten, ben ik momenteel het liefste. Kan ik met mijn ogen toe, in mijn binnenste naar Theo zitten kijken. Hoor ik hem weer roepen: 'Bleft-in-u-holleke-en-piept-ni.' Als we in de kerk bedot speelden, en hij al uit was, en ik nog verstopt zat, en wie hem was mijn schuilplaats naderde, riep hij me dat altijd toe. Ik weet het bijna een volle week, maar ik zie hem overal. Als ik Theo's deur voorbij loop, denk ik, hij komt naar buiten. Zelfs bij mij op school tussen de jongens op de speelplaats. Het eerste wat mijnheer Schollaert zei, toen hij me na al die tijd op school zag binnenkomen: 'Die jongen van in uw straat, gij hebt die goed gekend, zeggen ze.'

'Mijnheer, ik zou willen huilen, het uitschreeuwen, krijsen, maar het lukt me niet, er komt geen piepje uit mijn keel.' 'Verdriet hebben en niet kunnen huilen, is of uw tranen bevroren zijn en ge ze niet durft laten smelten', troostte hij me. Terwijl papa... Niet-tezamen-meer-kunnen-zijn. Het is zo erg. Theo is nu alleen in een kist onder de grond, dag en nacht. Ook als het gaat vriezen. Of dondert en bliksemt. Theo is dood. Theo is dood. Theo dood. Dood. Dood. Het roffelt als een trommelvuur in mijn hoofd. Het verdriet zal nooit meer overgaan. Dat wil ik ook niet. Het moet bij me blijven. Met me vergroeien. Het zou verraad aan Theo zijn en aan ons Geheime Verbond. Waarom juist hij? Eerlijk gezegd, als het dan toch een van de twee moest zijn, had ik liever gehad dat het Jozef Kegels was geweest. En had mijnheer Masson mij niet naar het Home Lambotte-Priem gebracht, dan had Theo vast en zeker nog geleefd, want dan waren wij twee misschien iets anders gaan doen. Of had ik hem kunnen verwittigen voorzichtig te zijn. Die Masson is de hoofdschuldige. En was mama niet zo ernstig ziek geworden. Maar zij kan daar niets aan doen. Het is dat ik niet geloof, anders zou ik, als ik nu ook dood zou zijn, bij Theo zijn. Soms zou ik willen vergeten dat ik niet geloof, als ik in God zou geloven, zou ik, ja, dan zou ik…

'Rosa, eten. Duif met doperwten en gebakken patatjes.' Ik riek het. Een onzichtbare spiraal van gebraden duivengeur kringelt het trappenhuis in.

16

Ze hebben de clubfauteuils achteruit geschoven, het ronde salontafeltje in een hoek gezet. Raymond is naar de kelder om zijn gereedschapskist. Waar blijft hij? Hij zal moeten zoeken.

'Altijd vindt Raymond iets nieuws uit om zich mee bezig te houden, Louis. Hij apprecieert het dat je hem een handje komt toesteken. Louis, hoe heet dat vliegtuig weer?'

'De Ilya Mourometz, van Sikorsky. In veertien het spectaculairste vliegtuig dat rondvloog. Het eerste echte vliegtuig in feite. Meer dan wat stokken en zeilen. Hij kan er niet over zwijgen, uwe vent. Niets anders telt nog.'

Zie Rika me aankijken. Haar heldere, directe oogopslag.

'Omdat het een Rus is zeker, hè Louis?'

Kijkt Louis me schalks aan? Is dit een dubbelzinnige blik? Louis-van-'t-vogeltje. Ik heb Louis altijd goed kunnen verdragen.

'Wel ene die met de Revolutie zijn biezen heeft gepakt. Voor modelbouw moet ge het geduld hebben. Precisiewerk. Maar zo kennen we hem, uwe Raymond, Pietje Secuur. Op 't werk ook. Niet altijd een gemakkelijke.'

Haar monkellachje.

'Blijf je een boterham mee-eten Louis? Ik heb rekening met je gehouden.'

Dwalen zijn ogen van de in de aanbouw zijnde constructie naar mij?

'Ja, waarom niet, ons Odile is toch naar haar moeder. Weet gij dat gij er heel fleurig uitziet. Ge zijt toch ziek geweest, niewaar?'

Zie ze wegtrippelen, mijn vrouw, op haar nieuwe, lichtroze, fluwelen muiltjes met verhoogd hielstuk, op elke neus een uitbundig, uit één punt overhangende pompon, als de haren van een pekinees. Zie hoe ze zich in de overhellende spiegel boven het buffet bekijkt.

De benen kamspeld houdt het haar uit mijn ogen. Het deze ochtend flink uitgeborsteld. Nog even en ik kan opnieuw een wrong maken. Het gebloemde katoentje, een koopje. Past perfect. Raymond zet een longplaying op. Pianoconcert van Peter Tsjaikovski. Is hij dol op. Zie ze bezig. Louis-van-'t-vogeltje, die de houten plaat vasthoudt, Raymond die er met een figuurzaagje flinterdunne latjes uithaalt. Vederlicht essenhout. Hoe hij die woorden uitsprak, of hij het over goud had.

'Komt gij er ook oewe neus tussensteken, kijken, maar begin niet in de weg te lopen, hè mannen.'

'Ik heb het aan mijnheer Schollaert gevraagd. Hij gaat een boek meebrengen over de luchtvaartpioniers en brengt gij dan het vliegtuig mee als het af is, heeft hij gezegd, maar het zal te groot zijn, hè papa.'

'Een vleugelwijdte van omtrent de twee meter. Kijk maar eens goed hoe mijnheer Louis voorzichtig het katoenen draadje aan het latje lijmt.'

'Twee meter, Rosa, uw vader is een beetje aan 't snoeven zene. Allez, Raymond, en tegen uw eigen kinderen. Maar iets anders, zijt gij al ingeschreven voor de viering van Camille Huysmans?'

'Nee, Louis, totaal uit mijn gedachten geraakt. Rika, kom eens...'

'Maar, Raymond, met wie moeten we mee, nu die van de turnkring zijn afgeschreven?'

'Waart ge het beu, Raymond? Begrijpelijk, op de duur is ne mens geen avond meer thuis. Uw schaakclub ... de partij ... Maar, die dag moogt ge niet missen. Heel Hasselt zal op zijn kop staan.'

'Wij kunnen misschien met de afdeling van Merksem meerijden, Raymond. Als het mogelijk is, hè Louis...'

'Ja, waarom niet. Reserveer ik plaatsen voor de autobus, bij ons in de afdeling.'

'Moeten we zien dat we in alle vroegte in Merksem geraken, Rika, dat is een ander paar mouwen.'

'Komt tijd, komt raad, Raymond. Alles kan geregeld worden.'

Papa kijkt blij gezind naar het geraamte van zijn vliegtuig, de aanzetten van de vleugels hangen als een juk over de armen van de clubfauteuil.

'Sjiep sjiep sjiep', doet Louis-van-'t-vogeltje met zijn neus tegen de tralies van de vogelkooi. 'Ge zult er nog een tijdje zoet mee zijn', zegt hij tegen papa.

'Als ik er iedere avond aan doorwerk.'

'Als ge wilt kom ik nog wel eens keer meer meehelpen', zegt Louis-van-'t-vogeltje.

'Koffie, Louis?'

'Gaarne, madame.'

Joepie, koffie! Wij drinken altijd thee, behalve als er bezoek is. Als er bezoek is, is het hier veel gezelliger. Louis-van-'t-vogeltje. Ik zeg mijnheer tegen hem. Hoe hij met zijn familienaam heet? Het blik dikke koffiemelk met de genoffel staat op tafel. Carnation. Om de twee met een kurkentrekker geboorde gaatjes kleeft een beetje gestolde melk, mosterdgeel uitgeslagen. Ge-e-va-poreerde melk. Wat wil dat eigenlijk zeggen, ge-e-va-po-reerd?

'Die boter heeft een andere vorm dan anders.'

'Goede boter, Jean-Pierre, roomboter. Anders eten wij Planta, dat is margarine. Planta is in een kubus. Margarine is altijd in een kubus. Boter is altijd in een balk. Dat is verplicht door de wet. Om het verschil duidelijk te zien.' Mama kijkt me aan. Haar kwade blik. Waarom? Mama zal me weer eigenwijs vinden zeker, een schooljuffrouw. Dat zegt ze soms. Of alweter.

'Voor goede charcuterie moet je toch de tunnel door naar de stad. Oscar doet zijn best, maar hij kan niet tippen aan die van de Hoogstraat', zegt mama.

'Filet américain, dat kunt ge bij ons in Merksem niet krijgen,' zegt Louis-van-'t-vogeltje, 'peper, zout en wat ajuin. En een cornichonneke. Er bestaat niets lekkerder.'

'Smaakt het?' vraagt mama.

'Het zal niet', zegt Louis-van-'t-vogeltje.

'Schenk ik wat bij, mijnheer?' Mama kijkt Louis-van-'t-vogeltje aan met de porseleinen koffiepot met de wit-zwartgeblokte rand in de hand.

'Dank u wel, madame', antwoordt hij, zijn kopje aanreikend.

'Ich küsse Ihre Hand, Madame', weerklinkt op de radio. Louis-van-'t-vogeltje begint mee te zingen. Het is gezellig in huis. Papa is goed gezind en ge moet mama in de gaten houden. Ze slaat haar blik naar beneden, zoals de dieren in een tekenfilm van Walt Disney, als ze verlegen zijn. Ze heeft er precies langere wimpers van gekregen. Zo heb ik mama nog nooit weten doen.

Louis' blik. Hij brengt me in verlegenheid, mijn hoofd wegdraaien.

Mijn vrouw, een ander mens. Koket. Joviaal. Ze heeft voor rozijnenbrood gezorgd. Een zoet mondje. 'Het Gesproken Dagblad gaat beginnen.'

Papa altijd met zijn Gesproken Dagblad. Moet iedereen zwijgen.

Was Stalin een spion van de tsaar? Louis-van-'t-vogeltje verslikt zich in de rook van zijn sigaartje. Ik ruik de sigarenrook graag. Sigarenrook heeft iets feestelijks.

Uit welingelichte bron is vernomen dat Jozef Vissarionovitsj Djoegasvili Stalin tussen 1906 en 1912 een verklikker in dienst van de geheime politie van de tsaar, de Ochrana, zou zijn geweest. Stalin, toenmaals verbannen naar Siberië, zou de tsarenpolitie kostbare inlichtingen over de bolsjewieken hebben bezorgd. Deze opzienbarende beweringen worden geuit door Alexander Orloff, een gewezen generaal van het Rode Leger.

'Zever in pakskes van het weekblad *Life*. Daar moet ik geen tekeningeske bij maken, hè? Vuilspuiterij', zegt papa.

Een fotokopie van het document uit het archief van de Ochrana tot staving van dit feit wordt aan de journalisten ter hand gesteld.

'Jean-Pierre, blijf met uw pollen van het vliegtuig. Wat zeggen ze, Louis?'

'Dat de fotokopie van het document in het volgend nummer van *Life* gaat verschijnen.'

Isaac Don Levine, de schrijver van het desbetreffend artikel, zegt als toelichting dat het document in 1947 in zijn bezit is gekomen, zonder evenwel te verduidelijken op welke wijze. Hij acht nochtans de echtheid van het document aan geen twijfel onderhevig en haalde hiervoor verscheidene argumenten aan. De sportuitslagen... voetbal... A.A. Gent-Anderlecht 1-1...

Ik ga mama een handje helpen. De borden naar de keuken brengen. Mama doet de deur van de keuken dicht.

'Jij moet eens leren wat je kan zeggen en wat je moet zwijgen. Mispunt.' Ik kijk mama verbouwereerd aan.

'Mij zo'n affront lappen', zegt ze. Ik droog stilzwijgend de kopjes af.

'Als we nu nog eens mensen op bezoek krijgen en je waagt het, het woord margarine uit te spreken, doe ik je een ongeluk, begrepen?' Mama loopt de keuken uit met een asbak. Ik zet de kopjes in de kast en ga naar de woonkamer, mee aan tafel zitten bij de anderen.

Basketbal, Pitzemburg-Antwerp Giants...

'Dank u, Rika.' Louis-van-'t-vogeltje tikt de as van zijn sigaar nadrukkelijk af.

'Heerlijk, de reuk van een sigaar. Die reuk doet me denken aan bompa, die rookte ook altijd een sigaartje na het eten', zegt mama. Waarom is mama zo tegen me uitgevaren? Heeft ze er soms lol in mijn pret te bederven, juist nu het hier gezellig is? Ik moet 'Beroemde Geliefden' nog uit de krant knippen. De laatste aflevering. Aartshertog Rudolf en barones Maria Vetsera hebben zelfmoord gepleegd. De moeder van barones Maria Vetsera, barones Helena Vetsera, zou de minnares van de keizer geweest zijn en Maria zou de dochter van keizer Frans Jozef zijn en bijgevolg zijn Rudolf en Maria broer en zus. Dat zou de ware reden om hun zelfmoord zijn. Straffe toeren. Opkleven. Ik heb alle afleveringen compleet. Mijn eigen boek gemaakt. De prenten ingekleurd. De huidskleur is altijd het moeilijkste, roze is te rood, zijn ze precies varkens, roze en met een wit potlood erover of geel met een wit potlood erover, okergeel met wit, het blijft toch te donker, te weinig doorschijnend, vleeskleur bestaat niet bij kleurpotloden, misschien in de doos van Viviane Verlinden. Die heeft de grootste doos die bestaat, van Caran d'Ache, daar zal wel vleeskleur tussen zitten. Mama, die zo abnormaal opgewonden blijft doen. Abnormaal vrolijk opgewonden.

'Isaac Don Levine, Louis, die naam, doet die geen belletje rinkelen? Ze zijn weer met modder aan 't smijten, maar klein krijgen ze ons niet, hè Louis', zegt papa.

'Platte-meutte', komt Jean-Pierre tussenbeide.

'Piet moeial', zegt mama lachend. Ze grijpt Jean-Pierre bij zijn nekvel.

17

De affiche voor het raam. Een arm met gebalde vuist. 1 Mei. De Dag van de Arbeid. Een grijze, maar gelukkig droge, zachte dag. De rubberen slang, de emmer, het schepnetje opbergen. Schoon rijnzand, nieuwe waterplanten. De vissen van de bokaal terug het aquarium in. Kunnen ze er een tijdje tegen. Rika heeft een fonoplaat opgezet, het orkest van Helmut Zacharias met zijn betoverde violen, walsen van Franz Léhar. Ze bladert door *Het Rijk der Vrouw.*

'Raymond, wist gij dat Fred Astaire eigenlijk Frederick Austerlitz heet?'

'Nee, maar in Hollywood is dat de gewoonte, daar vinden ze een nieuwe naam voor u uit, die beter verkoopt. Zoals met Marilyn Monroe.'

'Marilyn Monroe?'

'Ja. Haar echte naam is anders, ik kom er nu niet op. En vorige week in *De Rode Vaan* een volle bladzijde over Hedy Lamarr, die heet Hedwig Kiesler en waar ik bijna van omviel, die heeft in tweeënveertig een uitvinding gedaan. Ongelofelijk. Een geheim communicatiesysteem ontworpen. Met haar man of haar minnaar, een pianist. Zijn piano bracht hem op het idee. Opvangen of onderscheppen van geluidsgolven. Frequenties. Moet in de oorlog dienst gedaan hebben om geleide raketten te onderscheppen... ze...'

'Hedy Lamarr met Spencer Tracy, prachtige film. Hoe heette hij ook alweer?'

Voilà, Raymond de mond gesnoerd. Hij heeft het begrepen, denk ik. Zwijgt, neemt de krant, gaat in een clubfauteuil naast zijn aquarium zitten.

De gazet. Die van gisteren. Schikkingen voor de 1-meistoet. Hier staan ze, 'Welzijn, Wil en Weg', verzamelen op de Britselei. Spijtig, andere jaren zaten we nu in de autobus met de voltallige turnkring op weg naar de plaats van bijeenkomst. De kinderen, als twee fiere pauwen, in 't wit in 't gelid in de stoet. Ik mee in de cabine van de praalwagen naast de chauffeur, voor de muziek tijdens de turndemonstraties op de bok, het paard, aan de bar. De sympathisanten erachteraan. Zou Rika het nu ook niet spijtig vinden? Met madame Roels kon ze het goed vinden en met de familie Geerts. Nadien het gezellig samenzijn, in de zaal achter De Rode Meeuw. Allemaal afgelopen. Precies of die vissen content zijn met hun proper water. Ze zijn levendiger, fladderen meer met hun lijf. Zie ze tussen de waterplanten naar beneden duiken. Wapperende, blauwe en oranje wimpels. Ge moet hun parcours volgen. En hun uitwerpselen, als flinterdunne vermicellidraadjes. Lichtbruine staartjes, onderaan hun vissenbuik, die tot ze afbreken, meedrijven op het water. Waar ligt de schaar? Kijken hoe het met mijn meiklokjes gesteld is. Het gras doet het goed. Het begint een echt gazon te worden. Wel veel klaver.

'Hier, Rika, mijn eerste eigen oogst.'

'Dat ze zijn uitgekomen. Ik dacht: Daar komt nooit wat van. Muguet, wat ruikt muguet toch heerlijk. Zien of we niets beters hebben dan een bierglas om ze in te zetten.'

Nog maar eens door de gazet bladeren, van achteren naar voren. Daar is Jean-Pierre. Altijd drukdrukdruk.

'Van de eerste mei moeten ze godverdomme met hun poten afblijven.'

'Wat een woordenschat, Raymond, is dat het goede voorbeeld geven?'

'Nee. Maar dat moet ge nu weer lezen. De christelijke arbeidersbeweging schenkt de paus, uitgerekend vandaag, op het Sint-Pietersplein in Rome een levensgroot houten Sint-Jozefbeeld. Met een legerhelikopter wordt het beeld op het plein gebracht.'

'Komt het uit de hemel neergedaald. Jozef was toch een timmerman, een arbeider, gelijk jij.'

'Gij kunt er mee lachen, wat kost dat grapje, denkt ge, wie betaalt de kosten? De belastingbetaler. En moet het zonodig vandaag. Zij hebben toch hun Rerum Novarum...'

'Mama... papa, mag Dirk komen spelen?'

'Nee, die kleine komt hier niet meer binnen. Punt uit. Als die onder mijn ogen komt, sta ik niet in voor mijn eigen. Die wildeman, ge weet niet wat dat is, na uw uren met engelengeduld bezig zijn om zo'n vliegtuig in elkaar te knutselen...'

'De Ilya Mourometz van Sikorsky, hè papa.'

'Die naam hebt ge tenminste onthouden. Al het werk, de kosten van het hout, komt die snotaap hier in een paar minuten tijd alles vernielen.'

'Om die vleugels de hele tijd over de leuningen van de clubfauteuil te laten hangen, was om ongelukken vragen. Je leek wel bluspoeder. Dirk heeft een schrik van je gepakt en waarom heb je alles meteen bij het vuilnis gezet? Je had het gemakkelijk kunnen repareren.'

'Rika, mijn goesting was over.'

'Dirk heeft het niet expres gedaan, papa. Ge moest er bijna van huilen, hè papa. Dirk zal het nooit meer doen, heeft hij gezegd.'

'Jean-Pierre, zwijgt ge?' Hoe laat is het? Mijn grijs fluwelen veston hangt achter de kelderdeur.

'Ik ga een toereke doen.' Klak op, sjaal om mijn nek.

1 mei. Vrijaf. Wij zitten gezellig bijeen op de dorpel voor de bakkerij, Ronald Teugels, Viviane Verlinden, Christel Weiremans en ik.

'Wie gaat er mee naar de stoet kijken?' vraag ik. 'Ver moeten we niet lopen, hij komt door de Hoogstraat.'

'Goed idee,' zegt Ronald, 'even mijn moeder verwittigen.' Hij duwt de deur van de bakkerij open en roept zo hard hij kan. Zijn moeder is achter, komt de bakkerij binnen.

'Met uw gegil', zegt ze. 'Ge moet niet zo schreeuwen, ik ben niet doof. Ja, het is goed. Doe ze de groeten en wees voorzichtig op de roltrappen, elkaar niet duwen.'

'Mijn moeder is de eerste mei goedgezind', zegt Ronald. 'Het liefst zou ze mee naar de stoet willen gaan kijken. Met de bakkerij kunnen wij nergens meer naartoe, zegt ze en 1 mei is het feest van de socialisten. Als ge dat riskeert, sluiten op 1 mei, dat nemen de klanten u kwalijk, zegt mijn moeder.'

'De socialisten niet', zeg ik.

'Van de anderen zijn er meer', zegt Ronald.

'Ik ga ook mee', zegt Christel. 'Als we op tijd terug zijn. Mijn vader mag het niet weten.'

'Ik ook', zegt Viviane. 'Mijn vader en mijn moeder slapen uit vandaag.'

'Kijk, ginder loopt Jozef Kegels. Hij komt hierheen.'

'Wij moeten naar een communiefeest van een nichtje. In deze tijd van het jaar is het bij ons in de familie de ene communie na de andere', zegt Jozef Kegels.

'Ik zie het, ge zijt op uw zondags', zegt Christel. 'Uw communiekleren, hè.'

Zijn wit hemd, bordeauxrood strikje, zijn bruin kostuum met een ingeschoren ruitje. Hij heeft de lange broek aan. De jongenspakken van de communicanten maken ze altijd met een korte en een lange broek in dezelfde stof. Voor goed en voor slecht weer. Het is eigenlijk de eerste keer dat ik zo recht tegenover hem sta sinds... Er is niets aan hem te merken. Hij is gewoon zoals anders. Behalve dat hij nu een wit hemd en een strikje draagt en dat op zijn wang nog te zien is waar hij de schrammen heeft opgelopen, toen hij naast Theo terechtkwam, toen ze met zijn twee naar beneden stortten.

'Wij gaan ook bij madame Mullet naar de catechismusles, hè', zegt Christel tegen Ronald en Viviane.

'Madame Mullet is een zeeptrien', zegt Ronald.

'Vindt gij het heel erg, Rosa, dat gij uw communie niet moogt doen', vraagt Christel.

Wat moet ik daarop antwoorden? 'Ik weet het niet', zeg ik.

'Ge kunt ook een feest doen', zegt Viviane. 'Om te feesten hebt ge de kerk niet nodig.'

'Dat is niet hetzelfde', zegt Christel.

'Kom', zeg ik. Lopen we boef op Julien De Rover die met zijn hele familie op weg is naar de stoet, zijn vader, moeder en twee jongere broertjes.

'Mag ik met olle mee?' vraagt hij. 'Even van dat klein grut vanaf.' We hossen naar beneden, de ratelend voortkruipende, geribbelde houten roltrappen af, die op het einde als de rupsband van een tank verdwijnen onder de vervaarlijk ogende pinnen, lijk de pinnen van de riek van een schuimbekkende boer. We laten onze stemmen echoënd galmen in de tunnelpijp, rennen, spelen tikkertje, botsen op passanten.

Op de laatste opwaartse roltrap horen we de fanfaremuziek uitkomen boven het lawaai van de roltrap. Het is een begankenis buiten. We wurmen ons tussen de uitgelaten mensenmenigte. Dringend en duwend staan we vlug op de eerste rij, in een bocht van de straat. Hebben we een goed gezicht op de aankomende stoet. Wat een drukte, wat een leven. Leiders van de Rode Valken in blauwe kiel met een rode sjaal om hun hals geknoopt, verkopen gewoontegetrouw de rode roosjes in crêpepapier met een in groen crêpepapier omwikkelde ijzeren draadje als steeltje. Ze lopen met de collectebussen rammelend naast de stoet.

'Ik heb een briefje van twintig, ik kan vier roosjes kopen.'

'Ik heb mijn eigen geld', zegt Julien De Rover.

'Ik moet geen roosje', zegt Christel.

'Julien, geef mij uw muntstuk, stop ik mijn briefje in de gleuf van de bus.' Ik deel de roosjes uit.

'Hier, Christel, steek het in uw knoopsgat.'

'Mijn vader wil dat niet', zegt Christel.

'Laat het dan zitten tot we weggaan. Een tijdje geleden liep ik hier in de Hoogstraat, Viviane, ge waart erbij en toen kwam de processie voorbij en toen ben ik ook zoals iedereen op mijn knieën gaan zitten.'

'Ja,' zegt Viviane, 'maar gij kont u wel niet serieus houden.'

'Kijk, kijk', roept Julien. 'De turnkring van bij ons. Daar, daar, Wouter Masson.'

'En daar Ingrid Goossens.'

'Willy De Nul van ons klas, ik ga er ook bij, ze zijn het komen vragen', zegt Julien. We roepen en wuiven naar de turners in hun hagelwitte uniformen, de rode initialen, de verstrengelde w's op de badge van het borstzakje. Spijtig, vorig jaar liep ik er tussen. En nadien gingen we naar De Rode Meeuw. Kregen we pistolets, koffiekoeken en een cola. De kinderen bijeen aan tafels en de ouders aan andere tafels. Er speelde een orkestje. Mama heeft veel gedanst. Mama danst graag. Papa danst nooit. Van overal roepen en wuiven mensen naar mensen. De vakbonden, de mutualiteit, de metaal, het onderwijs, joelende studenten, sommigen verkleed of ze in een carnavalsstoet lopen. Ze dragen een straatbrede pancarte mee: S...K, onder andere socialist. Van papa weet ik ongeveer wat ze bedoelen. Het is iets met Paul Henri Spaak, een minister of een burgemeester, denk ik. De studenten oogsten applaus en ook de groep volksdansers na hen. En nog turnkringen. Aan de turnkringen lijkt geen einde te komen. De salto's, de flikflakken, op handen lopen met gestrekte benen, het houdt niet op.

'Daar, mijn vader en moeder op kop, achter de vlag. Mijn vader is bij de Transportarbeidersbond. Salut!' roept Julien en hij verdwijnt de stoet in. Zie ik ineens aan de overkant van de straat, meer naar rechts, in zijn eentje tussen drommen mensen, papa staan. Ik verstop me vlug, achter de rug van een mollige vrouw, van kop tot teen in 't rood, van haar hoedje tot haar schoenen.

'Moeten we niet rechtsomkeer maken, Christel? Anders krijgt ge misschien op uw kop van uw vader.'

Christel kijkt op haar polshorloge. 'De hoogste tijd.'

'Goed,' zegt Viviane, 'bij mij zullen ze stilletjesaan wakker worden. Vanavond gaan wij in het restaurant eten. Biefstuk met frieten.'

In een restaurant gaan eten, denk ik.

'De stoet is belange nog niet ten einde', zegt Ronald.

'Blijft gij nog wat?'

'Alleen is er niks meer aan', zegt hij.

'Dat is waar, alleen tussen al die mensen is niet plezant', zegt Viviane.

Met ons vier maken we rechtsomkeer, het basketbalpleintje over, de tunnelingang in.

'Kijk wat ik durf', zegt Ronald en hij springt op het glanzende houtwerk tussen de trappen, laat zich naar beneden glijden tot hij met zijn achterste vast komt te zitten tussen de bolsterachtige knoppen, waarmee in geval van nood de trappen stilgelegd kunnen worden. Gaat hij gewoon rechtopstaand over het hout lopen.

'Zot', roept Christel.

'Als hij voorover valt en met zijn vingers onder de pinnen van de roltrap geklemd raakt, zal hij kajieten. Ik heb dat eens meegemaakt met een hond, bij het afstappen. De pinnen zagen rood van het bloed.'

'Zwijg, Rosa,' zegt Christel, 'ik val bijna van mijn stokje.'

'Jongens moeten altijd stoer doen', zeg ik.

Ronald blijft op ons wachten op de tussenverdieping. Wij blijven op de trappen staan.

'Duurt het nog lang?' roept hij ongeduldig naar boven. 'Lopen.' Viviane wrijft met haar wijsvinger onder haar neus.

'Snuif!' roept ze.

'Ze zeggen dat zijn moeder niet meer mag huilen van zijn vader, omdat zijn vader zegt dat het de hand van God is en aan de hand van God kunt ge u niet onttrekken', zegt Christel.

'Ge hebt het over Theo', zegt Ronald, terwijl hij naar de filmadvertenties staat te kijken. Davy Crockett, Koning der

Wilde Grenzen. 'Mijn moeder zegt dat de moeder van Theo wacht met huilen tot alle kinderen naar school zijn. Ze komt soms de bakkerij binnen met ogen rood van haar tranen. Wegsteken kunt ge dat toch niet.'

'En Godelieve zwijgt als het graf', zegt Christel. 'Ze wil tegen niemand meer spreken. Zuster Benedicte zei in de klas dat het een voorrecht is. Dat Theo is uitverkoren. Dat God hem graag bij hem wilde hebben. Dat hij naast de troon van God mag zitten, maar toen ze het zei, stak Godelieve haar vingers in haar oren.'

'Vraag aan die zuster Benedicte dan maar eens waarom Theo niet op de schoot van God mag zitten. Theo verdient het', zeg ik.

'Dat vraagt ge niet', zegt Christel.

'Ik zou nog veel meer vragen. Ik wil bij hen gaan bellen, maar ik durf niet.'

'Rosa, weet ge wat de mensen zeggen? De hele straat was in de kerk, behalve die van nummer veertig. Ik zou het niet doen, als ik u was', zegt Christel.

Ik krijg het ineens erg kwaad. Ik moet denken aan wat mama en papa onlangs is overkomen in de KNS. Gingen ze een keertje naar toneel, viel het doek pardoes neer, in het midden van het stuk en kwam een aangeslagen acteur naar voren die riep: 'Is er een dokter in de zaal!' Stonden een paar mannen op. Toen pas besefte het publiek dat 'Is er een dokter in de zaal?' de titel van het toneelstuk was. Ze hadden iedereen bij de neus. 'Iedereen van zijn melk', zei papa, en met wat Christel nu heeft gezegd, is het precies hetzelfde. Of een zwaar fluwelen toneelgordijn op me is neergevallen. Opschudding in mijn binnenste. Het onnoemelijke verdriet overvalt me opnieuw. Tranen, voor Theo, voor papa, voor alles. Viviane legt haar armen om mijn schouder.

'Rosa, het is geen aanval op u', zegt ze.

Met een zwaar gemoed kom ik thuis.

'Je vader ging een luchtje scheppen, ik vraag me af waar hij blijft', zegt mama. Is ze ongerust?

‘Misschien naar de stoet gaan kijken, mama.’

‘Had hij tenminste iets kunnen zeggen. Die vader van jou, die man is me soms een raadsel, je verstaat toch wel waarom tante Mien en tante Bep zich hier niet meer laten zien.’

Ik installeer me met opgetrokken benen in een clubfauteuil. Mijn boek van de boekerij op de knieën. Een bladwijzer van poeders Dr. Mann zit tussen bladzijde tien en elf. Minstens dertig van die bladwijzers bezit ik. Stevige geplastificeerde bladwijzers in verschillende mooie, heldere kleuren: DR. MANN STILT DE PIJN. Het lukt me niet me te concentreren op het verhaal van *De kleine lord*, zoals toen in het Home Lambotte-Priem, of het een koppig boek is, dat zich niet wil laten lezen. ‘De hele straat was in de kerk, behalve die van nummer veertig!’ Terwijl ik daar zonder onderbreken aan Theo dacht. Aan ons Geheime Verbond. De ochtend die volgde op die ellendige vrijdag en die afschuwelijke nachtmerrienacht, en ik mijn tanden stond te poetsen voor de lavabo in het souterrain en een paar van de meisjes me zegden: ‘Dat was nogal iets met u. Gij schreeuwde als een speenvarken. Hebt gij dikwijls nachtmerries?’ en ik ineens in de spiegel voor me kleine blauw uitgeslagen wondjes om mijn pijnlijk gekneusde neusvleugels opmerkte. Of juffrouw Jenny me geknepen had met vingers waar weerhaken aan zitten. Toen schoten Theo’s woedende woorden me te binnen. ‘Knijpen laat geen sporen na. Als ge blijft doorknijpen wordt het pletten. Bij pletten krijgt ge blauwe plekken. En bij pitsen ook, komt de nagel in het vel, krijgt ge kleine bloedende wondjes die blauw uitslaan’, en dat zijn vader de geniepige pater altijd goedpraatte. Dat zijn vader altijd de kant van het gezag koos. Dat zijn vader hem altijd de les spelde: ‘Ge moogt niet in opstand komen tegen uw meerdere, geen wrok koesteren, wat voor onrecht u ook is aangedaan, en ge moogt het nooit in eigenmachtige daden zoeken.’ Daar stond ik aan te denken, terwijl Theo toen al dood was en ik van niets wist en ik op dat ogenblik het liefst met een bijl juffrouw Jenny’s hoofd had ingeslagen, haar schedel verbrijzeld of haar gewurgd, een wurging van lange adem, dat ze, voor ze dood was, goed wist dat ze ging sterven. Maar bijzonder akelig is dat de droom die ik in het weeshuis droomde, een droom is die niet voorgoed, tussen de lakens, verdwenen was toen ik ontwaakte. Het is een droom die me blijft achtervolgen. Minstens één nacht per week droom ik hem opnieuw. Toegegeven, eigen schuld. 'Wegstoppen. Niets voor de kinderen', zei mama de dag dat papa met twee loodzware kanjers van albums thuiskwam. '1940-1945' in gouden diepdruk op het groene stofomslag. En ik natuurlijk naar die boeken op zoek. Vond ze in de kelder, verborgen achter papa's draaibank. Ging ik in 't geniep in die boeken bladeren. Lekker zitten griezelen bij die afgrijselijke foto's. Ze liggen er nog. Het gerammel van de sleutel in het slot.

'Had iets gezegd, was ik meegegaan.' Mama in de gang, snauwend tegen papa.

'Ik ben een paar sympathisanten van de turnkring tegengekomen, ze gingen naar De Rode Meeuw. Ze vroegen of gij nog niet zijt bijgedraaid.'

'Bijgedraaid? Kennen ze mij niet.'

18

'Au.'

'Dat wordt op de tanden bijten, zoet.'

Mijn been gestrekt, een voet op een handdoek op zijn schoot. Kalknagels. Zelf krijg ik ze niet geknipt. Hij wel, met het tangetje met het veervormig spiraaltje tussen de benen.

'Ze zijn ingegroeid. Ge gaat fluiten. Ik kan er niets aan doen. Of ge moet naar de pedicure. Best is uw andere voet eerst te baden.'

Hij staat op en neemt het wit email teiltje met het blauwe randje. Gewoonlijk staat het vol afwas in de gootsteen. Hij gooit er een handvol sodakristallen in. Opent de warmwaterkraan. De sodakristallen lossen beetje bij beetje op. Het water wordt melkachtig wit. Ik zet mijn voet voorzichtig in het teiltje met het hete water. Hij werkt mijn andere voet voort af. Verwijdert eelt, met een rotsje grijze puimsteen. Voorzichtig wrijvend.

'Een eksteroog, ik moet de pit vinden.' Duwend met zijn duim inspecteert hij mijn kleine teen.

'Au, ja, hier.' Hij begint de likdoorn weg te schrapen.

'Het doet pijn en het doet goed', zeg ik.

'En het is een ander gezicht, verzorgde voeten. Oe hielen zitten vol kloven, ge moet er zalf aandoen, zoet. Zinkzalf.'

'Ik kon bijna niet meer op mijn voeten staan.'

'En in de Oude God moeten we een paar straten door voor we er zijn.'

De handdoek ligt bezaaid met nagelranden en eeltafkrabsel. Hij neemt hem van zijn schoot, vouwt hem dicht, gaat hem in de tuin uitkloppen. Kan hij aan mijn tweede voet beginnen.

Is het er toch van gekomen, straks zal ik nonkel Roger, papa's oudere broer, tante Dorothea en één nicht, Denise, voor het eerst ontmoeten. Denise is een nakomertje. Ze is dertien, de enige die nog thuis woont. Nicole heeft een zaak in kinderkleding. Juist deze zondag moest ze weg met haar man en Bernard studeert aan de universiteit in Gent voor ingenieur. Hij moet in september examens afleggen en is al naar zijn kot weergekeerd. Daar kan hij zich beter concentreren om zijn cursussen te blokken, heeft nonkel Roger gezegd, vertelde papa. Nonkel Roger heeft het aan de nieren. Dat weet papa pas, dat nonkel Roger het aan de nieren heeft en aan de nieren is niets te doen. Toch zal het feest worden. Een familiefeest zoals bij andere mensen. Eindelijk zal ik over feesten kunnen meespreken. Christel heeft het tegenwoordig aan een stuk door over haar communie en voor het zover is. 'Uw communiefeest is de schoonste dag van uw leven', beweert Christel. 'Schoner dan uw trouwfeest. We sparen ervoor, op een spaarboekje op de bank. We gaan schragen zetten, van voren naar achteren door het hele huis. We gaan videekes met kip en champignons eten, hespenrolletjes met asperges, rosbief met kroketten en doperwten, en een ijstaart in de vorm van een lammetje. Ik ga een lange witte breeduitstaande jurk met veel stijve onderrokken krijgen, een kroontje met een vool voor de eerste dag en een complekke voor de tweede dag. Ik heb nu al gaatjes in mijn oren met gewone ijzeren ringetjes door. Uw oren moeten dat gewoon worden. Die gaan eerst zweren en dan genezen en pas dan kunt ge uw gouden oorbellen insteken en ik krijg nog meer goud. Zuiver vierentwintig karaat. Van mijn meter een kruisje, een cachetring, en van mijn peter een armband met een plaatje met mijn naam er in gegraveerd en een necessaire de voyage.'

Bij ons is het één keer een beetje feest geweest. Dat is alles. Toen we tante Mien en tante Bep op bezoek hadden. Ze kwamen met de trein van Amsterdam naar Antwerpen. Ze hadden een nieuwe jurk voor me bij en een doos met de lekkerste taartjes die in de wereld bestaan. 'Moorkoppen', noemden de tantes de taartjes. Donkere chocolade bovenop en binnenin versgeklopte slagroom. Mama haalde het bijna doorzichtige, witte porseleinen servies met de wit-zwartgeblokte randjes uit de theekast en de zilveren vorkjes. We zaten met zijn zessen aan tafel in de eetkamer. Ik kon niet wachten tot de thee klaar was en begon aan mijn moorkop voor de anderen. De combinatie van de room met het gebak en de chocolade, mmmm. Ik kon wel huilen van spijt toen mijn moorkop op was en die van de anderen nog niet. 'Het is of een engeltje op uw tong pist', zei papa.

Eén keer zijn de tantes in ons nieuwe huis op bezoek geweest. Met hun rare hoeden en met hun mollige, roze handen met de gecraqueleerde rimpels en blauwe aders bovenop. Dezelfde handen als de nonnen van het Onze-Lieve-Vrouw ter Sneeuw Instituut. Papa heeft gladiolen afgeknipt in de tuin, zie ik. Donkerpaarse en witte. De lange stelen rusten op zijn beide armen: 'Juiste kleur, nonkel Roger is een Beerschotsupporter', zegt hij tegen Jean-Pierre. Hij wikkelt de gladiolen in krantenpapier.

'Dat is toch geen gezicht,' zegt mama, 'ik zal eens kijken of ik iets beters vind, misschien in de laden van het buffet. Nee, niks. Rosa, in de kleerkast, onderaan, achteraan in de verste hoek staan oude schoendozen, in een daarvan ligt misschien nog een stapeltje zijdepapier en neem tegelijkertijd je nieuwe bloesje van het schap.'

In mijn hemdje de trap op. De kleerkast. Rechts de legkast. Ik neem eerst en vooral het bloesje, leg het op mama's bed. Links de hangkast, het middelste stuk scharniert open. Daarvoor moeten eerst de bovenste pin naar beneden getrokken en de onderste pin naar boven geduwd worden. Aan de bovenste pin kan ik niet aan, moet ik voor op een stoel gaan staan. Aan de binnenkant een grote spiegel. Even spelen of ik Yasmine Khan ben die hand in hand met haar moeder Rita Hayworth rondwandelt in Parijs, terwijl de mensen blijven stilstaan om naar ons te kijken. En onder luid applaus en luid trompetgeschal daal ik, hand in hand met haar, brede, statige trappen af, terwijl ik naar de mensen wuif. Dan doe ik een ballerina. Op mijn tippen, armen in een boog boven mijn hoofd, de toppen van mijn vingers raken elkaar, probeer ik een pirouette uit. Voor een ballerina zijn mijn billen iets te dik. Hè, niet waar, zie ik nu goed? Met mijn neus haast tegen het glas van de spiegel. Wel waar. Twee fijne, donkere haren. Is dat schrikken. Twee haren, links en twee haren rechts, op dezelfde manier op juist hetzelfde plekje ingeplant, in het midden van mijn oksels, op de welvingen als kussentjes. Twee paar identieke tweelingharen. Ik wil daar geen haar, maar eens het begint, is het niet meer tegen te houden. Het is okselhaar en ik zweet ook, ik ruik het. Mama heeft het al gezegd, ik zal sousbrassen in je bloezen moeten naaien, met een gemakkelijk los te tornen steek, kunnen ze apart gewassen worden. Mama heeft ook sousbrassen in haar bloezen. Opgevulde halve manen in witte katoen met gelige zweetkringen. Maar ik moet naar zijdepapier op zoek. Vanop de bodem van de hangkast, door de opening van een slappe, stoffige kussensloop, staren twee paar levenloze ogen me aan. Ogen van de vossenkoppen aan de uiteinden van ons mams boa in zilvervos. Opgezette vossenkoppen, wie wil daar nog mee rondlopen. In de andere sloop zit de bij de boa passende mof. Die ziet ge praktisch ook niet meer. Maar ik moet het zijdepapier zoeken. 'Het zat om nieuwe schoenen gewikkeld. Ik bewaar het in een oude schoendoos', zei mama. 'In de donkerste, verste hoek van de kast.' Ik zie geen steek in die donkere kast. Op de tast. De bodem van de kast heeft iets geheimzinnigs. Ik voel twee dozen. De eerste doos. Tiens. Een stapeltje gelukwenstelegrammen. Van toen mama en papa trouwden. Over hun trouwen vertellen ze nooit iets. Vlak voor de oorlog en niet voor de kerk, dat weet ik. En papa heb ik ooit in een kwade bui horen mompelen: 'Een uur heb ik haar laten wachten, beter nooit opgedaagd.' Het is of ze beiden liever niet aan die dag herinnerd willen worden. Of ze met de telegrammen tussen de stofvlokken in de donkerste hoek van de kast, hun trouwdag voorgoed hebben opgeborgen, zoals ook vokke Victor voorgoed is weggemoffeld. Onder de telegrammen ligt een boek. Raar. *Het volkomen huwelijk*, door dr. Van de Velde. In de andere doos liggen de opgevouwen blaadjes zijdepapier. Totaal vergeeld.

'We moeten opstappen!' roept mama van beneden.

Het boek dichtklappen. Wat mannen en vrouwen allemaal met elkaar doen. Veel meer dan Theo me verteld heeft. En hoe ze dat noemen, kwatus of zoiets en al die andere woorden. En dat mannen met mannen en vrouwen met vrouwen soms hetzelfde doen als mannen met vrouwen. Het boek vlug terugleggen. De blaadjes zijdepapier niet vergeten.

'Leg ze hier maar neer', zegt mama, een hand in de neus van een daim schoen, die ze schuiert voor de tuit van de waterketel die kokendwarme stoom uitblaast.

Het nieuwe bloesje. Het knispert, er zit elektriek in. Mama heeft het vorige week meegebracht uit de stad. Eierdooier oranjegeel. Het geel dat ik juist zo lelijk vind. Over de kleur gezwegen. Allang blij dat ik iets nieuw kreeg. Op mijn grijze rokje met de platte plooien valt het eierdooier oranjegeel mee. Mijn rokje vind ik wel mooi, dat is echt mode. Veel meisjes op school hebben zo'n rokje.

'Nee', zegt Jean-Pierre. 'Het strikje niet. De rekker spant om mijn hals.'

'Wil ik hem wat losser maken', zegt mama.

'Nee, ik vind zo'n strikje stom.' Hij kijkt mama vastbesloten aan. Mama rijgt de veters in de gaatjes van zijn hoge schoenen. Ze blinken als spiegeltjes. Jean-Pierre heeft sinds kort steunzolen die alleen in hoge schoenen passen. Mama reikt hem zijn jasje aan. Groene, gespikkelde tweed. Papa draagt zijn beste kostuum met de veel te wijde pijpen en mama haar tailleur, donkerblauw met een fijne, witte streep, zoals mannenpakken. Haar hoed ligt klaar, een zwarte hoed met een enorme ganzenveer. En zomerhandschoenen, witte gehaakte.

De tunnel door, naar de tramhalte op de Suikerrui. Zomer zonder zomerweer. Winderig, kil.

De wattman sakkert, er staat een auto op de sporen. Tram

geblokkeerd, schema in de war. Ting, ting, ting, ting, ting. Het getingel klinkt eerst ongeduldig, krijgt gauw een kribbige bijklank, alsof de klanken zich aanpassen aan het gemoed van de tingelende wattman. Papa zucht en zijn hoofd knikt nee.

We zitten twee aan twee tegenover elkaar. Een nette familie. Op zijn paasbest. Jean-Pierre naast mama op de bank, wiebelt zonder ophouden met zijn benen.

Ik krijg het boek niet uit mijn gedachten. Zouden mama en papa alles doen wat erin staat? Onvoorstelbaar. Iets moeten ze toch gedaan hebben.

'Wat ben je plots stil en wat je trek een ongelukkig gezicht', zegt mama.

'Maar wel de hele ochtend ons de oren van de kop zagen, gaan we door, gaan we nu door', valt papa mama bij. 'Ge begint loeten te krijgen', zegt hij.

Het boek heeft me van mijn stuk gebracht. De naderende ontmoeting, ja, de eerste kennismaking met nonkel Roger en tante Dorothea is er totaal door naar de achtergrond verdwenen.

Ondanks papa's gebiedende blik staat Jean-Pierre van de bank op, trekt zich op aan twee stangen en begint beide benen heen en weer te zwaaien. Naar voren, naar achteren.

'Stop daarmee', zegt papa. 'Het is hier geen speeltuin.' De gladiolen glijden haast van zijn schoot. Jean-Pierre kijkt papa uitdagend aan, zwaait gewoon voort. Aan de naar beneden getrokken mondhoeken van sommige medereizigers is het ongenoegen af te lezen. De tram neemt een bocht, met een snerpen als het door een luidspreker versterkte gerasp van een scharensliep. Een dame belt en staat op. Ze begeeft zich naar het achterbalkon. Jean-Pierre, net eventjes opgehouden met zijn benengezwaai, schiet opnieuw in gang, juist op het ogenblik dat de dame hem wil passeren. Per ongeluk, maar wel raak, schopt hij haar met beide voeten in de buik.

'Was eine Unverschämtheit', roept de dame geschrokken.

Papa hijst Jean-Pierre op, en duwt hem onzacht naast mama

neer. Ik hou mijn hart vast. Luidop, de hele tram hoort het, zegt papa: 'Hoe durft ze? Madame weet zeker niet dat de oorlog voorbij is, denkt zeker dat ze het hier nog voor het zeggen heeft.' Mama heeft binnenpretjes, merk ik. Komen ze weer een beetje overeen. Een paar medereizigers knipogen naar papa. Hij voelt zich een held, denk ik.

'Ze zou van schaamte in een mollengat moeten kruipen', kan papa niet laten eraan toe te voegen.

Mama heeft haar arm om Jean-Pierre geslagen. De opgedirkte Duitssprekende dame kijkt recht voor zich uit. De tram kan niet rap genoeg aan de halte zijn, staat op haar gezicht te lezen.

'Hier om de hoek moet het zijn, het is ook al zo lang geleden', zegt papa.

Een brede straat met kasseien op de rijweg. De Moerbeiboomlei. Rode of gele bakstenen huizen die verspringen, waardoor sommige huizen netjes geharkte voortuintjes hebben, andere niet. Puntdaken met leien, zadeldaken, platte daken, erkers met vitrages of glas-in-loodramen, sommige gevels met op verschillende hoogten ingewerkt, rijen bakstenen in een andere kleur, die een horizontaal strepenspel vormen, of gevels versierd met stukken geglazuurde tegels, bloemmotieven, arabesken, soms hele taferelen, balkonnetjes met mooi versierde gietijzeren relingen, dakgoten met houten bewerkte kroonlijsten.

'Daar is het, dat winkelhuis.' zegt papa.

In de vitrine staat een etalagepop, het hoofd met opgeschilderd kapsel, een naar binnengekeerde krul van oor naar oor. Zoals mijn Martine in schildpad. De pop draagt een gebloemde frakvoorschoot. Er ligt ook een waaiervormig uitgestalde serie eendere geblokte keukenhanddoeken in verschillende kleuren en zakdoekjes in fijne Zwitserse katoen, met telkens in één hoek, in piepkleine kruisjessteek, een tuiltje bloemen geborduurd. De winkel binnenkijken kan niet. Het licht is uit. De winkelruit buigt sierlijk de betegelde portiek in. Er zijn twee deuren. Eén brede winkeldeur met een robuuste diagonaal over het vensterglas geplaatste geelkoperen deurgreep en ernaast een gewone voordeur.

'Een winkel,' zegt mama, 'in zo'n straat. Geen kat te zien.'

'Ge zoudt ervan verschieten. Dorothea heeft de zaak helemaal opgewerkt', zegt papa.

Mama kijkt naar papa met een blik van, hoe weet jij dat. We bellen aan. Gestommel in de gang. Dan zwaait de deur uitnodigend, wagenwijd open. Daar staat hij: nonkel Roger! Hij ziet er ouder uit dan ik me heb voorgesteld. Een rond, kaal hoofd, een brilletje, grijs snorretje. In een fotomapje heb ik ooit een foto gevonden van papa's vader, die in een rieten tuinstoel zijn krant zit te lezen. Een gedrongen man in hemdsmouwen en bretellen. Precies hem. We stappen binnen. Hij steekt het licht aan in de smalle gang en sluit de deur.

'Wel, wel,' zegt nonkel Roger, 'dat zijn ze dus', en hij kijkt mij en Jean-Pierre goedkeurend aan, joviaal zijn hand uitstekend. Hij neemt mijn hand als eerste vast, en schudt ze stevig en innig, blijft ze vasthouden. Dan loopt hij voort, met zijn arm om Jean-Pierres schouder. We komen de achter de winkel gelegen, schemerige woonkamer binnen. De meubels staan dicht opeengepakt. Bruin-roodgebloemd met goud bedrukt behangpapier. Ingelijst borduurwerk tegen de muren, een landschap, bloemen, een poes.

En daar is tante Dorothea.

'Verschoning,' zegt tante Dorothea. Met in elk oor een witte parel, ziet ze er deftig uit. 'Ik ben net klaar. Ik deed juist het licht uit. Ik moest alles nog opruimen, het was zo druk gisteren, tot aan sluitingstijd, precies of iedereen tegelijkertijd kleren begint te vernaaien. Komen mijn klanten binnen voor een bobijntje drieggaren, gaan ze naar buiten met een paar nieuwe lakens. Kom, geef de jassen hier, leg ik die over de toonbank.'

Tante Dorothea knipt het licht weer aan. Rollen met stoffen aan de lopende meter, rollen toile-cirée, schorten en overalls, dozen met zakdoeken, ondergoed, sokken, zijden dameskousen in mica zakjes. De winkel is diep maar smal. Een pijpenla. Spijtig dat de winkel gesloten is, ik zou liever hebben dat hij open is, dat er veel klanten komen, dat ik mee achter de toonbank mag staan, op de ladder kruipen om knopen uit de laatjes, die tot aan het plafond komen, te halen. Op ieder laatje plakt een knoop, zie ik.

'Hij is te klein geworden', zegt tante Dorothea. 'Ge pakt altijd meer en meer binnen.'

Er volgt, god zij dank, een hartelijke begroeting, zonder elkaar huilend in de armen vallend gedoe. Of er nooit ruzie is geweest.

'Bedankt voor de bloemen. Prachtig. Wat een kastaars en die kleuren. Zo mooi heb ik ze nog nooit gezien.' Tante Dorothea neemt twee hoge vazen van het buffet. Zwart en grijsgroen turkoois, met in halfverheven reliëf de beeltenissen van fakkels en flamingo's. 'Een geluk dat we die hebben, anders zou ik niet eens weten waar ik met die bloemen zou moeten blijven', zegt ze.

Als Rika straks maar weer niet over die vazen begint. Haar blik ontwijken. Dorothea had ze misschien beter weggestopt, kwestie geen slapende honden wakker te maken. Dat ze er de gladiolen ging inzetten, had ik moeten weten. Ons va en ons moe hadden toch mooie spullen. Die vazen, echte, goede art deco.

Nonkel Roger heeft om de tafel drie keukenstoelen bijgeschoven.

'Ons Denise komt straks', zegt tante Dorothea. 'Die is bij een vriendinnetje gaan spelen.'

Iedereen zit. Eventjes heerst er een algemene stilte.

'En vertel eens,' begint tante Dorothea, 'hoe gaat het ermee?'

'Alles gaat zijn gang', zegt papa.

'En het huis?' vraagt nonkel Roger.

'Nog veel werk aan de winkel', zegt papa.

'Alles op tijd en stond', zegt nonkel Roger.

'En hoe is het met uw gezondheid, Rika', vraagt tante Dorothea. 'Ge zijt toch fameus ziek geweest, nietwaar?'

Hoe weet ze het, vraag ik me af.

'Gaat wel, alleen die hoofdpijn', zegt mama.

'En dat wordt dikwijls niet meegerekend', zegt tante Dorothea. 'Koffie of thee en de kinderen een cola zeker?' Ze verdwijnt naar de keuken. Ik, zonder iets te vragen, achter haar aan. Ik wil weten hoe hun keuken eruitziet.

Matte vloertegels met een ingewikkeld motief. Precies schakels van door elkaar verweven, gekleurde kettingen. Een gootsteen in gele frut, zoals in Borsbeek. Maar in Borsbeek was het met een pomp.

'De flesjes Coca-Cola staan op het koertje. Ik laat ze buiten staan. Er komt nooit zon. Ze staan er fris. Neem er maar twee, Rosa', zegt tante Dorothea. De eerste keer in haar leven dat ze mijn naam uitspreekt. Het koertje heeft hoge witgekalkte muren. Rond om rond, in ijzeren houders, hangen roodbeschilderde klompen. Er groeien rode geraniums in.

'Tante Dorothea...' De eerste keer dat ik haar naam uitspreek. Het klinkt onwennig. 'Tante Dorothea, papa wil nooit Coca-Cola kopen.'

'Ik weet het, maar die paar flesjes zullen de zaak niet maken, hè Rosa.'

Coca-Cola in een flesje met een rietje, joepie! Zuinig zijn. Niet te gulzig aan het rietje zuigen, anders is het flesje in een, twee, drie op.

'Ga maar al met de flesjes naar binnen en neem de opener mee', zegt tante Dorothea.

Ik kijk naar mama. 'Mag ik het flesje zelf openen?' Mama knikt.

'Ik ook,' zegt Jean-Pierre, 'ik wil het ook zelf doen.'

'Voorzichtig,' zegt papa, 'schud niet met het flesje, subiet spuit alles over tafel.'

'En niet te rap drinken, Jean-Pierre, anders wilt ge weer van flesje verwisselen omdat het mijne nog voller is', verwittig ik hem. Papa trekt ogen.

'Kom,' zegt tante Dorothea, 'ik zal mee naar boven gaan. Ons

Denise heeft nu twee kamers. In de ene ligt haar oude speelgoed. Ze heeft ook spelletjes.'

'Rustig, hè', zegt papa tegen Jean-Pierre. 'Zet niet alles overhoop.'

'Raymond, het is niet goed met mij. Mijn nieren, jong. Het gaat rapper achteruit dan de dokters voorspelden. Het zou nog van in de oorlog kunnen zijn, toen die rotzakken zo tekeer zijn gegaan met hun matrakken op mijn rug. Sstt, ik hoor ons Dory de trap afkomen, ze wil het er niet over hebben. Hier, voor ik het vergeet, uw boek, *Rode taïfoen*, hoe lang ligt dat hier al niet. Langer dan de Lange Mars in elk geval.'

'Uitgelezen, Roger?'

'Natuurlijk. Straffe toebak.' De deur zwaait open.

'Wat straffe toebak?' vraagt Dorothea.

'Het boek over China', zegt Roger.

'O,' zegt Dorothea, 'over Mao Tse-Toeng. Alstublieft, laat het ons gezellig houden.'

'Dat zeg ik hem ook altijd, Dorothea. Met de politiek kom je geen stap vooruit. Au contraire. Zeker als je denkt wat hij denkt.'

'Wat wilt ge, Rika, dat is er met de paplepel ingegoten. Hun vader en hun moeder. Brave mensen, maar ons va, categoriek, hè Roger. Zo was het en niet anders.'

Hoor haar, ons va, haar vader toch niet.

'Ons moe heeft haar hemel met hem verdiend, dat moogt ge wel zeggen, want om met die man samen te leven. Engelengeduld heeft ze gehad, hè Roger. Toch waar, een meisje uit de Kempen, dat de pastoor buiten moest gooien in… wanneer was het?'

'In elk geval voor veertien-achttien. En het was niet van buiten gooien, ze mocht hem gewoon niet binnenlaten.'

'Haar eigen familie sprak er schande over. Ik ga de patisserie op tafel zetten.'

'Nog koffie, of misschien een borreltje? Ik drink praktisch alleen water.' Roger loopt naar de deur tussen de woonkamer en de keuken en sluit ze.

‘Om het een paar maanden langer te rekken’, fluistert hij. ‘Voor ons Dory doe ik het, ze raakt in alle staten als ze me alcohol ziet drinken, zelfs bij een glas tafelbier krijgt ze het kwaad. En ik wil Deniseke nog zien opgroeien.’

Stilte.

‘Rosa, zijt ge al terug? Niks gevonden om u mee te amuseren?’

‘Jawel, maar ik vind het hier beneden gezelliger.’

‘Gezelliger wie?’ zegt papa.

‘Gezelliger, nonkel Roger’, zeg ik.

‘Ik heb oe toch met twee woorden leren spreken. Of niet soms. Het Suezkanaal, het gaat er stinken, Roger.’

Hoe is het godsmogelijk! Laat zijn broer hem duidelijk verstaan dat hij er slecht aan toe is, begint Raymond over het Suezkanaal. Me uit de voeten maken. Dorothea is in de keuken.

‘Nasser heeft groot gelijk. Chroesjtjsov zegt het ook. Het Suezkanaal ligt in Egypte, werd door Egyptische arbeiders met Egyptisch zweet gegraven.’

‘Ik weet het niet meer, Raymond. Als ik lees… waar stond het nu weer…? Hier, in de bovenste krant op de stapel: *De grootmoefti van Syrië stelt een heilige oorlog voor om Egypte in de beslissende strijd tegen de westerse mogendheden te steunen.* Ik lees het letterlijk zoals het er staat: *Na aan het vers uit de koran te hebben herinnerd dat elke gelovige beveelt te vechten tegen de ongelovigen, zegt de geestelijke leider: "Zich klaarmaken om de vijand te bestrijden is een heilige plicht voor elke gelovige. Weet, indien er onder u twintig zijn die stand houden, zullen er tweehonderd overwinnen, en indien er honderd van u zullen zijn, zullen er duizend overwinnen. De ongelovigen immers zijn lieden die geen inzicht hebben. Zij zijn als lieden die voortkruipen op hun gezicht. Neemt hen niet tot verbondenen of vrienden. Neem nooit iets van hen aan. Laten noch hun bezittingen, noch hun kinderen indruk op u maken."*’ Neem me niet kwalijk, Raymond, als ze zo gaan beginnen, terwijl juist Chroesjtjsov, de grootste ketter, hen door dik en dun steunt. Ik knoop het niet meer aan elkaar.’

‘Arabieren zijn aan de breedsprakerige kant. Dat ligt in hun aard. Hun woorden moet ge altijd met een korreltje zout nemen.’

‘Is het waar, papa, dat Arabieren negers vangen, die zich moeten verkleden als pelgrims die op bedevaart naar Mekka gaan, maar dat ze die verkopen op de slavenmarkt? Het stond in de gazet, een mooie, jonge vrouw kost achtenvijftigduizend frank.’

‘Zomer, komkommertijd. Dat zijn van die berichten die ieder jaar omstreeks deze tijd opduiken.’

‘Echt waar? Ik was al bang, want Viviane Verlinden zegt dat de Arabieren ook tot hier komen om meisjes te vangen. Dat haar moeder dat zegt. Haar moeder hoort dat in de Grand Bazar.’

‘Het is een verhaal zoals dat van het monster van Loch Ness, maar hier is ons Denise.’

Denise gaat handen schudden. Nonkel Roger zegt: ‘Deniseke, loop eens naar boven en kijk wat die kleine in zijn eentje zit te doen.’

‘Eerst mama goeiedag zeggen.’ Denise gaat naar de keuken. Ik erachter. Tante Dorothea staat met mama te praten.

‘Ik wil dat Roger zich kalm houdt, hij mag zich niet vermoeien. Politiek windt hem te veel op’, zegt tante Dorothea tegen mama.

‘En ik word er gek van, Raymond kan over niets anders spreken’, zegt mama.

‘Wacht’, zegt tante Dorothea. Ze loopt met een vol dienblad de woonkamer in. ‘Raymond, pak eens aan’, zegt ze. ‘Wat zegt ge van Van Steenbergen, pure klasse.’

‘Rik van Steenbergen is de grootste’, zegt nonkel Roger.

Tante Dorothea verpreidt de kopjes en bordjes over tafel. Mama helpt mee. De tafel staat propvol. Drie taarten: een slagroomtaart met fruit, een misérable en een mokka-crème-au-beurretaart met nootjes. Servies, bestek, de koffiepot, melk, suiker, nieuwe colaflesjes, cointreau, Elixir d’Anvers, porto. Zitten we met zijn allen tezamen om de tafel. Ik naast mijn nieuwe nicht, die heel vriendelijk tegen me is. Mijn geluk kan niet op, zo'n zus zou ik willen hebben. Zou Denise de woorden van het boek kennen? Misschien hebben alle vaders en moeders zo'n boek. En in het weeshuis Lambotte-Priem? Die grote meisjes, die moeten het toch ook te weten komen, wat ge kunt doen en hoe ge het moet doen.

'Rosa, tante Dorothea vraagt welk stuk taart ge wilt, antwoord, wat zit ge weer te dromen.' Papa laat me schrikken.

'Het was een fantastische eindspurt. Bobet dreigde lichtjes, maar voor die gedemarreerd had, lag Van Steenbergen al in de goede positie. Met twee lengten op Van Looy gewonnen. Grandioos', zegt nonkel Roger, die met een vorkje een stuk van zijn taartpunt afbreekt. 'Zijn tweede regenboogtrui. Ongelofelijk, de eerste zes, allemaal Belgen. Alleen Schulte komt ertussen. Een kaaskop.'

Jean-Pierre met zijn ellebogen op het tafelblad en zijn hoofd tussen zijn handen luistert ademloos naar nonkel Roger.

'Let op je woorden', zegt mama lachend. Van anderen kan mama het verdragen. Zou papa kaaskop zeggen.

'Welke kleur trui hebben de Belgen?' vraagt Jean-Pierre.

'Blauw. Lichtblauw', zegt tante Dorothea.

'Als wij een kettenpist maken zijn de Belgen donkerblauw en de Hollanders geel. De Fransen rood. De Spanjaarden groen. Charly Gaul wit. De enige witte. Het is een Luxemburger. Lichtblauw weet ik niet meer', zegt Jean-Pierre.

'Knap ze-ne, Jean-Pierre', zegt nonkel Roger. 'Al zo veel landen kennen.'

'Ja,' zegt mama, 'zo'n pienter ventje. Hij doet me iedere keer opnieuw versteld staan.'

'Mijn favoriet is Anquetil', zegt tante Dorothea. 'Knappe vent. Doorboorde als eerste de muur van zesenveertig kilometer.'

'Gossiemijne, Dorothea,' zegt mama, 'jij weet er alles van.'

'Veertien jaar na Coppi', zegt tante Dorothea.

'Voor Anquetil hebben ze een speciale fietskader gefabriceerd, de snelheid van de wind berekend, zijn gezondheid gewikt en gewogen', zegt nonkel Roger. 'Ge kunt dat niet meer vergelijken met vroeger.'

'Kan dat record nog gebroken worden?'

'In principe wel, Rosa', zegt papa. 'Of dat menselijk haalbaar is, nu de zesenveertig kilometer per uur overschreden zijn, ik weet het niet.'

'Zeg nooit nooit', zegt tante Dorothea.

'Het gaat een tijdje duren', zegt nonkel Roger. 'Ik weet niet of ik het nog ga meemaken.'

Tante Dorothea kijkt ontzet. 'Dat moogt ge niet zeggen', zegt ze.

'Santé', zegt nonkel Roger. Hij heeft zich een jenevertje ingeschonken. Gaat hij daar nu rapper van dood? Ik wil dat hij nog lang blijft leven, dat we hier nog dikwijls op bezoek kunnen komen.

'Een proefke', zegt hij, tante Dorothea aankijkend. De grote mensen heffen het glas.

Zo gezellig, ik zou wel kunnen huilen van vreugde. Als dit geen feest is.

'En ons Denise gaat al naar het achtste', zegt nonkel Roger. 'Wat vliegt de tijd. Ze is precies pas geboren.' Hij kijkt naar Denise. 'Ons kakkernestje', zegt hij en hij neemt haar in een wurggreep.

'Papa', zegt Denise en ze rukt zich los.

'Het achtste', zegt papa. 'Dat begint te tellen.'

'Ja,' zegt nonkel Roger, 'maar het zevende en het achtste gaan ze afschaffen, heb ik gehoord.'

'Veranderen is de mode', zegt papa. 'Vernieuwen. Ik zeg, het kind nen andere naam geven, ja. Daar komt het op neer. Kunnen de inspecteurs van de Staat nieuwe schoolboeken schrijven. Verdienen die er ne schone cent aan. Ik zeg altijd als het op leren aankomt: het zit erin of het zit er niet in, en als het erin zit, komt het eruit en anders, tja ...'

19

Van mijn vakantiegeld verf gekocht, de muren in de eetkamer en de salon geschilderd, grijs en gebrande sienna, lila voor de keukenkasten. De deuren van handgrepen en sloten voorzien. Het onkruid gewied, de haag bijgeknipt, het gras gemaaid. Met een sikkel. Op mijn knieën. Een grasmachine kan er nog niet af. De onderste bloemblaadjes van de gladiolen verwijderd, dat is nu eenmaal zo bij een gladiool, de onderste zijn verwelkt als de bovenste nog in de knop zitten. Daar zijn het gladiolen voor. Mijn lievelingsbloemen. En vorige week binnengestapt bij Herman de Backer op de Groenplaats. De beste boekhandel van de hele stad. Een interessant boek op de kop getikt. *De radioastronomie en de evolutie van het heelal.* Over hoe men aan de universiteit van Manchester bezig is een radarachtig scherm te bouwen, de omvang van een voetbalveld groot, voor het Geofysisch Jaar. Wilde ik van mijn tuin genieten. Speciaal twee gestreepte ligstoelen gekocht. Dacht ik, ga ik rustig in het boek zitten lezen, komt Rika voor mijn neus staan.

'Ik wil gladiolen afknippen om op tafel te zetten, maar al onze vazen zijn te klein, zelfs de Delftse vaas van ons mam is niet groot genoeg.'

'Als ge een tuin vol bloemen hebt, wat gaat ge er dan afknippen, ge laat ze beter in de volle grond staan, daar voelen ze zich thuis, ge bruskeert de natuur niet en ge hebt er langer plezier aan.' Dat was te veel gezegd. Mensenlief.

'Heb je ze dat gevraagd? Spreek je tegenwoordig met je bloemen? Dat hoor je nog, mensen die tegen hun bloemen spreken. Groeien ze beter, zeggen ze. Je zou beter wat meer tegen mij spreken. Dorothea heeft je moeder die vazen ontfutseld op een slinkse manier. Dat ze het dan tenminste had toegegeven.'

En ik denken dat het hoofdstuk over de vazen definitief afgesloten was.

'Wij hebben de luster en de boekensteun, ook echte art deco', zei ik haar.

'Wat ben je met een boekensteun.'

Terwijl het enige boek dat ik haar ooit heb zien lezen, er jaren heeft tussen gestaan. *Gejaagd door de wind*, in oude spelling. Scarlett O'Hara, Rhett Butler. Voor haar mensen van vlees en bloed.

Ach. Het schaaktornooi à l'improviste met de kinderen uit de buurt. Dat was een plezier. Die kleine Wieland Lissens. Dat baasje van Gertrude heeft talent. Met Pinksteren heb ik hem leren schaken, en hij doet me nu al de broek af. Na de vijfde zet was ik godverdekke mijn koningin kwijt. Hij keek me aan met een paar ogen en zei: 'Ons mama zegt dat ze u van vroeger kent.' Die avond. Na afloop samen met Rosa, Sieglinde en Wieland naar huis gebracht. Gertrude was alleen thuis en nodigde me uit even binnen te komen. Voor de eerste keer in al die jaren kwamen we met elkaar in gesprek. Ik was totaal uit het lood geslagen. Mijn betaald verlof zit erop. Maandag terug aan de slag.

20

Ik tel de dagen af. De vakantie heeft lang genoeg geduurd. Ik wil naar school met mijn nieuwe pennenzak. Mijn nieuwe pennenzak in groen leer. De gouden tirette is nog een beetje stroef. Ze blijft haperen aan de afgeronde hoeken.

'Pas maar op, voorzichtig, of de ritssluiting is kapot nog voor de school begint', zegt mama.

Onder zwarte elastieken lusjes zitten kleurpotloden, twee tekenpotloden, een pennenstok, een roze plastic kokertje om reserve-redispennetjes in te bewaren, een slijper, een gom met een olifantje erop, een liniaaltje, een latje en een gradenboog.

Ik aai het zachte, lichtjes gebobbelde leer. De eerste schooldag zullen we een opstel moeten schrijven. Dat is altijd zo. 'Mijn vakantie'. Ik heb het opstel al voorbereid, op een dag ik me verveelde. Ben ik voor mijn plezier gaan opschrijven wat we in de vakantie gedaan hebben. Ik ga een dagboek bijhouden. Dat heb ik me al dikwijls voorgenomen. Kunt ge erin bladeren en herlezen wat ge geschreven hebt. Maar het komt er niet van. En er gebeurt niet iedere dag iets om over te schrijven. Dat is een probleem. De dagen lijken dikwijls op elkaar. Soms verandert alleen het weer. Moet ge iedere dag hetzelfde noteren. Zoals in de vakantie. Is het opstaan, buitenspelen en als er niemand buiten is, is het u vervelen. Over nonkel Roger en tante Dorothea en Denise heb ik geschreven en over de wandeling op een avond naar het wandelterras, om naar de boten op de Schelde te kijken. Tot papa's grote verrassing en zijn grote vreugde, of misschien wist hij het en gingen we er speciaal naartoe, lag er een Russisch passagiersschip aangemeerd. De Russen wuifden vanop het dek naar ons en de andere toeschouwers. 'Ge moet zien,' zei papa, 'daar achter die ronde vensters. Het restaurant. En kijk maar, de Russen zijn geen barbaren. Ze eten met vork en mes.' Papa's ogen glansden.

'Kan jij van je Russen nog iets opsteken', zei mama. Keek papa mama aan. We gingen verder langs het Steen en zakten af naar de straatjes rondom het Vleeshuis.

Papa zei: 'We gaan nu door de Burchtgracht, ik loop voor, gij blijft een paar meter achter mij, dan zult ge wat zien.' En ja, de vrouwen van lichte zeden tikten tegen het raam om papa binnen te lokken. Wij lachen, mama vond het ook plezant. Alleen de tekst van de dag op Sint-Annastrand heb ik bewaard. Geschreven op vellen van mama's blocnote met schrijfpapier. Voor als mama brieven schrijft naar tante Mien en tante Bep. Het zijn ongelijnde vellen. Er zit één blad met dikke zwarte regels bij, die ge onder een vel moet leggen, als ge op een rechte lijn wilt blijven schrijven. Ik heb mijn volgeschreven vellen in een la van het buffet gestopt. Hier heb ik ze. Mijnheer Schollaert zegt dat ge wat ge geschreven hebt, luidop moet lezen. Hoort ge beter of het mooie zinnen zijn.

We zijn naar het zwembad De Molen geweest op Sint-Annastrand. Papa had de oude, bruine rugzak van voor de oorlog van toen hij ging kamperen op de Kalmthoutse Heide, met een harde schuurborstel en met groene zeep onderhanden genomen en frisgewassen op de waslijn te drogen gehangen. In geen jaren was hij uit de kelder geweest. Het zeildoek is van kleur verschenen, de lederen riempjes zijn een beetje verduurd, de ijzeren rivetten verroest. Handdoeken, zwemgerief, boterhammen en een fles Spa Monopole erin en weg waren we. Het gonsde van de warmte. Je (in een opstel schrijf ik altijd je) kon het gekringel van warme lucht in de lucht zien. Dat zie je niet zo vaak. Zo heet was het. We gingen te voet. Het is een eind. Het was zweten. Als je het jachthaventje voorbij bent, het kleine witte kerkje met het rode dak ziet opdoemen, weet je dat je er bijna bent.

Mama had het haar van haar benen geschoren, alleen niet genoeg waar haar benen bijeenkomen. Een bosje donkere krulletjes, kriewelde onder haar badpak uit. Schaamhaar. Als ik mijn jurk zonder mouwen draag, en ik steek mijn armen in de lucht, kan iedereen mijn okselhaar zien. Er groeien er hoe langer hoe meer. Ik heb al zes okselharen aan elke kant. Schaam ik me voor en ik vrees dat wie okselhaar heeft ook vlug schaamhaar zal krijgen.

Rond het zwembad is een caféterras. We wisten een tafeltje en vier stoelen te bemachtigen. Moesten we consumeren, maar mama kon zo rustig de *Libelle* lezen. Voor één keer kreeg ik van papa een Coca-Cola, terwijl in de rugzak toch de fles limonade zat. Papa las voort in zijn boek. *Christiaan Wahnschaffe* is de titel die in diepdruk in mooi krullerig sierschrift, de beentjes van de f's lijken op de kling van een sabel, op het oranje omslag prijkt. Jakob Wasserman is de schrijver. In het zwembad was zo veel volk dat de ene precies naast de andere op een ondergelopen plein stond. Mama gaat nooit in het water, ze kan niet zwemmen. Papa wel. Hij is bij de IJsberen geweest, voor de oorlog, in het zwembad op het einde van de Brederodestraat. Plezant. Als papa over iets plezant spreekt, is het bijna altijd van voor de oorlog.

De mensen uit de stad kunnen met de boot overvaren. Met de Flandriaboot. Vanop de pont aan het Steen. Je kan ook zwemmen in de Schelde en er is een echt zandstrand. Het ruikt er lekker. Naar vakantie en naar zonnebrandolie. Er is een promenade met cafés, restaurants, ijskarretjes en winkeltjes waar ze strandspullen verkopen: emmertjes, schopjes, zeefjes, pondertjes, en daarachter liggen lanen met tussen bomen en groen, bungalows. Gezellig. Frieda Somers woont er. Niet alleen in de zomer, het hele jaar door. Ze zeggen dat die bungalows afgebroken zullen moeten worden, dat het koterijen zijn die er onwettig staan. 'Als ze ooit met de bulldozers komen, zullen ze mij mee moeten opscheppen, zegt mijn vader', zegt Frieda. En er staat een echte villa. De mensen die er wonen hebben die villa gewonnen in een loterij en mochten zelf kiezen waar ze wilden dat de villa neergezet werd. Ze hebben voor Sint-Annastrand gekozen. 'Altijd vakantie', zeggen die mensen. Een huis winnen moet de wensdroom van papa zijn, dacht ik, toen ik zag hoe hij naar de villa stond te kijken. Gelukkig begon 's avonds Jean-Pierre te zeuren dat hij zo moe was, niet meer kon stappen. Hij liet zich op de grond vallen. Gaf mama toe. Hebben we het treintje genomen dat tussen Sint-Annastrand en de voetgangerstunnel rijdt. Het is precies een grote speelgoedtrein, in hout, met open wagonnetjes. Het rijden wekte een briesje op, dat behaaglijk langs mijn gezicht streek. Papa vond waarschijnlijk dat het allemaal te duur werd, de entree van de plage, het zwembad, de consommaties en daar bovenop het treintje. Ik zag zijn gezicht vertrekken, toen hij de chauffeur betaalde. Papa was verbrand. 's Anderendaags kon hij de vellen van zijn schouders trekken en kwamen grote lichtbruine sproeten tevoorschijn.

Van dat schaamhaar en dat okselhaar schrap ik best. Soms moeten we ons opstel voorlezen, vooraan op de trede. Ik hoor mijnheer Schollaert al zeggen: 'Ha ha, Rosa geeft les van meisje tot vrouw.' Mijn opstel is grotendeels klaar, maar de anderen in de klas zullen weer niet weten hoe ze moeten beginnen. Zitten ze te zuchten, rond te gapen en op het puntje van hun pennenstok te zuigen.

21

Onze school is in de vakantie duchtig onder handen genomen. Een verse lik lichtgrijze verf op de houten muren aan de buitenkant. Ge ziet, als de zon erop schijnt, de paviljoenen van in de verte, fier staan blinken. De klassen zijn opgefrist, de kalkstreep op de speelplaats om de meisjes van de jongens te scheiden, is zo helwit gewit, dat het wit zeer doet aan de ogen. Het schooljaar begint uitzonderlijk, klas per klas in rij opgesteld in de gymnastiekzaal.

'Stilte, stilte!' roepen de meneren en de juffrouwen. Dan begint de directeur te praten, te praten over opvoeding, wetenschap, inzet, ijver. Als hij uitgepraat is en het geroezemoes op punt staat opnieuw op gang te komen, roept hij:

'Ik vraag u nu één minuut stilte in acht te nemen voor de slachtoffers van de mijnramp in Marcinelle.' Wij allen kaarsrecht, armen op de rug of voor de borst gekruist, ernstig gezicht, hoofd een beetje gebogen. Dat gezamenlijke plechtige, ik heb dat graag. Ik krijg er kippenvel van. Plechtige momenten bezorgen me altijd kippenvel en als we nu voor we naar de klas gaan ook nog het Lied van de Officiële School zingen. Met de prijsuitreiking op het einde van het schooljaar komt er altijd de Brabançonne bij. Die liederen moeten altijd rechtopstaand gezongen worden. Uit respect. Ik mag nooit meezingen van mijnheer Schollaert. 'Beweeg uw lippen alleen mee,' zegt hij, 'want als gij meezingt, zingt de hele klas vals.' Ik vind het heel erg, niet mogen meezingen. Vorig schooljaar liet mijnheer Schollaert ons stukken horen uit *De toverfluit* van Mozart en toen ik het lied van de Koningin van de Nacht hoorde, dacht ik: Als ik dat zou kunnen zingen, zou ik het gelukkigste meisje ter wereld zijn. Als ge uw hart uit uw lijf kunt kwelen, voelt ge u nadien helemaal opgelucht. Sterker. Of herboren. Of wat voor gevoel is dat juist.

Papa heeft ook een plaat van Mozart, jubileumuitgave 1756-1956, in een doos met een rood stofomslag. Aria's uit de opera's. Het lied van de Koningin van de Nacht staat er ook op en als ik alleen ben, speel ik de plaat en zing ik heel luid mee. Zolang niemand het hoort.

We gaan de klas binnen, schuiven een bank in. Mijnheer Schollaert staat op de trede voor het bord. Met een sip gezicht en dat voor een eerste schooldag. Terwijl ik zo naar het weerzien met hem heb uitgekeken. Wat is er mis? Ik zie hem wachten tot iedereen neerzit om iets te zeggen.

'Ik heb iets te zeggen', zegt hij en hij zwijgt. Zijn blik glijdt traag over de klas heen. 'Over een minder fraai punt op ons palmares. Kijk eens om jullie heen.' De ene kijkt de andere vragend aan.

'Greta?'

Greta verbaasd. Brutale schotels van ogen.

'Greta, je moet zo geen verongelijkt gezicht trekken. Ik heb het trouwens niet alleen tegen jou, maar hou u niet van de domme. Wij allen zijn fout geweest. Ook ik. Ik ben er niet streng genoeg tegen opgetreden.'

We weten het. Agathe ontbreekt. Weggepest.

'Laat ons hopen dat het haar op haar nieuwe school beter vergaat', zegt mijnheer Schollaert met een profijtig mondje. 'Maar nu gaan we over tot de orde van de dag.'

Mijnheer Schollaert heeft de klas al helemaal in orde gebracht. De inktpotten zijn al gevuld, de planten staan al op de vensterbank, de tijdsband hangt ook al tegen de muur. Nog zonder prenten. Ik zie hem weer lachen. De schoolboeken en de nieuwe, lege schriften liggen klaar op stapels. Hij duidt om beurten iemand aan om een stapel uit te delen. Wordt het vanzelf een gezellig over en weer geloop. Ik heb me voorgenomen het hele jaar door mooi te schrijven. Niet zoals de vorige jaren, het eerste blad pico bello, een paar bladzijden verder het al wat laten verwateren en tegen het schrift op de helft is, is het een gekribbel geworden. Nee, dat niet meer. Alleen het éénfrankstuk dat we elke week weer zullen moeten meebrengen. Mama's gemopper daarover. 'Begint dat spelletje opnieuw', zal ze humeurig zeggen. 'Je reinste gebedel, het geld groeit niet op onze rug en we hebben geen ezeltje.' En dat omdat het stadsbestuur een vakantiekolonie aan zee wil bouwen, en alle klassen van alle stadsscholen, sinds vorig schooljaar daarvoor geld bijeen moeten brengen. Elke klas mocht zelf kiezen waar het geld zogezegd voor moet dienen. Bij ons kozen de meisjes voor gordijnen en juffrouw De Muynck stikte van een lap een gordijn, en iedere maandagochtend mocht elke gulle geefster nadat ze een frank in de collectebus had gestopt, een dubbele kruisjessteek, precies een spinnenkop, aanbrengen op een ruitje van de stof. Maar, geen geld geen steek en wie geen steek mocht borduren, zat er altijd een beetje geambeteerd bij. De jongens kozen voor tafels. Mijnheer Schollaert zette in de klas een bak met houten latjes. Zij mochten, nadat hun frank in de gleuf was verdwenen, telkens een latje nemen, dat ze aan het latje van de vorige jongen timmerden, tot de latjes een tafeltje vormden. Konden ze op het einde van het schooljaar tellen voor hoeveel tafels ze zogezegd gespaard hadden. Dat gaat allemaal herbeginnen. Het gordijn hangt er al en de bak met latjes staat klaar. En mijnheer Schollaert deelde zojuist mee dat voor de slachtoffers van de mijnramp in Marcinelle een geldomhaling zal plaatsvinden. Moet ik van de eerste schooldag gaan schooien bij mama. Meteen met de deur in huis vallen, als ik thuiskom, niet aarzelend afwachten. De korte pijn. Weet ik meteen hoe het zit.

'We moeten een cent meebrengen, mama, voor de mijnwe...'

'Dat begrijp ik. Niet meer dan normaal.'

Oef. Mama haalt onmiddellijk haar portemonnee boven, hoewel juist vandaag de kolen voor de komende winter zijn geleverd en dat is altijd een hele rekening. Daar legt papa geld voor opzij. De kolenmarchand. We kennen hem. Wij hebben een vaste kolenmarchand. Het gezicht van wie voor zwarte Piet speelt kan niet zwarter zien dan dat van hem. Hij tilt de in jutezakken verpakte antraciet 20/30, blinkende karbonkels, zak per zak van de camion op zijn schoft en in één vinnige beweging kiepert hij de zak om, recht het keldergat in. De lege zakken legt hij op elkaar. Die worden voor de zekerheid nageteld. Hij heeft altijd een zwarte kap in zakkengoed op zijn hoofd, zoals het standbeeld naast het stadhuis, dat de buildrager genoemd wordt.

'Gij zult tenminste deze winter niet in de kou zitten', zegt hij, terwijl hij de briefjes van vijfhonderd en honderd met zijn zwarte vingers natelt.

'Hier,' zegt mama, 'kaftpapier en etiketten. Ik dacht eraan daarstraks. Ik moest in de stad zijn.'

'Bij ons in het Onze-Lieve-Vrouw ter Sneeuw Instituut is het toch veel moeilijker, Rosa. Als gij negentig procent behaalt, is dat bij ons amper zeventig. Ten hoogste. Wij moeten meer huiswerk maken en veel meer lessen leren.' Maria Kegels' eeuwige deuntje. Ze komt er altijd op terug. Ieder schooljaar opnieuw. Altijd als we na school buiten spelen. Hoe kan zij dat weten?

'Gij moet turnen in een rokbroek tot aan uw knieën, belachelijk met die wijde flappijpen, bij de nonnen zijn blote billen verboden. Wij turnen in een maillot', dien ik haar van antwoord.

'Ja, ze zijn daar preuts', zegt Ronald Teugels, terwijl hij bezig is een vlieger te vouwen. Ronald Teugels is handig in die dingen. Probeer maar eens de losse staart op de juiste manier tussen de vleugels te steken. Weinigen kunnen het. Zijn vlieger beschrijft de prachtigste banen. Spiralen.

'Maakt ge voor mij ook een vlieger?' vraag ik hem. Hij heeft ook zijn klakkebuis bij en papieren pijltjes. Pijltjes met zeer scherpe punten. Als ze u raken. Amai.

'Ronald, Hildeke Robbé komt er juist aan, schiet op haar een pijltje af', zeg ik.

Ronald mikt. Het pijltje komt in Hildekes oog terecht.

'Fantastisch gemikt, Ronald!' roep ik. Hildeke waggelt naar huis.

'Met haar handen voor haar ogen, als een kieken zonder kop', zegt Viviane Verlinden.

'Ons rap verstoppen', roept Ronald.

'Als haar oog maar niet uit is', zegt Francis Vets, de broer die op Theo volgt. 'Vliegt gij in de verbeteringsschool, Ronald.'

'Rosa heeft het opgestookt.'

'Dat wil niks zeggen. Als Rosa zegt, spring in 't Scheld, doet ge dat dan ook?' zegt Viviane.

'Ronald, stop uw klakkebuis rap weg en wij weten van niets. Wij moeten voor elkaar spannen', zeg ik.

'Liegen, Rosa?' zegt Maria Kegels. Ze klinkt venijnig.

'Gij kunt dat toch biechten', antwoord ik even snibbig.

'Het zal wel niks zijn. Een tijdje zitten pinken met haar ogen. Anders hadden ze hier allang gestaan', zegt Ronald.

'Om u in de boeikes te slaan', lach ik.

'En gij dan ook, gij zijt medeplichtig, Rosa', zegt Maria Kegels. Ze meent het echt. Ze is zo kattig.

22

En terwijl de kranten vol blijven staan over Marcinelle, de lijken die bovengehaald worden, het bezoek van de koning, de moeizame reddingswerken, dat men geprobeerd heeft de mijn te sparen ten koste van de ingesloten mijnwerkers, wat nadien als een monsterachtig gerucht wordt afgedaan, staat het hele land opnieuw in rep en roer. Stan Ockers is in het Sportpaleis gevallen, met zijn hoofd op het beton van de wielerpiste en hij is stervende. In het hele land wordt over niets anders gesproken. Een en al ongeloof. Verslagenheid. De wereld staat vertwijfeld stil. De radio staat de hele dag aan, om het verschrikkelijke nieuws toch niet te missen, zijn dood, met eigen oren te horen.

'Onvoorstelbaar,' zegt papa tegen mijnheer Vennesoen op straat aan de voordeur, 'misschien is hij al gepasseerd, maar al die sensatie die erbij komt kijken.'

'Voor mij zullen ze zo veel kabaal niet maken, als ik mijn kikker laat', zegt mijnheer Vennesoen halflachend. 'Maar het is waar, geen mens die het kan vatten. Dat wordt nationale rouw.'

Nu voelt iedereen zich zoals ik met Theo. En niemand die Theo nog ter sprake brengt. Zelfs zijn broers niet. Zelfs Godelieve niet. Of ik de enige ben die nog aan hem denkt en hem echt mist. Bij de familie Vets staat op een tafeltje een foto van Theo in een gouden lijstje, met een kaarsje en een vaasje bloemen. Dat is het. En onlangs was er een herdenkingsmis. Ben ik stilletjes de kerk binnen geslopen, de dienst was bezig, de kerk zat halfvol. Ik ben achter een pilaar blijven staan. Ik voelde me allesbehalve op mijn gemak. Hoe moet ge u in een kerk gedragen? Gelukkig heeft niemand me gezien. Ik was even vlug buiten als binnen. Ik voelde me een spion. Eigenlijk is het is al zo'n beetje of Theo nooit echt heeft bestaan. Bij de levenden kunt ge u niet inbeelden dat ze doodgaan en bij de doden kunt ge u na een tijdje niet meer voorstellen hoe het was toen ze leefden. En zeker niet hoe het zou zijn als ze nog zouden leven. Maar Theo zal nooit uit mijn gedachten verdwijnen. Nooit. Theo. Als ik hem gewoon nog eens een keertje zou kunnen spreken, of zoals in het verhaal dat mijnheer Schollaert heeft verteld over de broers Castor en Pollux. Hoe zit het nu weer in elkaar? Castor is gedood en hun vader de oppergod Zeus, wil Pollux onsterfelijk maken, maar dat weigert Pollux omdat hij het oneerlijk vindt tegenover zijn dode broer. Daarom beslist Zeus dat ze om de dag van positie mogen verwisselen, zodat Castor en Pollux beurtelings of bij de onsterfelijken of bij de doden verblijven. Moest dat kunnen met Theo. Hoewel, zou ik hem dan alleen kruisen als hij op weg is van dood naar leven, zoals in de tunnel, met de mensen op de roltrap aan de overkant. Ge ziet ze naderen, ge ziet ze op gelijke hoogte komen en dan is er weer de verwijdering, de ene omhoog, de andere omlaag. Maar zelfs als ik alleen naar Theo zou kunnen wuiven van in de verte, dat zou al iets zijn. Mijnheer Schollaert vertelde ook over de moeder van Castor en Pollux. Leda. Zeus was verliefd op Leda, maar Leda was getrouwd. Daarom veranderde Zeus zich in een zwaan, om zonder enige argwaan bij haar op bezoek te kunnen komen. Zo werden hun kinderen uit een ei geboren, Castor, Pollux en ook de Schone Helena. Maar er zijn verschillende versies over de kinderen, zei mijnheer Schollaert. Ik zou ook graag uit een ei geboren zijn. Liever uit een ei dan uit mama's buik. Dat ik ineens zoiets denk! Maar is het mijn schuld? Ik heb er niet om gevraagd. Die gedachte is gewoon mijn hoofd binnen geglipt. Vanzelf. Maar toch. Tenslotte, gedacht is gedacht. Theo heeft me ooit gezegd: als ge niet katholiek zijt, hebt ge het veel makkelijker. Ge zit niet met het zondebesef. Maar een katholiek die iets verkeerd denkt of doet, kan gaan biechten en is het van zijn lever. Toen ik mijnheer Schollaert een keer vroeg wat hij het gemakkelijkste vond, antwoordde hij: ''t Een is 't een en 't ander is 't ander.' En wat ik mijnheer Schollaert ook eens moet vragen, als ge om de andere dag de doden met de onsterfelijken verwisselt, zijn de doden eigenlijk ook onsterfelijk. Hoe kan dat? Nog eens één keer met Theo op de bank in de biechtstoel kunnen zitten met onze voeten tegen elkaar. Theo die zei: ik ga later met u trouwen, en nu ik meer over de liefde weet dan hij ooit geweten heeft. Het staat allemaal in het boek. Niemand haalt het uit de doos. Alleen ik. Ik merk het aan kleine dingetjes, de dode vlieg die altijd op dezelfde plaats ligt, die gaat natuurlijk verkruimelen, het propje zijdepapier dat ik in een hoekje heb gestopt, het ezelsoor op bladzijde negentig bij onanie. Op mijn buik op het grote bed van mama en papa, zo lig ik in het boek te lezen, op mijn hoede, oren gespitst, altijd klaar om het boek rap terug de kast in te stoppen. Is de kust veilig, sla ik mijn benen over elkaar, begin ik te lezen, krijg ik na een poos het aangename gevoel of dabbende poezenpoten op mijn buik een soort elektriciteit opwekken, die een warme gloed door mijn lijf jaagt en hoe een heerlijke spanning vanuit mijn navel, door mijn onderbuik naar de binnenkant van mijn billen tot aan mijn knieën trekt.

'Rosa, waar is mama?'

'Ze moest even weg, heeft ze gezegd. Maar waar naartoe heeft ze er niet bij gezegd. Misschien een boodschap gaan doen.'

'Op dit uur?'

Ik schrik van papa's vraag. Het is me opgevallen. De laatste tijd zit mama regelmatig de advertenties in de krant uit te pluizen. Soms doet ze haar jas aan, stapt ze op. Ze zegt nooit waarheen. Ik vraag het niet. Tegen papa zegt ze er nooit iets over. Ze is altijd terug tegen hij thuiskomt. Maar nu?

23

Ze zeggen dat er weer oorlog van zal komen. Veel mensen hebben suiker, bloem, koffie ingeslagen. In de kruidenierswinkel Central, bij Bertha, zijn de schappen leeg. Ik doe daar niet aan mee, het haalt niets uit. 'Ik wil er niets over horen', heb ik Raymond gezegd, maar het helpt niet. Hij raast aan één stuk door en hij moet bijna iedere avond naar een partijvergadering. Zegt hij: 'Ik moet naar 't Sint-Jansplein.' En zich druk maken over wat in de kranten staat. Lieve hemel, hoor weer aan: 'De Engelsen en de Fransen gaan Port Saïd bombarderen. Naar de verdoemenis met het arrogante westerse imperialisme.'

Geroep vanuit de clubfauteuil, krant opengevouwen, zijn hoofd nee schuddend, de punt van zijn tong achter zijn bovenste tanden.

'Stop met dat ge-ttt... je geratelbek, je lijkt wel een vogel in de paartijd. Ik heb het al honderd keer gezegd, of jij je druk maakt of niet, zal niets aan de zaak veranderen. Luister, Caterina Valente en het orkest van Kurt Edelhagen. Word je goedgehumeurd van.'

I touch your lips and all at once the sparks go flying
Those devil lips that know so well the art of lying
And though I see the danger, still the flame grows higher
I know I must surrender to your kiss of fire ...

Mama zingt mee. Ze kent de woorden. Ik ken die liedjes ook, zonder de woorden te verstaan.

'Wat zit je je toch op te winden, man, donderwolk. Vandaag of morgen krijg jij een geraaktheid zoals je moeder destijds. Je zo dik maken.'

'Op het werk is het ook ambras.'

'Dat moest ervan komen.'

'Met Louis-van-'t-vogeltje.'

'Met je vriend van jaren? Jammer. Is het dat nou waard? En ik wou je juist vragen hem uit te uitnodigen. "Je moet een keer op visite komen", heb ik hem voorgesteld in de autobus toen we terugkwamen uit Hasselt. "Met Odile." "Ik kan moeilijk mezelf uitnodigen", zei hij. "Hiermee is dat beklonken", zei ik. Louis-van-'t-vogeltje is een leuke man. Die Camille Huysmans, heeft hij me toch een kleedje gepast. "Ook moeders mooiste niet," zei hij, "precies een kruising tussen een lantaarnpaal en een struisvogel." Hij heeft me tranen doen lachen. Een echte komiek. Die dag in Hasselt, ik dacht bij momenten dat ik er ging in blijven.'

'Of Odile dat zo geapprecieerd heeft, weet ik niet.'

'Dat is intussen allang overgewaaid.'

'Dat denkt gij. Hij gaat zijn partijkaart inleveren, zegt hij.'

'Iedereen heeft het recht om van mening te veranderen. Hij zal zijn redenen hebben.'

'Door Hongarije.'

'Hongarije... Papa, bij Godelieve in de klas zit een meisje uit Hongarije. Godelieve zegt: "Die verstaat niets. Zelfs als ge nee schudt, denkt ze dat het ja is." Ze heet Olga Gabor en ze is moeten vluchten met haar vader en moeder.'

'Gabor', zegt mama ... 'Zsa Zsa Gabor ... Gabor zal daar een naam zijn zoals bij ons Janssens of Peeters. Zsa Zsa Gabor, die is slimmer dan alle vrouwen samen, die laat de mannen naar haar pijpen dansen en niet andersom.'

'Die mensen hebben niks meer. Ze hebben alles moeten achterlaten zegt Godelieve. De nonnen verzamelen geld en huisgerief.'

'Ja, en kunnen ze trouwen met hun lief. Er gebeurt daar niks waarvoor ze moeten vluchten. Of ze moeten iets op hun kerfstok hebben. Er worden leugens verteld.'

Waarom denkt papa altijd het tegenovergestelde van wat andere mensen denken? Wat papa ophemelt wordt gewoonlijk door iedereen als het ergste kwaad afgeschilderd. Wie heeft gelijk?

'Zingt ze dat ook al? Vermassacreren, ja. Dat is toch niets voor haar. Mackie Messer. Om "Mack the Knife" te zingen moet ge van een ander kaliber zijn en dat orkest klinkt als een draaiorgel.'

Mama zucht.

'Doe toch niet zo sarcastisch, en als je van plan bent de hele avond een lijkbiddersgezicht te trekken, stap ik op, ga ik naar de bioscoop.' Mama loopt naar de radio. 'Dat ben ik nu zo beu als koude pap', mompelt mama. '"Malagueña" zingt Caterina Valente fantastisch', zegt ze en ze draait de knop van de radio luider:

Malagueña, du bist schön wie die blaue Nacht
Malagueña, du hast mein Herz entfacht.

Papa's slapen bewegen op en neer. Toek, toek, toek, het moet een gehamer zijn daarbinnen in zijn oren. En zijn duim scheert weer over zijn lippen.

'Nee zeg, en hij heeft daar met nog geen woord over gerept, Valeer.'

Mama kijkt hem aan.

Papa leest luidop uit de opengevouwen krant: *Ondergetekende Valeer Verwilgen verklaart hiermee geen schulden meer te erkennen, gemaakt of nog te maken door zijn wettelijke echtgenote, Geneviève Rogiers, daar zij het echtelijke dak verlaten heeft op 6 september jongstleden.*

'Voor haar zal het ook te veel geworden zijn, altijd datzelfde gezeur, en ze hebben geen kinderen, dat maakt de zaak gemakkelijker', zegt mama.

24

Geschoren, een propere witte col om, de knoop van mijn cravate op zijn plaats. Mijne frak. De doorstikte gewatteerde voering, lederen knopen, halve voetballen, teddykraag, een echte, onvervalste canadienne. Wreed content ben ik ermee. Gekocht met het geld van mijn laatste premie. Avonden na elkaar mijn kop gebroken over een technische verbetering. Tekeningen. Plannetjes. Alles in de ideeënbus gestopt en voilà. Alfons De Vos, mijnheer de meestergast, kon er niet van tussen om me te feliciteren. Zijn zure grimas, mijn grootste genoegdoening.

'Zo, ga je op stap?'

'Rika, onze Roger wordt echt bedlegerig. Ik moet er voortaan iedere zaterdag naartoe. Er zit niets anders op.'

'Wacht even, Rosa roept dat ze mee wil.'

Papa is goed gezind. Hij fluit. Afwisselend fluiten en neuriën en van neuriën gaat het over naar echt zingen. 'Kalienneka, Kalienneka, Kalienneka, Maya!' De melodieën van op de fonoplaat, *De Koren van het Rode Leger*, onder leiding van Boris Alexandrov. Papa zingt zo luid. De mensen kijken om. Ik geneer me. Het is om bij Denise te zijn dat ik meega. Bij Denise en haar vriendinnen. Ze hebben het altijd over jongens en over uw veranderingen krijgen. Volk in de statie, noemen ze het. Of uw vodden hebben. 'Het zijn uw maandstonden' zei ik. 'Dat weten we ook wel', zegden ze. Waren ze een beetje boos op mij, maar dat is overgewaaid. En ze hebben het over dingen die in het boek staan. Over seks, over tongdraaien. In het boek staat tongzoenen.

'Rosa, houdt uwe jas maar aan,' zegt tante Dorothea, 'we gaan naar 't stad. Naar de Coupe Glacée op de Keyserlei.' Wat een ongelofelijke verrassing. Tante Dorothea sluit tegenwoordig de winkel op zaterdagmiddag, om beter voor nonkel Roger te kunnen zorgen. Maar nu is papa bij hem. Gaan de mensen denken dat ik de dochter van tante Dorothea ben en Denise mijn zus is. Joepie! Alleen, het is de De Keyserlei, maar tante Dorothea verbeteren? Grote mensen verbeteren is brutaal. Dat doet ge niet.

Zie Roger op de divan liggen, een deken over hem heen. Hij ziet er slecht uit.

'Raymond, ik lees u een stuk uit *De Rode Vaan* voor: *Omdat Imre Nagy hoe langer hoe meer de controle over de toestand verloor en onder de voet werd gelopen door avonturiers die de communistische militanten vermoordden. Hij heeft de controle op de strijdkrachten zelf afgestaan aan uitgesproken vijanden van de democratie en van de goede verstandhouding met de nabuurlanden. De Hongaarse arbeidersmilitanten moesten kiezen: ofwel Hongarije twintig jaar terug laten gaan, ofwel de aanval van de fascistische machten breken en aldus het Hongaarse volk in staat te stellen zijn verlangen naar vrede en steeds ruimere democratie te verwezenlijken.'*

Hij vouwt de gazet dicht. Legt ze voor hem op de welving van zijn buik. Ze glijdt eraf. Ik raap ze van de grond op.

'Dat is het standpunt van het Politiek Bureau, Raymond. Wat denkt gij daarvan?'

'Dat er inderdaad niets anders opzat, Roger, de CIA zat erachter, zo klaar als een klontje. Een contrarevolutie die nooit met open vizier gestreden heeft en verschillende maskers droeg.'

'Staat het zo in *De Rode Vaan*? Voor u is het dus een ordinaire contrarevolutie, en de opstandelingen stuk voor stuk fascisten of plunderaars. Jongen toch. Dat ge dat blijft denken, eerlijk gezegd dat had ik niet verwacht.'

'Met de klok terug te draaien waren ze in elk geval goed begonnen. Wat was het eerste wat kardinaal Mindszenty deed?

De kerk al haar bezittingen teruggeven. Die brave man zit hoog en droog op de Amerikaanse legatie. Kan hij de hele dag naar Radio Free Europe luisteren. De mensen blijven opjutten. Vergeet niet dat de grote landeigenaars en de hogere geestelijkheid eeuwenlange bondgenoten zijn. Nee, nee, de arbeidersklasse zal haar verworvenheden niet laten aantasten.'

'In elk geval, mijn partijkaart mogen ze opstoven, Raymond. Die journalist van de *Daily Worker* die aan één stuk berichten doorstuurde die niet gepubliceerd werden omdat de toestanden die hij beschreef niet overeenstemden met wat de redactie wilde wat de lezers zouden lezen, dat was voor mij de druppel. Als ge uw leden zo in de luren legt.'

'Roger ...'

'Internationale politiek. En wie is de sigaar? Of ben ik misschien te cynisch geworden? Het zal aan mijn ziekte liggen. Raymond, koekoek, hoe zitte daar nu? Zijn de toppen van uw vingers soms vastgelopen in uw oogkassen?'

'Wat zou ons vader ervan gedacht hebben, dat vraag ik me af, Roger.'

'Ons vader.'

'Roger, maar wat hier staat, daar kunt ge toch niet aan voorbijgaan. Volgens de *izwestia* zijn de Russische gevangenissen de beste ter wereld. *Omdat het een zeer streng maar menselijk systeem is, waar de misdadigers een vonk burgerlijk bewustzijn wordt aangekweekt en ze geholpen worden een normaal leven te beginnen en het aantal misdrijven ieder jaar afneemt, de dag zal komen dat ginder geen gevangenissen meer nodig zijn.*'

'Och, broertje, misschien moeten we het kind niet met het badwater weggooien. Ik ben zo rap moe. Ik ga een tukje doen.'

Hij slaapt. Tijd om al die gazetten lezen, te beginnen met *Het Laatste Nieuws.* Die koop ik nooit.

'Iedere dag vier kranten, Raymond. Dat loopt op. Zijn enige verzet. Vroeger las hij graag romans. Op iets van lange adem kan hij zich niet meer concentreren. Hij lijkt me weer uitgeput.' Ze streelt hem, schudt haar hoofd.

'Ik ga zijn koorts nemen', zegt ze.

'We zijn naar de reuzenwalvis Jonas gaan kijken, papa. Hij staat op een wagon in de Ooststatie. Hij komt uit Noorwegen. Drieentwintig meter lang en hij weegt achtenvijftigduizend kilogram, zoveel als twintig olifanten. De tong alleen al weegt duizend kilogram.'

'Dat hebt ge goed onthouden.'

'En kijk, papa: hocus, pocus, pats, drie papieren parasolletjes. Let op, open, toe, open, toe. Een paars, een rood, een groen. Het paarse is het mijne en dat van tante Dorothea en Denise heb ik cadeau gekregen.'

'En, was 't lekker?'

'Pêche melba met drie bollen en crème fouettée.'

'En hebt ge merci gezegd, Rosa? Ge moet uwe jas niet meer uitdoen. We moeten opstappen.'

Papa gaat weer ontstoken ogen krijgen, ze zien zo rood. Branderig.

Papa is stil. Hij fluit niet, zingt niet, neuriet niet. Zegt niets. Waarom pakt hij mijn hand nu vast, ik ben geen kleuter meer die bij de hand moet genomen worden om de straat over te steken. Doet hij anders nooit. Me bukken, doe ik of er een keitje in mijn schoen zit dat ik eruit wil schudden. Om van dat hand-in-hand af te zijn.

Ze zijn er, ik hoor ze.

'Goed nieuws, goed nieuws. Raymond, ik kan aan de slag.'

'Wat bedoelt ge?'

'Ik was al een poos op zoek. Ik heb mijn stoute schoenen aangetrokken en ik ben op een advertentie af gegaan. De winter staat voor de deur en Rosa loopt nog altijd rond op haar witte ballerina's, die dringend naar de schoenmaker moeten. En wat ze dan aan haar voeten moet doen? En nog iets, ik begin hier in huis tegen de muren op te lopen. Je mag het weten. Morgen beginnen. Gelukkig heb ik een zwarte rok en een zwarte bloes in de kast hangen. Kamermeid in het Grand Hotel de Paris. Wat zeg je daarvan?'

'Kamermeid. Het vuil van een ander opkuisen. 's Zaterdags en 's zondags werken. Ik kan u niet meer volgen.'

'Het chiqueste hotel van heel Antwerpen. Ik ga de bloedworst bakken.'

Dat is het dus. Ik wist dat er iets gaande was. Mama die alsmaar de kranten zat uit te pluizen, wegging zonder iets te zeggen. Dat geheimzinnige gedoe. Mama gaat vanaf morgen werken. In de Grand Bazar, zoals de moeder van Viviane Verlinden, ja, als ik dat kon zeggen: 'Mijn moeder werkt in de Grand Bazar.' Maar kamermeid. Als ze vragen wat doet uw vader, zeg ik ook nooit metaalarbeider of machinesteller, ik zeg altijd brigadier. De margarine smelt in de pan. De schijven bloedworst beginnen sissend te bakken. Opspattend vet. Bruinpaarse schijven met witte vierkantjes vet middenin. Gekookt varkensbloed. Precies het donkerpaarse van het gestolde bloed van mama's maandverbanden, die soms in de slaapkamer rondslingeren.

'Mama, ik ben met tante Dorothea en Denise naar de stad geweest. We zijn gaan kijken naar de walvis die in de Ooststatie is aangekomen, en nadien gingen we een ijsje eten in de Coupe Glacée.'

'Kijk eens aan, hoe royaal van tante Dorothea.' Mama steekt een lepel in de bokaal met appelmoes.

'Komen jullie aan tafel?'

Mama en papa eten zwijgend de bloedworst. Jean-Pierre en ik dopen soldaatjes in een zachtgekookt eitje.

'Ben ook gaan horen bij de wasserij Ribby. Nieuwwasstrijksters, persstrijksters, mangelstrijksters, maar om zoals ons mam een hele dag boven de hete stoom te staan, daar zie ik wel heel erg tegenop.' Met een te brede armzwaai doopt mama een stuk brood in het vet van de pan.

'Maar zoudt ge niet beter...'

'Raymond, begin niet. Nee... nee... nee. Geen denken aan. In die krabbenmand. Je zegt het zelf, de sfeer is verpest. Je relaas iedere avond, de verwijten, de harde woorden. Maar hoe is het met je broer? Over Roger heb je met nog geen woord gerept.'

'Hebt ge naar hem gevraagd?' Papa perst zijn lippen op elkaar. Hij schudt met zijn hoofd van nee. 'Gaat gij kamers kuisen met uw chique zwarte zijden bloes met dat kanten colleke aan? Mens toch', zegt papa.

'Dus met Roger is het niet goed.'

'Nee', zegt papa nu.

'Ik ga het niet te laat maken, morgen op tijd opstaan', zegt mama zuchtend. 'Heb je gelezen wat in de krant stond?' vraagt ze papa. Papa kijkt haar aan met een frons in zijn voorhoofd, of hij wil zeggen: wat nu weer.

'Peter Townsend zou momenteel in Brasschaat verblijven, hij schijnt er een nieuwe liefde gevonden te hebben. Peter Townsend... RAF-piloot... knappe vent, piloten zijn altijd knappe mannen, die hebben iets magisch. Hij zal beter af zijn, dan met prinses Margaret. Een leven zonder protocol.'

Papa reageert niet. Mama begint de tafel af te ruimen. Jean-Pierre klapwiekt met gespreide armen ronkend de keuken uit, de woonkamer in, tweedekker spelend. 'Ik ben piloot, mama', roept hij, rondjes makend.

'Stop met die herrie', roept papa.

'Kom hier, mijn dappere piloot, rustig maar, papa kan niet tegen die drukte.' Mama, met haar armen om Jean-Pierre heen, belet hem nog verder met zijn armen wiekend rond te sjezen.

25

Het is stil in huis, iedereen slaapt, de deur voorzichtig achter me dicht trekken, dat ik niemand wakker maak.

'Goeiemorgen, mijnheer Verbraeken.' Mijnheer Verbraeken die van zichzelf zegt dat hij een zoetekauw is, heeft er ook het postuur naar. Wil op zondag als eerste bij de bakker zijn, anders is er geen keus meer, vreest hij. Hij knikt me verwonderd toe. Wat denkt hij? Wat doet zij zo vroeg op straat?

'Goeiemorgen, madame Mullet.' Madame Mullet in vol ornaat, op weg naar de vroegmis. Waarschijnlijk om de tienurenmis te vermijden. De tienurenmis, de volle kerk, de voltallige gezinnen. Als madame Mullet dan de kerk binnen komt en ze ziet al die kinderen naast elkaar op een rijtje tussen hun vader en moeder in, in hun zondagse kleren, haren netjes gekamd, met hun kerkboek op hun schoot, moet het slikken zijn. Me voorthaasten naar de bushalte, paraplu tegen de wind in.

Gelukkig, de autobus komt er net aan. Ik als enige passagier. De brede, kaarsrechte, dubbele rijbanen met niet het minste verkeer. De stille, kleurloze vlakte. De rottende, rosse bladeren. De eentonige straten, her en der een nieuw huis. Een ruwbouw, een bouwput. De regendruppels op de ruiten van de bus. Druppels die niet naar beneden zigzaggen, maar door de wind naar voren gestuwd, horizontaal voortkruipen. 'Kijk, precies een loopwedstrijd van regendruppels', zei Rosa me een poosje geleden. Rosa. Tegenwoordig is ze niet weg te slaan bij die familie Lampreien. Ze wonen nog niet zo lang in de straat. Ze zou er haar bed zetten. Als ze over een van die meisjes begint. Tara van hier, Tara van daar.

'Officieel heet ze Elizabeth, omdat ze op de burgerlijke stand weigerden de naam op te schrijven die haar ouders hebben gekozen, Tara Parvati. Klinkt dat niet mooi, mama?'

'Kindje, je weet dat ik niet verantwoordelijk ben voor die vreselijke voornamen van jou, die kan je op je vaders conto schrijven.' En toen ze er op een keer een boterham mocht meeeten.

'Zwart, zelfgebakken roggebrood, besmeerd met zelfgemaakte perensiroop', vertelde ze.

'Zwart brood en wij sprongen een gat in de lucht, toen er na de oorlog weer wit brood te krijgen was', zei ik haar.

'Het brood dat Tara's moeder bakt is heel lekker en we moesten voor we begonnen te eten ons hoofd leegmaken, we mochten aan niets meer denken. We moesten zwijgen en langzaam kauwen, alleen heel diep aan het kauwen denken.' Dat zwijgend in boterhammen zitten bijten, met al die kinderen omheen de tafel. Vond ze reuzegezellig. Bij ons zal het niet goed genoeg meer zijn. Zijn we te gewoon of zijn we misschien te min geworden? Zij is totaal in de ban van die mensen, terwijl ze in de straat doen of een bende onruststokers is neergestreken. Laatst bij Bertha in de kruidenierswinkel. De klappeien uit de straat. Die van Robbé, madame Pauwels, madame Van Lommel. Er stonden er nog bij. Hun kwebbels stonden niet stil.

'Die man, weer of geen weer, blote voeten in sandalen, zijn lange, onverzorgde baard, de vieze pijp tussen zijn lippen. Precies een missionaris.'

'Een missionaris? Dat is een belediging voor de missionarissen, voor onze witte paters. Een rare apostel, ja.'

'In een van de jongens huist de geest van Mozart. Zijn ze heilig van overtuigd.'

'Weet je dat die vrouw voor het hele gezin pudding maakt van haar moedermelk, echt waar, melk uit de levensbron, diep in mij, verstevigt de familiale innigheid, beweert ze, zegt men. Met haar hoekig gezicht, dat katoenen sjaaltje achter haar oren vastgeknoopt, die lange, vormloze jurken.'

Daar hebben ze een punt. Onlangs, toen ik zat te bladeren in het tijdschrift van hoe heet het weer, de Belgische-Russische

Vriendschapsvereniging of iets in die aard, en ik tegen Raymond zei: 'Kijk die foto, die zwaaiende Russische boerin, boven op een hooiwagen, precies madame Lampreien die met haar glimlach de oogst binnenhaalt, zou je niet zweren dat zij het is?' Het stemde Raymond vooral gunstig dat ik belangstelling toonde voor het tijdschrift, ik zag het aan zijn gezicht.

'Een kolchoze...' begon hij.

'Het lijkt me daar een en al rozengeur en manenschijn', snoerde ik hem vlug de mond en ik merkte dat hij niet kon taxeren of ik het meende of niet. Ik vraag me soms af hoe wij in de straat over de tong gaan. Wij passen ook niet in hun plaatje. Neem madame Mullet. Ik moest en zou bij het vrouwengilde komen. Na lang aandringen bij haar op theevisite geweest. Ze had cake gebakken en kletsen maar en proberen me te overtuigen, en wat zie ik, ze houdt de boot meer en meer af. Dat ze zich zo liet gaan, die dag, dat ze huilend in mijn armen lag, zit ze danig mee verveeld. Ik merk het. Ik bemoei me in de straat met niemand meer. Een goeiedag en gedaan.

'Madame Irène is er nog niet en wilt ge in het vervolg langs de dienstingang in de Vestingstraat binnenkomen... Yes... yes... till eleven o'clock... you're welcome... Ge staat hier nu toch, neem de lift. Daar. De lift voor de hotelgasten. Daar... nee... ja, daar. En wacht voor de deur van het office. Vijfde verdieping.'

Wat denkt dat kreng wel. Omdat ze achter de balie staat met zo'n circuspakje aan, omdat ze tien woorden Engels spreekt. De lift is er. Het traliewerk opzij schuiven. Vijfde verdieping. Gangen, links, gangen rechts, gangen recht voor me, gangen die op andere gangen uitkomen, een doolhof van gangen, nauwer dan vermoed. Pijltjes, kamernummers, zwakke lichtschijnsels boven de koperen appliqués van de muurverlichting, wollen tapis-plain met een druk patroon, geel, groen, bruine klimopslingers. Mijn stappen, gedempt als in vers neergedwarrelde sneeuw... en wat is dat? Net een opgezet stekelvarken. De borstels van een schoenpoetsmachine. Kom ik altijd op dezelfde plek uit. Een open deur: stofzuigers, poetsgerief, emmers, dweilen, borstels, groene zeep, bleekwater, toiletpapier, netjes gerangschikt. De moed zakt me in de schoenen. Poetsen, ik heb er zo'n hekel aan. En is dit nu het mooiste, het beste, het duurste hotel van Antwerpen? Eerlijk gezegd, ik had het me anders voorgesteld. Er komt iemand aan.

'Zijt gij de nieuwe soms?'

'Ja.'

'Ik dacht het. Ik dacht die kent de weg niet. Die is op zoek en dat ge geen hotelgast zijt, zag ik meteen. Hotelgasten die hun kamer niet terugvinden, zult ge hier regelmatig tegen het lijf lopen. Die wirwar van gangen. Gij zijt dus de nieuwe. Het werd tijd. Geen ogenblik had ik nog vrij. Zeven dagen op de zeven. Ik ben doodop. Een mens geraakt niet meer bijgeslapen.'

De vrouw diept een sleutel op uit een tas, opent een deur.

'Ga hier een minuutje zitten. Madame Irène komt zo. Ik ben altijd goed op tijd. Kan niet aan mijn werk beginnen zonder eerst mijn tas koffie en mijn sigaret. Ik ben Alice en gij?'

Een knalblauw geschilderd houten tafeltje. Een Bulex boven een kraan en een gootsteen met roestvlekken. De vrouw vult een blikken fluitketeltje met water, zet het op een komfoortje.

'Ook een tas Nescafé?'

'Graag.'

Ze steekt een sigaret op. Inhaleert diep. Tot in haar tenen. Ze heeft kort sluik haar, een rattenkopje, een doorrookt gezicht, vale wangen. Een katteke met vlooien, zou Bertha van de kruidenierswinkel zeggen.

'Is dit het office?'

'Nee, een oud rommelhok. Het wordt niet meer gebruikt. Ik heb het ingepalmd. Een faveureke. Als ge hier al zo lang werkt. Was ik ineens van dat gezaag vanaf, ik kan mijn sigaretten niet laten.' Alice spreekt sloffig, zoals iemand zonder tanden. Een vrouw steekt haar neus binnen. Ietwat jonger dan ik, denk ik. Jas in *mouton retourné*.

'Alice, gij hebt onze nieuw aanwinst opgevangen, zie ik. Haar al een beetje wegwijs gemaakt?'

'Madame Irène, om eerlijk te zijn, nee. Ik dacht, als ik zeg een kamer schoonmaken moet kunnen in zeven minuten, maakt ze stante pede rechtsomkeer, nog voor ze uw gezicht heeft gezien.'

Een onaangename druk, een zwaarte, komt over me heen. Madame Irène, haar netjes gecoiffeerd, te royaal met de bus lak gespoten, een gouden kruisje om de hals, wimpers met zwarte klontertjes mascara, net dondervliegjes, het gezicht te oranje bepoederd, de kraag van haar hooggesloten witte bloes profiteert mee.

'Kom... Rika is het, hè, ik zal u eerst rondleiden en u voorstellen aan de andere kamermeiden.'

Hoe ze madame Irène toeknikken en mij aangapen.

'Ik ga u nu tonen waaruit uw werk bestaat.' Ze stapt een kamer binnen. Ik volg.

'Wat verlang ik van een goede kamermeid? Minutieus het bed opdekken. Het bed is het belangrijkste. Mensen komen hier voornamelijk slapen. Het bed moet perfect zijn.'

Madame Irène neemt de klaarliggende, kraakwit gesteven lakens en demonstreert hoe ze het bed wil. In een handomdraai is het geflikt. Ze heeft er de pak van.

'De kast moet af en toe in de boenwas gezet worden, daarvoor verwittig ik u op tijd en stond. Stofzuigen, de hoekjes en kantjes niet vergeten, hè. Stof afnemen. De kadertjes tegen de muren niet vergeten, hè. De badkamer moet blinken als een spiegeltje. Vanzelfsprekend, nietwaar. Bleekwater in de bekertjes om ze te laten weken, alle kalkaanslag zorgvuldig verwijderen. En haar. Haren van de vorige gasten in het bad vinden... walgelijk, vooral bij het afvoergaatje. Hou dat goed in de gaten. Handdoeken zorgvuldig over de houder hangen. Opruimen, maar nooit de spullen van de gasten verleggen. Nooit gaan snollen in de bagage, de vuilnisemmertjes niet vergeten leeg te maken en de prullenmand.'

Houdt het nog op, die Litanie van alle Heiligen? En dit alles afboksen in zeven minuten?

'En we staan daar niet bij met een chronometer. Zeker niet in het begin.' Gedachten lezen kan madame Irène klaarblijkelijk ook.

'Ik zal u nu het office tonen. Daar, ga maar binnen. Dit is uw kastje. Kunt ge uw persoonlijke spullen in kwijt. Verlies de sleutel niet, want dan valt ge in kosten. Wat nog, o, ja, uw zwarte kleren zitten in uw tas, veronderstel ik. Ge kleedt u hier om. Het witte schort en het witte kapje – ik zeg altijd draag het als een kroon – krijgt ge iedere dag proper van ons. Ge moet er verzorgd uitzien en ge hebt toch geen lijfreuk? Dat zou ik allang geroken hebben, daar heb ik een speciale neus voor. Vrouwen met een lijfreuk sturen we zonder pardon de laan uit. Het is ons een keer overkomen, iemand met zo'n intense, pikante zweetlucht. Ik vreesde dat we die reuk nooit meer de kamers uit gingen krijgen. Op de gang staat uw dienstkar klaar. Uw persoonlijke dienstkar, nummer negen, nooit een andere kar nemen, ieder heeft zijn eigen kar, want om die karren is onder de kamermeiden al bijna moord en doodslag gepleegd. 's Morgens als ge binnenkomt, is dat het eerste wat ge doet, uw kar volladen met het nodige linnengoed en poetsgerief. De lijst van de kamers komt ge bij mij halen. Tijdens de middag eet iedereen hier zijn boterhammen op, van twee tot vijf voor halfdrie. Het rustigste moment in het hotel. De hotelgasten mogen tot 's middags in de kamer blijven. De volgenden willen ze dan weer zo snel mogelijk betreden. Is het hurry, hurry, eerst die kamers onder handen nemen en dan pas kunt ge even uitblazen in het office. Ge weet dat het ploegenwerk is. Ge hebt de vroege of de late. Dat wisselt om de veertien dagen. Een keer in de maand een weekend vrij. Ge moogt nu beginnen, kamer 512, alles staat klaar en als ge ermee gedaan hebt, roept ge mij, kom ik controleren, ik zit op mijn bureautje. De provisie- en de linnenkamer wijs ik u straks en ik zal intussen uw papieren in orde brengen', en weg is ze, madame Irène. Twee deuren verder is het hokje van Alice, zie ik.

Middagpauze. Er wordt water opgezet. Theebuiltjes, Nescafé, Ovomaltine, zakjes soep van Royco. Ieder zijn eigen voorraad. Borden en koppen op tafel. Er komt een gezellig gekakel op gang. De kamermeiden doen hun wedervaren uit de doeken. 'Ge houdt het niet voor mogelijk. Iedere dag wat nieuws. Ik heb hier al veel meegemaakt, maar deze ochtend, dat was het toppunt.' Geschater. Ik luister mee. Ze negeren me. De vreemde eend in de bijt. Dat ze naar de drommel lopen. Ik stap het office uit.

'Als ge wilt kunt ge uw boterhammen bij mij opeten', zegt Alice. 'In mijn privévertrek', lacht ze.

Heb ik het dan voorgoed verkorven bij de anderen? Alice steekt met de peuk van de ene sigaret een andere aan. Het kamertje, een met een blauwe walm gevulde alkoof. Maar beter weer terug naar het office.

'Als de muren konden spreken, zeggen ze. Wel, wij zijn de muren', hoor ik zeggen.

'Of ge kunt mee bij ons aan tafel aanschuiven of ge kunt hiernaast in dat rookhol gaan zitten. Ge weet precies niet goed wat te kiezen', zegt een van hen, met effen stem en een venijnig mondje, terwijl ze haar haren borstelt. Ze blijkt Adolphina te heten. 'Van dat ding krijg ik jeuk', zegt ze, terwijl ze het kapje terug op haar hoofd fatsoeneert.

'Ik wil niet storen. Ik zal Alice wel gezelschap houden.'

'Die paffer.'

Ik sta op, loop nog maar eens voorbij Alices kamertje.

'Moet gij niet eten?' roept ze.

'Ik heb niets bij me.'

'Zeg dat dan,' zegt Alice, 'hier, neem een boterham van mij. Met choco. Kwatta.'

'Nee, dank je, ik heb geen honger.'

'De zenuwen. Ge moet u niet laten intimideren door dat klikske hiernaast. Ze draaien wel bij.'

'Ik laat mij door niemand intimideren.'

'Dat klinkt ferm. Kom eet iets, ge houdt het anders niet vol. Sta ik er opnieuw alleen voor. Madame Irène profiteert van mij. Om in te springen weet ze mij te wonen, om de vakanties te regelen, ziet ze me niet staan. De anderen doen hun uren en afgelopen. Hier pak aan, ik heb genoeg, ik eet als een muske.'

'Je moet van je af spreken, Alice', kan ik niet laten te zeggen.

Wat een sombere zondag. Onze pistolets gegeten zonder haar. Jean-Pierre is hiernaast, bij die van Vennesoen. Hij en Franky meer en meer twee handen op één buik. Bengels. Potverdekke, zoals in veertien-achttien, et pour les Flamands la même chose, zo luiden hier voor iedereen de kerkklokken. Wie wil uitslapen is een zondaar zeker? Erger ik me mijn hele leven al aan, aan dat holle gebeier en vandaag precies nog meer dan anders.

De kerk is uit. Kerkgangers passeren. Op hun nuchtere maag. Waarom eigenlijk moogt ge niet eten voor ge naar de mis gaat? Nu wordt het aanschuiven bij de bakker. Vliegen de taarten de deur uit. Wij doen dat nooit, 's zondags pateekes eten. Bijna iedereen gaat naar de Chiro. 'Ge wordt er gedrild zoals in het leger en wat de leiding in uw kop probeert te steken', zegt papa. Ze amuseren zich ook. Ga ik bij Viviane Verlinden aanbellen? Haar ouders zullen zeggen voor die ene dag in de week dat we samen thuis zijn. Bij Tara Lampreien? Met Tara in de schommelstoel, met de houten gekrulde armleuningen. We passen er juist tussen. Elk met één stukje dij de hoogte in. Zijn we precies een Siamese tweeling. En dan wiegen, wiegen, tot we er misselijk van worden. En Tara's vader, die soms wierookstokjes aansteekt en begint te vertellen over het leven voor het leven en over het leven na het leven. Dat we voor we leefden al duizenden keren geleefd hebben. We kunnen alles geweest zijn. Dokter of dief of prinses.

Wie sterft wordt opgevangen door liefdevolle lichtwezens, die de dode naar de roze planeet brengen. Een verblijf tussen hemel en aarde. Tot het tijd is om weer naar de aarde terug te keren. Maar eerst moet ge daarvoor alle herinneringen uit het vorige leven hebben achterlaten in uw onderbewuste. Dat is iets wat ge hebt, maar waar ge geen erg in hebt dat ge het hebt. De lichtwezens brengen u, of beter uw ziel, dan opnieuw naar de aarde. Ze zoeken uit bij wie ge het best past voor uw opdracht in het nieuwe leven. Die staat in de sterren geschreven en de lichtwezens kunnen die opdracht ontcijferen. Het is een beetje zoals met toneelspelers, zegt Tara's vader. Als een toneelspeler iemand speelt die dood gaat, wisselt hij van kostuum en kan hij opnieuw optreden als iemand anders, en toch is het eerste personage er ook geweest. Hoe komt het dat alle mensen iets anders geloven over het leven? Wij geloven het simpelste. Geboren worden, leven, sterven, afgelopen. Wie moet ge geloven? Maar bij de familie Lampreien verveelt ge u nooit. Er staat altijd iets op het programma. Zoals schilderen met waterverf. Ondergaande zonnen die oplossen in luchten of in landschappen of in kleurvlekken. Wit, zwart, rood, geel, blauw. Andere kleuren zijn overbodig, zeggen ze. Ge kunt alle kleuren van de regenboog verkrijgen door de verf te mengen. Op een tube paars of oranje kijken ze misprijzend neer. Het is er altijd gezellig en Tara's broer, Agni, speelt fantastisch piano en ik heb mogen meehelpen. De tuin omspitten, groentebedden ophopen. Ze gaan een moestuin aanleggen. Toch durf ik er niet zomaar aan te bellen, zo eigen ben ik ook weer niet met die mensen. Ze zijn zo speciaal. Hoewel, ze zouden me zeker niet voor de deur laten staan.

'Hier, Rosa, als ge niet weet wat te doen, ik heb een plezant boek voor u, *De kapitein van Köpenick*. Een tragisch verhaal en toch geestig. En echt gebeurd. Geen letter verzonnen. Op de kop vijftig jaar geleden. Heel Duitsland in rep en roer. In kapiteinsuniform lukte een arme sukkelaar erin het stadhuis te overvallen, hij wist de burgemeester en de stadsontvanger te laten ontvoeren en met de stadskas aan de haal te gaan. Hij deed het uit wrok, omdat hij na jaren gevangenis geen papieren kreeg, waardoor hij verplicht was clandestien in het land te verblijven. Geen werk kon vinden. Zelfs niet kon trouwen. Het leven hem geen nieuwe kansen bood. Het gaat over onrecht, maar ook over hoe mensen opkijken naar een uniform en hoe ze zich erdoor in de luren laten leggen. Voor volwassenen, maar gij gaat dat begrijpen. Ze gaan het verfilmen.'

Papa, ik hoef die hele uitleg niet, denk ik. Ik krijg er de kriebels van. Om papa een plezier te doen door het boek bladeren. Een verhaal over militairen, het leger, een bajonet, een escouade van twaalf soldaten. Niks voor mij. Toch maar beginnen met lezen. Ben ik er het rapst vanaf.

Het is opgehouden met zeveren, maar het weer blijft grijs en somber. Vuile wolken trekken voorbij. Hoewel het amper drie uur is, lijkt het al donker. Die zondagse stilte. Van mij mogen ze de zondag afschaffen. En wat zal het straks zijn als mama thuiskomt? De bel. Wie? Me naar de deur reppen.

'Komt ge buitenspelen, Rosa?'

'Julien, ik kan niet rap genoeg mijn jas aantrekken. Ik zat me rot te vervelen... Papa, ik ga buitenspelen.'

'Ik heb mijn jokari bij.'

'Iets voor in de zomer, Julien.'

'Ik had er goesting in. Ik heb twee paletten.'

'Lastig dat de elastiek altijd rond de takjes van de boom zwaait.'

'Noemt gij dat een boom? Dat miezerig stammetje en die paar twijgjes. Laat ons naar het midden van de straat gaan. Toch niemand te bekennen.'

'Julien, ik weet niet hoe het komt, met dat soort spelen ben ik een echte kluns.'

'Motorisch gestoord.'

'Lach me maar uit, ik wil het even goed kunnen als gij.'

'Vervelend dat de knopen in de elastiek altijd losschieten.'

'Omdat gij met zo veel kracht mept, Julien. Het is meer op zoek naar het balletje dan wat anders.'

Mijn map met mijn vakbondscursus opbergen. Heb ik tenminste de tijd gehad eens serieus die hele boterham over de ondernemingsraden door te nemen. Mijn voetbalpronostiek klaarleggen tegen de tijd dat het Gesproken Dagblad begint. De kanarie slaapt. Kop in kas, een bolleke gele veren. Roger. Ik zit de hele dag met Roger in mijn kop. Jaren elkaar min of meer in het geheim moeten ontmoeten op de partijvergaderingen, door de ruzie tussen de vrouwen. En waarover? Over vazen, over bagatellen en nu alles is bijgelegd. Ach, zolang Roger zich druk blijft maken over wat in de wereld gebeurt. Wat moet ge doen? Hem naar de mond praten? Compassie, zou hij echt kwaad van worden. Hoe moet een mens zich gedragen in dees geval? Toen ik over de gevangenissen ginder begon, waren we het toch weer eens. Het stoofvlees is klaar. Koken kan ik gelukkig. Indertijd geleerd op de Kalmthoutse Hei. Op een primus. Eén bek. Het ging ook. Ajuin gestoofd, de brokken vlees voorgebakken, de inhoud van de bakpan overgeheveld naar de stoofpot, de aanbaksels losgeroerd met Piedboeuf, een lepeltje Oxo, een laurierblad. Een brokje pure chocolade en een vingerhoedje cognac, ons moeder haar keukengeheim. Ons moeder. Alles laten sudderen, gebonden met maïzena. Een gekookt patatje erbij. Maar op te warmen als ze thuiskomt. De bel. Wie nu?

'Mijnheer Lahaut, Jean-Pierre wil zo graag bij ons blijven slapen. Onze Franky vindt dat ook plezant en ik zit toch alleen vanavond, want Kamiel moet gaan tokkelen. Ik kom zijn pyjama halen. Tenminste, als gij daar akkoord mee gaat.'

'Madame Vennesoen, een minuutje. Ik zal hem halen.' Madame Vennesoen spreekt altijd over tokkelen als mijnheer Vennesoen in de Piet Hein piano gaat spelen.

'Hier, madame Vennesoen. Hij gedraagt zich toch een beetje?'

'Jongens, hè mijnheer Lahaut.'

Rosa is uit de straat verdwenen, mee met Julien. Zit ik hier. Alleen. Op een zondag. Is dit nu een leven?

'Dekt gij de tafel al, Rosa. In de eetkamer. Voor drie. Mama gaat niet lang meer wegblijven. Ik laat de blaffeturen naar beneden.'

Het werd juist zo spannend met de Monopoly. Ik stond er goed voor, een hotel in de Kalverstraat, Juliens vader had huizen in de Leidsestraat en op het Spui. Juliens vader is baanchauffeur. Hij is veel weg, maar als hij thuis is, is hij altijd goed gezind. Zie papa door de kamer ijsberen, van het raam naar zijn aquarium en weerom. *Sa moeder zet de pot op 't vier, de reus is hier, kere weerom, reuske, reuske, kere weerom, reuzegom.* Zijn bedenkelijk gezicht. Is er soms iets mis met de vissen of is het omwille van mama? Waar blijft ze?

Gemorrel aan de deur. Mama. De voordeur valt dicht. Papa kijkt me aan. Voetstappen. De deur tussen de gang en de eetkamer gaat open.

'En?'

Papa vraagt het zo vliegensvlug dat het net is of hij in een grote, hoge spie lucht met slagroom hapt.

'Bekaf', zegt mama en met haar jas nog aan ploft ze neer op een stoel in de eetkamer. 'De eerste dag, je kan er nog niet veel van zeggen.'

Nors of kribbig is mama niet.

'Afgepeigerd', herhaalt ze, een bord dampend stoofvlees voor haar.

'Zoet,' zegt papa, 'en als 't u niet aanstaat, zijt ge daar weg.'

26

Waar een wil is, is een weg, zegt men. Ik kan trots op mezelf zijn. Zoals een verpleegster niet meer onwel wordt bij het zien van bloed en stinkende open wonden, ben ik het schoonmaken van andermans viezigheid vlugger dan vermoed gewoon geraakt. Zonder weerzin schrob ik aangekoekte achterblijfsels, het hele palet van okergeel tot paarszwart uit wc-potten, met de blote vingers pluk ik haren uit baden, met gummi handschoenen heb je er geen pak op en met een doek wrijf je de haren eindeloos over en weer. Ik haal bevlekte lakens van bedden en een kleverige onderbroek, deponeer ik in een linnenzak of het een doopjurkje is. Hoe sommigen in een handomdraai van een schone kamer een paardenstal weten te maken. Wat me wel raakt is de houding van bepaalde hotelgasten, een houding van: er zijn mensen en er zijn kamermeiden. Voor sommigen zijn we lucht. Onbestaande. Madame Irène zegt altijd: 'Beleefd blijven, u erboven zetten.' Er zijn gelukkig ook de regelmatige klanten, de zakenlui, die altijd om dezelfde kamer vragen. Zoals mijnheer Komkommer. Nee, die zal nooit nalaten me een goeiedag te wensen, te vragen: 'Hoe maakt u het, mevrouw, heeft u er een beetje zin in?' Zo'n man geeft je een andere kijk op het leven. Een eind in de vijftig, misschien begin zestig, dik, zilvergrijs naar achteren golvend haar, onberispelijk pak, glimmende schoenen, gouden dasspeld, kaarsrechte rug. Altijd een zeer fris parfum om hem heen. Old Spice. En hoe hij me iedere keer nadrukkelijk bedankt als ik iets buiten het gewone voor hem in orde breng. Zijn Remington-scheerapparaat schoonmaak, het achterste van zijn tube tandpasta oprol, de das waarvan hij de knoop per ongeluk lostrok netjes opstrijk, zijn jasje borstel, onlangs de zoom van zijn broekspijp die hij had losgetrapt, naaide. Een plezier om iets voor hem te doen. Dinsdag en woensdag zijn zijn vaste dagen en als hij de kamer verlaat, ligt er altijd een discreet weggemoffelde, maar aanzienlijke fooi klaar en die laat ik me lekker nooit afsnoepen. Verdorie, hoe laat is het...? Me naar zijn kamer haasten. Alles welbeschouwd, dit is een werk als een ander.

27

Boekentas neer. Ruim ik eerst maar wat op. De oude kranten op één stapel. Een stofdoek zoeken. Mama vertikt het, als ze al eens een keertje stof afneemt, de stofdoek uit te kloppen, kwakt hem gewoon het kastje onder de gootsteen in. De verdufte reuk: het is de klammige, in de emmer gepropte dweil. En zie de kleverige en roestige kringen van bussen schoonmaakproducten op het schapje. Ik kan mijn naam schrijven in het stof op de radiogrammofoon. Op dat gepolitoerde hout, zoals papa zegt, ziet ge ook alles. Zijn fluwelen veston. Hij laat hem altijd hangen over de rugleuning van de stoel voor de kachel. Hij hoort aan de kapstok achter de kelderdeur. Tiens, er zit iets in de linkerzak... Kijk eens aan, een verrekijkertje. Een speelgoed verrekijkertje in roze plastic. Wat doet een roze plastic speelgoed verrekijkertje in papa's zak? Nee. Een blote vrouw, handen achter het hoofd, armen als vleugels gevouwen, vooruitstekende borsten, met dikke, donkerbruine tepels, lippen die op zoenen staan, een driehoek schaamhaar. Klikken. Weer een blote vrouw, andere houding, zittend, lichaam naar voren gebogen, gestrekte armen tussen gespreide benen... klik... een... voortklikken. Ben ik weer bij de eerste vrouw. Een rosse. 'Rossen die kunnen goed vossen.' Daar plaagt Reginald Gevers Frieda Somers altijd mee. Viviane Verlindens View-Master werkt ook zo met schijfjes. Viviane heeft een schijfje met de hoofdsteden: de Eiffeltoren in Parijs, de Big Ben in Londen, het paleis op de Dam in Amsterdam, Manneken Pis van Brussel. Maar papa en blote vrouwen... Die jas laat ik hangen waar hij hangt. Ik was van plan ook te stofzuigen en de afwas te doen, maar ik heb er ineens mijn bekomst van. Buiten, op de arduinen vensterbank van het keukenraam ligt een pakje van de slager. Gekapt voor frikadellen. En op de keukentafel staan twee blikken witte bonen in tomatensaus. Lekker. Eten is er dus. Ik kan rustig aan mijn huiswerk beginnen. De bureaulamp aansteken. Staartdelingen tot op vijf plaatsen na de komma. Het decimaalteken, moeten we zeggen. Tot op een honderdduizendste, en hopen dat de negenproef van de eerste keer uitkomt. Anders kan ik van voren af aan herbeginnen en daarna moet ik ook breuken maken. Hoeveel keer driezevende in vijf gehelen vijfachtste gaat. Waarom moet ge dat kunnen uitrekenen?

'Hier ben ik.' Papa steekt zijn neus in de woonkamer.

'Ik zie het.' Hij gaat eerst zijn drinkbus uitspoelen. Kazak achter de keukendeur. Ik kan niet anders dan denken: Papa, ik weet iets van u en gij weet niet dat ik het weet. Papa begint direct aardappelen te schillen. Hij neemt het pakje gekapt, mengt er twee eieren en chapelure onder en kneedt het vlees tot frikadellenballen. Ze gaan de bakpan in.

'Rosa, is Jean-Pierre hiernaast? Ga hem halen, mama is er zo.'

'Ik blijf liever hier, hier is het plezanter en ze gaan frieten eten en daarna chocoladepudding', zegt Jean-Pierre in de deuropening bij de Vennesoens. Hoe krijg ik hem mee? 'Jean-Pierre, mama gaat triestig zijn, ze gaat denken dat gij haar niet meer graag ziet, kom.'

'Nee... laat me los... ge moet niet zo aan mijn arm trekken.'

Gelukkig komt madame Vennesoen tussenbeide: 'Sapperdeboere, Jean-Pierre, lieverkoekjes bakken we niet, vooruit mee met uw zuster.' Andere mensen tegenspreken durft hij gelukkig niet.

'"Ik weiger nog langer de dienstlift te nemen zolang die niet is nagekeken. Dat houten rammelbakje blijft om de haverklap hangen." "Dan pak je de trap, de lift voor de gasten is voor de gasten. Een heilig principe in dit hotel", zei madame Irène. "Goed, zal ik mijn volgeladen dienstkar de trap af duwen. Er zal niets anders opzitten. Ga je wat meemaken in het trappenhuis", gaf ik haar als antwoord. Nee, ik laat mij niet op mijn kop zitten. En toch heeft madame Irène me graag. Weet je wat ze vandaag tegen me zei? "Rika," zei ze, "weet jij van wanten, wat was jij er rap mee weg. In die korte tijd ben je erin gelukt je op te werken tot een van de beste kamermeiden. En niet één klacht tot op vandaag, integendeel..." Alice zou het moeten proberen Madame Irène tegen te spreken. Alice, de stakker. "Jij bent mijn reddende engel", zegt Alice. "Jij springt voor mij in de bres zoals niemand het ooit gedaan heeft."'

Hoor mama zichzelf ophemelen. Papa komt niet meer aan bod. Mama voert nu het hoge woord. Ze laat haar eten koud worden. Papa zal denken: kook maar.

'Nieuwe bezems vegen goed. Wacht. We zullen elkaar over een paar weken nog eens spreken', flapt papa er ineens uit.

'Zou je fijn vinden, hè? Je zou niet liever hebben dan dat ik door de mand val, het opgeef.'

'Zoet.'

'Geef toe, dit had je nooit verwacht.'

'Zoet.'

'En weet je, ik heb erover gezwegen, in het begin was ik vliegende kamermeid. Hier en daar inspringen. Dat was op de tanden bijten. Nu sta ik vast op de vijfde verdieping en op een vleugel van de zesde. De suites. Mijn eigen terrein. Het liefst doe ik de kamers van de zakenlui, die op vaste dagen naar Antwerpen komen. Die vragen altijd hun zelfde kamer. Die ken je op de duur. Er is er een, een diamantair uit Amsterdam. Mijnheer Komkommer, die...'

'Komkommer, Komkommer?' Jean-Pierre schatert het uit.

'Mij lachten ze op school ook uit', zegt mama droogweg. 'Met Vroeg-in-de-Wey.'

'Arme mama', zegt Jean-Pierre. Hij staat van zijn stoel op, kruipt op mama's schoot en slaat zijn armen om haar heen, geeft haar een kus op haar wang. Hij brengt mama helemaal van haar stuk.

'In Nederland lachen ze niet met die namen. Hollanders zijn zulke namen gewoon.'

'Komkommer is joods', zegt papa.

'En waarom?'

'Komkommer én diamantair, dat is zo, negen keer op tien.'

'Bompa was diamantslijper, die heeft altijd voor de joden gewerkt. Joden zijn altijd goede bazen geweest. Diamantslijpers verdienden goed hun kost. Die konden het zich voor de oorlog al permitteren de bouillie uit de soep in de vuilnisemmer te kieperen. Mijnheer Komkommer, een welgemanierde man.'

'Ze spelen een gevaarlijk spelletje.'

'Wie speelt een gevaarlijk spelletje?'

'De joden.'

'Een gevaarlijk spelletje?'

'In Israël.'

'Hebben die mensen niet genoeg afgezien? Mogen die een beetje tot rust komen? Voor zover ik er iets van weet, wat hebben ze die nu cadeau gedaan, een schep zand in de woestijn en dat wordt hen alweer misgund.'

'Wie heeft oe dat in het oor gefluisterd, die Komkommer soms?'

'Komkommer, Komkommer.' Jean-Pierre schokt weer van het lachen.

'Genoeg, genoeg, je moet niet overdrijven, schreeuwlelijk', zegt mama een beetje boos. Mama, die Jean-Pierre op zijn nummer zet!

'Mijnheer Komkommer zat toevallig in de kamer zijn krant te lezen toen ik mijn ronde deed. In de namiddag moeten we de bedspreien omvouwen, het bed klaarmaken voor de nacht, op elk hoofdkussen een chocolaatje van Godiva leggen. Madame Irène zegt altijd: "Als je er zin in hebt, snoep van de chocolaatjes, zoveel je wilt, maar je neemt er niet één mee naar huis. Dat is diefstal." En terwijl ik bezig was mijnheer Komkommers bedsprei om te vouwen, begon hij erover tegen mij: "Wat vindt u daar nu van, mevrouw?" Ja, hij zei mevrouw. "Geven ze die mensen een streepje woestijn, schreeuwt de hele wereld moord en brand." Heeft hij toch gelijk in.'

'Chroesjtsjov zegt dat een oorlog tussen Israël en de Arabieren een derde wereldoorlog kan doen ontketenen. En de tijd werkt ten gunste van de Arabieren. Ze moeten geduldig zijn, zich versterken en zich verenigen.'

'Jij met je Chroesjtsjov.'

'De joden hebben veel meegemaakt, maar ze zullen nooit veranderen. De oorlog was nog niet goed en wel voorbij of ze duwden oe in de Pelikaanstraat al terug van de borduur.'

Dat papa zoiets zegt. Heeft hij dan nooit in zijn eigen boeken gekeken?

'Er bleven er veel over om je van de stoep te duwen', zegt mama.

'Iedere dag op dit uur eten is veel te laat.' Gaat papa er vlug overheen.

'Nu moet je mee de handen uit de mouwen steken, hè. Is het dat soms? Je kan niet alles willen in het leven, er moest zonodig een kostwinner bijkomen', zegt mama.

We eten zwijgend verder.

'Mama, waarom maak jij nooit chocoladepudding?' vraagt Jean-Pierre.

'Zo gauw mama een keertje tijd heeft, lieverd.'

'We hebben nog een doos met zakjes puddingpoeder in de kast staan, mama, van De Drie Molentjes.'

'Rosa, ik weet zelf ook wat we in huis hebben', zegt mama. Het klinkt niet al te vriendelijk. Mama staat op. Ze zet haar lege bord in de gootsteen. 'Ik ga een douche nemen, ik ben doodop, het zal niet laat worden vanavond.'

Begint papa aan de afwas. Ik maak mijn huiswerk verder af. De breuken. Moet ik weer aan het fototoestelletje denken. Stofvlokken warrelen door de kamer. Het hele huis staat ondersteboven, wanorde alom. Hoewel, voor mama ging werken, was het niet anders, en mama aantreffen in een verduisterde kamer, met roodbehuilde ogen, met dozen pillen en poeders naast haar, om van haar jammerklachten te zwijgen: ‘Rosa, ik kan het niet helpen, ik wil alles vergeten, alles vergeten. Rosa, kindje, ik doe het om te vergeten en die hoofdpijn, altijd die bonzende hoofdpijn.’ Haar geklaag, opwellend uit het schemerdonker. Of als ze kwaad en moedwillig werd. Waren we slechter af.

28

'Wat een luxe. Rika, zijt gij een geluksvogel. Ik sta er al mijn hele leven alleen voor. Altijd op de verkeerde man gevallen. En mijn zoon, onze Freddy, het is lelijk dat ik het van mijn eigen vlees en bloed moet zeggen, maar hij wil niet deugen. Hij is veertien en ik ben soms bang van hem, kunt ge dat geloven? Nooit heb ik iets aan die jongen te zeggen gehad. Altijd tegendraads, altijd dwarsliggen. Wat wilt ge. Dat loopt van kindsbeen af met een sleutel om zijn nek, om niet voor een gesloten deur te staan.' Alice zucht. 'De nagel aan mijn doodskist.'

'Een pensionaat, Alice.'

'Een pensionaat? Weet ge wat dat kost? Trouwens, heb ik geprobeerd. Een half jaar hebben ze het uitgehouden, dan hebben ze hem er afgeschopt.' Alice schudt het hoofd.

'Gij, Rika, gij komt uit een andere wereld, gij woont in uw eigen huis, gij hebt een man, brave kinderen, voor u is dit werk gewoon een bijverdienste en toch negeert gij mij niet, terwijl gij in uw houding, in uw manier van doen, een streepje voor hebt op de anderen. Ik zou u niet meer kunnen missen.' Alice staat met een poetslap in de hand en met de tranen in de ogen.

'Ga weg, Alice, dat is te veel eer', zeg ik, maar eerlijk, zoiets horen doet me deugd. Ik voel me geflatteerd, edelmoedig, een en al barmhartigheid.

'Weet ge wat ik madame Irène heb ik horen zeggen, Rika? Dat ze aan u niet uit kan. Ze stonden met een paar kamermeiden in een kring om haar heen in haar bureautje. "Die Rika houdt zich altijd op de vlakte", zei ze. "Of ze zich te goed vindt om zich met ons te bemoeien. Raar dat ze met Alice om kan. Waarom zit ze meestal bij Alice, die het er zelfs voor over heeft minder te roken? Wat niet wil zeggen dat ze Alice moet opstoken. Als het waar is, Adolphina, wat gij vertelt, dat gij Rika in dat Hollands van haar tegen Alice hebt horen zeggen: "Je moet niet van je laten profiteren, Alice. Moet jij braaksel opdweilen in kamers waar jij niet voor instaat? Dat ze zelf de emmer zaagsel halen, de boel schoonmaken." Misschien valt er iets voor te zeggen, maar het is niet aan Rika om hier eventjes de puntjes op de i te komen zetten. Ik ga haar daarover aanspreken.'

'Goed dat je me het zegt, Alice, een verwittigd mens is er twee waard. Maar kom, voortmaken, als madame Irène ons betrapt. Babbelkousen, zal ze zeggen.'

Ik moet een nieuwe lading rollen wc-papier gaan halen. Mijn dienstkar hier even achterlaten.

'Rika, wat is er met u, gij sliert neuriënd door de gangen, precies of ge op ijsschaatsen staat.' Wat dacht je. Adolphina.

'Omdat ik nou eens geen hoofdpijn heb, ben ik een ander mens', roep ik haar na. Heeft ze iets in de gaten? Ik moet op mijn hoede zijn, bij de zaak blijven.

Voorzichtig met de opgestapelde rollen. Gossiemijne. Zie nou hoe ze alle kanten uit rollen. Was ik haast bij de kar.

'Wadist, aan 't oefenen? Leert ge jongleren, zinnes te solliciteren bij Circus Bouglione?' Zij weer. Dat ze nu mijn pad moet kruisen.

'Wadist, wadist, e peerd da pist', riep Jean-Pierre onlangs kwaad naar Rosa. Hem op zijn nummer gezet. Hoort hij op school. Adolphina. Een gevaarlijke teef. Aldoor proberen een slachtoffer uit te zoeken. Het is haar lang leven. En dan boren, insinueren, intimideren, en niet een van de kamermeiden die het waagt iets tegen haar in te brengen. Integendeel. Voelen ze zich op de koop toe verplicht zich te rechtvaardigen. Praten ze haar kruiperig naar de mond. Een stelletje voetvegen bij elkaar. Maar ik moet mijn uitbundigheid niet zo laten blijken. Me gedeisd houden. Gemakkelijker gezegd dan gedaan, als je bent aangeraakt door iets overweldigends. De gedachten aan hem uit mijn hoofd zetten. Onbegonnen werk, Ons gesprek hamert onafgebroken door me heen.

‘Mevrouw, ik wil u iets vragen, mag ik van u weten hoe u heet?’ Vanuit het deurkozijn. Vertrekkensklaar. Zijn schalkse blik. Wat beving hem? Stomverbaasd moet ik hem hebben aangestaard.

‘Sinds jaren Rika Lahaut, maar ooit was het Hendrika, Hendrikje Vroeg-in-de-Wey.’ Of een goddelijke ingeving mij die woorden in de mond legde.

‘Zo, ook van boven de Moerdijk?’

‘Afkomstig van Mokum.’

‘Mokum?’

‘Als kind kwam ik vaak in Amsterdam. Ons mam en ik namen regelmatig de trein naar mijn tantes. We gaan naar Mokum, zei ons mam dan, en voor mij was dat feest. En nu met die liedjes van Johnny Jordaan. We hebben zijn fonoplaten.’

‘In Mokum ben ik rijk en gelukkig tegelijk, geef mij maar Amsterdam’, begon hij te zingen. Ik lachen.

‘Mevrouw Vroeg-in-de-Wey. Hendrikje Vroeg-in-de-Wey. Hendrikje. Hendrikje Stoffels.’ Die pretogen.

‘Hendrikje Stoffels?’

‘Rembrandt, Rembrandt van Rijns tweede vrouw. Hendrikje. Aparte naam.’

Natuurlijk. In de Arthur Sterckstraat hadden we een kopie van een landschap van Rembrandt aan de muur hangen, in een met verguld houtsnijwerk versierde lijst. Geelbruine bomen met een stenen bruggetje, een goudkleurige lucht. In Borsbeek had ons mam hem nog. Daarna? Dat zijn van die dingen die verloren raken.

‘Met ons beider naam wordt – mijn hoofd eraf – hier uitbundig gelachen. Samuel Komkommer. Sam. Aangenaam’, zei hij en hij stak zijn hand uit.

‘Weet ik’, zei ik hem lachend aankijkend. ‘Nee, als kind was het geen pretje.’ Mijn natte handen vlug aan het witte gesteven schort afgeveegd, alvorens zijn hand te schudden.

‘U lijkt mij een fijne dame, u zorgt er telkens opnieuw voor dat mijn verblijf hier prettig verloopt.'

'Dank u', zei ik.

'Mevrouw Vroeg-in-de-Wey, als u mij toestaat, Hendrikje, als u zich volgende week dinsdagavond... nee, donderdag. Volgende week kom ik bij uitzondering twee dagen later, als u zich dus donderdagavond vrij kan maken, bent u mijn gast. Gaan we samen iets eten. Als het u past tenminste. Maar nu moet ik er als de bliksem vandoor. Mijn trein. Lopen zal het worden.' Hij nam me op van kop tot teen. Die ogen. Zijn blik dwaalde over me heen als een intense, zomerrode, vliegensvlugge zonsondergang, en na 'afgesproken mevrouw?' was hij weg. Maar wat hij teweeggebracht had. Mijn hele lijf, één rondwervelende stroomstoot, een splijtende pijnscheut. Laat het ophouden, laat het ophouden, smeekte ik in weerwil van het gelijktijdig genadeloze genot. Hoeveel seconden had het geduurd? Maar zo alles overrompelend. En waardoor? Door die ene korte blik en die paar lauwe zinnetjes? Ik plofte neer op het onopgemaakte, naar Old Spice geurende bed. Madame Irène met de vergulde klink van de kamerdeur in de hand.

'Ik zoek u overal. Is er iets, ge kijkt zo verdwaasd? Zijt ge soms een beetje versuft?'

'Ik kreeg een duizeling. Het gaat al over.'

'Ge zijt toch nog niet in het keren der jaren?'

'Alsjeblieft, nee.' Het moet verbolgen geklonken hebben, want madame Irène zei half verontschuldigend: 'Het zou kunnen, bij sommige vrouwen begint het vroeg.'

29

Papa heeft zich gewassen. Geschoren. Hij heeft een propere col om.

'Wie gaat ermee naar de Vogelenmarkt?' vraagt hij.

'Ik', zeg ik.

'Ik ook als we naar de hondjes gaan kijken', zegt Jean-Pierre.

'Gij moet altijd uw voorwaarde stellen, snotaap. Goed. Kijken en afgelopen, geen gezanik. Afgesproken, Jean-Pierre? Er komt geen hond in huis.'

'We hebben toch ook vissen en een kanonnenvogeltje', zegt Jean-Pierre.

'Ja, omdat papa dat wilde', komt mama tussenbeide.

'Of er geen verschil is. Een paar vissen in een visbak en een hond.'

'Dat zeg ik niet, het gaat om het principe.'

'Principe?'

'Wel, dat jij altijd alleen rekening houdt met je eigen wensen.'

Papa's schouders gaan de hoogte in.

'Moet ik groenten meebrengen?' vraagt hij aan mama.

'Zie maar', zegt ze

'Mama, ga jij niet mee?' vraagt Jean-Pierre.

'Mama is een beetje moe', zegt mama.

We stappen op. Papa met de versleten kabas in de hand.

Hildeke en Raoul Robbé spelen op straat met hun diabolo. Ze trekken een neus naar ons. Jean-Pierre steekt zijn tong uit. Papa zingt:

'Avanti popolo, alla riscossa
bandiera rossa, bandiera rossa
Avanti popolo, alla riscossa
bandiera rossa trionferà (...)'

Iedereen kan het horen, en het is meer marcheren dan stappen wat papa doet, met die zwaaiende armen. Een, twee, drie, een, twee, drie, een, twee, drie en die in zijn hand meebengelende kabas. Begin ik ook mee op de maat te stappen. Dat doen uw voeten vanzelf, zoals bij de jongens en de meisjes van de Chiro als ze 's zondags zingend in stoet naar de kerk marcheren. Naar het lof. Wat zij zingen klinkt bijna hetzelfde als wat papa altijd zingt. Als wij op schoolreis gaan, zingen we ook. Bij 't krieken der dagen eruit, faldera, met klank van mandoline, gitaar en fluit, faldera, wij zingen zonder zorgen, vrolijk in de morgen. In open lucht zing ik wel mee. Valt vals zingen niet zo op. Of als we van 'macadam, macadam, macadamdamdamdam, steenweg, steenweg', doen. Bij steenweg moet ge telkens een stap achteruit zetten. Ga ik naast mijnheer Schollaert lopen, en als ik dan de kans krijg om met hem te kabassen.

'Kom, eerst naar de cactussen', zegt papa. 'Ik ga er iedere keer een paar kopen, tot de vensterbank vol staat.'

'Mag ik ze kiezen?' vraagt Jean-Pierre.

'Zullen we zien', zegt papa, waarop Jean-Pierre onmiddellijk blijft staan waar hij staat, kop in kas. Een donderwolk.

'Ge zijt niet met uw moeder op stap. Pas op of ik neem u nooit meer mee', zegt papa.

'Ik wil al nooit meer mee', bokt Jean-Pierre.

'Koppige ezel. Eerst wil ik zien of ge nog kunt lachen. Trekt ge een ander gezicht?'

Gelukkig, de vrolijke kleuren van de bloemen op de cactusjes zijn hem te aanlokkelijk.

'Papa, cactussen hebben namen die geen mens kan uitspreken', zeg ik. De namen staan op houten latjes, in het zand van de bloempotjes geprikt. Ge moet ze aflezen van boven naar onderen. Zoals Japans of Chinees. *Echinos hybride salmon queen. Cereus silvestrii.*

'Het is Latijn. Alle planten hebben Latijnse namen en daarnaast een gewone naam. Kiest gij er ook vijf.'

De tien cactusjes worden in een kartonnen doos gezet, die juist onder papa's arm past. Wandelen we voort. Soms is het een gewriemel om tussen al die kramen en zo veel volk door te komen. Verderop koopt papa een doos vogelzaad en we gaan naar zijn vaste groentekraam.

'Een bussel wortels, een bloemkool en een pak prei.'

'Wa groeit er in meijne hof... parei... wa nog?' begint de marktkramer te zingen.

'Een kilogram spruitjes.'

'Bah, spruitjes', zegt Jean-Pierre.

Papa houdt zijn belofte. Op naar de hondjes. Onderweg passeren we een ballonnenman.

'Van mama zou ik er een krijgen. Mama zou het touwtje van de ballon aan mijn pols vastknopen. Ik zou de paarse kiezen met Mickey Mouse erop', fluistert Jean-Pierre me toe.

We komen bij de hondjes. Die zitten op krantenpapier en houtkrullen in bakken en manden, die op en naast de kramen staan. Die jonge hondjes. Ze zijn zo schattig. We mogen ze strelen. Een verkoper duwt er me een in de armen. Een boxer-tje.

'Boxers kwijlen', zegt papa. 'Die wrijven hun speeksel overal tegen.'

'Zachtaardige beesten', zegt de verkoper. 'Kindervrienden.'

'Gij zult het wel uitleggen', zegt papa tegen de verkoper.

Het hondje in mijn armen. Jean-Pierre aait het voorzichtig. Het hondje kijkt me aan. Ik wil het niet meer loslaten.

'Rosa, kom, zet die hond neer.' Papa heeft niets met honden. De verkoper gaat zich met andere mensen bezighouden.

Voor we de markt verlaten, koopt papa in de gauwte een ruiker babyroze genoffels met witte randjes en verdeelt de aankopen. Hij zelf draagt de doos met de cactusjes en de ruiker bloemen, ik de kabas met de groenten, Jean-Pierre de doos vogelzaad. Zo stappen we de straten van de stad door, op weg naar de tunnel en naar huis. Het is koud en ik heb geen handschoenen aan. Alle winkels zijn gesloten. Is de stad precies een andere stad. Leeg, verlaten. Stil.

Voor de deur van ons huis stopt papa de ruiker bloemen in Jean-Pierres hand. 'Hier, geeft gij ze maar aan mama', zegt hij.

Middageten met chocoladepudding als dessert! Door de radio klinkt het opera- en belcantoprogramma. Mama valt in slaap in een van de clubfauteuils. Haar hoofd achteroverleunend op een gehaakt lapje, mond open. Ze snurkt niet, maar ze ademt wel met veel omhaal in en uit. Hijgend en zuigend.

Papa is met Jean-Pierre de straat op. Hem leren fietsen. Hij houdt het zadel vast, loopt mee terwijl Jean-Pierre trapt. Jean-Pierre kreeg het fietsje met ballonbanden voor Sinterklaas. Papa en mama hebben het overgekocht van de Verlindens, Vivianes oude fietsje. Papa heeft het op een avond in de kelder in de rode menie gezet tegen het roesten. Waarom hebben ze voor mij niet naar een tweedehands fiets uitgekeken? Als we buiten spelen en de anderen rijden ergens heen, naar het parochiehuis of naar het grasveld aan de Schelde, moet ik altijd bij iemand achterop zitten of de anderen te voet achterna lopen. Ik doe de voordeur dicht. Het is te koud buiten.

'Ik ben bevroren', roept Jean-Pierre bij hun binnenkomst.

'En, is het gelukt?' vraagt mama geeuwend.

'Comme-çi, comme-ça', zegt papa. 'Er zal nog geoefend moeten worden.'

'Ik dacht dat hij er op een, twee, drie mee weg zou zijn', zegt mama. Er klinkt ontgoocheling in haar stem. Ze staat op uit de clubfauteuil en haalt de strijkplank uit de keuken. De op een stoel gedrapeerde kleren die voor de kachel te drogen hangen – een hemdje en een broek van Jean-Pierre, mijn truitje en rokje en mama's zwarte bloes met het kanten colleke – moeten gestreken worden.

Papa legt zijn voetbalpronostiek op tafel. Hij kijkt naar mama, die met het strijkijzer in de weer is. Papa ziet mama graag bezig, als ze het huishouden doet. Dat ziet ge aan zijn gezicht.

'Achtereen, als we beter bij kas zitten, kunnen we ons wat ruimer in de kleren steken. Nu is het nog wassen, drogen, dragen. Noodgedwongen.'

Goed dat ik iets om handen heb. De gedachten aan mijnheer Komkommer dobberen onafgebroken rond in mijn bovenkamer, als zwanen op een meertje, maar minder vredig. Donderdag. Ik wist niet dat dagen aftellen zo ondraaglijk is. De afgelopen week leek een eeuwigheid. Vooral de nachten. Hoewel doodop, heb ik nauwelijks geslapen. Verward, opgelaten en dat naast Raymonds enerverende gesnurk. Enerverend en tegelijkertijd geruststellend. Hij sliep tenminste. Stel je voor, hij ook wakker, met twee wakker midden in de nacht, naast elkaar in bed en ik met mijnheer Komkommer in mijn hoofd, godallemachtig, nee. Gelukkig is me dat gespaard gebleven. Liggen woelen, maar voorzichtig om de matras niet te doen kraken.

'Mama, zijt ge niets aan het verschroeien... ik ruik brandlucht.'

'Sapperloot, ik stond te dromen, Rosa.'

'Au... Au... Au... Au... !'

'Jean-Pierre, wat nu?'

'De stekels van de cactusjes.'

'Stop met dat brullen. Blijf met uw pikkels van die cactussen. Ik had het in de gaten.'

'En jij zegt dan niets.'

'De beste leerschool.'

'Ventje toch.'

'Ik wilde ze alleen maar van plaats veranderen, de roze bloempjes bij de roze en de gele bij de gele', huilt Jean-Pierre.

'Kom. Moet ik met een pincet de stekels uit je vingertoppen halen? Wees een grote jongen. Even op de tanden bijten. Flink zo. Zou je die cactussen niet beter elders zetten, Raymond?'

'Geen denken aan. Dat doet hij geen tweede keer.'

'Kom, geeft mama er een kusje op. Zal de pijn vlug verdwenen zijn. Willen we eens kijken of er nog lolly's in de kast liggen? Hier, zie je, een rode. Raymond, heb je een beetje geduld met Jean-Pierre, en wil je de stekker uit het stopcontact trekken? Ik stop met strijken. Ik ga een douche nemen.'

Het douchewater lijkt mijn stemming aan te voelen. Vrolijk, driftig spat het in het rond, ketst uitbundig af tegen mijn borsten. Witte Lux. Schuimige zeep. Kim Novak wast zich er ook mee. Uit eten ... Met een man uit eten ... Is toch niets mis mee? Is toch geen kwaad mee gemoeid? Uit eten. Met een diamantair. Vis-à-vis aan een tafeltje. Praten. Wissewasjes uitwisselen. Ditjes en datjes opwerpen. Uit eten. Niet te geloven. Armen over elkaar geslagen op het restauranttafeltje, rechte rug, de ene knie over de andere, een hand losjes onder de kin, keel tussen duim en wijsvinger, ik zie me al zitten. En mijn voorzorgen genomen. Raymond verwittigd dat het zou kunnen dat ik moet inspringen, met dit weer, de ene na de andere valt ziek. 'Maak je dus niet ongerust, Raymond, mocht ik een dezer dagen veel later thuiskomen.' Maakt het al een heel stuk makkelijker. Vooruitziend. Ben ik toch niet voor niets lid van De Socialistische Vooruitziende Vrouw. Raymond suggereerde ooit: 'Ge kunt u inschrijven in een van hun hobbyclubs: handwerken, bloemen schikken, tekenen naar levend model. Ze organiseren tentoonstellingen met het resultaat.' Ik kregelig. Ach, hij bedoelde het goed. Kraan dicht. We moeten eindelijk eens aan een douchegordijn denken. De plas water voor het straalkacheltje opvegen, anders heeft hij weer iets om over te zeuren. 'Maak er geen waterbaan van. Opgepast, water en elektriciteit doodsgevaar, je kan je elektrocuteren. Je kleren niet op het straalkacheltje leggen, ze kunnen in brand vliegen. Ik wil geen drama's.' Als salvo's vuurt hij aldoor zijn waarschuwingen op ons af. Mijn opgeruimdheid bedwingen, geen achterdocht wekken. De handdoek.

Een schoon nachthemd aan, mijn fris gewassen kamerjas. Krulspelden, haarnetje erover. En nu ik hier toch ben, kan ik in een moeite de wasmachine aanzetten. De stapel kleren sorteren, alles in gang zetten en dan naar beneden. 'Que sera, sera, wat zijn moet, dat zal zo zijn, de toekomst die blijft geheim, que sera, sera.' Wat zijn moet, zal zo zijn. Beneden in de eetkamer staat de radio aan. Edith Piaf.

'Ze treedt op in de Kursaal van Oostende met het orkest van Willy Rockin. Zou ik wel eens willen meemaken, Rika.'

'Niet voor onze portemonnee, Raymond. En hoe geraak je er? En hoe geraak je thuis vanuit Oostende? Waar is de krant, ik heb ze nog niet gelezen.'

'Daar ligt ze.'

'Raymond, luister eens... luister nu eens naar wat hier staat: volgens *France-Dimanche* veroorzaakt jaloersheid drieduizend doden per jaar in Frankrijk. Duizend moorden, tweeduizend zelfmoorden. Raymond, zeg eens eerlijk, zou jij voor mij de gevangenis in willen vliegen?'

'Ik, jalous? Om van u af te zijn moet ge bijleggen, een werk van barmhartigheid. Mijn rivaal schenk ik een medaille voor moed en zelfopoffering.'

O, wat is hij grappig. De kinderen liggen languit op het lichtblauwe tapijt met de roze rozen, spelen met de rennertjes. Het spelletje met de knikker. Maken ze een keertje geen ruzie. Zolang het duurt.

'Mijn coureurke staat in eerste positie, joepie, ik ben aan 't winnen.'

'Rennertje, Jean-Pierre.'

'Ik zeg coureureke, zeeptrien, gij zijt precies een schooljuffrouw.'

'Echt knikkeren, Jean-Pierre. De knikker echt wegschieten met de duim en hem niet in 't geniep rap vooruitschuiven op het ogenblik ge de knikker loslaat.'

'Dat doe ik niet, zie maar.'

'Ik heb daar mijn twijfels over.'
'Gij kunt niet tegen uw verlies, Rosa.'
Hoor mama en papa, waarover zijn ze aan 't giechelen?

30

Eindelijk. Het is zover. Het is dan toch donderdag gesukkeld. Zoals altijd langs de dienstingang in de Vestingstraat het hotel binnen. Het gangetje door.

'Goeiemorgen, mijnheer Ferdinand.'

'Goeiemorgen, Rika. Het groot lot uit? In lange tijd u niet zo vrolijk weten binnenstappen.'

Hij moest het weten, onze Nand, de nachtwaker. Hij kijkt me verbaasd aan vanachter het loket van de portiersloge. Gedeeltelijk verborgen tussen verbleekte ringmappen, torenhoge stapels paperassen. Hij draait de stop van zijn thermosfles, giet koffie in een bekertje. Zijn krant ligt opengespreid, verslaafd aan het kruiswoordraadsel. Radio aan. In een register, een ruitjesschrift met rode marge, zet hij in een kolom een kruisje achter de naam van elk binnenkomend personeelslid. Ook moet hij ongewenste individuen weren en hotelgasten die het wagen het hotel zonder betalen te verlaten, tegenhouden.

'Gij stapt nogal door zeg, ik probeerde u op straat in te halen.'

'Adolphina.'

'En op 'oog hielen.'

'Met platte zolen kan ik niet gaan. Ik heb een hakje nodig.'

'Eleganter, natuurlijk.'

'Dat is het niet. Met platte zolen heb ik het gevoel dat ik ga struikelen, zoals een clown over zijn eigen voeten.'

'Geef toe, ook omdat het eleganter is.'

Wat krijgen we nou. Toegeven. Ik ben haar geen verantwoording verschuldigd. Wat heeft zij te maken met wat ik aan mijn voeten draag? Niet op ingaan.

'Het kwakkelende liftje. Maximaal drie personen, met twee is het al volle bak', zegt Adolphina.

'Een zeepkist', zeg ik en aangekomen op de vijfde verdieping schuif ik de tralies van de liftdeur opzij en stap voort. Ga ik een beetje overdreven met mijn heupen wiegen.

Mijn schone bloes voor vanavond, mijn handtas in mijn kastje bergen. De ring van ons mam houd ik aan. Een gouden ring met diamantjes laat je niet achter in een kleedkastje.

'Wie zit er achter u aan, vandaag?' Staat Adolphina naast me in het office. Haar niet horen binnenkomen. Heeft ze me mijn spullen zien wegleggen? Ik kijk haar aan en verdwijn. Ik voel me stralen. In alle vroegte opgestaan, samen met Raymond, krulspelden uit mijn haar, haren opgekamd, nagels gelakt. 'Gij maakt nogal toilet vandaag', zei Raymond. 'Een goed voorkomen is alles in zo'n hotel. Je zit er tussen mensen. Je zou moeten weten wat sommigen in hun valies hebben steken. Gisteren zag ik een bontjas over een sofa hangen, zibeline. Er zijn er die de schitterendste juwelen laten rondslingeren of het rommel uit een kauwgomballenmachientje is.'

En madame Irène vond me de laatste dagen afwezig. Je zou voor minder. 'Ge zijt nog zwijgzamer dan anders', zei ze me en Alice, die was er helemaal niet gerust in. 'Heb ik soms iets gezegd dat bij u in het verkeerde keelgat is geschoten?' vroeg ze me. 'Welnee, malle meid', stelde ik haar gerust.

Hoe laat is het? Anders is hij op dit uur allang gearriveerd. Ach, waar is hij eigenlijk op uit? Een verzetje? Welke man wil geen verzetje. Krijgen de nikkelen kranen ongewild een extra beurt. Ik hoef me geen illusies te maken. Hij diamantair, ik assepoester.

'Rika, gij zijt vandaag niet in uw gewone doen.' Adolphina. Ze stofzuigt de gang. 'Ge dwaalt zo rond.'

De waakhond.

'Een plotse migraineaanval, een aanhoudende klop, zoals in een klok. Of de klepel tegen mijn hersenpan beiert.'

'Ge hebt dat schoon gezegd', zegt Adolphina. 'Gij komt altijd goed uit uw woorden, Rika.'

'In mijn plaats zouden er nu veel stoppen met werken en naar huis gaan', doe ik er maar meteen een schepje bovenop. Een leugen, maar ik heb mijn leven lang genoeg hoofdpijn gehad om te weten waarover ik spreek. Ik voel een immense ontgoocheling opwellen. Hij heeft hoogstwaarschijnlijk een andere kamer op een andere verdieping gevraagd. Tot me een lichtje opgaat. Misschien heeft het te maken met het feit dat hij vandaag bij uitzondering op donderdag komt.

De telefoon rinkelt in het office.

'Rika, is mijnheer Komkommers kamer gereed?' Madame Irène met het bevrijdende nieuws. Hij is er en hij heeft geen andere kamer gevraagd.

'Ik ben bezig de laatste hand te leggen.'

'Mag ik hem naar boven sturen?' vraagt madame Irène.

'Laat hem maar komen, als hij er niets op tegen heeft dat ik nog even met een doek de kranen in de badkamer opwrijf.'

Radio aan. Bezig blijven in de badkamer. Het gezoem van de stijgende lift. De lift stopt op de verdieping. Voetstappen. Hij komt de kamer binnen. De piccolo zet zijn koffertje neer. Hij stopt hem wat kleingeld in de handen. De piccolo zegt: 'Dank u wel.' De deur wordt dichtgetrokken.

'Hallo… u hier. Goeiemiddag, mevrouw Vroeg-in-de-Wey.'

'Van 't zelfde. Insgelijks', verbeter ik me. Ik voel dat ik begin te blozen.

Hij kijkt op zijn horloge.

'Lieve meid. Ik moet dringend naar de beurs… Wat denk je, zullen we vanavond?'

Mijn hele lichaam in beroering. Lieve meid. Zo familiair. Beschouwt hij me inderdaad als een ordinaire scharrel? Een klap in mijn gezicht. Hij moet mijn ontsteltenis merken.

'Heb ik u gegriefd? Mijn excuses dan. Ik heb het hopelijk niet verknald.' Het klinkt een en al deemoed. 'Het ligt niet in mijn aard me onbehoorlijk te gedragen, als het dat is waarvan u mij verdenkt.'

Hij krabbelt terug. Hij krijgt op slag weer dat voorname. Een man van fatsoen. Vastbesloten. Ik doe het. Uit eten.

'Hoe spreken we af?' Zijn blik ontwijkend, schone badhanddoeken over de houder hangend: 'Mijn werk zit er om vijf uur op', zeg ik.

Kom ik juist vandaag iets later dan de anderen het office binnen. Stokt de conversatie? Wordt er vlug op een ander onderwerp overgestapt? Of is het inbeelding? Met zijn allen aan de lange tafel, in de zwarte kleren en de witte schorten, de kapjes op het hoofd. Ieder met eigen drank, boterhammen, en achter elk bord een dessert: een stuk fruit, een spie broodpudding, een paar speculaasjes.

'Eet smakelijk', zeg ik. 'Was er weer zo'n stommerd die zijn kamer niet meer terugvond, aan het andere eind van de gang. Loop ik mee, krijgt hij de deur niet open, help ik hem uit de penarie met mijn passe-partout, maar denk je dat er een dankjewel afkon? De deur voor mijn neus, ja.'

'Rijke mensen hebben geen manieren', zegt Fernanda.

'Jawel, die hebben al te beste manieren, fijne manieren, ne savoir-vivre waar wij veel van kunnen leren, maar, tegenover ons, kamermeiden, toch niet. Ze zullen zich haasten', antwoordt Bernadette.

'Personeel afblaffen, de gewoonste zaak van de wereld', zegt Adolphina.

'Vroeger heb ik gediend bij een echte graaf en gravin op een kasteeltje in Lier. Twee aparte werelden, maar denkt ge dat die mensen me ooit één keer ruw aangesproken hebben? Wat hier komt zijn parvenu's', voegt Yolande toe.

'Je moet ze niet allemaal over dezelfde kam scheren', zeg ik voorzichtig.

'Ja, dat is waar,' zegt Adolphina, 'de uitzondering bevestigt de regel. Maar zijt gij die uitzondering hier al tegen het lijf gelopen, Rika?' Vermoedt ze toch iets of is het mijn slechte geweten dat me parten speelt?

'We hadden het juist over die sadist, die de BOB heeft aangehouden in Mechelen', zegt Fernanda vurig. 'Die woont, het wil lukken, in de straat van mijn schoonmoeder, een paar huizen verder. Een deftige mens, een gediplomeerde loodgieter. Twee jonge kinderen.'

'Ik weet van niets, ik heb al een paar dagen de krant niet meer open gehad', zeg ik. Zie je, ze nemen de draad gewoon weer op. Mijn achterdocht temperen. Beginnen ze me daar elkaar met een gretigheid in de rede te vallen. Hun woorden struikelen over elkaar, kappen elkaar af.

'Hij zette annonces in dagbladen om deftige winkelmeisjes aan te werven', zegt Fernanda.

'Strikte een meisje, net achttien, steno-dactylo, sprak met haar af in het station van Mechelen', vult een ander aan.

'Hij voerde haar mee naar een afgelegen villa in Bonheiden.'

'Die had hij gehuurd, volledig verscholen in de bossen.'

'Ze namen samen de tram daarnaartoe. Samen op de tram, 't toppunt, hè.'

'Hij maakte haar wijs dat de patroon waar hij haar zou tewerkstellen, daar woonde, en die sukkel geloofde hem.'

'Hyacint Vandebotermet heet hij.'

'Hyacint, met zo'n naam zijt ge voorbestemd om in de fout te gaan. Welke normale ouders noemen in godsnaam hun zoon zo. Aan die mensen moet ook al een steekje los hebben gezeten.'

'En Vandebotermet erachter', bemoei ik me in het kirrend gesprek.

'Hyacint', zegt Bernadette. 'De hyacint is het symbool voor de wederopstanding in de lente. Ik leer de symbolen uit mijn hoofd, ik zit al aan de kraanvogel. Gij eet nu een banaan, hè Gaby, weet gij waarvoor bij de Chinezen de banaan symbool staat...? Voor de zelfstudie. Daar doe ik aan, aan zelfstudie, en ik zit in een quizclub, sinds de dood van mijn echtgenoot. Jaren heb ik voor een zieke man moeten zorgen. Geen minuutje hield ik over voor mezelf. Nee, in mijn huis komt geen vent meer binnen. Nu ik eindelijk vrij ben te gaan en te staan waar het mij belieft.'

'Bernadette, zeg nooit nooit', zegt Gaby.

'Ik zweer het bij mijn ziel en zaligheid', zegt Bernadette. 'Niet één man meer die ooit nog om mijn hoofd zeurt. Trouwens, Gaby, eerlijk, wat voor soort mannen gooit op onze leeftijd zijn anker uit bij ons? Ofwel zijn ze op zoek naar een vrouw die hun soep kookt en hun sokken stopt, ofwel zijn ze ziek en behoeven ze een verpleegster, ofwel komen ze gewoon af en toe hun zakje bij u leegschudden. Nee. Ik heb mijn portie gehad. Ik heb er mijn bekomst van.'

Mannen die enkel hun zakje bij je komen leegschudden. Wat een uitdrukking, gaat door me heen.

'Maar wat heeft die Hyacint Vandebotermet nu eigenlijk op zijn kerfstok? Dat vraag ik me af.'

'Zwijg, Rika', zegt Fernanda. 'Toen ze in de villa in Bonheiden aankwamen, liet hij haar plaatsnemen op een canapé en heeft hij haar vastgeklonken met op voorhand verborgen beenklemmen en haar met een alarmpistool bedreigd.'

Vallen ze elkaar opnieuw in de rede.

'Hij had een volledige folterkamer ingericht. Hij heeft elektrische stroom door haar lijf gejaagd.'

'Hij heeft onnoemelijke feiten op haar gepleegd.'

'Hij haalde zijn mosterd uit boeken met gruwelverhalen over martelingen.'

Zie ze gezellig zitten griezelen.

Genoeg rondgeslenterd. Het wordt tijd. De Innovation binnenstappen. In het toilet mijn handen wassen. De kam door mijn haar. Acajou staat me beter, natuurlijker. De tijd van blond is definitief voorbij. Mijn poederdoos. Lippenrouge. Een muntje in het schoteltje van de wc-dame.

Wat voel ik me prettig opgewonden, overweldigd door een geluksgevoel. In de straten floept de feestverlichting aan. De kerstsfeer. Vinden Rosa en Jean-Pierre geweldig. Een van de volgende avonden trek ik met hen de stad in. De Jezusstraat door. Cremerie De Ryck zit tjokvol. Onder wit keukenlicht aan houten tafels met een dik glazen blad bovenop, zitten moeders, grootmoeders, kinderen, die van ijsjes, wafels, pannenkoeken smullen. Oma's die kindermonden afvegen, moeders die demonstreren hoe de papieren parasolletjes open- en dichtklappen, kinderen die het ook willen proberen. Kom, voortstappen. De Gemeentestraat in. Chique buurt. De exclusieve kledingzaak De Nieuwe Mode. Hier zou ik mijn goesting vinden, zie die zwarte redingote. Prachtige stof. Mocht ik geld hebben, ik zou het wel weten. Het café van Stan Ockers straalt een gezellige warmte uit, gobelin tafelkleedjes. Het zit stampvol. Zijn dood is inmiddels alweer bezonken. In een ruime boog om de Statiestraat. Ik wil niet voor hem in de Panaché aankomen. Mannen die enkel en alleen komen om hun zakje bij je leeg te schudden. Bernadette, deze middag in het office. Waar haalt ze het? Het Astridplein oversteken, de ingang van de dierentuin voorbij, de Middenstatie door, de De Keyserlei op. Het is tijd nu.

Het grote etalageraam van de Panaché verlicht de hele straat. Zie eens aan, de uitgebreide keuze, eersteklas charcuteriewaren. Vooraan de sandwichbar. In de muur verankerde tafelbladen en tabourets met chromen poten en knalrode lederen zittingen. De schare personeel achter de enorme toonbank. Of ze met z'n allen in hun schorten met op het borstzakje Panaché geborduurd een rood-witgestreept raderwerk vormen. Aan een hels tempo worden lange, krokante broodjes met één houw doorgesneden, met boter besmeerd, beleg erop, ingepakt, elastiekje er omheen, een papieren servetje ertussen gepropt. Tot tien tellen, diep inademen, het grote ogenblik. De deur openduwen, doorlopen naar achteren, naar het echte restaurant. Een zee van tafeltjes met wit stijf linnen en witte vaasjes met telkens drie roze theeroosjes. In tegenstelling tot het voorste gedeelte brandt hier een warm, gedempt licht. Beschaafd geroezemoes. Achteraan, ietwat weggemoffeld achter een paal, zie ik mijnheer Komkommer zitten.

Zijn discrete wenk. Zweven, hartkloppingen… is dit echt? Ik schrijd door het goed gevulde restaurant. Met ingestudeerde zwier. Mijnheer Komkommer staat op, helpt me uit mijn jas, hangt hem een eindje verder aan een kapstok, terwijl ik ga zitten, de ene elleboog uitgespreid over, de andere op het tafeltje geplant. Rechterhand onder de kin.

'Mijn lieve mevrouw Vroeg-in-de-Wey.'

Hij is me van een beminnelijkheid. Gelukkig luk ik erin alles boven tafel min of meer in toom te houden. Onder tafel, knikkende knieën, bevende benen, als bij een zenuwlijder van het ergste soort. Kalmeer, kalmeer, je bent bespottelijk, praat ik tegen mezelf aan.

'Aangename kennismaking.' Wat zeg ik nu weer. Of ik hem voor het eerst in mijn leven zie. Ik sla de bal compleet mis.

'Mevrouw Vroeg-in-de-Wey, staat u mij toe u voortaan Hendrikje te noemen?'

Ik blijf sprakeloos. Inmiddels, duim onder de kin, wijsvinger tussen neus en lippen. Zijn donkere, indringende ogen.

'Of houdt u het liever op mevrouw Vroeg-in-de-Wey?' Zijn geamuseerde blik. 'Ik breng u toch niet van streek? Als ik daartoe in staat ben, weet dan dat ik dit beschouw als een hele eer.' Hij schudt met opeen gedrukte lippen nee met zijn hoofd. Hij nijgt over het tafeltje, grijpt mijn elleboog beet. 'Mijn lieve Hendrikje, dat ik jou zo van streek kan brengen. Is het dan niet reuzegezellig, hier te vertoeven in elkaars gezelschap?'

Ik knik ja.

'Ja, Sam, reuzeleuk. Kom zeg me na', lacht hij.

'Ik weet niet of ik ertoe in staat ben.'

'Proberen.'

'Ja, Sam… reuzeleuk.' Gespeeld gedwee, een ingehouden glimlach.

'Kijk eens aan, die kogel is door de kerk', zegt hij, terwijl de ober de menukaarten aanreikt. Zonder mij iets te vragen bestelt hij twee glazen champagne.

Raymond zit nu aan tafel met de kinderen voor een bord Soep van Boom, overschot van gisteren, en voor de rest zullen het boterhammen met kaas en sla zijn. Raymond zal de kaas met selderzout bestrooien, hij is dol op selderzout, hij zou op alles selderzout strooien.

'Keuze gemaakt?'

'Wat neemt u... eh... wat neem jij?'

Hij schuift het vaasje opzij, zijn hand op mijn hand. Terugtrekken of niet?

De ober brengt de champagne. In het restaurant van de Panaché in het midden van de week met een glas champagne voor me en met de hand van een vreemde man op de mijne. De ober neemt de bestelling op, zegt: 'Voortreffelijke keuze', en verdwijnt.

'Mooie handen, lange, slanke vingers, had ik onmiddellijk in de gaten.' Rillingen.

'Hendrikje, wat zie je bleek.'

'Ik ben dit niet gewoon. Ik heb een gezin, ik heb een...'

'Ssst, mag ik je onderbreken? Laat ons eerst toasten op ons. Proost.' Zijn glas tikt tegen het mijne. Klinken en drinken.

'Nu, hier, alleen wij twee, is dat niet genoeg? De rest sluiten we even buiten.'

Wat wil hij daarmee zeggen?

'Je leven in vakjes indelen. En in elk vakje zo goed mogelijk functioneren op het moment dat je in dat vakje zit. De zorgen en problemen van het ene vakje nooit meesjouwen naar het andere.' Het gefonkel in zijn ogen.

'Iets wat mannen makkelijker afgaat, denk ik.' De tril in mijn stem.

'Zou ik zo niet durven beweren.'

De ober zet twee borden neer. Gerookte zalm. Een delicatesse. Apart, twee kommetjes. Ui en peterselie fijngesnipperd. Een bordje met kwartjes citroen, boterhammetjes in kleine, keurige driehoekjes gesneden. Een fles witte wijn. De ober opent de fles en schenkt een weinig wijn in zijn glas. Mijn glas blijft leeg. De ober houdt met beide handen de fles vast, het etiket duidelijk zichtbaar. De fles ligt in zijn handen als het kindje Jezus in de kribbe, gaat in een flits door me heen. Sam Komkommer neemt een slok, knikt met goedkeurende blik naar de ober. Al die plichtplegingen. Mijn glas wordt gevuld, het zijne bijgevuld. De ober verdwijnt.

'Een Meursault.'

Zegt me niets. Mijn glimlach moet onzeker overkomen.

'Een witte bourgogne.'

Witte bourgogne zegt me net zo min iets.

Hij heft het glas, ik, de glazen tikken tegen elkaar. Hij kijkt me aan. Die ogen. Of hij me aanraakt met een toverstaf. Ik neem een slok, met afgewende blik.

'Heerlijk', zegt hij.

'Lekker fris', zeg ik en tegelijkertijd slik ik de gloed van mijn opwinding mee door, wat even pijnlijk aanvoelt als een te haastig doorgeslikte slok gloeiendhete thee.

'Vorige week was ik met mijn kroost in de dierentuin, waren we in het slangenhuis op het ogenblik dat de slangen gevoederd worden. Laten ze in die glazen bakken witte muisjes los. Had je moeten zien hoe zo'n muisje wordt opgeslokt, terwijl de bobbel zichtbaar blijft en steeds verder opschuift in het slangenlijf. Mijn dochter hysterisch. "Het arme muisje, het arme muisje", gilde ze. Een akelige bedoening.' Domme gans, waarom een niet ter zake doend verhaaltje opdissen. Ik kan mezelf een klap verkopen.

'Laat in elk geval de gerookte zalm je even lekker smaken als de muis de slang smaakte. Eet smakelijk, mevrouw.'

'Heerlijk... zo smeuïg... Sam.' Ik heb zijn voornaam uitgesproken!

'De gerookte zalm is hier altijd top... Hen-dri-kje.'

Legt hij mes en vork neer, hoewel zijn bord bijlange niet leeg is. Hem nadoen. Hij staat op, haalt de fles uit de ijsemmer, die verderop op een commode staat. Hij schenkt de glazen glimlachend bij.

'Het werk van de ober, maar als die niet omkijkt... Ik was uitgehongerd. Na mijn ontbijt deze ochtend in alle vroegte niets meer achter de kiezen gestoken.'

'Beschuit met muisjes als ontbijt? Heus Hollands. Heb ik in stand weten houden. Eten wij iedere ochtend. Beschuiten van Veen.'

'Muizen, muizen, Hendrikje wat heb je met muizen.' Hij moet lachen.

'Muizenissen', vind ik vlug uit.

Hij slikt zijn wijn erg nadrukkelijk door, neemt vork en mes weer op en eet zijn gerookte zalm voort. Savourerend. Een tweede misser? Ik wilde gewoon leuk zijn. Hoe het er bij mij thuis aan toegaat, gaat hem geen steek aan, zal hij denken. Stel ik hem teleur, heeft hij al spijt van ons rendez-vous, concentreert hij zich daarom zo op wat op zijn bord ligt en op de smaak van de wijn?

'Dit is genieten. Van de zalm, van de wijn, van elkaar', zegt hij eensklaps.

In dubio. Vraag ik het hem? Vraag ik hem waarom hij juist met mij contact heeft gezocht en niet met een van de andere kamermeiden? Waarom ik de uitverkorene ben? Wie weet, misschien ben ik gewoon tweede keuze, of erger, derde. Is hij door de anderen op zijn nummer gezet? 'Mijnheer, ik ben een getrouwde vrouw. Voor u misschien maar een kamermeid, wat niet wil zeggen dat...' Ik ben misschien de eerste bij wie zijn haring braadde. Kom, Rika, geniet nu van het moment, anders zat je thuis, aan je keukentafel Raymond aan te horen voor een bord opgewarmde soep.

'U... jij bent diamantair. Wat moet ik me daar eigenlijk bij voorstellen?' Het is eruit.

'Niet veel. Ik loop rond met wat steentjes in een doek geknoopt en probeer die te versjacheren.'

‘Versjacheren?’

‘Daar komt het op neer. Meer valt er niet over te zeggen. En we hadden toch afgesproken niet over onze vakjes heen te kijken?’ Hij kijkt me weer aan met een paar ogen.

‘We…? U… jij.’

‘We hoeven niet alles te weten over elkaar. Het mysterie is het zout in de pap. Scherm je je glas nu al af?’

‘Dank je, ik volg je tempo niet. Diamanten verkopen is een kwestie van vertrouwen, zegt men. Diamanten gaan van de ene hand in de andere, zonder kwitantie, klopt dat?’ Hij kijkt me aarzelend aan.

‘Ja, gelukkig. Iemand die de boel belazert, kan het schudden, persona non grata. Onherroepelijk.’

‘Is… is Komkommer joods?’

‘Ja.’ Zie ik verwondering in zijn blik.

‘Dat hebben de moffen me althans duidelijk gemaakt. Voor de oorlog was je daar niet mee bezig. Voor alle duidelijkheid, ik ben een spekjood.’

Een spekjood? Hij draagt geen trouwring.

‘In de oorlog heb ik bij mij in de buurt joden zien oppakken. Wij wisten toen natuurlijk niet wat die mensen te wachten stond.’

‘Hendrikje, ik zit hier tegenover jou, een hartveroverend mens. Het vakje oorlog heb ik in cement gegoten, zoals iemand die een lijk wil doen verdwijnen. Met mij zal Magere Hein geduld moeten hebben. Iedere dag bewust genieten van het leven, er iedere minuut uithalen wat er uit te halen valt, zolang het kan, en vooral je leven niet laten vergallen door onprettige hersenspinsels. Dat is de boodschap die de doden mij influisteren. Zij hebben spijt, omdat het te laat is. Hadden we het geweten, hoor ik hen lispelen.’ Dat licht in zijn ogen, wat zit er achter, word ik brutaal bij de neus genomen?

‘De bon vivant uithangen.’

‘Het is maar wat je onder dat woord verstaat. Verwar me niet met een losbol. Ik ben een ernstig mens. Maar mag ik nu herhalen wat voor diepe indruk jij op mij maakt.' Of mijn keel wordt dichtgeknepen.

Ze zijn er met het hoofdgerecht. Fazant à la brabançonne en als extra garnituur een schaaltje veenbessen. De ober zet de borden neer.

'Opgepast, ze zijn voorverwarmd... Eet smakelijk, mevrouw, mijnheer.'

Een glaasje rood. Bordeaux. Ken ik. Van naam. En van de kleur.

'Ra... ra... bij wie zit het vogeltje.'

'Het vogeltje?'

'Het kogeltje, engel.'

Het kogeltje... ach ja, het kogeltje. Fazant wordt geschoten. Engel. Hij noemt me engel!

'Een perfecte fazant. Fazant is rap droog en taai, deze is heerlijk sappig. Wat een genot. Anders zou ik hier in mijn eentje zitten of roomservice bestellen in het hotel, maar een mens is niet op aarde om alleen te eten. Vanaf de eerste keer ik je door de gangen in het hotel zag lopen, dacht ik: Die vrouw is goud waard.'

Zijn hand weer op mijn elleboog. Mijn wulpsheid verhullen. Speldt hij me wat op de mouw? Ik word suf van het gepieker, van die heen-en-weer zwalpende gedachten. Laat je al die lieve woordjes welgevallen, de sfeer, het gemurmel van de beschaafde conversaties, het heerlijke eten en jij als deel van dit geheel, een keertje aan de andere kant van de barrière, bediend worden in plaats van te bedienen, het aangename zweverige gevoel, als een flinterfijn maaswerk om je heen.

'Waar zit je aan te denken?' Zijn hand strijkt langs mijn wang. Ik slik. We kijken elkaar zwijgend in de ogen. We eten.

'Je gang, zo trots, je benen, je taille... je stevige buste.'

Ja, mijn taille, die heb ik gelukkig altijd weten te bewaren, maar die opmerking over mijn borsten is er te veel aan. Toch meer afstand bewaren. Vormelijkheid heeft ook zijn charme.

'Ik meen het.'

Hij vangt mijn knieën tussen de zijne. Prompt wurm ik de mijne los, verschuif mijn benen naar links. Niet te inschikkelijk. Ik weet niet meer waar mijn hoofd staat. En tegelijkertijd worstel ik met een weggemoffeld schuldgevoel. Droefenis.

'Ik hou van vrouwen met jouw figuur.'

'Ah, zo, het gaat louter om mijn figuur. Neem ik nota van.' Ik bekijk hem nu heel bewust pruilerig én uitdagend aan.

'Het geheel, lichaam en geest.'

'Lichaam en geest van een kamermeid.'

'Spits hoor. Ik meen het. Alles aan jou bevalt me, hoe je beweegt, hoe je uit de hoek komt, je humor. Hoe je de bedsprei omsloeg.'

'Die keer. Zat je de krant te lezen.'

'Een mens kan twee dingen tegelijk doen en je hoeft niet op je horloge te kijken, mevrouw. Het heeft geen zin op de tijd te letten, de tijd staat even stil.'

'Je bent crazy.'

'Crazy? Zie je wel, eindelijk op je gemak...'

'De wijn speelt me parten, ik drink nooit wijn en ik heb af te rekenen met... met het thuisfront. Jij stapt straks gewoon je hotelkamer binnen.' Jeetje, trut, gaat hij nog denken dat ík zinspeel op...

'Ssst, we zitten momenteel nog in het schuitje voor ons twee... ver op de open zee.' De zangerige toon waarop hij dit zegt.

'Dessert?'

Bij de appeltaart met slagroom en het ijs met warme chocolade wordt het stil.

Wat een verwennerij. Ik voer hem een hap appeltaart met een dot room. Hij laat me proeven van zijn ijs. Ik gloei. Mijn poederdoos bovenhalen? Me in het spiegeltje bekijken? Lippen bijstiften? Ik durf niet. Waarom niet? Ik durf zelfs niet op te staan om naar de wc te gaan. Bang de sfeer te breken. Of een soort pleinvrees. Nergens heb ik een aanduiding naar de toiletten gezien. Iets over tienen. Een treffelijk uur. Kan ik nog verantwoorden tegenover Raymond.

Hij steekt een sigaartje op. Onderdrukt een geeuw.

'Ik was ook zo vroeg uit de veren.'

'Je schuitje voor ons twee op zee. Klinkt romantisch en zo hoef je niets van jezelf prijs te geven. Een slecht geweten sussen, denk ik.' Ik verbaas me over mijn overmoed.

'Een slecht geweten? Ik leef volledig in het reine met mezelf.' Weer die tik met zijn wijsvinger tegen mijn wang.

'Echt of geveinsd?'

'Echt, zowaar ik Samuel heet. Maar is het dan niet genoeg dat we gewoon bij elkaar zijn? Dat we het ons aangenaam maken?' Het heeft geen zin. Het achterste van zijn tong laat hij toch niet zien. Zijn privéleven gaat mij niet aan. Dat is me duidelijk.

'Er blijft niets verborgen dat niet geweten zal worden… ik laat je even.' Verbaasd over mijn eigen kordaat optreden, sta ik op. Hij kijkt me na, ik voel het. Rechtop lopen, hoofd in de nek, neus in de lucht, kont intrekken, bewegen vanuit de billen, de ene voet voor de andere of ik op een krijtstreep loop.

De koffie is geserveerd.

'Kikkert me weer helemaal op. Kan ik er weer uren tegen. Ik heb niet veel slaap nodig.' Zijn opzwepende blik.

'Ik moet nu echt naar huis.'

'Jammer.'

Hij rekent af. Galant helpt hij me in mijn jas. De onbarmhartige kou in. De flikkerende feestverlichting, de met pijlen, sterren, kronen overspannen straten en de uitgelaten voorbijgangers. De bioscoopzalen lopen juist leeg. Het toeterende verkeer. De tot een sliert aaneengeschakelde lichtbundels van autolampen. De aan- en uitfloepende suikerstokkleurige neonnamen, de lichtreclames van cafés, hotels, restaurants. Het lawaaierige Astridplein met in het midden de mooi aangelegde perken, of ik dit alles voor het eerst zie. Nu met prachtig uitgedoste kerstbomen. Als een triomfboog piekt hoog boven de daken van de huizen een lichtkrant uit. De strook aan- en uitpinkende lampjes, roepen het effect op van een lopende band, waarop de laatste nieuwsberichten verschijnen. Iets over Egypte... een Nobelprijs voor Juan, Ramón, Jimenéz... We spellen de tekst, zijn arm om me heen, wang tegen wang, oor tegen oor, wolkjes warme lucht wervelen onze monden uit. Je moet vlug zijn, in een wip zijn de woorden weg. We slenteren voort. Een zalig opgelaten gevoel zindert door mijn lijf, maar ineens denk ik: Het is genoeg geweest. Vertrouwelijk de avond met die man doorgebracht en toch is hij dezelfde vreemde voor me gebleven, mijnheer Komkommer, de hotelgast. De eer aan mezelf houden. Het lijkt wel oorlog in mijn hoofd. Ik verbreek de betovering eenzijdig.

'Brengt u me naar de bus.'

'Wil je echt naar huis, Hendrikje? We kunnen nog ergens een glas drinken. Aan de overkant, in de Paôn Royal?'

'Ik heb genoeg gedronken. Het is laat, voor mij althans, ik heb morgen de vroege.'

'De vroege? Betekent de vroege vroeg genoeg om mij morgenochtend mijn ontbijt op bed te brengen?'

'Zeker en vast. Als ik me morgenochtend door de gangen rep, slaapt u... slaap jij nog als een os.'

'Een os? Dankjewel, hoor.' Hij drukt me tegen zich aan.

'Als een roos dan.'

'En jij mijn Duimelijntje, die me komt wekken.'

'Duimelijntje?'

'Duimelijntje nestelt zich toch in een bloemblad, dat ze als bed gebruikt en als ik zoals je zegt een roos ben...'

De overheerlijke, teisterende wellust krijgt er een nieuwe impuls door.

'Duimelijntje, een sprookje van licht en duisternis', zegt hij met een plechtige ondertoon. Of een beetje boven zijn theewater.

Hij leest het zijn kinderen misschien voor. Of zijn kleinkinderen. Hoe krijgt een volwassen vent het anders in zijn hoofd... Duimelijntje. De oude mol zal ik maar niet te berde brengen.

'Daar moeten we zijn. Daar stopt de autobus.'

'Bus? Daar staan taxi's. Je gaat toch niet in die kou op de bus staan wachten.' Hij duwt me een biljet in de hand. Hij ziet me twijfelen, hij omsluit met zijn hand de mijne, knijpt ze dicht, het biljet tussen mijn vingers geklemd, opent hij het portier van een klaarstaande taxi. Mijn lichaam plooit de taxi in. Mijn benen buiten, een schoen wiebelend op mijn tenen.

'Schoentje achterlaten?' vraag ik.

Hij steekt nog vlug zijn hoofd in de taxi, geeft me een zoen op mijn voorhoofd. Pal boven mijn neus.

'Dank je voor de fijne avond.' Ik zie hem weifelen... 'Dus, volgend rendez-vous, morgenochtend? Beschuit met muisjes als ontbijt?' Hij trekt zijn wenkbrauwen op. Die opmerking vleit me. Heeft hij toch geluisterd, toch aandacht besteed aan wat ik vertelde. Maar of hij nu een heer, louter een charmeur, een profiteur of een regelrechte schoft is? Ik vraag het me af.

Ik laat de taxi in het begin van de straat stoppen.

Als gewoonlijk tref ik Raymond op de stoel voor de uitdovende kachel, voeten op het voetenbankje. Bij mijn binnenkomst schuift het boek waarin hij zit te lezen van zijn schoot op de grond. Maxim Gorki, *Het leven van een nutteloos mens.*

'Ik wilde juist nog wat kolen op de kachel doen.'

'Je had niet moeten opblijven. Zo veel zieken. Is dat bij jou op het werk ook zo? Ik denk dat er een epidemie op komst is. Ik heb opgediend in het restaurant van het hotel en wil je wat weten, ik wist van mezelf niet dat ik zo vlug van begrip ben. De bestellingen noteren, zodat je aan het bestelbonnetje kunt zien wat voor wie is, als de borden uit de keuken komen, in een wip was ik ermee weg. Alles zonder morsen geserveerd. De maître d'hôtel zei dat ik precies nooit anders gedaan heb. Ik ga nog een goed gedacht van mezelf krijgen.' Het scheelt niet veel of ik geloof mijn eigen leugens.

'Ik dacht al, de walm die ge mee binnenbrengt. Het zit in uw kleren. Baklucht, sigarenlucht.'

'Ik ben doodop en morgen de vroege.' Een geeuw. Mijn mantel uit.

'Ga eerst Rosa's kamer eens binnen. Ze was ongerust. Ze zei: "Nu moet mama alleen zo laat de tunnel door, akelig." Ik heb haar gerustgesteld, ik heb gezegd dat ge de bus ging nemen. "Moet ze de donkere vlakte toch nog over." Ze zou er niet van kunnen slapen, zei ze.'

'Rosa maakt zich in alles veel te druk. We moeten voor een kerstboom zorgen.'

'Ja, maar wanneer hebt gij tijd?'

'Deze zaterdag en zondag moet ik werken.'

'Zal het in de week moeten gebeuren. Op de Groenplaats kunt ge tot laat op de avond terecht.'

'Een gezeul.'

'Er zit niets anders op. Ik laat er een kruis onder timmeren, als gij de top vastpakt, is het iets makkelijker dragen.'

'Met een kerstboom de tunnel door. Het wordt tijd dat je er hier een kan kopen. Ik ga slapen, ik ben doodop...'

'Ik moet nog naar het kabinet.'

En dat moet hij luidop zeggen.

31

'Zorg ervoor dat de kerstboom mooi versierd is tegen dat ik thuiskom', heeft mama gezegd. Al die zieken op haar werk, altijd inspringen, altijd overuren maken. Zonder haar is het bijlange niet zo gezellig de kerstboom te versieren. Mama wil altijd een grote kerstboom. Papa is op een stoel moeten gaan staan om, zoals hij met een potlood doet als hij geen slijper vindt, de top met een mesje te punten. Raakt de piek makkelijker over de top. Hij drapeert de elektrische lampjes en de gouden slingers in een spiraal om de takken. Jean-Pierre doet de zilveren vogeltjes met de rode bekjes. Die hangen niet aan haakjes, maar moeten met een clips vastgeklemd worden en met een tikje tegen de takken wiebelen de vogeltjes heen en weer. Ik doe de ballonnen. Van kaarsjes wil papa niet weten. 'Mensen die kaarsjes aansteken in de boom vragen om ongelukken', zegt hij, en pakjes liggen ook nooit onder de kerstboom. 'Kerstmis is voor de katholieken', zegt papa. Ieder jaar opnieuw is het hopen, ieder jaar opnieuw is het noppes. En een stalletje hebben we natuurlijk evenmin. Bij Greta Gregoir zetten ze er wel een en die zijn ook niet echt katholiek. 'Een gewoonte', zegt Greta's moeder. Het hoort erbij. Gelukkig doen we wel iets speciaal op Kerstavond. Ik weet al wat. Mama zal een tafellaken over tafel uitspreiden, in het midden een takje hulst leggen en een kaars in een zilveren blakertje neerzetten. We zullen eerst een glaasje advocaat leeglepelen en we zullen pas veel later dan anders eten. Normaal eten we, als we soep eten, de soep en daarna uit hetzelfde bord, dat we eerst met onze tong aflikken, aardappelen, vlees en groenten. Maar op Kerstavond zullen we uit een diep bord en een plat bord eten. Kippensoep met engelenhaar. In de kerstboom hangt ook engelenhaar, een soort wollige glasvezel. Na de soep zullen we de diepe borden opstapelen, de lepels verzamelen in het bovenste diepe bord. Het gebaar van dat opstapelen heeft iets rijkemensenachtigs, echt feestelijk vind ik en wat we nadien eten op het propere platte bord, zal beter smaken. Kalkoen met kroketten en worteltjes met erwtjes extra fijn. Mama koopt altijd conserven van Piccolo met om het blik de papieren strook met het guitig lachende jongetje. 'Betaal ik liever een frank meer', zegt ze. 'Betere kwaliteit.' Papa beweert: 'Al die dozen, koek-van-één-deeg, alleen de papierwikkel eromheen verschilt. Als ge zo zot wilt zijn te veel te betalen.' Er zal een fles rode wijn op tafel komen en voor mij en Jean-Pierre een fles gele limonade Spa Monopole. Papa zal bij bakker Teugels een kerststronk kopen, met slagroom en fruit en een marsepeinen kerstmannetje. Jean-Pierre wilde dat vorig jaar helemaal alleen opeten. Was het bijna ruzie. Tijdens het eten zal papa fonoplaten draaien. Mantovani of Malando. Of de Boottrekkers van de Wolga, dat hoort hij graag. Of Johnny Jordaan en Tante Leen. Of Peter Kreuder speelt Peter Kreuder... en natuurlijk 'White Christmas' van Bing Crosby. Ik verkneukel me vooral bij de gedachte aan wat ik me heb voorgenomen: ik ga nieuwjaarscadeautjes kopen. Daarvoor heb ik speciaal mijn zondag gespaard. Afgesproken met Viviane Verlinden om naar de stad te gaan. Ik ga cadeautjes geven introduceren. Voor mama een doos Tosca 4711 met een flesje eau-de-cologne en een stuk zeep, voor papa een cravate of een paar sokken en voor Jean-Pierre een blokkendoos, die vindt ge goed en goedkoop in de Priba... 'Hebaberiba, de maskes van de Priba, die smoeren sigaretten en hebben dikke tetten.' Dat zingen de jongens uit de klas van mijnheer Ackermans altijd. Het zal een verrassing zijn. Mama en papa weten van niets. Ik zal de pakjes tevoorschijn toveren om middernacht, als de boten op de Schelde beginnen te toeteren. Mama en papa gaan het dan in 't vervolg misschien ook doen... maar de volgende ochtend. 1 januari. De nieuwjaarsbrief. Een corvee. Wat een hartgrondige hekel ik daar aan heb. Kon ik er aan ontsnappen. Maar mama en papa staan erop. Eerst pistolets eten en dan. Plechtig, armen gevouwen, kaarsrechte rug, zo zullen mama en papa aan tafel blijven zitten. Mama zal 'ik luister' zeggen en dan moet ik voor de kerstboom staand de hele litanie afhaspelen. 'Liefste ouders, een jaar is weer voorbij', zo begint het altijd. Volgen al die beloftes, gehoorzaamheid, vlijt, behulpzaamheid, en nadat ik mijn liefste ouders een goede gezondheid heb toegewenst, zal ik het liefst door de grond willen zakken, want ook dit jaar eindigt de brief met 'vele dikke kussen van uw liefste kapoen'. En ik ben om te beginnen helemaal geen kapoen. 'Mag ik niet gewoon "uw dochter" schrijven', heb ik mijnheer Schollaert gevraagd. Vond hij niet aardig genoeg: 'Ge ziet uw mama en papa toch heel graag of niet soms?' 'Tuurlijk', volmondig geantwoord. 'Wel dan', zei hij. Heb ik maar opgeschreven wat hij op het bord heeft voorgeschreven. Vele dikke kussen van uw liefste kapoen… grrr, en moeten de dikke kussen gegeven worden ook. Mama zal me vastpakken en stevig tegen zich aandrukken. Ik zal mama's borsten tegen mijn lijf voelen en hoe het komt, op dat ogenblik verdraag ik die borsten niet. Vooral niet omdat mama tranen in de ogen zal krijgen en ze me een stevige pakkerd zal geven zoals mama zal zeggen, en papa zich helemaal geen raad zal weten. Ja, 1 januari mag voor mij vlug voorbij zijn. Aan de nieuwjaarsbrief zijn we al begonnen. Mijnheer Schollaert heeft het voorbeeld aan het bord gehangen. Op een stuk donkerblauw tekenpapier, met op de achtergrond een heuvelachtig sneeuwlandschap met dennenbomen, komen op de voorgrond twee roodborstjes uit glanzend kermispapier geknipt. Ik was er rap mee klaar. Het lukte me wel niet zo goed om met de witte, grijze, zwarte vormpjes en het ene rode, de vogels samen te stellen. Mijn vogels hebben iets verwrongens en bij het opkleven ben ik te kwistig met de lijm omgesprongen. De lijmvlekken zo goed en zo kwaad als kan weggeveegd. De achtergebleven sporen, die op dat donkerblauwe papier erg opvielen, overkleefd met wat extra rondjes wit papier. Sneeuwvlokken uit de perforator. Soit. Zat ik met mijn neus in het potje witte lijm, om de lekker naar amandelen ruikende geur op te snuiven, toen mijnheer Schollaert naast mijn bank kwam staan.

'En?' zei hij en hij keek me vragend aan. Ik wist wat hij bedoelde.

'Ik vind het goed', zei ik. Lippen opeen.

'Als gij het goedvindt', zei hij en hij ging zonder commentaar verder. Sommigen beginnen voor het minste opnieuw. Willen dat de nieuwjaarsbrief perfect is. Maken er ook nog een voor hun meter en hun peter. Hoef ik evenmin te doen. Een meter en een peter zijn er bij mij nooit meer van gekomen. Niemand weet dat ik gedoopt ben. Theo's moeder zou zeggen, moest zij het weten, als God het maar weet... Na de kerstvakantie is het 1957. Blijf ik zeker nog de hele maand 56 schrijven. Per ongeluk.

DEEL II

I

Café Derby op de Groenplaats. Een knus etablissement. Degelijk, deftig. Schemerlampjes op de tafels, karrenwielen als lusters, sanseveria's in glimmende geelkoperen potten voor de ramen, stijf in de eik meubilair, de radiodistributie staat de hele dag zachtjes aan. 's Middags komen dames koffiekletsen, een hapje eten, babbelen met veel gebaren. De bureaubedienden verkiezen een biertje bij hun broodje.

'Een trappist van 't vat.'

Weet ik perfect te tappen.

'Een pale ale.'

De eerste helft van het flesje voorzichtig in het schuin gehouden, vinnig uitgespoelde, brandschoon glanzende glas laten vloeien, glas rechtop houden, de andere helft er slagvaardig bij gieten. Kijk eens aan, een onovertroffen schuimkraag, als je daar geen dorst van krijgt.

'Twee pils.'

Met een spatel het overtollige schuim afscheppen, de glazen met het parelende bier op een dienblad zetten, dat door Carolus, de kelner overgenomen wordt, terwijl hij nieuwe bestellingen roept. De vaste klanten slaan dit alles gade op barkrukken of rechtopstaand leunend tegen de tapkast, steken een sigaret op, wisselen van gedachten, maken grapjes, becommentariëren het weer. Eén zucht, ellebogen op de toog, hoofd tussen zijn handen. 'Rika, de tijd vliegt voorbij, we gaan rap oud zijn.'

'Je zegt me iets, het is precies pas Kerstmis en Nieuwjaar geweest en we staan binnenkort alweer voor de feestdagen.'

Gossiemijne, niet te geloven. Dat het alweer een paar maanden geleden is dat ik ontslag nam in het Grand Hotel de Paris. Raymonds geneuzel toen: 'Madame Irène had oe zo graag, ik hoor het oe nog zeggen, oe uitbuiten, ja! Altijd overwerken … Ík zal me er eens bemoeien, ik zal dat mens mijn gedacht eens komen zeggen.' Naast alle verwarring en verdriet op de koop toe dat mateloos gezeur.

'Een cola, een thee.'

'Blijf jij daar maar weg, ik zal mijn eigen boontjes wel doppen.' Stel je voor. Madame Irène die met een duivels genoegen, me voortdurend voor de voeten gooide: 'We zullen uw boekske maar gesloten houden, zeker.' Me op het laatst naar de achterbouw verbande, naar de goedkopere kamers. Stond ik op het tiende, had ik het akelige gevoel in de catacomben te zijn terechtgekomen.'

'Een thee met citroen, een yoghurtgrenadine.'

En zij en die Adolphina genieten. Krengen. Hun gespioneer, dat heimelijke, de chantage, altijd fijntjes zinspelen op de situatie, waren ze meesterlijk in.

'Twee koffie, een sandwich met kaas, één met ham, een trappist van 't vat, een cola.'

Van de ene dag op de andere, holderdebolder mijn kastje in het office leeggemaakt. De vlucht naar Egypte. De eer aan mezelf gehouden. Alice janken. 'Ik kom je bezoeken', beloofd. Het komt er niet van. En Raymond, die maar bleef aandringen: 'Ge zoudt toch beter af zijn bij ons op den Bell, vast werk, later een goed pensioen.' Daarom in allerijl de job in hotel Paloma aangenomen, minder groot, minder chique, de gasten van een ander allooi. Tot ik de advertentie zag, voor toonbankhulp in de Panaché. Zijn vaste stek. De onze. Sam, Sam. Me laten aanwerven in de ijdele hoop op een weerzien.

'Een bolleke Koninck, een Tuborg in een fluit. Een sandwich met kaas, twee pils, een omelet natuur.'

De dagen die ik daar tevergeefs achter de comptoir, uren aan een stuk door, broodjes heb staan smeren, wegdromend, onze gesprekken herhalend, wat hij zei, wat ik. De degradatie van klant naar personeel. Een harde noot.

'Een thee natuur, een cola, een citron pressé.'

Ja, toen had ik het dikwijls lelijk te pakken. Die laatste dag: 'Rika, wat staat ge te staren. Koekoek ... Rika, hoort ge ons? Zie haar, een stilgevallen filmbeeld, ne sur-place.' Volkomen in mezelf verzonken, tot de chef van de bediening, bijna bulderend 'boe' in mijn oor toeterde. Als getroffen door een elektrische schok. Het koude zweet brak me uit, ik wankelde op mijn benen. Voor mijn ogen zag ik een wemelend waas van wachtende klanten, wrevelige gezichten, tronies, ongeduldig gedrentel, nadrukkelijk gezucht. Met de helft van een broodje met krabsla in de hand dacht ik: Ik ben er geweest. Merkwaardig genoeg met een soort rust, ja, met een onbegrijpelijke gelatenheid.

'Een pils nature, een kriek.'

In de Panaché hadden ze er genoeg van. Ik mocht gaan. Afgelopen met het rood-witgestreepte gekkenwerk, regelrechte slavenarbeid.

'Een rode wijn, een jus d'orange, een thee met melk, twee water.'

En hij, nooit opgedaagd. Sam, Sam. Toch weet ik dat hij me leuk vond, zoals ik sprak, zoals ik was. Hij was dol op me. Die man heb ik nog niet van me los geweekt. Hij beloofde me een keer een dagje vrij te houden. Ging hij me meenemen naar Amsterdam. Hoe ik dat had moeten klaarspelen? Ik kan er alleen van dromen.

'Een witte wijn, een porto.'

Achteraf bekeken, hier in de Derby, eerlijk is eerlijk, hier ben ik goed af, leuke ambiance, en over de uitbaatster, madame Maggy, valt niet te klagen. Onze magere en bleke madame Maggy, met haar marsepeinenvarkensroze lippenstift, lichtgrijze ogen, haar blond geverfd kapsel met die mauve schijn. Net gesponnen suiker. Zie hoe ze aan het einde van de tap op een hoge stoel als op een troon, de godganse dag onverstoorbaar aan de slinger van haar grijsglanzende metalen kassa draait, begeleid door het gerinkel van de openfloepende lade. De bankbiljetten liggen netjes opgestapeld, de koppen van de koning, keurig kop op kop bovenop elkaar met een clips samengehouden, alle briefjes in het juiste vakje, de munten vooraan in hun bakje én niets dat haar ontgaat. De gretigheid van het snokje waarmee ze rekeningbonnetjes vastprikt op de pin met de houten kubus als voet. Nee, die laat zich niet foppen, die laat zich voor geen halve sou in de zak zetten. En hoe ze 's avonds laat, nadat ze de deur heeft vergrendeld, met een vingervlugge gretigheid het geld telt, de recette van de dag opmaakt. Gulzig, met ogen groter dan haar mond, zou je kunnen zeggen, terwijl mij, na de stoelen omgekeerd op de tafels te hebben gezet, enkel de terugtocht, huiswaarts wacht.

'Twee pils, een thee, een koffie.'

Ik ben het gewend, dat wel, maar toch, ik voel het. Het begint te knagen, dat geploeter, om vaak in de vroege uurtjes als een schaduwloze geest, door de kronkelige straatjes van de oude stad te dwalen, altijd langs hetzelfde lege, doodse, donkere traject, tot aan het slapende pleintje voor het tunnelgebouw. De beklemmende angst die me telkens overvalt, door de in de wind wiebelende kappen van de verlichting, die spookachtige schijnsels verspreiden. Het ritselend gewuif van de bomen. Het knarsend gepiep van de basketbalpalen. De trappen van de tunnel liggen dan al uren lang stil. Moet ik bellen voor de lift. Wachten voor de gesloten liftdeuren en ik me gelukkig acht als de frituur nog open is en ik achter de glazen bokalen mayonaise, tartaresaus, pickels, cocktailsaus, mosterd, mosseltjes in 't zuur, het dommelende hoofd van de uitbater ontwaar, dat amper boven het kozijnhout van het loket van de bleekgelige barak uitkomt. Dat die man godzijdank, op zijn krakkemikkige krukje, nog op nachtelijke klanten zit te wachten. En de opluchting als de deuren van de enorme lift open schuiven en ik in het met glas afgeschermde hoekje de liftjongen van de nachtshift, Bruno Bogaerts, zie staan, leunend tegen zo'n paal met zadel, als een wattman op de tram. Bruno Bogaerts die machinaal een knop indrukt, waarna de deuren dichtschuiven, hij de hendel overhaalt en het gevaarte zich sissend en dreunend in beweging zet, we met zijn tweeën als mollen de ondergrond in gaan. Bruno Bogaerts' onverschillige, nietsziende blik. Geen knik, geen kik, niets. Gelukkig blijft hij beneden met opengeschoven liftdeuren op de volgende vracht wachten. Zijn aanwezigheid op de achtergrond geeft me een veilig gevoel. De holklinkende voetstappen van die ene naderende stip in de verte. Je weet maar nooit en Bruno Bogaerts is bokser, kampioen bij de pluimgewichten. Onlangs stond een groot artikel over hem in de krant. Met foto erbij. Sindsdien is hij dé held van het Esopetplein. En Raymond die, de enkele keer dat hij me 's nachts tegemoet komt, het niet kan laten hem met smalende woorden neer te sabelen: 'Of die Bogaerts knockout in de ring hangt. Te lui om uit zijn ogen te kijken, gemakkelijk aan dat baantje geraakt, wat wilt ge, geen groot licht, voor iets anders is hij niet geschikt.' Dan denk ik: Man, hou toch op met je voze deuntjes.

'Een koffie, een lait russe, een lindenthee.'

En in de eenzaamheid van de helverlichte tunnelpijp is op een nacht voor het eerst het idee bij me opgekomen dat ik zelf een goede cafébazin zou zijn. Ik weet met klanten om te gaan, ik heb een luisterend oor, ik kan tegen een grapje. Je bent onder de mensen en bovendien is een café een goudmijn, als ik zie wat er hier iedere dag in het laatje van de Derby, belandt. Mijn eigen café. Ik zelf Madame, daar ga ik eens ernstig over nadenken.

'Twee pils, een croque-monsieur.'

2

Ik hou het niet voor mogelijk. Toen Rika zei: 'Ik zal wel van 's morgens tot 's nachts de voeten van onder mijn lijf lopen en madame Maggy mag ze binnenrijven. De schuld van het uitzonderlijk stralende najaarsweer. Het overvolle terras. Voor mij mag het dag in dag uit pijpenstelen gaan regenen', dacht ik: Ze zal het beu zijn in de Derby. Overal is ze het vlug beu, razend enthousiast in het begin, maar binnen de kortste keren ligt ze overhoop met de ene of de andere. Ze is op zoek naar weer maar eens een andere baan. Maar waarom dat vreemde gedoe? Annonces uitknippen die een enveloppe in gaan, die ze altijd bij zich heeft of die ze god weet waar verstopt. Knippen, knippen, en als de bladzijden van de gazet verknipt zijn tot schermen met schietgaten, worden ze stante pede verfrommeld. Opgestookt.

'Staatsgeheim?' vroeg ik een keer.

'Nee', antwoordde ze met een zuinig mondje.

'Vanwaar dan die geheimzinnigheid?'

'Zal je wel zien.'

'Heeft die vent, die Forban, er soms iets mee te maken?'

'Je hoeft me niet op de rooster te leggen.'

Maar nu dus is de aap uit de mouw. Schudde ze onverwachts de enveloppe boven de tafel uit, onder het licht van de rode perkamenten lampenkapjes. De advertenties dwarrelden onheilspellend naar beneden. Ik wist niet wat ik hoorde. Ze wil zelf een café beginnen.

'Lees maar, mijn verzameling: zaak over te nemen, gunstige ligging, vrij van brouwer. Wat ik hier bij elkaar heb, hoort tot de mogelijkheden.'

'In godsnaam, waar haalt ge het?' zei ik overdonderd.

Zij, niet te stuiten: 'Ik ben nog aan het prospecteren, maar van een café maak ik een goudmijn, dat geef ik je op een briefje. Ik weet met mensen om te gaan. Er zijn klanten die speciaal voor mij naar de Derby komen, dat zeggen ze zelf: 'Voor ons Maggy moet je hier niet wezen, die zit de hele dag haar geld te tellen, die heeft geen oor voor ons.' Ja, ze komen voor mij en terwijl ik glazen spoel, consommaties klaarmaak, zitten ze gezellig voor mij op een barkruk en vertellen mij hun leven, of iets wat ze van het hart moet, of ze maken het zich gemakkelijk en zitten gewoon zwijgend voor zich uit te staren. Als ik een café begin, zijn we in een paar jaar binnen voor de regen. Dat garandeer ik je. Ja, dat garandeer ik je. Luister je, jij angsthaas? Jij zal nooit iets bereiken in het leven. Ben je nu al meestergast? Ik zeg je, jij zal nooit meestergast worden. Met je tong, ja. Jij blijft gewoon ter plaatse trappelen. Ik heb het in mijn vingers, geloof me. En ik zal je nog wat zeggen: als het zover is, laat je dan beter niet te dikwijls zien in het café. Hou in elk geval je mond over politiek. Daar jaag je de mensen mee weg. Politiek interesseert niemand. En zeker niet wat jij daarover denkt. Jij kijkt de mensen buiten.'

'Gij denkt dat alles wat in de kas binnenkomt pure winst is zeker. Mens, denk toch vijf minuten na, mè oe wild geraas, de lopende kosten alleen al. Het moet wreed marcheren voor ge er iets aan overhoudt. En ik moet mijn handtekening mee zetten. Dat weet ge. Heeft die Forban oe van op de hoogte gebracht, ik hoor het aan oewe asem.'

'Jij gaat me niet dwarsbomen!' riep ze.

Een café! Laat ons vurig hopen dat papa het mama uit het hoofd praat. Maar mama kan zo hardnekkig zijn. Hoor ze bezig. Het geruzie klinkt al dagen door het hele huis, tot boven in mijn kamertje. Zelfs met de deur dicht, zelfs met mijn hoofd onder mijn kussen, het kussen tegen mijn oren gedrukt, blijft het verstaanbaar. Ik verdraag het niet meer.

3

Vrijdag. Het kan laat worden, heeft ze gezegd. Anders moet ik toch maar gaan telefoneren. In de Lancelotlaan is het dichtstbijzijnde tellefonkotje. Vragen of ik haar tegemoet moet komen. Of kruip ik mijn bed in? Ik ben moe. Doodop. Bewogen uren achter de rug. Dat Alfons De Vos, onze meestergast een geste heeft gedaan. Ik zal mijn gedacht over hem moeten herroepen. Vroeger mogen stoppen op het werk. Kon ik me naar huis spoeden, me opfrissen, scheren, een hemd strijken, propere col om. Roger, die zo graag nog een keer de Zesdaagse wilde meemaken, Dolf Verschueren achter zware motoren. 'Ge weet toch, Raymond, vroeger, tijdens de Zesdaagse, kampeerde ik zowat in het Sportpaleis. Die sfeer, zo apart, dat valt niet te beschrijven. Mijn boterhammen, mijn thermosfles en af en toe een pilsje aan de toog. Hoe dikwijls heb ik oe niet gezegd, ga eens mee. Ge zijt daar een andere mens. We gingen altijd met dezelfde maten van bij de Waterleiding. Ene had connecties, geraakte ik mee binnen in het rennerskwartier. Raymond, deze Zesdaagse is voor mij Napels zien en sterven', waarop Dorothea in huilen was uitgebarsten. Maar ge zoudt gaan denken dat er toch een God bestaat, want vanavond heb ik samen met Roger Dolf Verschueren de grote Prijs van Europa voor Stayers zien winnen, vóór Impanis. We stonden op de beste plaatsen, vlak bij de meet. Rogers commentaar, de hele tijd aan een stuk door, hoe hij er nog toe in staat was, waar hij de energie vandaan haalde, precies of hij verslag moest uitbrengen. 'Wat een duel, wat een duel … zie … zie Impanis … hij zit Verschueren godverdekke op zijn vel … nee … nee … Verschueren is te superieur, fysiek en ook tactisch. Verschueren heeft te veel doorzicht. Zie nu… zie nu… zie… wat… wat nu… nee, Impanis geraakt er niet over. Verschueren en Impanis dubbelen de rest gewoon.' Applaus, enthousiasme, muziek, een frisse pint, een afgeladen vol Sportpaleis en de laatste vijftien minuten: 'Verschueren en Impanis een ronde voorop.' 'Dolf... Dolf... Dolf... ja... ja... 't is in de zak.' De scanderende stemmen van twintigduizend man en Roger applaudiseren door het dolle heen. 'De bel van de laatste kilometer. Traditie, hè, traditie, hè.' Geroep. Gebrul. De spurt. Tot door de luidsprekers klonk: '... de laatste tweehonderdvijftig meter heeft onze kampioen afgelegd in een fantastische elf seconden vijfentwintig honderdsten. Verschueren eens te meer de superieure overwinnaar. Ook een daverend applaus, dames en heren, voor onze andere pedaalartiest, onze aller Raymond Impanis.' Roger die me huilend in de armen viel. 'Raymond, Raymond, dit, Raymond, dit zou ik nog jaren willen meemaken, wij tweeën hier, boven de bocht. Weet ge, Raymond, ik ga ermee slapen en ik sta ermee op en nu, nu was ik effen vergeten, dat... dat ik... Doodgaan, Raymond, wat is dat feitelijk, wette gij het?' Ga ik nu telefoneren of niet, wacht ik nog een kwartiertje, twintig minuten? Eerst mijn gazet lezen... Contrarevolutionairen. Akkoord. De CIA was in Boedapest aan 't stoken, maar die terechtstellingen, dat radicale. Alle vier in één moeite. De premier, Imre Nagy. De minister van landsverdediging. De diplomatieke redacteur van de partijkrant. Ne journalist. Togliatti zegt: 'Dit zijn de onverbiddelijke gevolgen, als de politieke strijd een openlijke klassenstrijd en een burgeroorlog wordt', en dat het binnenlandse aangelegenheden zijn. Allemaal waar, maar een mens leeft toch maar één keer. Komt het door Roger of door de situatie op 't werk dat ik zo denk? In geen tijd, kameraden, maten, pik à pik, regelrechte vijanden. Wie heeft nog een houvast? Hoe laat is het nu...? Mijne frak, mijn sleutel, kleingeld...

'Met Raymond Lahaut. Kan ik mijn vrouw spreken?'

Het geroezemoes, de vrolijke stemming van café Derby. 'Als ik wederkom dan breng ik jou tulpen uit Amsterdam, duizend gele, duizend rode...'

'Moet ik u komen ophalen?'

'Bijlange niet. Het is hier nog niet afgelopen, een feestje.'

'Gaat ge thuis geraken?' Geschater op de achtergrond.

'Maak je geen zorgen, achter mij zijn ze met de hoed aan 't rondgaan voor mijn taxi. Slaap op je twee oren. De kinderen?'

'Rosa bij die van Verlinden. Jean-Pierre bij de Vennesoens.'

'Tot morgen. Ik moet voortwerken. Salut.'

Een steenkoude, heldere nacht. Een eindje verderop is men eindelijk op het enorme stuk braakland begonnen aan het flatgebouw van de socialewoningbouwmaatschappij Wonen en Dromen. Een normaal mens ligt op dit uur in zijn bed. Dit is toch geen leven. Mijn sleutel. De stoof brandt nog. Mijn gazet een laatste keer doorbladeren. Maar dit moet ge nu lezen. Daar moet ge natuurlijk een Amerikaan voor zijn. Iemand anders krijgt dat niet in zijn kop. In de valies van uw moeder een bom steken en haar met bom en al op het vliegtuig zetten. Vliegtuig in de lucht gedynamiteerd. Drieënveertig doden en hij die het bedrag van de verzekering dacht op te strijken. Had zijn moeder onnozelweg voor vier miljoen verzekerd. De elektrische stoel. Daar is een mens in principe tegen. In dit geval. Hier. Heeft Caryl Chessman in de San Quentin toch weer een gerechtelijke overwinning behaald. Kan hij voor het hof van beroep verschijnen. In de gevangenis voor advocaat gestudeerd. Een boek geschreven. Chapeau! Doe hem maar na. Voor zo iemand moet erbarmen bestaan. Voor die man kom ik op straat als het moet. Pure klassenjustitie.

4

Ik dacht: Windstil de laatste tijd. Van Rika's voornemen hoor ik niets meer en in de Derby heeft ze precies haar draai weer gevonden. Laat Gods water over Gods akker lopen, laat ze haar annoncekes voort uitknippen, mijn onrust is weggeëbd. Ik kon me er ook niet druk over maken. Roger. Zijn dood kwam niet onverwacht. Ge weet dat het gaat gebeuren en eigenlijk houdt ge er verder geen rekening mee, en dan sneller dan vermoed is het zover. En Rosa compleet van de kaart. Toen de kist de grond in ging. Lelijk dat ze deed. En de koffietafel achteraf. Dat de genodigden na een tijdje alweer zaten te lachen, of het een gewoon, gezellig feestje was. Kon ze niet bij. Ze wil naar Denise. 'We gaan daar toch op bezoek blijven gaan', vroeg ze me.

Toen Nicole trouwde en we de faire-part ontvingen, wilde Rika zich niet laten kennen. Het ging 'm enkel om haar trots. Maar eigenlijk wilde ze met Dorothea toen al niets meer te maken hebben. En heeft Dorothea momenteel behoefte aan ons? En op de koop toe, Rika die haar zin heeft doorgedreven. Een donderslag in een al dreigende, zwarte lucht. De onverhoopte windstilte was van mijn kant een regelrechte misrekening. Ik maakte mezelf wat wijs.

'Ik ben er nu lang genoeg mee bezig geweest', zei ze. 'Ik heb de knoop doorgehakt. Gevonden wat ik zocht. De geknipte zaak. Goed ingericht. Ik kan er zo in. Niet te ver. Niet te groot. The Cambridge. Ik ga die naam behouden. Kosten gespaard. De groene neon lichtreclame hangt nog op de rode bakstenen gevel. Twee grote ramen, deur in 't midden. Bovendien een naam die goed in de mond ligt. Ik zit er gebeiteld, daar ben ik van overtuigd. Om de hoek in de Kloosterstraat is het ene café naast het andere. De Pergola, The Broadway, The Al Johnson, The Commodore, de Festival, het Wagenwiel, Café Terminus, de Barracuda, het Bokkenhof, het Criterium, Eldorado, de Zwanenzang. Allemaal danscafés. Tijdens het weekend draaien ze tot 's morgens op volle toeren. De mensen lopen het ene café in, het andere uit. Het is een heuse uitgaansbuurt.'

'De buurt, ik ken ze. Ik passeer er twee keer per dag, op weg van en naar het werk. Laatst op een maandagochtend. In de Zwanenzang wisten ze bijlange nog van geen ophouden. Een leven, een kabaal. Coiffeurs, die zetten op zondagavond de bloempjes buiten. Daveren de omwonenden hun bed uit. Om zot van te worden en de politie bellen is geen avance. De cafébazen staan op goede voet met de arm der wet, dat is geweten. Gratis pinten offreren, met de serveuses onnozel doen, als het daarbij blijft. Wat doet de politie in ruil denkt ge? Zo.'

'Man, wat sta je nu tussen je vingers door te gluren. Wat zo?' zei ze.

'Ja, lach maar. Het wereldje van cafés en brouwers, een louche boel.'

Ze zit in die Forban zijn klauwen. Die lost niet meer. Monsieur Forban, met zijn Franse r. Voor geen cent te vertrouwen. Ik zei haar: 'Die man is op de wereld om mensen in de valies te zetten. Een lepe vos met een boksersneus. Zijn neus. Aan die neus alleen ziet ge wat voor vlees ge in de kuip hebt.' Antwoordde ze: 'En waarom zou mijnheer Forban ons nu willen bedotten? En waarmee? En hoe?'

'De jukebox die ge u laat aansmeren onder andere.'

'Die betaalt zichzelf door het geld dat er wordt in gestoken.'

'Als er geld in wordt gestoken. Laat ons dat hopen.'

'Op vrijdag- en zaterdagavond komen de mensen dansen. En zonder muziek kan je niet dansen, hè. Alles is er, knipperend black light, een ronddraaiende spiegelbol die duizenden lovertjes op de muren tovert.'

'Als ze komen dansen. Ik zeg oe, het is onze ondergang. Die Forban deugt niet, neem het van mij aan. De prijs voor de overname, voor een maandenlang gesloten café, een verlopen zaak. Veel te hoog.'

'Zwartkijker. De oude klanten zitten al op hete kolen.'

'We zullen zien zegt de blinde, en ge gaat met handen en voeten aan die Forban gebonden zitten. Vrij van brouwer moest het zijn, dat hebt ge toch altijd gezegd.'

'Dat speelt geen rol, iemand moet bier leveren.'

'En de buurt, 't kantje.'

'Een volksbuurt, nou en? Jij staat toch aan de kant van Jan met de pet.'

'Aan de kant van de werkmensen, een andere categorie dan zatlappen en beroepsdoppers, liever lui dan moe of in 't zwart wat gaan bijfabrieken, de parasieten van de samenleving.'

'Je weet niet wat je zegt. Trouwens, ik heb getekend. Alleen jij nog.'

'Wat?!'

Preken in de woestijn is het geweest. Een mens zou in zijn machteloosheid ongelukken begaan. Wat een onheilsjaar.

Papa hangt in een van de clubfauteuils, zijn hoofd tegen een gehaakt lapje, armen losjes over de leuningen, als een slappe, aan de clubfauteuil gekruisigde Christus. Groggy.

5

De oude tafel van ons mam, die op Jean-Pierres kamer stond, wat stoelen en huisraad, zijn verhuisd naar de woonruimte achter het café. En we hebben een goedkope moderne bank gekocht, die in een handomdraai neergeklapt kan worden en omgetoverd tot een bed. In geval van, kan mama erop overnachten. Er is ook een koertje, zoals bij tante Dorothea achter de winkel. Bij de heropening stonden de tafeltjes vol sierplanten in potten met glanzende, roze strikken. Van de firma Wurlitzer die de jukebox leverde, van de loodgieter die de pompen, kranen en het buizenwerk heeft nagekeken, van mijnheer Forban, van allerhande leveranciers, van tante Dorothea, die schreef: 'Ik had er met de opening graag bij geweest, helaas, ik voel mij niet in staat onder de mensen te komen.' Van die geheimzinnige Emile, die mama soms vernoemt, als ze stilletjes tegen zichzelf praat. Maar de laatste tijd is dat precies overgewaaid. Van bij papa op de zaal. Van een vriendenclubje van de Derby dat op het bijgevoegde kaartje 'Wij zijn in aantocht!' belooft. Met vijftien handtekeningen. Daar kijkt mama reikhalzend naar uit. 'Als je met die mensen gaat kennismaken, Raymond', zei ze tegen papa. Ons café is de eerste avond bomvol gelopen. Jean-Pierre en ik moesten in de erachter gelegen kale kamer blijven. 'Kinderen horen niet in een café', spelde mama ons de les. Jean-Pierre had speelgoed bij, viel in slaap op de bank. Ik heb de hele nacht toegekeken vanachter de tapkast, in de deuropening tussen het café en de achterkamer. Ik zag de mensen swingen, jiven, tango's dansen en chachacha's en plakkers. Stak mama het black light aan. En op de jukebox is er naast Fats Domino, Pat Boone, The Platters, Nat King Cole, Paul Anka, Elvis Presley, een plaatje met potpourries. Wie was eigenlijk de aanstoker van de polonaise? Het café door, de ijskoude straat op, in een lange rij, handen van de ene op de schouders van de andere: 'Zolang de lepel in de brijpot staat, dan treuren wij nog niet, dan treuren wij nog niet... en van je hela, hola, houd 'r de moed maar in, houd er de moed maar in.' 'Dat fonoplaatje heeft zijn nut bewezen', zei mama achteraf. Mama, het haar in een enveloppe: 'Staat me alles bij elkaar het beste', zegt ze, en in een gebloemde katoenen jurk met wijde rok: 'Komt mijn taille goed in uit', vindt ze, tapte de hele avond en nacht aan één stuk door. Papa spoelde glazen, nam de bediening op zich. Er werd gelachen, gedronken en veel verteerd. Tegen de laatste klanten buiten waren, was het zondagochtend. Mama dolgelukkig, triomfantelijk. 'Dit succes, in mijn stoutste dromen niet durven dromen', zei ze. Papa opgelucht. Na een uitputtende nacht liepen we gevieren door de Kloosterstraat op weg naar huis. De recette van de avond, een smak geld, in papa's binnenzak. Jean-Pierre op zijn arm. Zijn bivakmuts zat scheef. Er dwarrelde een zachte poedersneeuw.

'Op één avond, je vaders maandloon', fluisterde mama me trots toe, terwijl we vroege kerkgangers kruisten, van wie de gehandschoende vingerkootjes hoekjes vormden die een kerkboek omklemden.

6

Een nacht lang opgesloten walm waaiert me toe. Een mengeling van sigarettenlucht met de geur van verschaald bier, achtergebleven in de glazen van de laatste klanten, en als surplus stinkt het putje vandaag. Weersverandering op komst. Alles heeft zijn vóór en zijn tegen, maar wie een eigen zaak begint, moet er voor het volle pond voor gaan. Mijn eerste werk: het blok ijs, op een stuk jute voor de deur afgeleverd, naar binnen slepen. In de koelkast stoppen. Het weegt en je hebt er geen pak op. Een gesukkel. Ik zal vandaag op de bereidwillige hand van een vroege stamgast moeten rekenen. Alvast de wc en het urinoir aanpakken. Dan is het ergste leed geleden. Gelukkig is er gisteren niet gekotst. De emmer met zaagsel staat tegenwoordig altijd klaar. Schuren, dweilen, koffiefilters afwassen, glazen spoelen, in de kelder een nieuw vat steken, een doos bierworstjes opendraaien. Op het glazen schap, achter de tapkast, de repen chocolade van Jacques als een raster, twee aan twee, op elkaar stapelen. In een schaaltje ernaast, de hardgekookte eieren. Die verkopen goed. De flessen whisky, gin, cognac verstoppen. Sterkedrank mag ik officieel niet verkopen. En vandaag moet ik met een natte spons over de knalrode, glimmende, stugge, skai bekleding van de muurbanken. Je zakt er niet in weg, zoals in de Locarno, je zit eerder boven op de lichtjes gebombeerde zitting. Toch gezellig. De armleuningen niet vergeten. Ze verdelen de banken in compartimenten en de lambrisering van de tapkast doe ik in één moeite mee. Crèmekleurig. Berookt. Er moet opnieuw geschilderd worden. Later. Ziezo. Vlug met een zeemvel over de wandspiegels. De stoelen netjes onder de tafels schuiven. Rechts zes, links vijf. Perfecte eenmanszaak. Behalve op zaterdagavond. Springt tegenwoordig Colette mee in. Colette, van bij Raymond op de zaal.

'Zoudt gij met de weekend geen hulp kunnen gebruiken? Ik

ken iemand', stelde Raymond voor.

'Ja zeker', zei ik verwonderd. Was hij het spuugzat tegen heug en meug garçon te spelen? Plateaus rond te dragen? Hij zette altijd zwijgend de glazen neer, de cafépraat negerend. Er kon amper een zuinig glimlachje af. Maar zijn politieke ideeën zijn een paar klanten toch snel ter ore gekomen. Er werden plagerige grapjes over gemaakt. 'Sssst, zwijgen mannen, de KGB is in aantocht.' Kon hij het niet laten hen kort en scherp van antwoord te dienen.

'De zure', zegden ze.

Mij ziet ge niet meer, dacht ik dat Raymond zou zeggen, als hij het had over: 'Die klanten van u, die mannen van twaalf stielen, dertien ongelukken, met hun grote mond, zij die juist content zouden moeten zijn dat er zoiets als onze partij bestaat.'

'Hier komt een gemengd publiek', zei ik.

Maar nee, dus. Hij blijft op zaterdagavond opdagen. Glazen spoelen. 'Achter de toog heb ik met niemand te maken', zei hij. Het is me een volstrekt raadsel, tenzij Gaspard het bij het rechte einde heeft, maar dat gaat er bij mij niet in. Vorige week. Gaspard, zoals gewoonlijk op een barkruk, kromme rug, ellebogen op de toog, zijn hoofd in zijn handen, vingers op zijn oren. Gaspard, met zijn lichtrossig, mat piekhaar, zijn sproeterig gezicht, ik dacht: Alsof ik een meloen in een fruitkom voor me heb, riep, het was al laat op de avond: 'Colette, dansen?' waarop Colette droogweg antwoordde: 'Ik ben hier om te werken, Gaspard.'

'Wilt gij met mij dansen, ja of nee? Of ben ik niet goed genoeg?'

'Natuurlijk wil ik met u dansen, Gaspard, als ik u daar plezier mee doe, op voorwaarde dat ge nog vast genoeg op uw benen staat en daar is het te laat op de avond voor, vrees ik, en de mensen doen teken naar mij. Wacht, ik moet een bestelling opnemen.'

'Vast op mijn benen staan, vast op mijn benen staan, om mij

een plezier te doen, om die sukkel van een matroos plezier te doen. Als het zo zit', wauwelde Gaspard.

'Jij hebt een oogje op Colette, hè', fluisterde ik Gaspard toe, want ondanks dat ze niets bijzonder aantrekkelijks heeft, zijn er onder mijn stamgasten enkele alleenstaande mannen die wel iets in Colette zien. Misschien juist omdat alles zo gewoon aan haar is. Haar halflange, onmodieuze kapsel, haar glansloze, broze haar, niet bruin, niet blond. Peper. Onopvallend gekleed, teruggetrokken natuur, alleenstaand, weinig kennissen. De bediening vindt ze een aangename bijverdienste.

'Als ge 't maar weet, Rika.' Het klonk kansloos.

'Wie weet, ze is ook maar alleen op de wereld', zei ik.

'Ge geeft me moed', zei hij. Hij sprak met een knoop in zijn tong en wie hem kent, herkende in zijn blik en in zijn houding het soort zieligheid waar een agressief kantje aan vastzit. Maar tegen de avond teneinde liep, begon tot grote ontsteltenis van Gaspard, Raymond met Colette te dansen, of beter, Colette met Raymond. Zij nam de leiding, ze dansten op een langzaam wiegend ritme, hun handen kleefden tegen elkaar, lieten elkaar los, duwden elkaar af, verstrengelden opnieuw. Ik kon mijn eigen ogen niet geloven, Raymond die danste! Bij mijn weten geleden van in 1937, en hij danste soepeler en buigzamer dan in mijn herinnering, zijn handen losjes om Colettes hals, met een twinkel in zijn ogen. Versteld sloeg ik hen gade. Hij, ineens een menselijker mens. Dat in ieder geval… Een man… Eindelijk.

'Zoudt ge uwe vent niet in de gaten houden, uw stil water', brabbelde Gaspard. En tegen Colette: 'Colette, valt gij op oudere mannen of zoekt gij een vader misschien?'

'Gaspard, wat steekt gij u allemaal in uw kop', antwoordde Colette. En ik vroeg me af of het schaamteloze arrogantie was, die ik in de blik van Colette zag. Ach, ik til er niet aan. Het is te onwaarschijnlijk. Ik heb het toch maar mooi klaargespeeld. Sta ik hier achter mijn eigen tapkast, onder mijn eigen luifel, met de in lood gevatte rechthoekige matglazen panelen, die een rozig schijnsel verspreiden als de eronder verborgen tl-lampen branden. Net een uitvergrote versie van Raymonds art-decoluster bij ons thuis. Van hier kan ik tevreden mijn frisse café overschouwen. De deur. Wie is nummer één vandaag?

'Romain, je komt als geroepen, kan je me eventjes helpen. Het blok ijs mee naar binnen slepen, als je zo vriendelijk wil zijn?'

7

‘Eén zondagnamiddag kan ik uitzonderlijk wel een keer sluiten’, zei mama, en nu het zover is, is ze met hoofdpijn in bed blijven liggen.

‘Ga jij met de kinderen’, zei ze tegen papa. En nu krijgt papa haar kaartje niet meer gerembourseerd.

‘Te laat geannuleerd, mijnheer’, zei de buschauffeur. ‘Trouwens, daar moet ge voor bij mijn baas zijn, hè.’

‘Koppijn, koppijn, uw moeder had gewoon geen goesting. Kosten op ’t sterfhuis. Ach, het geld groeit nu toch op onze rug’, sneerde papa, toen ik de opmerking maakte dat ik het triestig vond voor mama. Moest hij daarom zo tegen me uitvliegen. Ik zwijg, ik zeg niets meer tegen hem. Ik doe net of hij niet naast me zit. Vastbesloten. Ik kijk alleen naar buiten. Alles flitst in een vaart voorbij. De huizen en de tuintjes waar ge binnen kunt loeren... koeien in de weiden... wegeltjes die op de grote weg uitkomen, bossen, velden, bomen... een fabriek, verroeste loodsen, de rommel op het fabrieksterrein... een gesloten overweg met wachtende auto’s achter de bareel. Ik heb al veel horen vertellen over de Wereldtentoonstelling. Christel is er geweest en Viviane natuurlijk en veel meisjes en jongens uit de klas. Ik hoop dat wij ook de plezante dingen zullen doen. Het kabelspoor nemen. Kunt ge vanuit de lucht de ganse Wereldtentoonstelling overzien. Of de trein, die u overal naartoe voert. Viviane Verlinden vertelde dat ge u kunt laten rondrijden in een pousse-pousse, een soort triporteur. En van alle paviljoenen waar ik over gehoord heb, wil ik het allerliefste naar dat van Belgisch Congo. Daar valt een Afrikaans dorp te bewonderen, met echte negers en strooien hutten en prauwen en een film over negers en wilde dieren. En naar de paviljoenen waar ge gratis voor niets moogt proeven van lekkere hapjes, wil ik ook. Of in het attractiepark op de railway. Juffrouw Torfs heeft gezegd: 'Als je op de Wereldtentoonstelling rondloopt, besef je opeens dat je tot de wereld behoort.'

Rosa moet van haar apropos zijn. Deze ochtend was er geen speld tussen te krijgen en nu is ze compleet stilgevallen. Ik heb me vergaloppeerd. Ik moet wat gas terugnemen, iets vriendelijks zeggen. Maar wat? Rika met haar café. Ze wilde 'Madame' zijn. 'Cafémadame!' Het begint al fameus te slabakken. De euforie van de eerste weken is voorbij. Jean-Pierre naast dat jongetje. Die twee lijken het goed met elkaar te vinden. Ze moeten van dezelfde leeftijd zijn.

'Papa, als we er zijn, wil ik bij Didier blijven. Het mag, hè Didier?'

De moeder draait zich om. Een mollige, joviale vrouw. 'Mij goed, mijnheer', zegt ze.

We stappen uit de bus. Jean-Pierre wijkt niet van Didiers zij.

'Blijft gij maar bij ons, Jean-Pierre.'

'Misschien is het ook beter zo, hè mijnheer', zegt de vrouw. 'Tot straks dan maar, straks kunt ge weer naast elkaar in de bus zitten.' En weg is ze met haar zoontje. Haar man staat een eind verderop te wachten. Didier draait zich nog een keer om en wuift naar Jean-Pierre. Gaat Jean-Pierre nu tegenpruttelen of niet?

'Oei, ik ben mijn kazak met onze boterhammen in de bus vergeten, een geluk dat ik er op tijd aan denk, want de bus staat op punt door te rijden naar de parking', zegt papa.

Wachten.

'Eerst en vooral een plan met de plattegrond kopen, anders lopen we verloren.' Weer wachten.

Papa komt met het plan af, vouwt het open, kijkt en draait ermee. Hij staat na te denken. Ik, een en al ongeduld: 'Papa kom, ik wil voortgaan.'

'Deze kant op, volg mij.'

Warm, windstil, feestelijk weer. Al die moderne paviljoenen, de drommen mensen die samen opstappen, braaf meeslenteren, rondkijken, zwijgen of babbelen, gapen, wijzen, die ik hoor roepen: 'Kijk hier', 'Kijk daar', 'Kijk ginder.' Koppels, arm in arm. Families. Groepen. Mensen uit veel verschillende landen. Zelfs Indische vrouwen in kleurrijke sari's met hun buik een beetje bloot. Enorme lanen, vlaggen aan hemelshoge vlaggenmasten, fonteinen, bloemenperken, bomenrijen, grasvelden en daar: het Atomium. Voor het Atomium een waterval in trappen en daarboven de kabelbaan. Ge weet niet waar eerst te kijken en overal volk, volk, volk. Papa staat stil, keert zich naar ons om.

'Hier vergeet ge dat niet alles peis en vree is, dat er ook nog honger en slavernij in de wereld bestaat.' Hij loopt zwijgend door met de plattegrond in zijn hand. Hij kijkt meer naar het plan dan naar wat er om hem heen te zien is, let vooral op, de juiste weg te volgen.

Komen we bij een paleis met een majestueuze trap.

'Het Russische paviljoen.' Papa zegt het zo plechtig. Het klinkt als een hoogst belangrijke aankondiging. Zie dat lachje om zijn mondhoeken. Een en al ingehouden trots, precies of het paviljoen van hem is. 'Vijfentwintigduizend vierkante meter', zegt papa, terwijl we de trappen op lopen. Zijn opengesperde ogen. Op een hoge sokkel zie ik een enorm standbeeld van een kale man met een sik. Dat moet Lenin zijn.

'Lenin', wijst papa. 'En zie daar eens.' Hij wijst naar boven. 'De Russen hebben de bomen die hier staan, gespaard. Ze hebben gewoon een gat in het dak voorzien. De Russen zijn begaan met de natuur.'

'Het hondje Laïka hebben ze wel laten sterven, zegt juffrouw Torfs.'

'Dat is iets anders. Een offer ten dienste van de wetenschap.'

'En ze willen te veel kaviaar verkopen. Dat is slecht voor de steur, ze vangen te veel en zo zullen die vissen uitsterven. Dat heeft Juffrouw Torfs ook gezegd.'

'Lariekoek.' Papa schudt venijnig zijn hoofd. Hij heeft het niet voor juffrouw Torfs. Hij zigzagt door de grote hal. Hij kijkt naar maquettes, schaalmodellen van de zwaarste machines: mijnbouwuitrustingen, een boortoren. En echte machines. Hij geeft uitleg over de machines. Foto's. Hij leest het commentaar bij de foto's. Hij kijkt opgewonden rond, zenuwachtig op zoek. Wij lopen achter hem aan. Dan blijft papa plots stilstaan. Of ze hem hebben vastgenageld. Of hij in trance is, gluurt hij van op afstand naar een tentoongesteld ding dat een eindje verder staat te pronken. Hij nadert het op zijn tenen met blinkende ogen en gaapt, gaapt. Papa is totaal van streek. Zijn hart moet bonken. Hij zet zijn kazak op de grond, kijkt rond, en of hij zich nu pas herinnert dat hij ons bij heeft, spreidt hij zijn armen open, zijn handen op onze schouders, als beschermende vleugels en zegt: 'Dit is nu Spoetnik III.' Ik dacht het. Ik schud zijn arm vlug van me af en ga een beetje verder staan. Hij blijft roerloos naar het tuig kijken.

'Wel, Jempi, en wat doet de Spoetnik?' Papa is nu precies een schoolmeester met pretlichtjes in de ogen.

'Mama wil niet dat gij mij Jempi noemt.'

'Jean-Pierre dan. Vooruit, luister liever een keer', en met veel gebaren, zijn vuist is de zon, legt papa uit hoe het zonnestelsel in elkaar zit. 'En de maan is een satelliet van de aarde en de Spoetnik is in een baan om de aarde gebracht met een raket... kunstmaan, aardsatelliet, ruimteschip, aardwachter, kunstmatige satellieten...' De woorden zoemen als muggen om mijn oren. We moeten mee naar een bord waar alles van a tot z uitgelegd staat en de hele litanie hernomen wordt.

'Ik kan het niet meer inhouden', zegt Jean-Pierre, met zijn billen tegen elkaar schurkend, het ene been over het andere, een hand op zijn gulp. Papa zucht. Op zoek naar een wc. Blijven we daarna in die enorme hal rondhangen, waar papa gekleurde blokken en gekleurde cirkels bestudeert. Die blokken zijn grafieken, dat weet ik, de rest ken ik niet.

'Het gaat over de enorme industriële ontwikkeling in de USSR, van de afgelopen vijfentwintig jaar', zegt papa en hij haalt een in vier gevouwen dubbele krantenpagina uit zijn kazak, kijkt van de krant naar de grafieken. Jean-Pierre begint rond te springen op de tegelvloer.

'Om ter verste, Rosa?'

'Zijt ge het beu, ga al naar buiten. Ga op de trappen zitten of wandel door de tuin op de grindpaadjes. Van het gazon moet ge afblijven en hou Jean-Pierre in de gaten, Rosa. Ik ga deelnemen aan de prijskamp van *De Rode Vaan*. Eerste prijs een reis voor twee personen naar Moskou. Een zoektocht door het hele paviljoen, het kan een tijdje duren. Weet ge wat, ge kunt me helpen met de schiftingsvraag: hoeveel glasverdelingen zijn er in totaal aan de buitenkant, rond om rond. Die kunt gij al gaan tellen.'

Jean-Pierre host de trappen af. Wat bedoelt papa eigenlijk met verdelingen? De deuren ook? Alles is in glas en aluminium. Ik begin lukraak te tellen, raak iedere keer opnieuw de tel kwijt. Onbegonnen werk. Ge kunt het alleen schatten, en waar is Jean-Pierre naartoe? Daar, een eind verderop aan die grote vijver vol fonteinen in de buurt van het andere grote paviljoen. Dat van Amerika. Hij keilt keitjes in het water, probeert verder en verder, altijd verder. Er zitten mensen op de rand van de vijver, schoenen uit, sokken uit, voeten in het water. Gaat Jean-Pierre hetzelfde doen? Ik moet naar hem toe, stel u voor als hij zich mistrapt, kopje-onder duikelt. Hij ziet me komen aanlopen, is me te vlug af, voorthuppelend op de arduinen rand van de vijver verdwijnt hij naar de overkant, kan hij daar wat met zijn voeten in het water gaan spartelen. Een hostess in een soort politie-uniform, strenge wijnrode blazer, blauwe rok, wit hemd, een mannencravate, hoedje op, met dit weer, loopt naar hem toe. Ze spreekt hem aan. Er vliegensvlug heen rennen. 'Nee, nee, hij is niet verloren, hij moet mee.'

Waar blijft papa? Ik heb het geprobeerd, mijn best gedaan. Ik heb het opgegeven. Ge begint op de duur scheel te zien op al dat glas en Jean-Pierre begint te dreinen.

'Kom, we gaan op de trappen zitten. In de lommerte. Leg uw hoofd in mijn schoot en slaap een beetje tot papa er is.'

Al die mensen. Uit de hele wereld zijn ze hier naartoe gekomen. Zwarten en bruinen, mensen met spleetogen, Chinezen of Japanners, hoe kunt ge het verschil zien? Mannen met tulbanden. Mensen van de ganse aardbol. Zouden ze hier niet kunnen afspreken elkaar niet meer aan te vallen?

Daar is papa. Het werd tijd.

'Papa, ik ben tot aan duizend geraakt, verder kan ik niet. Het paviljoen is te hoog.'

'Duizend?'

Vindt hij het veel te veel of veel te weinig?

'Ik heb honger en ik stik van de dorst, papa.'

'Ik ook,' zegt Jean-Pierre, zijn hoofd oprichtend, 'ik ga sterven van de dorst.'

'Blijf hier zitten. Wat wilt ge drinken? Een cola?'

Een cola. Wat een wonder, we krijgen een cola.

'Een Colibri.'

'Een Colibri?'

'Citroenlimonade. In een flesje zoals een Coca-Colaflesje, maar geribbeld.'

'Ik zal zien of ze het hebben, en anders?'

Papa komt terug met de drankjes in een flesje met een rietje. Voor hem een glas bier. Bier! Papa die bier drinkt.

'Daar is een bank in de schaduw, kom.' Papa opent zijn kazak en haalt de broodzak met de boterhammen eruit. Er zitten ineens boeken in de kazak, zie ik. Hij ziet dat ik die boeken heb gezien.

'Afkomst en leven van Friedrich Engels en de brieven van Lenin,' zegt hij, 'salami of kaas?'

Er wandelen mensen voorbij met zakken friet en er zijn ook kraampjes met sandwichbars. Daar verkopen ze broodjes met hotdogs of met filet américain en ketchup. Vanop de bank begint papa de glasverdelingen te tellen. In een notaboekje, zet hij streepjes voor het aantal getelde verdelingen.

'Ge moet het systematisch doen.' Papa praat met volle mond.

Hij staat van de bank op.

'Ge blijft hier zitten, ge bougeert niet, ik tel verder en als ik rond ben, gaan we voort.'

Waar blijft hij? Het is meer wachten dan wat anders.

Eindelijk. Ik zie hem opduiken. Goedgezind. Dat ziet ge altijd direct aan papa's gezicht.

'Alle vragen opgelost. Morgen inzenden, laatste week. We kunnen vertrekken.'

Hij staat op zijn plan te kijken. Gaan we nu iets plezant doen?

'Die kant op', zegt hij.

'Daar. Ziet ge? Het paviljoen van Bell Telephone. Ik ga oe laten kennismaken met mijn job.'

We stappen binnen. Papa begint ons te vertellen hoe een radio, een pick-up, een televisietoestel gefabriceerd worden. Ik hoor hem zeggen: 'In onze fabriek is het niet gewoon een beetje monteren, nee, nee, wij maken alles zelf. Tachtigduizend verschillende onderdelen. Wij moeten er zestienduizend verschillende grondstoffen voor aankopen.' Papa wijst naar een radiochassis. Hij heeft het over de buizen, de transistor, de condensator, de spoelhouder, de anodeaansluiting. Luistert Jean-Pierre of doet hij alsof? Papa kan het niet kan laten tegen iemand van Bell Telephone die de dienst in het paviljoen waarneemt te zeggen dat hij ook tot de Bell Telephone-familie behoort. Er is een cafetaria aan het paviljoen.

'Een crème-glaceke zal er nu wel ingaan zeker', zegt papa na de rondleiding.

'Een Expo-58-ijsje.'

'Ik ook', zegt Jean-Pierre.

'Blijf hier op me wachten', zegt papa.

We gaan aan een tafeltje zitten. Papa's kazak kwikken. Met die dikke, zware boeken in. Daar moet hij voor de rest van de dag mee rondlopen. Mijnheer Schollaert zei altijd: 'lijvige boeken'. Voor het paviljoen staat op een hoge sokkel een enorm beeldhouwwerk. Modern. Ik zie wat het voorstelt: een vliegend paard met vier gestalten erop. Het zijn de vier Heemskinderen op 't Ros Beyaerd. Ik ken het verhaal, ik ken ook het lied. Vroeger hoorde ik het de klas van mijnheer Ackermans altijd zingen: "t Ros Beyaerd doet zijn ronde in de stad van Dendermonde, die van Aalst die zijn zo kwaad, omdat hier 't Ros Beyaerd gaat.' Dacht ik: Wat zingen ze toch? Tros? Een tros druiven ken ik, maar een tros die gaat. Nu hebben we het lied ook geleerd. Bij juffrouw Torfs. De oude, degelijke, strenge juffrouw Torfs die onze mijnheer Schollaert vervangt. Ze blijft altijd bij het onderwerp van de les. Ze dwaalt nooit af. Anders komen we er niet, zegt ze. Daarmee bedoelt ze dat alle leerstof dan niet aan bod kan komen en we staan voor het stadsexamen! Alles staat bij haar in het teken van het stadsexamen… het stadsexamen… het stadsexamen… het woord stadsexamen zoemt zonder onderbreking door de klas. Juffrouw Torfs wil goede resultaten behalen. De beste. Van alle klassen van alle scholen van de hele stad, wil ze dat onze klas het beste presteert. Juffrouw Torfs. Rond, breed, zonder taille. De rokken die ze draagt. Onveranderlijk hetzelfde model: een wollen koker, gewoonlijk in zwart-witte pied-de-poule. Achteraan, onderaan op de middennaad een split. Haar lijf zit in zo'n rok als een cilindervormige blok plasticine, of zij voor de rok en niet de rok voor haar is gemaakt. Of de rok naar zo'n lijf op zoek is gegaan. Als ze op de trede voor de klas staat, probeer ik altijd te schatten met hoeveel we in de rok zouden kunnen. Ze draagt ook altijd hetzelfde model doorschijnende zijden bloes met een jabot die op de welving van haar borsten rust. 'Op haar schap', zegt Julien de Rover. 'Wij zeggen "balkon"', zegt Willy De Nul. De bloes steekt altijd in de rok, hangt er nooit over. En onder de bloes zijn alle lagen zichtbaar: haar combinaison, een onderlijfje en de bandjes van haar bustehouder. En als ze in de stralen van de zon staat, ziet ge op haar wangen, naar de snee van haar kin toe, een dichte laag gouden donsharen, minikorenveldjes, zoals in het lied van ''t Zijn Weiden als Wiegende Zeeën' en ze heeft ook handen met kreukelig vel zoals de nonnen van het Onze-Lieve-Vrouw ter Sneeuw Instituut. Iedereen respecteert juffrouw Torfs zeer. 'Onze witte raaf', noemt de directeur haar. Bij mijnheer Schollaert lachten we ons soms een kriek in de klas. Hij kon zo goed vertellen. Over geschiedenis. Over de vadsige koningen, Julius Caesar, de druïden die met een sikkel de maretak afsnijden, Ambiorix, Boduognat, de vaas van Soissons, Clovis die gedoopt wordt, Karel Martel die bij Poitiers de mohammedanen verslaat.

'Anders zaten alle meisjes hier nu allemaal helemaal ingepakt', grapte mijnheer Schollaert toen hij over Karel Martel vertelde.

'Dan waren we dat gewoon geweest', zei Lydia Jespers.

'Voor u was dat goed uitgekomen, was uw dik gat niet zo opgevallen', fluisterde Hugo Van Gavere haar toe.

'Mijnheer Schollaert, die clown met zijn loze praatjes', zeggen sommige ouders nu. Ik mis hem. Daar is papa met de Expo-58-ijsjes. Balkjes, zoals een pakje echte roomboter, maar platter. Drie kleuren, wit, bruin, roze. Er zijn twee wafeltjes bij om het balkje tussen te leggen.

'Mmm, lekker.'

'Ge hebt nogal een vader, hè.'

'Het roze vind ik niet lekker', zegt Jean-Pierre.

'Nooit content. Kijk ginder eens, ziet ge dat standbeeld?'

''t Ros Beyaerd, papa, ik zag het direct.'

'Prachtig, hè Rosa, monumentaal en zo modern. In opdracht van Bell Telephone.'

'Ik vind een standbeeld van een paard zoals een paard echt is, beter.'

'Kindje, ge moet met uwe tijd meegaan. Dit is moderne

kunst.' Papa kijkt op zijn horloge. Hij haalt een zakdoek uit zijn zak en veegt Jean-Pierres mond af.

'Smosser', zegt hij.

'We moeten op tijd bij de bus zijn. Er wordt op niemand gewacht. De chauffeur heeft iedereen verwittigd. Wie te laat komt, moet zijn plan trekken. We zullen al naar de uitgang wandelen en daar in de buurt blijven en, Rosa, bij een souvenirkiosk kiest ge maar iets uit voor mama.'

'Nietwaar, hè, wie we daar hebben.'

'Hoe is het mogelijk. Zo veel volk en mekaar hier op het lijf lopen.'

Er wordt gekust. Handen geschud. Dat we nonkel Maurice, tante Martha en Giselle hier tegenkomen. Ik fleur er helemaal van op.

'En hoe is het met dat kleine duiveltje?' Nonkel Maurice tilt Jean-Pierre op, zet hem op zijn schouders.

'Voilà, nu kunt ge overal over zien, hè Jean-Pierre', zegt hij.

Giselle heeft een gloednieuwe jurk aan, een prachtige, wijde, lichtblauwe satijnen jurk. De jurk is op de groei gekocht. Tante Martha heeft de jurk verkort. Ik zie het aan de steken in de zoom.

'En vertel eens, Giselle, wat hebt gij gewonnen', zegt tante Martha. Giselle, ocharme, staat grinnikend met haar dikke lijf te draaien, begint aan de zoom te frunniken. Haar spleetjes van ogen verstopt achter haar bolle wangen. Haar plat babyneusje met grote openstaande neusgaten. Ze heeft geen nek.

'Chocolat gewonnen, hè', zegt tante Martha.

'Chocolat, haar hele gewicht in chocolade', zegt nonkel Maurice. 'Bij Côte d'Or. Ze gaan hem opsturen. Komen we een tijdje toe', zegt hij lachend. Spijtig, waarom zijn we hen niet eerder tegengekomen? Hadden we met hen kunnen meegaan. Hadden wij ook chocolade kunnen winnen. Zij zullen wel de plezante dingen gedaan hebben.

'Kom,' zegt nonkel Maurice, 'daar op het terras is een tafeltje vrij, ik trakteer. À propos, waar is ons Rika?'

'Koppijn', zegt papa.

'Toch erg, hè', zegt nonkel Maurice. 'Dat verdient ze toch niet. We moeten afspreken. We komen u ophalen. Martha heeft een crème-glacemachine gekocht.'

'Dat is nogal wat anders. De smaak. Wat een verschil met de crème-glace die ge koopt', zegt tante Martha. 'We zullen een demonstratie geven. In de vakantie. Kan Rosa een paar dagen blijven logeren. Dat zal Giselle plezant vinden, hè Giselle.'

'Jaaaaaaaaaa', zegt Giselle.

Een goed idee, ik ben graag bij tante Martha en nonkel Maurice in hun mooie villa, met de moderne keuken en de badkamer met lichtblauwe tegeltjes en een ligbad, maar wat moet ik de hele dag met Giselle aanvangen?

'Verbazingwekkend, hè Raymond,' zegt nonkel Maurice, 'al dat volk uit de hele wereld dat hier samenkomt. Er straalt een bovenmenselijke kracht van uit. Een triomf voor de vooruitgang en de wereldvrede. Santé', en hij heft zijn glas. En wij zeggen ook: 'Santé.'

Nonkel Maurice kijkt papa aan en zegt: 'Dat vind ik toch, Raymond, maar gij zijt precies een andere mening toegedaan.'

'Gij zijt misschien een beetje te optimistisch, hè Maurice, het is hier nog altijd niet voor iedereen het land van melk en honing. Laat staan op een ander, dat moogt ge nooit vergeten.'

Daar hebt ge papa weer. Ik weet dat nonkel Maurice en tante Martha niets afweten van het café. Zijn mama en papa een beetje beschaamd het hun te vertellen?

Jean-Pierres cola is op. 'Wanneer gaan we door?' vraagt hij. 'Duurt het nog lang? Ik wil naar Didier. Ik wil met Didier spelen. Didier is mijn beste vriend.'

8

De zomervakantie is begonnen. We spelen van 's morgens vroeg tot 's avonds laat buiten. Een wisselende troep. Alleen die op kamp met de Chiro vertrokken zijn, ontbreken. Wij, de achterblijvers, vinden elkaar altijd wel ergens: door de hitte geveld, lamlendig lummelend, bij die of die op de dorpel voor de deur, of bij de lange, hoge muur van de achter de tuinen bijgebouwde garages. Halen we de brandglazen boven. Voor twee frank te koop bij Bertha in de kruidenierswinkel Central. Eigenlijk kopen we de zwarte nestel. 'Veterdrop', zegt mama, en het brandglas hoort er bij. Gratis. Bij de garages ziet niemand ons. Branden we gaatjes in krantenpapier, gaatjes met zwarte, grillige randjes. Is het oppassen geblazen dat de hele krant niet in de fik schiet. En ik, doodsbang voor vuurtjestook, blijf liever op veilige afstand, klaar om de benen te nemen. Of we spreken af. Trekken we in groep naar Sint-Annastrand. Toveren we onze zakdoeken om tot kalotjes door knopen in de tippen te leggen. Kalotjes zoals bisschoppen en joden ze dragen. Prima bescherming tegen de helse kassei van een zon, die er in gelukt is de teerlaag van de macadam zacht als stroop te doen worden, en de afdrukken van onze voetstappen erin achterblijven, als we de straat oversteken. Christel Weiremans kan alleen mee als haar vader is gaan loodsen. Spelen moeder en dochter onder één hoedje. 'Van uw vader mag niks, die is nog van de oude stempel', zegt de moeder dan medeplichtig. En soms zijn ook een paar van de kinderen Lampreien van de partij. De tweeling, Roestam en Joris, en Tara. Heeft ze onder haar kleren een door haar moeder gebreid badkostuum aan. In parelsteek, rode wol en met een blauw ankertje erop gemaasd. Staat ze er aldoor aan te trekken, omdat de wol pikt. En laatst Maria Kegels die onderweg, op de lege weg die parallel met de Schelde loopt, zei: 'Een zengende zonnegloed.' 'Het is al goed', antwoordde Patrick Verbraeken puffend. 'We weten het. Is uw boek bijna af?' Of we vinden elkaar in de speeltuin of in de gelagzaal van het parochiehuis. Zet nonkel Gerard, de gerant, een rijtje stoelen klaar. Televisie aan:

Luipaard op schoot of de uitzending vanop de Wereldtentoonstelling of de *Perry Como Show*. 'Mister Nice Guy', zegt nonkel Gerard. 'De zingende coiffeur met zijn zijdeachtige, sprankelende stem. Hij komt van niets. Italianen, met dertienen thuis en hij heeft het niet in zijn bol gekregen. Daar moet ge sterk voor in uw schoenen staan. Ja, ja, ik zeg altijd: het zijn sterke benen die de weelde dragen. Perry Como, mijn favoriet.' En terwijl biljarten de mannen in het zaaltje naast de gelagzaal. Als doofstommen. Alleen het ketsen van de ballen is te horen, en de vrouwen van de mannen, met een colaatje of een theetje, babbelen of breien en haken. Ik hou ze soms in de gaten. Hoe hun crochet driftig kopjeduikelt onder het over hun wijsvinger gespannen haakgaren, hoe ze aan de gehaakte lappen sjorren om de lus over de haak te halen en hoe de lappen bungelen, als de lellen van rondtippelende hanen. Een wirwar van vingers en draden, aan een tempo. Of we komen bijeen op de afgedankte, vermolmde aanlegsteiger aan de Schelde, trekken we vandaar naar de bij de rivier afhellende, uitgestrekte grasweide, waar de jongens gewoonlijk voetballen, met hun truien de goals afbakenen, en dan maar dribbelen, maar waar we deze dagen enkel *strike-out* op onze buik in het stilaan verdroogde gras liggen. Want de lucht blijft tonnen wegen, gaat ons versmachten. Zelfs moppen tappen of om ter eerste op zoek naar een klavertje vier, bikkelen met zweterige handen, kunstjes demonstreren met de jojo. Alles is te veel. De minste beweging vraagt een onmenselijke inspanning. Alleen Ronald Teugels, die kan het niet laten alle meisjes te kietelen. Die moet kunnen plagen. Tot 's middags, tegen etenstijd. Wordt het doodstil. Sterft de buurt uit. Ineens niemand meer te bekennen.

Bij mij komt het zo nauw niet. Ik hoef niet naar huis. Mama in haar café, papa op zijn werk. Behalve vandaag. De metaal staakt en papa is piket gaan staan. Ik heb hem zien vertrekken. Hij leek een kop groter, potiger. De eensgezindheid van stakende metaalbewerkers onder elkaar doet papa goed. Gelukkig is Viviane overdag ook alleen, maar zij moet klokslag twaalf thuis zijn. Belt haar moeder op vanuit de Grand Bazar. Hun telefoontoestel prijkt in de vestibule op een plank van de witggelakte houten hoekétagère met de tirolerachtig uitgesneden hartjes en met fleurige bloemenguirlandes beschilderd.

'Dag, mijn lieveling, ge zijt nog gezond en wel, hoor ik. Wat zijt ge aan 't doen, kunt ge u bezighouden?'

'Ja, mama.'

Ik hoor even duidelijk wat Vivianes moeder zegt als Viviane met haar oor tegen de hoorn. Haar stem galmt altijd het hele trappenhuis door.

'Tot vanavond en wees voorzichtig.'

Viviane houdt het kort, haakt in.

'Rosa, kom, gaat ge mee naar Bertha, ik mag het wortelloof komen halen en de kroppen verslenste sla, het groen van de selder voor mijn konijn. Voor Adeona.'

Wij naar de kruidenierswinkel Central, bij Bertha, naast bakkerij Teugels.

Onder de donkerblauwe markies vinden het fruit en de groenten buiten in bakken beschutting tegen de zon. Ondanks dat alle deuren tegen elkaar openstaan, om tocht te creëren, is het in de volgestouwde winkel – er blijft amper plaats over voor de klanten – heet en duister. Op de toonbank zoemt een ventilator.

'Anders is het niet uit te houden', zegt Bertha. Ze is kortademig. Ze veegt het zweet van haar voorhoofd.

Aan het plafond hangen precies in de blinkende vernis gezette, caramelkleurige vliegenvangers.

'Viviane, wat denkt gij, zouden die vliegen beseffen dat ze eraan zijn voor de moeite? Kijk hoe hun poten dabben in de lucht.'

'Hoe kan ik dat weten, Rosa, vraag het hen zelf.'

'Het groensel staat klaar in die bruine papieren zak', zegt Bertha.

'Bertha, dat is ze. Ik heb die foto altijd bij me. Zoals mijn vader, die heeft een foto van mij in de auto hangen.'

'Een beetje verkreukt, hè.'

'Van in de zak van mijn shortje te zitten.'

'Gij loopt over van liefde voor uw konijn, ge kunt er niet over zwijgen, hè. Geef eens hier... Daar moet ik mijn bril voor opzetten.'

'Schattig, hè Bertha?'

Viviane op haar tenen tegen de volgepropte hoge toonbank leunend, met haar ellebogen erop steunend, haar bloesje laat een stuk van haar rug bloot. Viviane is in de groei aan 't komen. Ze krijgt lange benen. Staakdun. Ze was altijd zo klein. Ze gaat me voorbij steken en ze heeft precies puistjes in haar gezicht, onder haar vel. Haar shortje zit gekneld tussen haar billen. Ze trekt er de hele tijd aan.

'Lastig. Ik ben uit mijn kleren aan 't groeien. Mijn moeder zegt dat ik er nieuwe krijg. Achtereen.'

'Ik zie het, gij zijt aan het opschieten, gij wordt een hele juffra, een lange zwikzwak. Ge kunt door u heen kijken, gij zijt precies van lucht gemaakt. Een beetje molliger zou geen kwaad kunnen.'

'Zeg Bertha, ik zal eens over u beginnen.'

'Ach, mijn kind, ik zou er veel voor geven in uw plaats te zijn, geef mij maar uw trommelstokskes van benen, uw smalle voeten en uw knoken van knieën. Zie mij met mijn lompe overzetboten, mijn vet lijf, ik met mijn varkensknieën, al zeg ik het zelf.'

'Ge hebt uw eigen niet gemaakt, Bertha. Hebt ge mijn Adeona goed bekeken op de foto? Ik zou er graag een vriendje voor haar bij willen hebben, maar mijn vader zegt: "Eén konijn is meer dan genoeg. Al die keutels in de tuin."'

'Viviane, duurt het nog lang? Ik kies al wat snoep, smoelentrekkers. Zijn ze heel zuur? Met veel cintrik, Bertha?'

'Ze zullen prikken op uw tong. Wees daar maar zeker van. Vier voor één frank.'

'De onderste is de mijne.'

'O, pardon, nonkel Ward, ik heb u niet horen binnenkomen, ik moet bij de dozen snoep zijn. Heb ik hard op uw tenen getrapt?'

''t Is niets... mag ik die foto van uw konijn ook eens zien, Vivianneke?'

'O, gij hebt ons staan afluisteren', zegt Bertha.

'Ik ben niet doof, dus ik hoor wat ik hoor.' Nonkel Wards antwoord klinkt kortaf.

Viviane draait zich om. Ze laat nonkel Ward de foto zien. Moet ze haar te krap zittend shortje weer tussen haar billen uitpulken.

'Schattig, hè nonkel Ward?'

'Ik wist niet dat gij zo dol op konijnen zijt. Ik heb er ook een thuis.'

'Wat voor een?' vraagt Viviane.

'Een grijs.'

'IJzergrauw. Konijnenfokkers zeggen tegen grijs ijzergrauw. Maar ik bedoel, welke soort.'

'Welke soort?'

'Het mijne is een Blauwe van Beveren, een vrouwtje, een voedster, zeggen ze en dat van u?'

'Ik denk een mannetje', zegt Nonkel Ward.

'Een rammelaar.'

'Een rammelaar. Gij weet veel van konijnen als ge 't mij vraagt.'

'Waar zit dat dan, Ward, gij woont toch op een appartement?' vraagt Bertha.

'Op een beneden, er is een tuintje aan.'

'Wil ik voor u dan ook wat groensel bewaren? Met dit warme weer is alles toch direct verpieterd.'

'Dat zou vriendelijk zijn', zegt nonkel Ward.

Hé, zie de merknaam van de bascule op de toog, BERCKEL met aan de L juist dezelfde sierlijke golvende, terugbuigende staart, die de volledige naam onderstreept, als bij de naam Lambotte-Priem op het servies in het weeshuis. De waaiervormige plaat vol tabellen met getallen. De pijlvormige wijzer, die de prijs per gewicht aanduidt. Ik weet hoe ge de prijs moet aflezen. 'Viviane, wat neem ik nog?'

'Van die witte suikeren sigaretten met rood binnenin, Rosa. Ik trakteer, ik betaal de snoep. Hoeveel is het, Bertha?'

'En wat mag het voor Ward zijn?'

'Een fles melk, een half pond boter, en een karton met zes flesjes Coca-Cola, Bertha. Het weer is aan 't keren. Zie maar eens hoe bladeren en papier weggeblazen worden. Wervelende draaikolken. Hoe ze in een neerwaartse spiraal verderop, op de grond terechtkomen. En kijk wat een donkere wolken. In de verte is het al rommelend aan het weerlichten. Een warme stormwind steekt de kop op. Het was te verwachten. Ziet ge wel, de eerste vijffrankstukken-grote druppels plenzen neer.'

'Kom, Viviane, laat ons naar mijn huis gaan. Mijn broer is alleen. Hij zal bang zijn.'

'Oké, maar eerst Adeona eten geven en haar laten schuilen in het tuinhuis.'

'Konijnen kunnen ertegen.'

'Nietwaar. Ik zal het toch wel weten, hè Rosa, en daarbij, ik wil niet dat mijn Adeona doodbliksemt.'

'Doodbliksemen. Willy De Nul van mijn klas heeft het erover gehad tijdens zijn spreekbeurt: als het onweert is het mogelijk dat bolbliksems brandstichtend door de kamer razen, u achtervolgen om u te elektrocuteren, en het komt meer voor dan ge denkt. En Willy De Nul weet wat hij zegt, die weet alles over natuurkunde. Hij wil later geleerde worden. Hij heeft een microscoop. Als ge daar uw vinger onder legt.'

'Jean-Pierre is niet thuis... wat nu?'

'Misschien bij de Vennesoens, Rosa.'

'Nee, niemand doet open en het weer wordt hoe langer hoe dreigender. Precies ineens nacht. Zie de toppen van de kruinen van de populieren achter de tuin, hoe die tekeergaan, ze raken bijna de grond. Ik ben zo ongerust, waar kan Jean-Pierre zijn? Gelukkig dat ge bij mij zijt, Viviane, moest ik nu alleen zijn met dit weer en met mijn broer kwijt.'

'Die zit vrolijk bij iemand thuis, die maakt zich geen zorgen. Ge kunt niet bij iedereen gaan bellen, hè.'

''t Is te hopen. Kom mee naar boven, naar mijn kamertje. Ik heb de map met de teksten van de spreekbeurten. Ge moet de tekst over de onweders lezen. Akelig.'

'Lekker, hè Rosa, die suikeren sigaretten. Eerst de witte koker eromheen opzuigen, blijft de rode vulling over. Ik zuig die altijd in een punt. Luister, het gerommel komt dichterbij. Het gaat echt stormen.'

'Viviane, lees nu eerst.'

'De uitleg over de positieve en negatieve deeltjes? Snap ik niets van.'

'Lees dan alleen de laatste paragraaf.'

'Dat van hoe de bliksem zijn dodelijke werk doet?'

'Ja.'

'"Wie rechtstreeks door de bliksem getroffen wordt, wordt over het algemeen gedood. Wanneer men zich slechts in de nabijheid van de bliksemflits bevindt kan men ontkomen, maar naargelang het geval kan men toch een hersenschudding of brandwonden oplopen of beide tegelijk. Brandwonden ten gevolge van de bliksem zijn gemakkelijk te herkennen aan hun boomachtig uitzicht. Ook andere verwondingen worden vermeld: enkelvoudige of meervoudige breuken, blauwe plekken. Ook werden vastgesteld: blindheid, doofheid, verschillende vormen van verlamming, verlies van geheugen, stuiptrekkingen. Bij een slachtoffer van een blikseminslag dient men onmiddellijk kunstmatige ademhaling toe te passen, zelfs zo de omstandigheden het toelaten een tracheotomie uit te voeren, ten einde de ademhaling in stand te houden." Wat is een tracheotomie, Rosa?'

'Uw keel oversnijden op de juiste plaats. Dat leren wij allemaal bij ons op school.'

'Rosa, maar verstaat gij nu echt alles wat in die tekst staat?'

'Ja, natuurlijk. Willy de Nul is een hele slimme, die kan alles goed uitleggen en het moeilijkste heeft juffrouw Torfs herhaald.'

'Hebt gij een spreekbeurt gehouden?'

'Ja. Over *Aïda* van Verdi en de opening van het Suezkanaal. Mijn vader heeft me geholpen. Hij heeft een oud programmaboekje bewaard, nog iets van voor de oorlog, en we hebben de fonoplaat.'

'*Aïda* van Verdi. Wat is dat voor iets? Ik zou een spreekbeurt over konijnen houden, over de verschillende rassen. Hoor, wat een gedonder, Rosa.'

'Ze zeggen dat uw trommelvliezen ervan kunnen springen. En zie de lucht, precies Bengaals vuurwerk en die loeiende stormwind. Ik ben bang. Kom, vlug de deken over ons heen, zitten we precies in een tent, gezellig dicht bij elkaar. Zo voel ik me veiliger. Hoor de donder. Of rotsblokken, zo groot als huizen naar beneden vallen en tegen elkaar botsen.'

'Het onweer moet vlak boven ons hoofd zijn.'

'Viviane, ge hebt niet goed gelezen, de bliksem vertrekt van op de grond. De deken niet opheffen. Alstublieft.'

'Wat een gekletter. Rosa, ik zie dat de regen is overgegaan in hagelstenen. Precies als pingpongballen. Als het vensterglas maar niet kapotspringt.'

'Viviane, ik ben doodsbang.'

'Ik zie het. Gij bibbert over heel uw lijf en au, au, alstublieft, Rosa, knijp niet zo hard in mijn arm. Door die hagelbui zal nergens een huis in brand vliegen. Dat is een geruststelling. Kom, laten we doen of we een echte sigaret roken met onze vingers, die de v van vrede vormen. De wollen haartjes van het deken kleven vast aan mijn sigaret. Vervelend.'

'Bij mij ook. Mannen roken zo, een sigaret tussen hun gekromde vingers geklemd.'

'De ressorts die omhoogsteken, vindt ge die niet lastig, Rosa? Ge kunt het stro uit de gaten plukken.'

'Ik ben dat gewoon. Als Jean-Pierre... Als hij maar bij iemand binnen zit. Als hij maar niet doodbliksemt. Of blind of doof wordt. Of wat er allemaal kan gebeuren. Jean-Pierre, Jean-Pierre toch. Er komt precies een vlaag van schrik over me heen, als ik aan hem denk. Ik krijg het er benauwd van.'

'Uw broer loopt in geen zeven sloten tegelijk. Dat zegt mijn moeder altijd, als mensen tegen haar zeggen: "Uw Viviane zit toch veel alleen, als dat op een dag maar niet slecht afloopt." Een kind loopt in geen zeven sloten tegelijk, zegt mijn moeder dan.'

'Ik moet altijd op hem letten.'

'Hij is soms lastig, uw broer. Ik heb liever mijn konijn.'

'Hij is niet altijd lastig. Ja, soms. Jongens zijn zo.'

'Kleine jongens. Het onweer is aan het overwaaien. Het was kort maar hevig, hè Rosa.'

'Ik denk altijd dat de wereld gaat vergaan. Er zijn dakpannen afgerukt. Er is een schutting omgeblazen. Weggevlogen takken. Plassen. De straat is ondergelopen.'

'Ik ga naar mijn Adeona kijken. De bel, Rosa. Jean-Pierre. Wedden?'

Ziet ge wel, madame De Rover met Jean-Pierre.

'Dank u, madame De Rover. Ik was zo ongerust.'

'Uw vader gaat in kosten vallen, Rosa, het water gutst uit de regenpijp.'

Gelukkig is er met Jean-Pierre niets aan de hand, maar als papa ziet dat hij in kosten gaat vallen...

Mijn stamgasten in hun hoekje, aan hun tafeltje bij het raam. Guido is mijn houvast. Hij heeft het er dikwijls over dat zijn ex zijn dochtertjes tegen hem opzet.

'Ik moet bedelen om ze mee te krijgen. Ze geloven de leugens van hun moeder, ze vervreemden van me. Dat wijf, ik zou haar iedere keer op het gezicht willen timmeren, als ze de kinderen komt ophalen.'

Ja, als hij het over zijn ex heeft, windt Guido zich altijd vreselijk op. En Gilbert, de stakker. Alleenstaand. Werkloos. En Gaspard. Pas weer thuis. Matroos. 'Ter langer omvaart', zegt hij en dan is hij zich heel erg bewust van het feit dat hij een moeilijke, ongewone, ongebruikelijke uitdrukking in de mond neemt. Aan de wal trekt hij in bij zijn moeder. Als hij over haar begint. 'Ik zie haar graag, daar niet van. Maar ze drinkt in het geniep, het is haar aan te zien, haar opgeblazen, vlekkerig gezicht. Couperose. Ze steekt de ene sigaret aan met de andere. Haar tanden, de toppen van haar vingers, geel van de nicotine en klagen dat ze geen asem meer heeft. Ge hoort haar hijgen en puffen van op een kilometer. Het is lelijk dat ik het moet zeggen, er zijn momenten dat ik van mijn eigen moeder walg, dat ik denk: Mens, crepeer.'

Terwijl hij zelf te veel drinkt en rookt als een Turk.

'De pot verwijt de ketel, Gaspard', zeg ik hem vaak. Heeft hij zijn antwoord klaar.

'Ik ben een jonkman, Rika, ik ben aan niemand verantwoording verschuldigd, zij is mijn moeder. Ze heeft nooit het goede voorbeeld gegeven. Ze is versleten voor haar jaren. Ze soigneert zich niet. En dat ze maar oppast, met haar suikerziekte, vandaag of morgen moeten ze haar een been afzetten. Ze heeft mijn vader het graf in gepest. Dat vergeef ik haar nooit. Rika, gij zijt als een moeder voor mij, een surrogaatmoeder, allez, een jonge surrogaatmoeder, hè. Het meest van mijn vrije tijd zit ik hier, bij u, hier voel ik me op mijn gemak. Weet ge nog hoe content ik was toen ik thuiskwam van die lange zeereis en ik zag dat mijn stamkroeg heropend was? Hoe gij mij ontving.' Wordt hij sentimenteel. Hij moest weten hoe de mensen uit de buurt, die hem kennen, me waarschuwden.

'Een bruut. Als hij het in zijn kop krijgt, ontziet hij niemand. Klopt hij uw hele café kort en klein. Ge zoudt hem beter buiten houden. Hij gaat u klanten doen verliezen.'

'Tot hiertoe heeft hij niemand een haar gekrenkt', verdedigde ik hem. 'Een ruwe bolster met een zachte pit.' Maar om eerlijk te zijn, hij is soms een probleem. Als hij te veel gedronken heeft, durft hij mijn klanten lastig te vallen. Zit hij op een barkruk te loeren tot hij een reden vindt om tegen iemand te kunnen beginnen chicaneren.

'Wat is 't, wat zit ge zo te kijken, heb ik soms iets aan van u?'

'Nee, Gaspard, kom, jongen, laat de mensen met rust.'

'Ze kunnen niet tegen mijn kop. Dat ze in de spiegel naar hun eigen bakkes kijken.'

'Gaspard, hou je manieren. Drink een kop koffie. Nee, je krijgt geen bier meer.'

'Geen bier meer krijgen, geen bier meer krijgen. Tap me rap een pint of we gaan wat meemaken.'

'Gaspard, vriend, weet je, ga slapen, slaap eens goed uit, ben je morgen een ander mens.'

Als hij gedronken heeft, verkeert Gaspard in de waan dat de hele wereld tegen hem samenspant. De stamgasten pikken het niet meer.

'Rika, maske, ge zult moeten kiezen, hij of ik', is me al gezegd.

'Achtereen is hij weer voor een tijdje ribbedebie. Met tranen in de ogen vertelt hij me soms over de last die zijn moeder hem bezorgt.'

'Rika, is het hier een café of een sociale instelling?'

'Rika, ik doe de deur toch maar dicht. Wat een onweer. Een echte zondvloed. We worden kletsnat... kleine straat... ge twijfelt, hè Gilbert.'

‘Ge liegt, Guido, ik zie het aan uw gezicht, maar kom, ik zal mijn goede hart tonen, ik neem het aan. Geef hier.’

Gilbert kijkt onder de hoed, neemt een teerling, gooit, kijkt van de tafel naar de hoed.

‘Full house’, zegt hij onverstoorbaar.

‘Maak dat de ganzen wijs’, zegt Gaspard. ‘Ge liegt. Chapeau.’

‘Echt? Wa dis ’t? Ik geef u nog een kans. Er liggen er al twee.’

‘Nee, gast, ge liegt’, herhaalt Gaspard.

Gilbert heft de hoed op.

‘Voilà, wat heb ik u gezegd. Gaspard, dat ge dat niet aanneemt.’

‘Ge hebt er met uw duim onder gezeten. Ik heb het gezien, ik heb het gezien.’

Komt Gaspard met zijn hele lijf overeind. Zijn schouder en zijn ros behaarde arm hellen over het cafétafeltje. Begint hij Gilbert te duwen.

‘Kom kom, niet beginnen, Gaspard. Wie niet tegen zijn verlies kan, moet niet spelen.’

‘Guido, ik kan niet tegen bedriegers.’

‘Gaspard, stop, doe niet belachelijk, met uw geduw, gij zijt precies een neushoorn in de zoölogie. Rika, tapt gij ons een pint?’

Gelukkig kan Guido Gaspard intomen. Guido weet veelal de gemoederen te bedaren.

‘Een revancheke’, zegt Gaspard.

‘Straks’, zegt Gilbert. ‘Ik heb er dorst van gekregen, eerst een pint.’

De stormbui is grotendeels over. Ik denk dat hier en daar wel schade zal zijn.

‘Mijn glas is leeg, ik stap op’, zegt Guido. ‘Mijn schoofzak klaarmaken. Met dit weer is nachtwerk een voordeel. Overdag is het aan de dokken een hel. Als het tenminste vannacht niet opnieuw zo lelijk gaat doen. Salut.’ Gilbert en Gaspard krijgen een schouderklop. Een natte spons over de bladeren van de planten halen. De meeste hebben de geest gegeven, de sigarettenrook niet overleefd. Die van de vrienden van de Derby houdt het beste stand. Een rubberplant, met gladde donkergroene bladeren. De roze strik is verkleurd. Het kaartje met de vijftien namen hangt er nog aan. Tot op heden is niet een van hen opgedaagd. Wat niet is kan nog komen, zegt men. Veel beloven en weinig geven doet de gekken in vrede leven, zegt men ook. Ik stelde mijn hoop in die mensen. Het domste wat je kan doen. Onlangs toen ik voorbij de Derby kwam, dacht ik: Binnenstappen? Een kop koffie drinken, daar kan madame Maggy toch niets op tegen hebben. Heeft het zin? Gaspard en Gilbert, mijn twee plakpleisters. Zitten ze vredig triktrak te spelen. Op de duur ben je tegen hen uitgepraat. Steek ik zelf maar een vijffrankstuk in de jukebox. Lucienne Boyer, 'Parlez-moi d'amour', hoor ik graag. De hemel trekt open, de zon schijnt weer. Alles zal vlug droog zijn. Wat een zomer. De mensen doen een terrasje en hier voor de deur is een terras onmogelijk. Trouwens, een terras heb je niet gratis voor niets. Taxe. Taxe voor dit, taxe voor dat. De stad perst je uit als een citroen. Het is stil in het café, te stil.

Parlez-moi d'amour
Redites-moi des choses tendres
Votre beau discours
Mon coeur n'est pas las de l'entendre

9

'Rosa, gaat ge mee? Ik moet naar mijn moeder in de Grand Bazar. Ik krijg nieuwe kleren. Lopen we samen de tunnel door.'

In de Grand Bazar de roltrap op naar de derde verdieping, naar de afdeling meisjeskleding. Overal hangen plakkaten: TERUG NAAR SCHOOL.

Viviane komt iedere keer het pashokje uit in een andere garderobe. Een jurk, rokken, een lange broek in combinatie met bijpassende truien en bloesjes. Een echte modeshow. Mag ze ook nog zelf haar keuze maken.

'Gij moet die kleren dragen, hè schat', zegt haar moeder. 'En daarna gaan we gezellig een wafel eten.'

Terwijl Viviane van kleren wisselt, zoekt haar moeder een paar afgeprijsde shortjes uit, die rommelig op een hoop in een vak van een rayon liggen. Het seizoen voor zomerkleren is voorbij. De vakantie loopt op haar laatste benen, maar de familie Verlinden vertrekt zoals ieder jaar nog voor een dag of tien naar zee, naar Blankenberge. Zullen die shortjes van pas komen, want het blijft heet.

'Een uitzonderlijke zomer', zegt de vendeuse, een vriendin van Vivianes moeder. Ze pakt alles netjes in.

'En Rosa, hebt ge het al aan uw mama en papa gevraagd? Mag het? Naar ons komen, aan zee? Moet ik u het adres meegeven?'

'Ze moeten erover nadenken, madame.' Waarom lieg ik?

'Ik zou het nochtans graag een beetje van tevoren weten', zegt Vivianes moeder.

'Ik kom vanavond nog buiten. Ik kom u ophalen', roept Viviane. 'Kunt ge het tegen die tijd vragen.' Ze wuift me na, terwijl ze gearmd met haar moeder wegwandelt naar de cremerie De Ryck in de Jezusstraat. Daar bakken ze de lekkerste wafels van de hele stad.

Ik wuif terug en steek zijdelings langs het standbeeld van Rubens de Groenplaats over. Ik let op het gezichtsbedrog, waar papa me een poos geleden attent op maakte. Hij moet er altijd zo om lachen. Rubens' duim lijkt vanop een bepaalde plek niet zijn duim, maar zijn fluit die uit zijn broek steekt.

'Niet één Sinjoor die met iemand van buiten de stad over de Groenplaats wandelt en daar niet op wijst', zei papa grinnikend. Nu ik toch in de stad ben, kan ik evengoed bij mama langslopen. Ze heeft het al zo dikwijls gevraagd. Kan ik het boek van de boekerij ophalen. Sinds weken slingert het rond in de kamer achter het café. Gelukkig dat ik het per post verzonden boetekaartje heb kunnen onderscheppen. Papa's gezanik omzeild. Over Viviane, nieuwe kleren, wafels gaan eten en Blankenberge, best met geen woord reppen. Mama zou er alleen maar slechtgehumeurd van worden.

Asbakken omgespoeld, schone bierviltjes op de tafels, de glazen glanzen, de troep opgeruimd. Het blijft heet. Een hemelsblauwe lucht. De zaak marcheert matig en dat is zacht uitgedrukt. Het zal beter moeten. Het stille seizoen nu. Overal is het nu stil.

'Maar kindje toch, welke gunstige wind brengt jou hierheen?'

'Ik kom mijn boek van de boekerij ophalen, mama. Ik blijf even hier. Ik ga in het boek lezen, aan het tafeltje bij het raam.'

'Wil je een colaatje? Wat een turf, zeg.'

'*Exodus* van Leon Uris, spannend en om mee te huilen.'

'Je vader vroeg me onlangs: "Wie heeft die knoest hier achtergelaten?" En toen ik "jij" zei, keek hij raar op. "Sentimentele brol. Dat is toch niets voor haar", zei hij.' 'Voilà, madame est servie.'

Mama, die lachend met een buiging het flesje Coca-Cola op tafel zet. De deur gaat open. Een klant. Sylvain. Hij kijkt rond.

'Geen sterveling, Rika, moeten ze u niet meer? En ik kom naar hier omdat ik mensen wil zien.'

'Het is nog vroeg, hè Sylvain. Gaspard en Gilbert zijn een kop soep gaan eten, om de hoek in de Porfierstraat. Ze komen weer. Guido staat van twee tot tien. Een pils?'

'Ik heb wat te vieren. Ik ben vader geworden. Numero vijf.'

'Proficiat! En?'

'Een jongen, Jimmy. Vier kilo achthonderd.'

'Vier kilo achthonderd, awel, merci, een hele brok. Ik wist niet dat jij zo veel kleine mannen hebt.'

'Ik zou het willen vieren met de maten. Ik dacht: Die zitten zeker in The Cambridge.

'Ze komen. Geduld.'

'Rika, drinkt gij al iets? Iets hartigs, voor water betaal ik niet.'

Nu doet mama wel alle moeite van de wereld om haar Hollandse tongval te verdoezelen. Ze drinkt martini op dit uur van de dag. Ze steekt een sigaret op. Haar nooit zien roken. Met de klanten is mama anders dan ze echt is. Sylvain leunend tegen de tapkast. Vader geworden en op café gaan. Voor die moet ge altijd op uw hoede zijn. Als hij te veel gedronken heeft, kan hij baldadig worden. Onlangs, toen hij iemand begon uit te dagen: 'Kom mee, kom, kom mee, mee naar buiten. Kom… kom… als ge durft.' Ruzie uitlokken. Dreigde hij, met een stoel boven zijn hoofd, klaar ermee te smijten. Ik zag de stoel al over de tapkast in de glazen schappen vliegen. Zo krijgt mama's café een slechte naam, dacht ik bang. Andere tooghangers probeerden hem te sussen. Zonder succes. Een vechtpartij. Gelukkig niet pal voor de deur. Een eind verder op het pleintje. Vandaag of morgen loopt het toch eens faliekant af. Als hij het in zijn peer krijgt, draait hij er zijn hand niet voor om iemand een oplababbel te verkopen, even goed binnen als buiten. Nee, ik ben er niet gerust in en als straks die matroos, die Gaspard, erbij komt. Boek dicht.

'Ik stap op, mama.'

'Kom eens hier. Is er eten in huis?'

'Ik zie wel.'

Mama laat de kassa openfloepen. Ze neemt geld uit de lade,

doet een teken. Even mee naar achteren komen.

'Hier, en koop meteen een kleinigheidje voor de pasgeboren baby van Sylvain.'

'Hoeveel mag het kosten?'

Zo veel? Om Sylvain te paaien, natuurlijk. Mama een kus geven en wegwezen.

Ha, Romain. Die komt van zijn werk. Zet zijn boekentas tegen de toog. Een knipoog.

'Rika, ik ga eerst en vooral om frieten.'

'Breng voor mij ook een portie mee met tartaresaus, ik heb hier geen eten.'

'En voor u, Sylvain?'

'Ba, ja, want als ge die reuk in uw neus krijgt, komt het water u in de mond. Ik heb vandaag nog niet veel binnen gespeeld, ik kom van het moederhuis.'

'Moederhuis? Kraamkliniek, Sylvain', zegt Romain.

'Ik zeg moederhuis, drukkerke. Letterzetter. Het is niet omdat gij papier bedrukt dat ge moet denken dat ge een wandelend woordenboek zijt.'

'Rustig, rustig, Sylvain. Weer een plat kind bij? Hebt ge er nog geen genoeg waar ge al last mee hebt? Gij zijt zeker ook ene van: uw vrouw is uw akker, die ge kunt bewerken naar eigen goeddunken. Dat staat in de bijbel van de mohammedanen, hebben ze mij wijsgemaakt. En gij spitten, ploegen en zaaien zeker. Zoudt ge er in de toekomst geen knoop in leggen?'

'Zet mij niet op mijn paard, Romain, ge weet dat ik een krikkel ventje ben. Mij moet niemand de les lezen, mij moet niemand belachelijk maken. Prent dat goed in uw kop, makker. Kom, drink een glas voor mij, op de kleine, ik trakteer, en voor de rest, let op uw woorden.'

'Uw handen die zo los staan, en dat als vader van vijf kinderen. Het is geen werk.'

'Romain, drink iets, en voor de rest bemoei u met uw eigen

zaken, ik verwittig u voor de laatste keer.'

'Vooruit dan, hoe heet het?'

'Jimmy, vier kilo achthonderd.'

'Vier kilo achthonderd. Proficiat. Mijn complimenten. Santé.'

Zie Romain. Zijn grijnslach. En daar zijn Gaspard en Gilbert. Die hebben hun soep binnen.

'Ge hebt geluk,', hoor ik Sylvain zeggen. 'Ik ben vader geworden. Ik wilde eigenlijk mijn schup afkuisen. Romain, onze dikke nek, nu maakt hij rap dat hij wegkomt. Kunnen de frieten geen minuut meer wachten. Door welke vlieg die tegenwoordig gestoken is. De verwaande kwast, de schele otter. Onze Ray Charles, met zijn bril met gefumeerde glazen. Gaat mij wat de les lezen. De jonkman. Wat weet die van een punt zetten. Maar Gilbert, Gaspard, nu ge hier zijt, ik trakteer. Ik ben vader geworden.'

'Ik ga borden en vorken halen, eten we onze frieten samen aan een tafeltje.'

'Gij hebt het graag gezellig, hè Rika?'

'Ja, Gaspard, zo zit ik nu eenmaal in elkaar.'

'Voor mij is een teljoor en een verket niet nodig. Frieten eet ge met uw fikken. Smaken ze beter.' Typisch Sylvain.

'Sylvain, moet ik echt geen bord voor je halen? Je kan die gloeiendhete puntzak nauwelijks vasthouden. En ook geen vork? Maar wel de frieten op het houten drietandje prikken.'

'Rika, ik eet voort met mijn vingers. Zo smaken frieten het best.'

'En met zijn dikke rode tong een klot mayonaise van zijn lippen likken.'

'Romain, begin weer niet op mijne bleek te spugen.'

'Kom, kom, mijnheer kort van stof.'

'En jij, Gaspard. Voor mij is zo'n portie te veel. Ik zal met je delen. Jij krijgt een paar frietjes nog wel op. Jij, Gilbert?'

'Rika, ik heb echt genoeg aan de soep. Ik ben een kleine eter.

Een stuk chocolade van Jacques, daar heb ik wel trek in. Is er nog banaan bij?'

'Kijk zelf, Gilbert, of nee, wacht.'

Daar moet ik niet mee beginnen, op de duur is het een gewoonte. Staan ze gewonnen, verloren mee achter mijn tapkast.

'Precies of ge met de blokkendoos hebt gespeeld, Rika. Eet maar eerst. Uw frieten worden koud.'

'Hier, natuurlijk helemaal onderaan, Gilbert.'

'Ik wacht wel.'

'Nee, nee, de klant is koning, Gilbert.'

'Het heeft gesmaakt', zegt Romain. Hij veegt zijn mond af met het plat van zijn hand.

'Omdat ge niet alleen zit te eten. Alleen zitten eten trekt op niks', zegt Gilbert. 'Als ik alleen ben, vergeet ik gewoon te eten.'

Hij breekt een stuk van de chocoladereep.

'Ik ben een snoeper', zegt hij.

Hij scheurt het zilverpapier verder open, houdt de reep in de richting van Romain. 'Proeven?'

'Dank u,' zegt Romain, 'mijn mond plakt nog van de frieten.'

'Niemand?' dringt Gilbert aan.

Is er buiten alle verwachting toch redelijk wat volk opgedaagd en dat in het midden van de week en ondanks de hitte. Er wordt zelfs gedanst, terwijl Gilbert, Gaspard en Sylvain, doorgezakt op een barkruk hangen. Eigenlijk mag ik ze niets meer inschenken. Ze zijn boven hun theewater.

'Dat komt ervan als ge een ganse avond op zo'n pasgeboren blètsmoel moet klinken', bazelt Gilbert.

Zolang ze hun rekening betalen. En Sylvain, die het hele café trakteerde, 'Tournée générale' riep en lachend zei: 'Dat we ze nog lang mogen mogen', en zich van de hele avond niet één keer meer opwond. Ik laat ze tot ik het welletjes vind, dan zal ik ze vriendelijk aanmanen op te stappen. Daar heb ik inmiddels genoeg haar voor op mijn tanden.

'Sylvain, jongen, luister. Als jij morgen naar je vrouw moet, zou je nu beter gaan slapen, het is tijd, denk je niet?' Zijn glazige ogen.

'Ge hebt gelijk, Rika. Gij zijt me toch een crème van een wijf, zoals gij zouden er meer moeten zijn. Waarom zijn de meeste wijven van die teven? De mijne ook. Als ik nu naar huis ga, is het om u plezier te doen, Rikaatje, hoort ge het? Om u en u alleen een plezier te doen, en als ik morgen bij dat serpent ben, zal ik aan u denken en zal ik vriendelijk voor haar zijn. Beloofd. Want het is een serpent, ik kan het u verzekeren. Een rotwijf, enfin een schotelvod.'

Hij kwijlt. Maar voor de rest, wat een inschikkelijkheid.

'Rika, gij wilt ons altijd in ons bed steken.' Gaspard met dubbele tong.

'Gaan slapen is soms het verstandigste wat je kan doen en ik zeg dit omdat ik het goed met jullie voorheb. Met jullie allebei.'

'Gij, Rikaatje, gij zijt een superwijf, echt waar', brabbelt Sylvain.

'Uwe Raymond, die triestige plant, die weet niet wat hij in zijn pollen heeft. En tussen uwe vent en Colette is het niet pluis. Neem het van mij aan. Zo'n jong ding. En hij, glazen staan wassen, altijd met dat uitgestreken gezicht.

'Een bullebak', roept Sylvain ertussendoor.

'Tot Colette binnenkomt, moet ge dat gezicht zien veranderen, maar dat hij met zijn poten van Colette blijft, Colette is voor mij. Ik ben zot van Colette. Zo zot als een achterdeur.'

'Gaspard, ventje, voor wie Colette is, zal Colette zelf wel uitmaken, denk je niet? Als jij je beste beentje voorzet. Echt. Moest je wat serieuzer worden. En ik zeg je, maak je niet druk om Raymond. Raymond houdt zich niet met andere vrouwen bezig. Trouwens, Raymond laat zich hier hoe langer hoe minder zien.'

'Rika, Rika, uw ogen staan op uw gat, denk ik.'

Gilbert is in slaap gevallen, met zijn hoofd op de tapkast.

Na middernacht, iedereen buiten, draperieën toe, deur op slot. De kas opmaken.

Romain laat zijn blik over de jukebox dwalen. Duwt een munststuk in de gleuf. 'Kom, ik wil met u dansen.'

'Romain. Mijn voeten. Ze doen me pijn. Mijn nieuwe schoenen.'

'Die puntige naaldhakken, Rika, precies paarlemoer of leer gemaakt van olievlekken op het water, waar vindt ge zo'n schoenen? Allez, de laatste dans?'

'Romain, ik ben mijn recette aan 't opmaken.'

De keikop. Doet hij het licht uit, steekt het black light aan. Hij is hier natuurlijk thuis, neemt me mee naar de dansvloer. Hij is niet te weerstaan. Hij zingt mee.

I'm so young and you're so old
This my darling I've been told
I don't care just what they say
'Cause forever I will pray
You and I will be as free
As the birds up in the trees
Oh, please stay by me, Diana…

We jiven. Hij laat me ronddraaien, een keer, twee keer, trekt me naar zich toe, duwt me van zich af. Hij neemt me in mijn taille vast, tolt me rond, laat de jive overgaan in een slow. Hij is een ongelooflijk goeie danser. Hij kust mijn hals.

'I'm so young and you're so old', herneemt hij de woorden. Fluistert ze in mijn oor, met dezelfde stem als Paul Anka, terwijl hij me bij de arm meetrekt naar de bank. We ploffen neer, ik op zijn schoot, hij zijn armen om mijn middel, zijn handen op mijn buik. Of een cirkelzaag door me heen snijdt.

'We moeten oppassen', zeg ik voor me uitkijkend. 'Je hebt ze bezig gehoord, ze gaan het van zijn leven niet pikken, ze willen allemaal nummer één zijn. Als het aan hun oren komt.

Romain, waar zijn we aan begonnen?'

'Schat, en is het de moeite waard?'

'Misschien zou het toch beter zijn hier niet avond na avond te blijven rondhangen, altijd op dezelfde plek, je zit maar wat te niksen, je bemoeit je nauwelijks met hen, het gaat op de duur opvallen.'

'Ik zit niet te niksen. Ik hou u in de gaten. Uw manier van doen. Daar geniet ik van. Ik vind uw bewegingen zo schoon, als gij een glas bier tapt, die elegantie.'

Hij leunt naar voren, tegen mijn rug aan, zijn hoofd zijdelings tegen het mijne, hij zingt zachtjes in mijn oor: 'I don't care just what they say. Oh, please stay by me, Diana', bijt in mijn oorlel. Ik draai een kwartslag, zodat ik hem kan aankijken, hoewel ik door de gefumeerde glazen zijn blik nauwelijks zie. De slingerende, tintelende rillingen, die door me heen jagen. Hoe die jongen erin lukt zo veel in me los te weken. Een mysterie.

'De liefde is een aandoening,' zegt hij, 'en een aandoening tast u aan.'

'Je kan ervan genezen', antwoord ik.

'Als ze niet chronisch wordt', zegt hij, klemt zijn duim en wijsvinger om mijn nek, knijpt. Ik krimp ineen.

'Mijn kassa.'

De telefoon.

'Nee, Raymond, het wil lukken, er is hier toevallig een koppel binnengevallen dat aan 't Galgenweel woont. Ze hebben me voorgesteld tegelijk met hen op te stappen, want het is hier afgelopen, de laatste klanten zijn buiten, het is een goeie dag geweest, tegen alle verwachtingen in. Slapen de kinderen al?'

'Gij schudt wel rap iets uit de mouw', lacht Romain.

Ik kijk hem aan. Mijn schouder maakt als op eigen houtje een geste in zijn richting. Ik knipper met mijn ogen, mijn neus de lucht in, gespeeld arrogant tuit ik mijn lippen.

'Mij uitdagen, hè.' Hij schudt zijn hoofd, wijst met zijn kin in de richting van de deur naar de kamer achter het café. Zijn praktisch onzichtbare ogen moeten nu donker en hard zijn.

'Ik heb hem gezegd dat ik op vertrekken sta. Je hebt het gehoord. Het zal voor een andere keer zijn.'

'Enflameuse', zegt hij, maar hij dringt niet verder aan. Ik sluit de deur af. We stappen op. Hij vergezelt me. Mijn paarlemoeren schoenen heb ik verruild voor andere die gemakkelijker zitten. Gearmd lopen we de oude stad door, in de richting van de tunnel. In sommige cafés in de Kloosterstraat is het volle bak, zijn ze nog volop aan de zwier. Op de Linkeroever wandelen we tot bij de rivier, verpozen even op een bank langs het water. Een momentje om uit te waaien. Het is nog warm, een zacht briesje streelt onze gezichten. De lichtjes aan de overkant, de Kathedraal, de Boerentoren, het gefonkel op het water. Een voorbijvarend vrachtschip.

'Toch schoon, hè', zegt hij. 'Ge moet al een echte ijskast zijn om daar ongevoelig voor te blijven.' Hij bijt in mijn oorlel.

'Gek.'

'Ik zou nu het liefst omkeren en u meenemen naar mijn appartementje. Ik zou u willen vasthouden, ik voel me inniger met u verbonden dan... dan de zon aan het licht vasthoudt.' Hij wrijft zijn neus tegen mijn wang, waarbij zijn bril bijna van zijn neus valt. 'Snuitje', zegt hij.

'Kom, opstappen, dichter', plaag ik hem.

Hij wandelt een eind mee in de richting van de Herman Gorterlaan. Tot ik quasi-streng zeg: 'Tot hier, halve draai. Ingerukt mars.' Ik moet op mijn hoede zijn, een mens weet nooit. Een late passant kan een buur zijn, zo'n brave parochiaan die de hond uitlaat.

'Tot morgen dan maar, als er niets anders opzit.'

'Tot morgen', zeg ik.

'Weet ge waar ik van droom?' zegt hij.

'Ja, ik denk het toch', zeg ik.

'Ik ga het nu niet zeggen', zegt hij.

'Dat is het beste', zeg ik, gooi hem nog een kushandje toe, stap resoluut verder. Inniger dan de zon aan het licht vasthoudt, waar haalt hij het.

Mama is er.

'Mama... mama... Viviane Verlinden is verdwenen.'

Wat nu, Rosa is in alle staten.

'Wat? Viviane verdwenen? Kan niet. Je vader belde me net en hij zei er niets over.'

'Ik ben gaan telefoneren en toen ik terug thuiskwam, stond de moeder van Viviane Verlinden voor de deur. Of Viviane hier soms was. Ik zei: "Maar, madame op dit uur."'

'Ze zijn naar de politie, mama.'

'Rustig, rustig. Viviane ligt waarschijnlijk gewoon ergens bij iemand thuis vredig te slapen.'

'Ze zijn overal gaan bellen. We zaten in het parochiehuis naar de televisie te kijken, naar een uitzending vanop de Wereldtentoonstelling, een militaire parade van de Engelsen en de Schotten in hun Schotse rokken en met hun doedelzakken. Er was een speciale tribune voor de hertog van Edinburgh. Dan begon het overzicht van de Davis Cup-finale in uitgesteld relais. Iedereen wilde Jackie Brichant zien. Ik ben het afgetrapt, ik versta niets van tennis, ik weet niet hoe ze die punten tellen, het verveelde me en Godelieve Vets en Maria Kegels zeggen dat Viviane op zeker ogenblik naar de wc moest, dat ze niet meer is teruggekomen, dat ze dachten dat ze er ook genoeg van had en naar huis is gegaan.'

'Zouden wij niet gaan slapen? Tegen morgenochtend is het raadsel waarschijnlijk opgelost', zegt papa.

'Misschien zijn er marsmannetjes geland die Viviane hebben meegenomen in hun ruimtetuig', zegt Jean-Pierre.

'Marsmannetjes? Quatsch, Jean-Pierre', zegt papa.

'Reginald Gevers weet er veel van en zijn vader ook en die heeft verteld dat ze in Amerika een ruimtetuig hebben opgemerkt in de vorm van een traan, met groene en blauwgroene stippen en ze hebben er een B29-bombardementsvliegtuig op af gestuurd. Dat doen ze toch zomaar niet, hè papa.'

'In Amerika zijn ze zot', zegt papa.

'Ze gingen naar Blankenberge vertrekken. Ze huren altijd de laatste tien dagen. Is het al rustiger aan zee, zegt Vivianes moeder. Viviane had graag gehad dat ik meeging. Haar moeder zei dat het goed was, voor een dag of vijf. Dat jullie mij moesten brengen. Ik heb er niets over gezegd, omdat het toch niet kan, hè. Ik denk dat ze nooit meer terugkomt, ik denk dat ze gekidnapt is.'

'Rosa, kindje, stop met dat snikken. Weet je, als Viviane terecht is, mag jij mee naar Blankenberge. Beloofd. Zorg ik ervoor dat jij daar geraakt. Maar nu naar bed.'

Ik word stil van mama's belofte.

We lopen alle vier de trap op. Papa doet eerst de ronde van de kamers met een ijzeren bus waaraan een soort fietspomp zit, waarmee hij DDT-poeder spuit, want we vergaan van de muggen.

'Omdat we zo dicht bij het water wonen,' zegt mama bits, 'ik word gek van die muggen. Kinderen, slaap lekker.'

Lig ik na te sniffen in mijn bed. Maar ik mag mee naar Blankenberge!

'Rika, met wie zijt ge naar huis gekomen?'

'Wel, met die mensen van aan 't Galgenweel, vriendelijke mensen. Wat een dag. Ik ben doodop. Ik ga proberen te slapen. Welterusten.' Me vlug omkeren.

10

'De cafévloer dweilen en dan ben ik klaar. Romain, doe de krant maar eens open. Ze ligt op de tapkast... Gelezen?'

'Wat?'

'Dát. Een vriendinnetje van ons Rosa. Al de hele vakantie trekken ze samen op. En nu. Je kan er gewoon met je verstand niet bij. Een kind van naast de deur, mensen die er warm inzitten, hun enig kind. Een beeld van een kind. Spoorloos. Een volstrekt raadsel.'

'Weggelopen misschien.' Romain vouwt de krant dicht.

'Onmogelijk. Zo'n vrolijke, verwende spring-in-'t-veld.'

'Ja', zegt Romain. Begint hij met duim en wijsvinger heen en weer over zijn neusvleugels te wrijven. Zijn ticje.

'En weet je, Romain?' Een gefronst voorhoofd.

'Weet je, Romain, wat door mijn hoofd spookt? Dat over en weer geloop van jou, de laatste tijd, 's avonds laat mee met mij, de tunnel door. Het is misschien opgevallen. Jij met je bril. Naast iemand met zo'n bril kijk je niet. De liftboys, je weet nooit. Stel je voor dat ze je gaan verdenken.'

'Iemand met zo'n bril als ik, zo'n schele otter als ik. Bedoelt ge dat?'

'Ach, ga weg.'

'En overdrijft ge niet een beetje? Trouwens, die types die de lift bedienen, maak u daar geen zorgen over, lieveling. Ze weten bijlange niet wie hun lift binnen stapt, die doen volgens mij hun werk slapend, echt waar. Die hebben zich daar in getraind, denk ik. In elk geval, die bokser, en bovendien, mijn alibi zou kloppen als een bus. Gij zoudt natuurlijk bij Raymond op 't matteke moeten komen. Dat is een ander paar mouwen.'

'Romain.'

'Hoeft ge er niet langer doekjes om te winden.'

‘Romain, jij hebt makkelijk praten. Zwijg daarover. Rosa, ik heb met Rosa te doen. De godganse dag zit ze voor zich uit te staren, ineengedoken in een clubfauteuil. Ik zei haar deze ochtend: “Kom met mij mee.” Weet je wat ze antwoordde? “In die triestige kamer achter het café, wat zit ik daar te doen, bedankt.” De eerste keer dat ze zoiets zegt. “Kom dan tegen de middag”, drong ik aan. “Eten we gezellig samen een boterhammetje.” “Tot die mannen binnenkomen, die klanten van jou. Ik zal wel bij Jean-Pierre blijven.” Het café staat haar niet aan, ik voel het.’

‘Gij zit veel te veel met uw kinderen in uw kop. En die dochter van u, neem me niet kwalijk, geen katje om zonder handschoenen aan te pakken. Een pretentieus ding, Rika, zo veel streken, zo jong, dat belooft. Voilà, het kind zijn gat is geveegd. Dat zei mijn moeder zaliger altijd, als ze haar laatste dweil had uitgewrongen. Het kind zijn gat is geveegd. Ons moeder. Een goed mens. Ge had ze moeten kennen. Kom, geef hier, giet ik de emmer voor u uit.’

Zijn commentaar op Rosa. Moet hij mee ophouden. Dat verdraag ik niet.

‘Rika, ik moet er nu vandoor, maar ik heb een idee. Ik kom u vanavond ophalen en dan sluit gij de barak.’

‘De barak?’

‘Bij wijze van spreken, hè. Schoonheid, ge sluit de barak en wij tweeën gaan eens goed op tralaliere. Het zal u deugd doen. Dansen, plezier maken op een ander, uw zinnen verzetten, die hele santenboetiek bij u in de straat een paar uur uit uw hoofd zetten.’

‘Romain, dat kan toch niet.’

‘Waar een wil is, is een weg. Salut. Zie dat ge paraat staat en doe uw paarlemoeren schoenen aan.’

II

'Madame Mullet was bij ons op bezoek. Ze denkt dat er een vloek rust op de Herman Gorterlaan. "Mijn eigen lijden, twee jaar geleden Theo, nu dit", zei ze. Plots begon ze te murmelen. "Natuurlijk zijn Gods wegen ondoorgrondelijk, natuurlijk zijn Gods wegen ondoorgrondelijk..." Mijn vader vroeg haar: "Madame Mullet, herhaalt ge dit aldoor om er zelf overtuigd van te blijven? Steekt opstandigheid in u de kop op? Dat is slecht. Ik zal u een passage aanhalen uit het boek *Hoe christenen tegenover de rampspoed in de wereld dienen te staan.* Daar kunt ge lering uit trekken. Het zal u soelaas brengen." "Toch blijft het moeilijk", zei madame Mullet nadien. Ze zit sindsdien de hele dag in de kerk. Kaarsen branden, bidden.'

Toen Godelieve dit vertelde, was ik curieus naar wat in dat boek staat. We zijn naar haar huis gegaan en Godelieve is het boek speciaal voor mij uit hun boekenrek gaan halen en op de dorpel voor hun deur heeft ze het me heel plechtig voorgelezen: *De Heer laat iedere dag de zon opgaan over goeden en kwaden en laat het regenen over rechtvaardigen en onrechtvaardigen. Bij gelijkheid van lijden blijft de ongelijkheid van zij die lijden bestaan, en al is de kwelling dezelfde, deugd en ondeugd zijn niet dezelfde. Want door hetzelfde vuur gaat goud glinsteren en kaf roken en als ze door dezelfde beweging geschud worden, gaat vuilnis afschuwelijk stinken, reukwerk heerlijk geuren. Zo komt het dat onder dezelfde slagen de slechten God verwensen en lasteren, de goeden tot hem bidden en hem loven.*

Ik vond dat zo mooi gezegd dat ik een blad papier heb gevraagd en het hele stuk heb overgeschreven. Ik heb het blad in mijn dagboek gekleefd. Ik kan de hele passage opzeggen uit mijn hoofd, zoals de gedichten die we op school moeten leren. Maar daarom vind ik het nog geen uitleg. Als ik bij de katholieken was, zou ik er kwaad van worden. Maar als ik dat tegen Godelieve zeg, of tegen Maria Kegels, nemen ze mij dat kwalijk, want volgens hen moogt ge God niet beledigen. En we zitten nu juist met zijn allen gezellig bij elkaar op de dorpel. Sommigen doen zo druk en willen alleen nog maar griezelverhalen vertellen. In het donker krijgt ge er nog meer rillingen van.

'Mij fluisterde Viviane haar laatste woorden toe: "Laat me eens door, ik moet dringend, ik doe het bijna in mijn broek"', zegt Godelieve.

'En toen gij opstond en uw stoel verschoof, heb ik nog geroepen: "Allez Godelieve, we zien niets meer"', zegt Joost Kegels.

'Ze heeft tegen niemand gezegd: "Salut, ik ga naar huis"', zegt Patrick Verbraeken.

En de vaders en moeders staan ook allemaal buiten, bij elkaar in groepjes voor de deuren van hun huizen.

'Dat niemand haar uit het parochiehuis heeft zien komen.'

'Geen spoor van de fiets.'

'Ze kammen alle struiken uit.'

'Het is een naald in een hooiberg zoeken.'

'Het had mijn kind kunnen zijn.'

'Viviane was een gemakkelijke prooi.'

'Madame Verlinden, met hare chichi, vendeuse bij de lingerie in de Grand Bazar. Dat komt ervan, de mammon dienen.'

'Ons Godelieve zat er ook, die is ook in het donker alleen naar huis gekomen', zegt madame Vets. 'We moeten blijven hopen op een goede afloop. We moeten vertrouwen hebben.'

Papa moeit zich niet. 'Mij niet gezien', zegt hij. 'Last genoeg met wat zich hier tussen de vier muren bezig is af te spelen. Trouwens, er valt maar één ding te doen, afwachten. De rest is praat voor de vaak en de toespelingen van sommige van onze o zo hoog aangeschreven buren, die de ouders nog meer de dieperik in duwen, die hebben nog niet genoeg te verduren. Nee, ze met de vinger wijzen, zoals die van hierover, die van Pauwels, de begijn.

"Meer dan eens heb ik Vivianneke binnengepakt, stond ze zonder sleutel voor de deur, altijd moest dat kind haar eigen boontjes doppen. 't Is lelijk dat een mens 't moet zeggen, maar hebben die ouders er niet om gevraagd? Zulke mensen zouden beter geen kinderen op de wereld zetten." Dat durft dat wijf van hierover uit te kramen. Om oe blote kont te laten zien, als ge zoiets hoort. En ze maken iedereen bang. Een angstpsychose steekt de kop op. Op de hele Linkeroever.'

Bij de Verlindens zijn de rolluiken naar beneden. Ze hebben de geruchten opgevangen. Ze willen zo rap mogelijk weg uit de straat. Zo gauw Viviane terug is. Nu is het wachten, wachten, alleen maar wachten. Er zijn familieleden gearriveerd, die de dagelijkse zorgen overnemen. En dat ik nu met Viviane aan zee had kunnen zijn. Voor het eerst aan zee. In Blankenberge. Zwemmen in zee, hoe zou het zijn? En als ge een borrel binnenkrijgt. Het zeewater is zout, zeggen ze.

12

'Gij weet het ook, ze hebben hem, ze hebben haar. Het parochiehuis is gesloten. Een briefje op de deur. Wegens omstandigheden. Punt uit. Schandalig, hè', zegt mijnheer Vennesoen aan de voordeur, met zijn mallette onder de arm. Zitten zijn partituren in. De zwarte, witgestipte noeux om zijn nek. Hij zegt altijd 'noeux' tegen zijn vlinderdasje. Hij komt recht van Brussel, van het NIR.

'Wegens omstandigheden. Die van 't parochiehuis zit nu wel met de gebakken peren. Hoe die gerant zal reageren?, zegt papa.

'Nonkel Gerard, het is zijn broer, papa.'

'Ons Rosa weet beter dan ik hoe het daar in elkaar zit, mijnheer Vennesoen. Ik kom daar nooit. In ieder geval, in de doofpot stoppen zal niet lukken. Ze gaan hem een hand boven het hoofd houden, mijnheer pastoor een goed woordje laten doen, er een bovenstebeste parochiaan van maken. Ze gaan verzachtende omstandigheden pleiten.'

'Of ze steken hem in het zothuis, mijnheer Lahaut, loopt hij binnen zes maanden terug rond. Geen haan die er nog naar kraait. Of ze brengen hem onder in een klooster. Dat zou ook kunnen.'

'Ze gaan in elk geval de hele geschiedenis met de mantel der liefde bedekken. Als puntje bij paaltje komt, sluiten ze de rangen. Let op mijn woorden. Schijnheiligheid troef.'

'Au fond een zachtaardige man, zeggen ze', zegt madame Vennesoen, die erbij is komen staan. Ze kamt met haar vingers door haar lange haren, schudt ze met een elegant gebaar heen en weer. 'Doodbraaf. Nooit een vlieg kwaad gedaan. Gerard, zei altijd: "Onze Ward is een kindervriend, meer moet ge er niet achter zoeken, daar steek ik mijn hand voor in het vuur. Ik ken mijn broer. Trouwens, wees gerust, ik hou een oogje in 't zeil." Dat verzekerde hij de moeders met kinderen in de speeltuin, als hem ter ore kwam dat terzijde wel eens een opmerking over Wards gedrag werd gemaakt, dat heb ik toch horen zeggen bij…'

'En die waanzinnige, hoogdravende poespas die hij uitkraamde, hebt ge daar al over gehoord', zegt mijnheer Vennesoen, madame Vennesoen onderbrekend. 'Ik heb het in de trein gelezen.' Mijnheer Vennesoen haalt de krant uit zijn mallette, opent haar, vouwt de dubbele pagina om: *'Een kind dat onmogelijk door aardse stervelingen verwekt kon zijn, vleesgeworden goddelijke schoonheid. Het sublieme. Haar donkere ogen, de snee van haar gezichtje, de licht getinte glanzende huid, de volmaakte verhouding tussen haar benige romp en haar lange, slanke ledematen, de hoekige enkels, haar zwanenhals. De sierlijke manier waarop haar handen zwevende gebaren maakten, meedeinden op de cadans van haar woorden. Als dat mondje openging, kreeg de gewoonste zin een magische intensiteit. Dit kind moest bewaard worden in de oorspronkelijke staat, dit lichaampje moest ingekapseld blijven in de kindertijd en daarvoor moest ingegrepen worden.* Enfin, een stem van hogerhand fluisterde het hem in: *die oogverblindende, bovenmenselijke schoonheid mag niet verdwijnen, beseft ge wat er op punt staat te gebeuren? Kijk goed, die metamorfose moet te allen tijde vermeden worden.* Het was zijn opdracht, beweerde hij, een stem die hem zei: *Haast u, het is de hoogste tijd, zet de tijd stil. Dat heb ik gedaan, de tijd, die voor haar was uitgetrokken, ingekort, ik kon mij er niet aan onttrekken. Nu blijft ze wie ze was. Voor eeuwig. Een kostbaar juweeltje. Het kostbaarste juweeltje. Ooit zal men mij dankbaar zijn. Het was de enige oplossing.* Hij raaskalde maar door, schijnt het. En dat hij de avond van de verdwijning in het laat het parochiehuis nog is binnen gestapt na de tennis en gewoon een partijtje biljart meespeelde, zoals ook de daaropvolgende dagen.'

'Terwijl over niets anders gesproken werd, papa. Ik heb de biljarters tegen hem horen zeggen: "En dat ze nog op uw schoot heeft gezeten." "Ja," zei hij, "maar die tijd was voorbij. Aan alle schone liedjes komt een einde, zo is het toch."'

'Niemand heeft er bij stilgestaan. Hij...' zegt madame Vennesoen.

'Ik ga naar binnen', zegt mijnheer Vennesoen. 'De Treurmars van Chopin spelen.'

Madame Vennesoen trekt haar wenkbrauwen op, kijkt papa aan en loopt zonder iets te zeggen achter mijnheer Vennesoen het huis in. Ze trekt de deur dicht.

'Wet oe moeder het al? Die zal ook verschieten', zegt papa.

13

Nu ik sinds 1 september naar de middelbare school ga, kan ik me iedere ochtend verheugen op de voettocht die aanvat voor de tunnelingang waar wij met een paar vriendinnen hebben afgesproken. Ik sta er altijd als eerste. Altijd te vroeg. Nog geen halfacht en nog kil. Een trekgat. Beter zou zijn binnen op elkaar te wachten. Waar blijven ze? Daar is Greta Gregoir.

'Hoi, Rosa.'

Meer zegt ze niet. Ze geeuwt. Ze is niet uitgeslapen. Ze lijdt aan een ochtendhumeur. Nu de drie anderen nog. In de verte zie ik Ingrid Goossens en Sieglinde Lissens opdagen. Die wonen allebei op het Esopetplein.

'Goeiemorgen.'

'Morgen.'

'Hoi.'

Op Lydia Jespers is het als gewoonlijk wachten.

'Als ze er om kwart voor acht niet is, stappen we op', zegt Sieglinde.

'Moet ze het maar weten', zegt Ingrid.

Maar daar komt ze aangespurt en kunnen we vertrekken. Soms hebben we elkaar veel te vertellen, soms valt er geen stom woord. Zoals vandaag. De tunnel door, het basketbalpleintje over, de Oever op, altijd rechtdoor. Tot de Kloosterstraat overgaat in een bredere straat, waarvan we de naam altijd vergeten, omdat de straten in de buurt genoemd zijn naar mannen met moeilijk te onthouden namen, die iets te maken hebben met de geschiedenis van ons land. En de straten met hun oude huizen lijken allemaal zo op elkaar: wit bepleisterde gevels met in het midden van vele eerste verdiepingen, balkonnetjes met gietijzeren relingen of witte pilaartjes, als de lopers van een schaakspel. En hoge smalle ramen. De eerste dagen vergisten we ons steeds, liepen we telkens de verkeerde richting uit. Begonnen we te kibbelen. Maar nu kennen we de weg op ons duimpje. Ach ja, het is de Graaf van Egmondstraat, zie ik op het naambordje dat tegen een gevel is bevestigd. Het laatste stuk van ons traject springen we over de haagjes van de tuin om het Museum van Schone Kunsten. De statige kolos, zoals er nooit meer een gebouwd zal worden. Met de gigantische paardenspannen en de vrouwen met vleugels, die luisterrijk overal boven uit tronen, is het precies een tempel voor de goden. Een stijl die nu uit de mode is. Komen we bij onze nieuwe school aan. Een groot, oud gebouw in rode baksteen. Klassen met hoge plafonds. Brede trapzalen, verdiepingen. Geen vergelijk met de houten paviljoenen die wij gewoon zijn. En van de eerste dag af, van mijn eerste voetstap op de speelplaats, verspreidde zich het nieuws als een lopend vuurtje. En nog altijd word ik aangestaard of ik een filmster ben. De samenscholing om mij heen. Ik, het middelpunt van de belangstelling. Ik, het meisje van de Linkeroever. Ik, die Viviane Verlinden zo goed gekend heb. Het houdt niet op.

'Zij daar, die daar.' Vragen, vragen. Mij de oren van de kop vragen. Het houdt niet op.

'Die laatste dag, vertel over die laatste dag.' Hun gulzige ogen.

'Een dag als een ander.'

'Kom, doe niet flauw, vertel, we zijn zo curieus als iets.' Aandringen. Dat Viviane en ik 's morgens nog zijn gaan zwemmen in het zwembad in de Lange Gasthuisstraat, dat we altijd over en weer liepen, van het vrouwen- naar het mannenbad. Het mannenbad is tegenwoordig gemengd. Het vrouwenbad blijft alleen toegankelijk voor vrouwen en kleine kinderen die met hun moeder meekomen. De nieuwe kleren die Viviane kreeg. Dat ik toekeek terwijl ze de kleren paste. De wafel die ze nadien met haar moeder ging eten. Dat ik stond te popelen om mee te gaan. Dat ik daarnaast viel, die ontgoocheling, verzwijg ik. Ik vertel natuurlijk wel dat we na het avondeten naar het parochiehuis fietsten. Ik bij haar achterop. Zie ik hoe ze anderen aanstoten, die het nog niet weten, die er later bij zijn komen staan.

'Die daar, zij daar, zij is het, zij zat achter op die fiets.' Ze vinden me interessant en dat vind ik plezant. Moet ik me niet schamen?

'En de moordenaar, het monster, die Edward Wezemael, hoe zat die man in elkaar?'

'Nonkel Ward? Een monster? Kunt ge moeilijk zeggen. We kenden hem zo goed. Hij zat graag tussen ons in, met Viviane op zijn schoot. En ons poetsen bakken in de speeltuin. Hoewel, de laatste tijd...'

Alles willen ze weten, alles van A tot Z.

'Hoe ziet hij eruit?'

'Gewoon.' Meer zeg ik niet. Maar ik zie weer voor mij hoe zijn vale, beige sokken om zijn bleke benen flodderen. Ze vielen mij altijd op als hij Viviane op zijn knieën liet hobbelen. Sokken met het elastiek uitgerokken tot van die dunne, vuilwitte kronkelende draadjes, stipjes alsof er vlooieneitjes op de boorden van de sokken zaten.

Ze blijven aandringen. Ze halen me de pieren uit de neus: hij moet in het parochiehuis zijn binnengekomen op het ogenblik dat Viviane uit de wc kwam. In de inkomhal zijn ze op elkaar gebotst. Puur toeval. Had ze niet naar de wc gemoeten, of eerder of later, of was er iemand meegegaan die ook moest, was er waarschijnlijk niets gebeurd, was nonkel Ward gewoon de gelagzaal binnen gestapt, had hij mee naar Jackie Brichant gekeken, was het misschien nooit in zijn kop opgekomen. Hoewel. Het stak in zijn kop. Misschien had hij nooit de kans nog gekregen. Hij is over zijn konijn begonnen. 'Vivianneke, mijn Floortje moet onmiddellijk weg. Ik kan haar geen moment langer in huis houden, morgenochtend hangt de huisbaas aan de bel. Als ik het beest zie, wring ik het de nek om en u schop ik eruit, heeft hij me verwittigd. Ik doe het u cadeau, Vivianneke, als ge meteen meekomt, of wilt ge liever de tennis blijven volgen?'

'Nee, dat heen en weer gekaats, ik krijg er koppijn van, een stijve nek. Het hangt mijn keel uit', zou ze gezegd hebben. Zijn ze op de fiets gesprongen. Weggereden.

'Ja, het is toch een vrouwtje, hoe zegt ge weer?'

'Een voedster.'

'Ha, ja, een voedster. En hoe heet een mannetje? Mijn Floortje. Ze is schattig. Zo schattig. Het is de schuld van mijn bovenburen. Die zijn het gaan overbrieven. Die hebben mij verlinkt. Ik laat Floortje in mijn tuintje rondhuppelen. Ze berokkent niemand last, maar in het huurcontract staat, geen huisdieren.' Zijn woorden. Iedereen die een televisie heeft, zat naar Jackie Brichant te kijken en wie er geen heeft, was gaan kijken bij wie er wel een heeft. De bovenburen van nonkel Ward waren die avond evenmin thuis. Hij had alles zorgvuldig voorbereid. Het bewijs? De blokken ijs die hij in huis haalde.

'Voor zijn broer Gerard, gerant van het parochiehuis. Voor de colabak, voor de ijskast onder de toog, met dit weer', loog hij de mensen van de ijscentrale voor.

'Gerard Wezemael van het parochiehuis op de Linkeroever? Stuurt hij u? Zijt ge zijn commissionair? Steek in elke fietszak een blok, zo behoudt ge uw evenwicht.'

Zijn op voorhand volledig leeggehaalde ijskast had hij op maximum gezet, zodat de opgestapelde blokken maar heel langzaam smolten. Een ijskast vol balken ijs! Hij heeft haar een cola aangeboden. Ze is slaperig geworden. Dan heeft hij haar bedwelmd, met chloroform. De ijsblokken naar het bad gesleept, het bad laten vollopen met koud water tot hij haar kon onderduwen. Ze heeft er niets van geweten. Beweert hij althans. Ze heeft niet meer gebougeerd. Niet gesparteld. Niets. Het onderzoek zal het moeten uitwijzen. Hij heeft het water laten weglopen, haar op de blokken ijs gelegd, ijs om haar heen. De rest van de nacht vanop de rand van het bad naar haar zitten staren. Iedere dag de fiets op, iedere dag thuisgekomen met twee verse ijsblokken, en tussendoor hield hij haar de hele tijd gezelschap. Hij kon zijn ogen niet van haar af houden. Het is uitgekomen door de man van de ijscentrale, die onnozelweg naar nonkel Gerard belde om te vragen wanneer hij een factuur moest opmaken.

'Factuur? Waarvan?' vroeg nonkel Gerard.

'Hoe waarvan, die ijsblokken die uw broer hier al ruim een maand iedere dag komt ophalen.'

'Wat!'

Zijn ze gaan kijken. Haar fiets stond in de woonkamer tegen de wandkast. Hij zat op de rand van het bad.

'Mijn ijsprinsesje', zei hij. 'Mijn albasten prinsesje, mijn porseleinen poppetje.'

'En had hij echt een konijn, of waren dat leugens, van dat konijn?'

Er zat inderdaad een grijs konijntje in een hoekje in de keuken. Overal keutels. De reuk. De bovenburen wisten van niks. Een konijn? Nooit gezien, niets geroken.

'En dan, vertel verder.'

'Ge kunt het toch zelf lezen. Het staat in vette, zwarte blokletters, op het eerste blad van alle kranten: Viviane Verlinden is dood.'

'Dat is niet hetzelfde', zeggen ze.

'Heeft hij ook onnoemelijke feiten op haar gepleegd?'

'Ge kunt het zelf lezen', zeg ik.

In godsnaam, waarom blijven ze zo aan mijn lippen hangen?

14

Ouders reclameren.

'Een echte schande, in hun volle groei, een ramp voor de rug. En de scholen, die laten het maar gebeuren. Niets wordt eraan gedaan. Het kan niet langer door de beugel. Wij eisen maatregelen.'

En de leraren zeggen: 'Maatregelen eisen, maatregelen eisen, niet overdrijven, hè. Zie maar dat ze niet versuikeren, uw engeltjes. Zitten ze in de middelbare of in de papklas? Met leerboeken zeulen, is daar ooit een leerling onder bezweken? Ochgot, ochgot, ze zijn wat aan 't kweken, kerstenkinderen, prematuurkes, slappelingen. In onze tijd!'

Ze hebben makkelijk praten, die leraren. Zie mij, scheef, als een overstag gaand zeilbootje bij storm op zee, tors ik mijn loodzware schooltas. Voor de deur van het verlaten, te koop staande huis van de Verlindens zet ik mijn boekentas neer. Of hij vol bakstenen zit. Mijn hand doet zeer. Ik kan niet meer. Stramme vingers, rode striemen. Vingers strekken en buigen, strekken en buigen. Zie, Ronald Teugels. Die draagt zijn schooltas op de rug. Een nieuwe, in lichtgetint kalfsleer. Komt hij nu toch naar me toe? Nee, hij stapt gewoon voort. Alleen een onduidelijke knipoog, of hij me slechts van ver kent, en zonder verder op of om kijken verdwijnt hij, de hoek achter. Blauwe blazer, grijze broek, zwarte schoenen, wit hemd, das. Nee, geen cravate. Een das. Een stropdas. Híj zegt het, stropdas. Wat heeft die, sinds hij in dat schooluniformpje rondloopt, het op korte tijd in zijn bovenkamer gekregen. De schuld van de jezuïeten. 'Hij zal zijn leven moeten beteren', zei de pater tegen zijn vader bij de inschrijving. 'Als ik die bulletin bezie, het zo bont maken. Hij zal zich waardig moeten leren gedragen en dat hij het goed in zijn oren knoopt.' En daarom ineens gaan doen of ik lucht ben.

Zo naast uw schoenen lopen. Nu weet ik het zeker, het is geen inbeelding, geen misverstand. Alles is hier op korte tijd anders geworden. De straat, de straat, de huizen, de huizen, maar verder. Er is een bres geslagen tussen ons allen. Er is een uiteenvallen, een afvalligheid. Deel uitmaken van, is voorgoed voorbij. Hoewel in het begin van de vakantie, in de laaiende hitte onderweg naar Sint-Annastrand, stapten we nog samen op, uit volle borst zingend: 'Wij zijn gezworen kameraden, wij gaan elkander nooit verlaten, wij zijn bijeen en wij blijven ondereen.' Maria Kegels, zij deed al langer kattig... Vingers strekken, vingers buigen. Moet ik denken aan het ritme van de bewegingen van roeiende galeiboeven. Mijn schooltas van hand wisselen en voortstappen. Het onderste, klaverbladvormige raampje van de voordeur openduwen, arm erdoor, klink naar beneden. Binnen. Mijn schooltas dumpen. De rolluiken optrekken, aan de voorkant, aan de tuinkant, niemand in huis die de moeite nog doet. Wanneer de verwijdering begonnen is? Met Viviane? Daarvoor. Na de communie? Ja, kort nadien. Omtrent die tijd moet het onopvallend, verholen, traag, maar gestaag op gang gekomen zijn. Waar heb ik mijn dagboek 1958, eerste deel...?

De communie. Een zondag eind april, een zonnetje van ik wil maar ik kan niet. Zoals elk jaar beheerst een feestelijke maar zenuwachtige bedrijvigheid van vroeg in de ochtend de Herman Gorterlaan. Een binnen en buiten, een over en weer geloop van kinderen, vaders en moeders, bomma's en bompa's, tantes en nonkels, neefjes en nichtjes. Traiteurs die bestellingen, bloemisten die hortensia's afleveren, bakkers die enorme taartendozen ronddragen. Tot de communicanten en hun voltallige familie, van klein tot groot, van kop tot teen in het nieuw, onder luid klokgelui in karavaan naar de kerk trekken. Te voet in stoet, in auto's, toeterend... en als later het gebeier het einde van de mis aankondigt, rep ik me naar de intussen leeggestroomde kerk, wurm me tussen de haag familieleden, vrienden, kennissen, buren, nieuwsgierigen. Ik zie de communicanten in processie uit de kerk schrijden. Traag, in een opwaartse boog, vorderen ze over het kasseienpad.

Theo en ik, op zijn fiets toen hij mij ging dopen…

De jongens voorop in een om hun benen wapperend paterskleed, waar tamelijk onnozel de pijpen van lange broeken, sokken, nieuwe, knellende schoenen, onderuit piepen. Schoenen waarin ge u in kunt spiegelen. Een buitensporig groot houten kruis bengelt om hun nek, een brandende kaars in hun hand. Een ongezellige bries dooft de vlam vlug. Ronald Teugels en Patrick Verbraeken naast elkaar, ogen naar de grond gericht, gniffelend, op hun lippen bijtend. Nog even en ze krijgen de slappe lach.

'Ik schaam me dood, die dag', heeft Ronald Teugels me lang daarvoor gezegd.

'Ik kom kijken.'

'Nee, please.'

'Om u te pesten.'

De meisjes volgen na de jongens. Bij hen heerst tweedracht. Dat heb ik rap in de gaten. Die, met ook een paterskleed, kijken met scheve ogen naar hen in de lange, witte, breed uitstaande jurken. Tule, taft, organza, mousseline, de kroontjes al dan niet met vool, vervlochten in hun lange haren. Het commentaar van de twee vrouwen, naast me:

'Dat zouden ze moeten verbieden.'

'Het is een elkaar de ogen uitstekerij geworden.'

'Het moet een plechtige, heilige communie blijven.'

'Daar moet een mouw aan gepast worden.'

'Aan die modeshow.'

En een derde, die de hele tijd luistervinkte en er ineens genoeg van krijgt: 'Waarom? Laat iedereen toch zijn goesting doen.'

Op een paar na ken ik de communicanten allemaal. Agathe Apers, ons tonnekerond, in vol ornaat. Haar zou een paterskleed beter staan. Godelieve Vets, Christel Weiremans, Maria Kegels, Greta Gregoir komen de kerk uit. Maar wie is de mooiste van allemaal? Viviane Verlinden. Een echt bruidje. Zo'n poppetje boven op een huwelijkstaart. Om vijf uur 's ochtends was de coiffeuse al present om Vivianes haar te tooien en ook om dat van haar moeder op te kammen, en ze hebben auto's gehuurd, met witte linten aan de portieren, waarmee de hele familie na de kerkdienst in konvooi naar een marmeren feestzaal in de stad wordt gereden. Zes Cadillacs, waaraan iedereen zich staat te vergapen voor het kerkportaal. Met van die afgunstige blikken. En madame Reynders – papa zegt altijd: 'Goed voorzien van oren en poten' – die het niet kan laten naar de bekende weg te vragen: 'Rosake, hoe oud zijt gij feitelijk, moest gij uw communie dit jaar ook niet doen?' De taart. En madame Kegels, die complimenten in ontvangst staat te nemen – 'Proficiat, uw Maria is toch zo schoon, ja, mee een van de schoonsten' – moet de opmerking gehoord hebben. Ze kijkt me aan met die lafhartige lippen op elkaar. Goed laten voelen dat ge een buitenstaander blijft, hier aan de kerkpoort niets verloren hebt, en dat het ocharme toch erg is dat gij dat niet kunt meemaken, gij, de goddeloze, de verworpene. Zoals die der aarde, die moeten ontwaken. Dat zongen we altijd de eerste mei in het zaaltje achter café De Rode Meeuw.

Aan tafel in de eetkamer ligt voor me een nieuw, leeg lijntjesschrift van het merk De Zaaier. 'Dagboek 1958 bis' schrijf ik op de eerste bladzijde. Maria Kegels schrijft ook al haar verhalen in lijntjesschriften van De Zaaier. Toen we onlangs toevallig samen in de krantenwinkel stonden, zij en ik, allebei om een schriftje van De Zaaier af te rekenen, en we nadien samen de tunnel doorliepen, moest ze ineens weer zo snibbig doen.

'Ik kies expres voor dat merk. De Zaaier heeft voor ons een bijzondere betekenis.' Welke wou ze niet zeggen. 'Omdat gij dat toch alleen maar belachelijk vindt', zei ze.

'Wat is die "dat" die ik belachelijk zou vinden?' vroeg ik. Haalde ze de schouders op. Voor ik begin, hou ik een blad van het schrift in de hoogte, tegen het licht, om naar het watermerk te kijken. Een gewoonte. Ik vind een watermerk iets merkwaardigs.

'Wanneer' schrijf ik als titel in het schriftje, en in de rode marge een 1.

Wanneer:

1. Ja, inderdaad toen is de verwijdering misschien begonnen, na de communie, toen de meisjes na al dat feesten, na al de cadeautjes die ze binnenrijfden, na alle bezoeken, die ze aflegden om zich te laten bewonderen in hun witte communiekleren, collectief hun vlechten, pijpenkrullen, paardenstaarten als kinderachtig verketterden. Kotsbeu dat lange haar, niet meer wilden wachten, naar een moderne coupe smachtten. Knippen en een mise-en-plis. Met krulspelden in hun haar kwamen ze onder de warme kap vandaan. Of ze in één klap ouder waren geworden. Juffra's zou Bertha van de kruidenierswinkel zeggen. Veranderd in hun manier van doen. (Lange haren, ik heb er nooit voor moeten sparen. Mama: 'Een korte kalot, niets anders mee aan te vangen, een aardje naar je vaartje, beter mijn haar gehad.')

2. Of is het het verdriet om Viviane Verlinden? Verdriet splijt de tijd. En de mensen. Voor en na. Zoals voor de oorlog en na de oorlog. Zo denken vaders, moeders en oude mensen. Ik had dat ook. Voor Theo en na Theo, maar vóór Theo is al zo ver weg. Vervlogen. Nu is het voor Viviane en na Viviane. Als we iets vertellen, gaan we zeggen: Viviane leefde toen nog, Viviane was er nog bij, of, nee, Viviane was al dood, ja, toen was Viviane al vermoord. Maar hoe lang gaat het duren voor iemand zegt: 'Luister, het leven gaat voort.' Hoe lang gaat nonkel Gerard ermee zitten dat het onder zijn dak begon, in zijne entree van zijn parochiehuis? Hoe lang gaat het duren vooraleer hij de *Perry Como Show* weer aanzet? En wie gaat nog komen kijken, want in de straat koopt de ene familie na de andere zelf een televisietoestel. Wat gaat nonkel Gerard tegen zijn broer zeggen? Ja, wat zegt ge dan tegen uw broer? Papa maakte er weer wat van. Nonkel

Ward heeft nonkel Gerard in aardige papieren gebracht. Nonkel Gerard kan er toch ook niets aan doen. Alleen voor Vivianes vader en moeder zal het nooit overgaan. Vóór ons Viviane en na ons Viviane zal het blijven, tot hun laatste snik. Ze zijn terug naar Vilvoorde. Madame Verlinden is geboortig van daar. 'Ons Viviane haar dienst hier in de kerk, tussen die farizeeërs? Geen denken aan, we lieten haar lopen, we keken niet naar haar om. Ik verdraag die mensen niet meer onder mijn ogen.' Ze leek kalm. Madame Verlinden zat onder de pillen. Versmacht onder het gewicht van de smart.

3. Nummer drie is voor straks. Nu eerst mijn huiswerk bovenhalen... maar zoals vroeger, vóór Theo, vóór Viviane en vóór het café, zo zal het nooit meer zijn. Ik voel dat de sluimerende, duistere angst, die van jongsaf in mij opgesloten zit, maar die ik altijd de baas wist te blijven, zich voorgoed heeft bevrijd, vrij spel krijgt. Ik heb er geen vat meer op. Integendeel. Op zijn beurt probeert hij mij te overmeesteren of hij wil bewijzen dat hij voortaan de lakens uitdeelt. Me in de wurggreep heeft.

15

'Rosa, bij wiskunde, de worteltrekking, de vierkantswortel, ik snap er niets van, gij…? Maar zie daar.'

'Wat… waar, Greta?'

'Op de bank voor het museum. Ziet ge niet dat meisje uit die rare familie, van bij u in de straat, die Tara Lampreien. Wat zit die nu te doen tussen die nozems in hun zwarte leren blousons en texasbroeken? In een bloemetjesjurk. Met een kinderjurk aan een sigaret roken.'

'Greta, die twee, met hun lange jas en fluwelen kraag en als cravate, leren veters, die door de gaatjes steken van zo'n druk bewerkt zilveren plaatje. Links op de bank, ziet ge, dat zijn Teddy Boys.'

'Noemen ze die Teddy Boys? Wist ik niet. Hun vetkuiven plakken van de brillantine. Zij denkt zeker dat ze het is, als enig meisje tussen dat soort.'

'Ze zitten voorbijgangers verrot te schelden. Ze fluiten op hun vingers. Dat moet ge nog kunnen.'

'En knippen met de vingers.'

'Rosa!'

'Ze roept me. Greta, kom. Alleen durf ik niet naar die bank te lopen. Lachen ze me uit.'

'Zie hoe ze van de bank springt, ze trapt de peuk uit of het een tarantula is', fluister ik Greta in het oor.

'Die ze met een sadistisch genoegen vermorzelt', fluistert Greta mij in het oor. We komen dichterbij.

'Be-bop-a-lula, she's my baby, be-bop-a-lula, I don't mean maybe… Rosa, gaat ge naar huis, ik ga mee…' De jongens kijken ons aan. Wij kijken niet echt terug. Tara zegt tegen de jongen naast haar: 'Ik stap op.' Hij kijkt haar aan, trekt haar naar zich toe, zijn armen om haar heen, geeft haar een kus op de lippen.

Maar hij zwijgt. Hij zegt niets. Hij laat haar los. Wij maken een halve draai, zonder die jongens echt te hebben aangekeken. We gaan weg. Tara draait zich nog een keer om. Wuift. Zal hij terugwuiven? Onderweg begint ze af te geven op haar vader en moeder. Ik denk, willen we wisselen? Zij zou het misschien plezant vinden, bij mama in het café, kan ze vijffrankstukken in de jukebox steken. Kan ze meezingen met al de hits.

'Vandaag of morgen doe ik het, knip ik al die achterlijke jurken aan flarden. Wat denken ze bij mij thuis? Ik blijf geen aankleedpop. En die zelfgebreide truien. Wol, pure scheerwol, shetland. Jeuken, ja. En mijn vader, over het leven dat door de dood heen wordt gedragen en de wortelloze wortel van alles dat was, is, ooit zal zijn en zijn plakkaat tegenwoordig bij ons in de living, in koeien van letters: JUISTE GEDACHTE, JUIST GEVOEL, JUIST SPREKEN, JUISTE HANDELING, JUIST LEVEN. Die zever hangt me de keel uit.' Greta kijkt me aan. Wij vertellen hoe we de juffrouw van muziekles plagen. Moeten we lachen om de grapjes die we met haar uithalen.

'Ik heb gefatst vandaag', zegt Tara. Op een toon van: durven, hè. Blijft ze ineens stilstaan in het midden van de straat, begint ze met haar lijf te kronkelen, met haar hoofd te schudden, en met haar vingers knippend, zingt ze: 'She's the girl in the red blue jeans, the queen of all the teens.' Haar stem galmt door de hele straat. Er zijn mensen die omkijken.

'Gene Vincent', zegt ze. 'Rosa, die gast die naast mij zat met die ijzeren ketting om en zijn haar in een pladijs. Hebt ge die gezien? Hij trekt op Gene Vincent, vind ik. Eddie, daar heb ik het mee aan.' Ik vraag ik me af of ze nog pudding eten, die haar moeder van haar moedermelk maakt, want ze heeft er het zoveelste zusje bij.

'Ik moet de andere kant op. Ik ga bij mijn moeder langs', zeg ik.

'Hoe? Zijn uw ouders gescheiden?'

'Nee, Tara. Mijn moeder heeft een café in de omgeving van de

Nationalestraat. Ze vindt het gezellig als ik na school even binnenwip.'

'Weet gij dat in de straat slechte dingen over uw moeder verteld worden?' zegt Tara. 'Over het café. Maar trek het u niet aan. Over ons roddelen ze ook. Er wonen daar veel achterbakse mensen.'

Ik vermoedde het. Door Maria Kegels onder anderen. Ze gaat me uit de weg. Meer en meer. Ze kijkt op me neer. Ik voel het. Ze heeft een hart van steen. Ze is genadeloos. Maria Kegels. Maria vol van genade, zonder genade. Tegenwoordig schrijft ze in het parochieblad, onder de rubriek 'Verhalen voor bakvissen'. Ik neem afscheid van Greta en Tara. Greta zegt niets, maar ik lees in haar blik en ik zie aan haar opeen gedrukte lippen ontstemming, of ze denkt: Dank u wel, kan ik alleen met die zotte trien de tunnel door.

Er is geen volk in het café.

'Mama, er wordt over ons gesproken in de straat.' Mama haalt de schouders op.

'Zwijgen ze over een ander. Ik zal je wat vertellen. Ik zag ze onlangs lopen, madame Van Lommel met die van Robbé, het legioen van Maria. Hier rechtover. Gearmd. Poolshoogte nemen. Erop uitgestuurd, daar ben ik zeker van. Madame Van Lommel met haar kraaienoogjes. Spieden, spieden. Dat spichtig snuitje ging me een gang, van links naar rechts, met van die korte, venijnige rukjes. Ik heb nog getwijfeld of ik de deur zou opentrekken en roepen: 'Betrapt!' Hadden ze ogen getrokken. Ze hebben mij niet gezien... Weet je, ik verwacht vanavond geen volk. Ik sluit op tijd, gaan we naar de bioscoop, gezellig met ons twee.'

'Ik moet naar huis, mama. Ik heb een les te leren en wiskundeoefeningen te maken.'

'Kan je nu toch vlug doen. *Houseboat* met Sophia Loren en Cary Grant. Niet te missen.'

Geen ontkomen aan. Ik moet mee. Mama staat erop. Ik heb al spijt dat ik bij haar ben langsgelopen.

Een lange rij voor de kassa. We schuiven aan. Ik zet mijn boekentas op de grond. Mama kijkt, kijkt. Ze gaat op haar tippen staan. Zoekt ze iemand?

'Kom', zegt ze. Ze trekt me mee, mee naar voren. Zie ik een klant van haar bij de kassa staan. Romain.

'Ook toevallig', hoor ik mama zeggen. 'Een geluk. Zo veel volk, ik vreesde al, we komen er niet meer in.'

Romain betaalt de kaartjes. Balkon. De dure plaatsen. De lichten doven. De vertoning begint. Wat nu? Romain legt zijn hand in die van mama. Aaiend, vervlechten, hun handen in elkaar. Of een aardverschuiving plaatsvindt. Of het balkon naar beneden stort. Of mijn hart gaat openbarsten. Of mijn borstkas ingedrukt wordt. Ik kan mijn ogen niet afhouden van die verstrengelde vingers. Ik blijf gluren. De film, louter bewegende, betekenisloze beelden. Gewemel voor mijn ogen. Ik probeer het verhaal te volgen, maar het lukt niet. Van mij mag de film vlug ten einde zijn. Waren ze afgesproken? Was het doorgestoken kaart? Maar waarom moest ik dan parforce mee?

Als we buitenkomen, denk ik: nu zo vlug mogelijk de autobus op.

'Laat ons nog iets drinken, ik trakteer', zegt Romain.

'Een goed idee', zegt mama.

Buiten de waard gerekend, dus. We stappen L'Océan binnen.

'Rosa, een coupe crème-glace? Pêche melba, coupe brésilienne, coupe ananas. Neemt waar ge goesting in hebt', zegt Romain.

'Een coupe ijsroom, een buitenkansje', zegt mama.

Jammer. Mijn keel zit dichtgeplakt.

'Een cola', zeg ik.

'Echt geen ijs?' vraagt mama.

'Nee', zeg ik.

'Ze wil je niet op kosten jagen', zegt mama lachend tegen Romain. Ze hebben het over de film.

'Mooie film, vind je niet?' vraagt mama mij.

'Ja', zeg ik.

'Prachtige film', herhaalt mama. 'Ik heb ervan genoten.'

'Herkenbare situaties', zegt Romain, waarbij hij mama veelbetekenend aankijkt. Hun vuur schietende ogen. Hoe ze aan elkaar beginnen te frunniken. Of ze ineens glad vergeten zijn dat ik er ook ben. Ga ik maar wat door het raam, naar de passanten op straat staren. Een kwelling. Mijn les, schiet het door me heen. Ik haal mijn map uit mijn schooltas. Romain werpt er een blik op.

'Plantkunde, hè', zegt hij, als de map open voor me ligt.

'Ja', zeg ik. 'De bladranden: gaaf, getand, gekarteld, gelobd, geveerd, gezaagd.'

'En dat?' vraagt Romain. 'Precies Chinees.'

'Bloemformules', zeg ik. 'Morgen een overhoring.'

Hij bladert in de map.

'Mijn herbarium', zeg ik. Hij bekijkt de opgekleefde takjes.

'De bladstand', verduidelijk ik.

'Op welke wijze het blad aan de steel zit, bedoelt ge dat', zegt hij vragend. Of het hem interesseert, denk ik.

'De steel. Het is de stengel', zeg ik. Hoe mama naar me kijkt. Haar ogen blinken van verontwaardiging. Dat ken ik.

We wandelen naar huis. Hij erbij. Zij arm in arm. Ik ernaast. Te voet over de De Keyserlei en de Meir, naar de tunnel. Het is een zachte avond. Geen blaadje beweegt. Ze brengen me tot voor de deur. Mama haalt de sleutel uit haar tas, draait het slot om, laat me binnen. En dan zonder één woord, nog voor de deur dicht is, maken ze beiden rechtsomkeer. Ik hoor hun wegstervende voetstappen in de straat. Ik probeer de deur zo stil mogelijk dicht te trekken. Beneden is het licht uit. Ik sluip op kousenvoeten in het donker de trap op. Maar papa staat in pyjama op de overloop. 'Waar is uw moeder naartoe?'

Ik kijk hem aan. Zwijg. Verdwijn naar mijn kamertje.

16

'Die palul van een Romain.'

'En jij, de heilige uithangen. Colette. Over Colette zwijg je in alle talen.'

'Ge weet het goed genoeg. Colette, een meisje met een hart van koekenbrood, eerlijk als goud. Ze begon met serveren voor de lol. Wat ik eraan overhoudt, is meegenomen, zei ze. Op het laatst, als ze 's nachts een taxi nam, naar haar huis in Niel, legde ze eraan toe. En ze heeft echt geprobeerd iets met die Gaspard op te bouwen. Had hij zich wat gedragen, had er iets van in huis kunnen komen. Ze meende het, ze koesterde de illusie dat ze hem kon veranderen. Of dat soort mannen te veranderen is. Tot ze er rammel van kreeg. Jaloezie. Zelfs als ze tegen een muur aan keek, verweet hij haar dat ze naar andere mannen loerde. Gelukkig is hij weer gaan varen. Voor zijn vertrek dreigde hij nog: "Gij waart van mij en gij bleft van mij." Ge stond erbij. Ge hebt het ook gehoord. Mè oe verdachtmakingen. Mij zwart maken. Hoe zoiets in oe-we koker kan opkomen En ge zijt alles aan 't verbrodden. De mensen gaan niet op café om ergens terecht te komen waar de spanning te snijden is, waar ieder moment de boel kan ontploffen, waar ze zich afvragen wat ge in die schele aap gezien hebt. En gewonnen, verloren de boel sluiten om met die zot op zwier te gaan. Staan ze er, oe klanten, voor een gesloten deur. En dan verschieten dat ge geen kat meer over de vloer krijgt. Wat wilt ge eigenlijk?

Hoor ze bezig. Moet papa dat nu allemaal zeggen, als ik in de buurt ben? Soms vrees ik dat mijn bange hart uit mijn ribbenkast gaat springen. Zoals vorige week, toen mama mij en Jean-Pierre commandeerde: 'Jullie komen met mij mee naar het café, je vader heeft rattengif in huis. Ik kan jullie niet meer met hem alleen laten. Met die gifmenger.' Waarheid? Verzinsel? Papa zweeg in alle talen.

17

Ik lees graag over de oude Grieken, die alles nog moesten uitvissen over zichzelf, over de dingen van het leven, over de hemel en de aarde, de sterren, de planeten, de lucht, het water, het vuur. Die daarover nadachten zoals er daarvoor nooit over nagedacht was. Bij wie gedachten opkwamen die nooit daarvoor bij anderen opgekomen waren. Die iets als allereerste dachten! Iets kunnen denken en weten (voor zover ge het kunt weten): ik ben de allereerste mens die dit denkt. Dat kan niet meer. Alles is al een keer gedacht. Misschien de wetenschappers. Zij, ja. Zij kunnen nog volkomen nieuwe dingen denken. Maar die hele oude Griek die zijn gedachten 'de harmonie der tegengestelden' noemde, zoals hij kunt ge niets meer nieuw bedenken. Die voor het eerst opmerkte dat de weg naar boven en naar beneden dezelfde is. Die opmerkte dat een ontspannen boog geen boog is, een viool alleen een muziekinstrument als de snaren zijn aangespannen, of vuur alleen bestaat als het brandt. Of die dacht: Zonder het slechte zouden we het goede niet kennen. Het slechte is zelf goed, want het maakt het goede mogelijk en het goede is zelf slecht, want het maakt het slechte mogelijk. Geen leven zonder dood, geen dood zonder leven. Geen vreugde zonder verdriet, geen verdriet zonder vreugde. Hoewel hier op nummer veertig geldt dat niet. Alleen miserie. Miserie zonder blije tegenhanger. Om moedeloos van te worden. Zolang ik buitenshuis ben, gaat het. De enge beklemming steekt de kop op, de hoek om, de Herman Gorterlaan in. Ze sluipt mee binnen, hangt om me heen, hier aan tafel in de woonkamer, terwijl ik mijn huiswerk maak, het bruine, wollen tafelkleed omgevouwen.

Panta rhei, panta rhei. Ik hoor die klanken graag. Ze zijn als de klanken van een vreemde taal, waar ge geen woord van herkent, alleen aaneengeschakelde klanken en af en toe een rust waar ge een nieuwe zin vermoedt. Onafgebroken suist dat panta rhei door me heen. Panta rhei, panta rhei. Waar juist, op welke plek, waar juist in mijn hoofd klinken de klanken als ge de woorden denkt? Proberen te weten te komen. Panta rhei, panta rhei. Ergens in het midden onder mijn schedel? Meer naar achteren, tegen de binnenkant van mijn nek? Of juist daarboven? Het is zoals een belletje dat ge ergens hoort klingelen en ge niet kunt thuisbrengen van waar het geklingel komt. Nog eens proberen, ogen toe, handen voor de ogen, goed concentreren. Panta rhei, panta rhei. Dat ge de woorden niet moet uitspreken om de klanken te horen, dat ge de klanken kunt horen zonder ze te horen, dat ge de klanken kunt horen, als ge ze alleen maar denkt. Iets horen dat ge niet echt hoort, iets voor u zien dat ge niet echt ziet, iets proeven dat ge niet met uw tong hebt aangeraakt, dat is zo met alles wat met de zintuigen te maken heeft, dat is niets nieuws. Ge kunt iets echt beleven of het u inbeelden of het u herinneren, maar daarvoor zouden aparte woorden moeten bestaan, want het maakt toch verschil. Echt of in gedachten. Nog eens. Met gesloten ogen. Panta rhei, panta rhei. De klanken zitten in mijn hersenen, in mijn herinnering en als ge ze denkt, hoort ge ze en passant. Het blijft toch onbegrijpelijk.

'Waar is Jean-Pierre?'

'Papa, ge doet me schrikken, ik heb u niet horen binnenkomen.' Papa legt de kranten op de tros bananen op de fruitschaal.

'Waar is Jean-Pierre?'

'Niet gezien.'

Papa schudt zijn hoofd. 'Wat moet er van hem terechtkomen? Groeit op voor galg en rad.'

'Panta rhei', fluister ik nog een keer.

'Wat zegt ge?'

'Niks, het is tegen mijn eigen. Ik zeg "panta rhei". Dat hebben we geleerd.'

'Het Pandreitje', zegt papa en hij moet erbij lachen.

'Het Pandreitje?'

'Hoort ge dat niet? Dat komt van hetzelfde. De gevangenis van Brugge heet zo.'

'O ja. Panta rhei. Geen slechte naam voor een gevangenis. Wat eten we, papa, ik heb honger.'

'Gerookte makreel.'

'Lekker.'

Drie borden op tafel, drie glazen. Papa haalt een in krantenpapier gewikkeld pak uit zijn kazak. Hij haalt de vis uit het papier en snijdt de buik open, begint hem zwijgend leeg te schrapen.

'Zijn er nog citroenen in huis?' vraagt hij.

'Moet ik nu eens iets zeggen, papa.' Hij kijkt op. 'Toen wij in Borsbeek woonden, in die kamer van ons mam en vokke Victor hing een schilderij boven de clubfauteuils, weet ge dat nog?'

'De reproductie van een schilderij van Rembrandt.'

'Ik vond die zo mooi. Alles in bruin, oranje, geel, goud, de lucht, de wolken, het water, de bomen precies brons, onder een bruggetje voer een bootje.'

'Dat ge u dat herinnert.'

'Ik weet nog veel van in Borsbeek, papa.'

'Hoe komt ge daar nu op?'

'Het gerookte vel van de makreel heeft dezelfde kleuren.'

'Wat gij aan elkaar knoopt. Het is ooit verloren geraakt. Uw grootmoeder, ze moest het weten, ze keerde zich om in haar graf. Misschien gaf ze mij de schuld. Hoogstwaarschijnlijk. Mijn kind, schoon kind, was haar motto.'

Papa's manier van spreken tegenwoordig. Ze in het meervoud, of men of het. Hij zegt nooit wie of wat hij juist bedoelt. Daar is Jean-Pierre.

'Net op tijd, we gaan eten', zegt papa. 'Waar hebt gij gezeten?'

Jean-Pierre haalt zijn schouders op. Papa vraagt niet verder.

'Negers belachelijk maken. Doe eens moeite een echt boek te lezen, ge kunt nu lezen', zegt papa, zijn krant in de hand op eeuwig dezelfde stoel voor de kachel, hoewel die niet brandt. De blik waarmee hij Jean-Pierre aankijkt, nu die juist rustig tegenover me aan tafel zit. Jean-Pierre kijkt onverschillig van het Kuifjesboek op. De luster brandt half. Besparing. De rode perkamenten lampenkapjes waar geen licht in schijnt, zijn dof en donker. Op het getik van de pendule na is het doodstil. Op de schoorsteenmantel links van de pendule ligt de witte enveloppe met de wissels voor mijnheer Forban en de andere rekeningen van het café. De vaste kosten, de huur, het water, de elektriciteit, de afbetaling van de jukebox. Rekeningen die blijven liggen, zich opstapelen. 'Madame Lahaut, ge moogt blij zijn dat ik nog bier en drank lever, maar mijn geduld raakt op. Dit kan niet blijven duren. De barmhartige samaritaan uithangen, kan niemand volhouden. In 't vervolg boter bij de vis, madame Lahaut.' De enveloppe ligt er, als een aangestoken lont. Als ik ernaar kijk, is het precies of ik moet braken. Mama komt alleen 's middags nog naar huis. Om wat op te ruimen of kleren mee te nemen. Voorlopig is het chambre séparée, heeft ze gezegd. 's Nachts slaapt ze op de bank achter het café. Ik wil er niet over nadenken. Ik mijd het café. In maanden er geen voet meer binnengezet. Sinds de feestdagen. Mama liet nog 'Vrolijk Kerstfeest' op het ene, 'Gelukkig Nieuwjaar' op het ander raam schilderen en ter versiering dennenbomen, hulst, een kerstman op een door een rendier getrokken slee in de sneeuw aanbrengen. Ze had slingers gekocht, het café gepaleerd, kartonnen hoedjes klaargezet. En zo zaten we daar op oudejaarsavond, onder ons vieren, in de versierde Cambridge, zwijgend, in stilte om volk smekend. Mama trok de draperieën dicht. Ze speelde de hele avond muziek. Het ene vijffrankstuk na het andere verdween in de jukebox. Soms werd de deur open geduwd, maar bij de aanblik van het lege café en waarschijnlijk onze vier mistroostige gezichten, trok de troep uitgelaten feestvierders de deur rap weer dicht. Gelukkig bleef Romain weg. Hij zou gedurfd hebben. Eén keer rinkelde in de loop van de avond de telefoon. Noch mama noch papa nam op.

Om twaalf uur hoorden we zoals altijd de boten op de Schelde fluiten. Niemand bewoog. Omtrent een uur of twee zijn we opgestapt. Nu zou er toch geen mens meer opdagen. Dronken herrieschoppers misschien nog. Of die verschrikking van een Gaspard. Komen ruziemaken, tegen papa schijtluis, tegen mama hoer, tegen Romain, moest die er zijn, maquereau schreeuwend. Kwaad op de hele wereld. In compleet stilzwijgen gingen we naar huis. Het was koud, tegen het vriezen aan en er woei een nijdige wind. We passeerden stampvolle cafés. Dansende, zwierende en zwaaiende mensen, uitgelaten feestvierders met belachelijke hoedjes in glimmend karton op hun kop. Dezelfde hoedjes die bij ons op de tafel in de achterkamer van het café in torentjes opgehoopt klaarstonden... Wat mompelt papa nu weer?

'Ik kan zelfs mijn gazet niet meer lezen, mij niet meer concentreren, ik lees en ik weet niet wat ik lees, het wil niet meer doordringen.' En ineens, bulderend: 'Victorie zou ik godverdomme moet kunnen kraaien, een gat in de lucht springen, die smeerlap van een John Foster Dulles heeft zijn laatste adem uitgeblazen.' Zie ik een sprankeltje vreugde in papa's ogen? Hij draait weer rondjes met zijn duim omheen zijn lippen. Wat krijgen we nu...? Papa die rechtop komt alsof hij ressorts onder zijn voeten heeft, naar het dressoir vliegt. Nee. De Delftse vaas van ons mam. Hij klemt zijn handen eromheen, zwartgerande klauwen. Zijn ogen, doldriftige woede. De vaas. Met een smak gaat ze op de grond, de gruzelementen vliegen in het rond. Wezenloos staat papa voor zich uit te staren.

'In een Franse colère geschoten', fluistert Jean-Pierre. Gewoonlijk probeert Jean-Pierre zich zo weinig mogelijk van de situatie aan te trekken. Hij is veel weg, vooral bij Vlad tegenwoordig, de jongere broer van Julien De Rover. 'Daar hebt ge al die zever niet', zegt hij. Wie heeft deze uitbarsting voelen aankomen? Het was rapper gebeurd dan ge het kunt voortvertellen en met zo'n brute kracht. Complete stilte.

Papa veegt de scherven bij elkaar. Rolt ze in krantenpapier, legt het pak achter de kelderdeur en verdwijnt naar boven.

Er gaat me een lichtje op. Het is vandaag 6 mei. Papa's verjaardag.

Mijn tanden poetsen. Ik moet de tube openknippen. Kan ik met mijn tandenborstel langs de binnenwand van de tube wrijven om de allerlaatste restjes tandpasta op mijn tandenborstel te krijgen. Papa verschijnt onverwachts in pyjama in de badkamer. Hij komt naast me staan, kijkt recht voor zich uit. We kijken elkaar aan, via de spiegel boven de lavabo. Zijn stoppelige, grauwe wangen. Hij fluistert me toe: 'Het café is tegenwoordig praktisch altijd gesloten. Oe moeder werkt 's avonds in de keuken van een restaurant, kan ze al iets van de schulden terugverdienen en afbetalen.' Zonder verder nog iets te zeggen keert hij zich om en druipt af.

EPILOOG I

Ik ben nooit een kerkhofloper geweest. Na de begrafenis niet één keer voor Rogers graf gestaan. Het heeft geen zin. Hij komt er niet mee terug. Zij ging destijds regelmatig naar het graf van haar moeder. Nam ze vanuit Borsbeek lijn vierentwintig tot aan het Schoonselhof, de terminus. Een gemakkelijke verbinding. In de Herman Gorterlaan is het ook bij haar beginnen verwateren. Ten langen leste ging ze nog alleen met Allerzielen. Een pot chrysanten op de steen neerzetten. Daarmee was ook voor haar de kous af. En dat we nu op weg zijn naar het graf van haar vader. Nu het vergeelde briefje van de krijgsbegravingsdienst boven water is gekomen. Nu we de juiste plek kennen, weten waar hij ligt en we tezelfdertijd een doel hebben om ergens naartoe te rijden. Nu alles achter de rug is. Nu het kwaad is geschied. Zie ze naast me zitten, recht voor zich uit kijkend. Lippen op elkaar. Ze omklemt met beide handen haar zwarte laqué handtas, of die anders van haar schoot zou glijden.

'Dat ik vandaag voor het allereerst voor de laatste rustplaats van mijn onbekende vader ga komen te staan. Na vijfenveertig jaar. Dat we het briefje hebben teruggevonden.'

'We...? Ik.'

'Ja, Raymond, jij. Jarenlang heb ik me er zot naar gezocht. Het op de duur opgegeven. Ik was ervan overtuigd dat het verloren geraakt was, met de verhuis naar de Linkeroever.'

'Ik heb het in de Herman Gorterlaan nog op tafel weten te liggen.'

'Dat het ooit achter de kaptafel in de slaapkamer verzeilde.'

'Dat in al die jaren de kaptafel niet één keer verschoven is.'

'Te zwaar. Een mirakel dat ik het terug heb. Een vergeeld niemendalletje, maar het is me goud waard. Je kent het verhaal. Na al die herrie indertijd met ons mam, heeft Bompa het omstreeks mijn twintigste aan mij gegeven. Hem moeten beloven, het ons mam nooit te vertellen. 'Koester jij het, kindje', en daar ben ik dan zo nonchalant mee omgesprongen, en dat ik het na al die jaren opnieuw in mijn handen heb. Een troost in al mijn miserie.'

'In wie zijn miserie?'

'Ga je beginnen?'

'Paljas! Zo voorsteken! Losjesweg achteroverleunend, arrogant met één hand chaufferend. Een gevaar op de baan. De windzak. Ik rij tenminste zoals het moet. Een hand links, een hand rechts, stevig om mijn stuur geklemd. Voor de volle honderd procent geconcentreerd op de weg.'

Hoor hem, de eeuwige criticaster.

Ik heb de eer u te laten weten dat het stoffelijk overschot van uwen diepbetreurde zoon Jean-Pierre, gesneuveld op het veld van eer en welke voorheen begraven lag te Pervijse, den zeventiende september negentienhonderdvierentwintig overgebracht werd naar het Belgisch Krijgskerkhof van De Panne alwaar het tegenwoordig berust onder grafnummer T-166. Op deze bestendige begraafplaats zal door de zorgen van het stadsbestuur een arduinen gedenksteen opgericht worden, deze zal voorzien zijn van een bronzen plaat dragende de naam, voornamen, regiment, datum van overlijden van den krijgsman, alsook de ereteekens waarvan deze bezitter is. Aanvaard de verzekering mijner hoogachting. Majoor Michelet.

Sinds ik het terug heb, heb ik het briefje ontelbare keren gelezen. Herlezen. Ik kan mijn ogen er niet van afhouden. Voorzichtig opvouwen. In de enveloppe steken. Wegstoppen in mijn tas. En dat we op weg naar De Panne zijn. Een hele reis. Vroeg vertrokken. Als we het maar vinden.

'Daar, Rika, de plakkaat. In vette letters: BELGISCHE MILITAIRE BEGRAAFPLAATS. We zijn ter bestemming. Eerst parkeren.'

Het graf van mijn vader. Voor het eerst in mijn leven. Ik voel me verschrikkelijk opgewonden. Raymonds rondje om zijn spiksplinternieuwe, sneeuwwitte Skoda. Zijn indianendans. Gaat hij nauwlettend controleren of de deuren en de koffer wel degelijk op slot zijn. Die liefdevolle blik op zijn voiture.

'We moeten door de houten poort, de burgerlijke begraafplaats door. Zie je, ginds in de verte, Rika?'

'Wat kijk je om, Raymond, ben je bang dat je Skoda er in zijn eentje vandoor zal gaan?'

Alles kwijt. We zitten aan de grond. Gaat ze me een beetje jennen. Is het te verwonderen dat ik soms denk: Wat loop ik hier nog te doen? Ik zou me beter van kant maken.

Zijn blik. 'Een geiiintje, nijnagel. Het kost me alle moeite van de wereld om mijn zenuwen te beheersen.'

Nu in ons dooie eentje op zoek naar T-166. Een stevige wind ruist door de bomen, blaast bladeren van de takken. Ze dwarrelen ingehouden, dof, zilvergrijs in het rond. Of ze zinnelijkheid vrezen. Of ze nooit fris groen mochten zijn. Of dat op deze plek onbetamelijk is. Wind en vogelgezang. Afgezien daarvan heerst er voor de rest een absolute stilte over het wijdse terrein. Een centrale laan met langs weerskanten wandelpaden. Alles symmetrisch aangelegd. We lopen van het ene vak naar het andere. De logica van de letters proberen te achterhalen. Zo ver ge kunt zien honderden uniforme arduinen grafzerken in eenvoudig steenhouwerswerk, bovenaan afgerond als kapstokken alsof er nog soldatenjassen overheen gehangen moeten worden, in ontelbare, afwisselend horizontale en verticale kaarsrechte rijen opgesteld. Een geribbeld lijnenspel in een onoverzichtelijke zee van perken en aangeharkte borders. Pelouses met molshopen. Op de zwarte, gele, rode medaillons na, met natuurlijk, zonder uitzondering een huldetekenkruisje, is alles grijs. Hier is de S. Moeten we toch in de buurt zijn. Ha, hier. De hele rij langs, bij

160 lijkt het afgelopen. Vinden de steen nergens.

'Ik geef het op', zeg ik.

Gelukkig. Mijn woorden zijn nog niet koud of enkele meters verder op het einde van de begraafplaats, op de allerlaatste rij, in een hoekje, tegen een beukenhaag vinden we de steen:

SAINTFLOUR
Johannes-Pieter
Soldaat
5de Linieregiment
Geboren te Berchem
Den 8 februari 1893
Stierf voor België
Den 25 oktober 1914

'Vandaag.'

'Wat vandaag?'

'25 oktober', zegt ze.

'Dat moet lukken', zeg ik. Staan we daar te staan. Wezenloos. Ze hurkt, vlijt haar hoofd tegen de bronzen plaat. Ze omarmt de gedenksteen. Geluidloos laat ze haar tranen de vrije loop. Ik ga weg. Ze zal liever alleen zijn.

'Ik loop hier wat rond. Ik kom oe straks ophalen... zoet.'

Op weg naar de uitgang moet ik de burgerlijke begraafplaats opnieuw door. Valt me een monumentale arduinen graftombe op. Zuivere art deco. Maar kijk nu, wie heeft dat ooit gezien op een begraafplaats? Langs beide zijden van de graftombe een zuil met bovenaan een hamer en een sikkel gebeeldhouwd, links door het bas-reliëf van een boer, rechts door het bas-reliëf van een arbeider de hoogte in gehouden. Merkwaardig tussen al die graftomben en zerken met kruisen. Jozef van Campenhout. Die naam zegt me niets. Moet toch een overtuigde geweest zijn. Sta ik verbluft van te kijken, zo'n in het oog springend praalgraf. Voortstappen. Langs rijen buxushagen met hun typische kattenpisreuk loop ik naar de uitgang, richting duinen, naar de watertoren een eind verderop. Een curieus bouwwerk. Interessant om van dichtbij te bekijken en vandaar zal ik een mooi uitzicht hebben. Zal ik de zee zien. Er staat een harde wind. De lucht is monotoon grijs. Meeuwen cirkelen boven mijn hoofd. Hun scherp gekras. De tijd in de gaten houden.

Zit ze er nog steeds, tegen de steen. Als versteend. Ze ziet me naderen. Ze komt overeind. Ze veegt haar roodbetraande gezicht af. We keren zwijgend terug naar de auto.

'Eerst het zand uit mijn schoenen kloppen. En willen we dan naar de dijk rijden, Rika? Een mensenleven geleden dat ik aan zee was.' Ze haalt haar schouders op.

'Kom, het zal u goed doen.'

'Je waait hier weg', zegt ze. Haar jaspanden wapperen.

'Knoop uw frak dicht, leer houdt de wind tegen. Ge gaat ziek worden. Is één dubbele longontsteking niet genoeg geweest?'

'Ik knoop een jas nooit dicht. Met een dichtgeknoopte jas voel ik mij gevangen, ingesnoerd of ik in een dwangbuis zit.'

Er zijn weinig wandelaars op de dijk. De meeste cafés en tearooms zijn gesloten. Het seizoen is voorbij. Veel blaffeturen naar beneden. De zee veraf. Lage tij. Een muur van met hangsloten troosteloos achtergelaten strandcabines. Een groepje gepensioneerden of renteniers, op te maken aan hun dure, sportieve jassen, jagershoeden met veer, lodens, broeken met Engelse carreaus, stappen over het strand, hun voeten in rubberen laarzen. Ze gooien stokken weg, die door afgerichte honden onderdanig teruggebracht worden. Wij wandelen op de dijk, naast elkaar, tegen de wind in. Ik zet de kraag van mijn canadienne op. Mijn klak vliegt weg. Erachteraan, erop trappen. Net altijd een seconde te laat. Of de wind me voor de zot wil houden. Gelukkig blijft ze in een hoopje zand steken. Het zand eraf kloppen.

'Hier ziet het er gezellig uit, willen we hier binnengaan?' Ze doet woordeloos teken. De theesalon is quasi-leeg. Weinig animo. Een ongezellige kilte. Op de verwarming wordt beknibbeld. Ik bestel pannenkoeken en twee koffiefilters. Als de filter doorgelopen is, haal ik hem voor haar, mijn zakdoek om mijn vingers gewikkeld, van de tas af. Ze zou haar vingers kunnen branden. We eten de pannenkoeken. Ze zegt geen woord. De tweede pannenkoek raakt ze niet meer aan. Ze zit onbeweeglijk voor me. Haar tranen lopen weer vrijelijk over haar wangen.

'Mooi aangelegd, goed onderhouden', zeg ik.

'Zullen we, Raymond?'

Tranen voor een onbekende, zal hij denken. Verdriet begrijpt hij niet. Mooi aangelegd, goed onderhouden. Meer weet hij niet te zeggen. Zwijgen. Opzij kijken. Mijn verachting verbloemen.

'Hier opstappen, ja, zoet. Ik heb een idee. Laat ons langs Nieuwpoort rijden, naar de vismijn, zijn we nog nooit geweest, daar kunt ge de verste vis kopen. En als de vismijn gesloten is, zijn de viswinkels eromheen zeker open.'

Wind in de rug nu. Ik neem haar bij de arm. Waarom kijkt ze zo naar me? Haast vijandig. Onwillig schudt ze mijn arm van haar af.

'Ik pakte oe vast, omdat ge niet zoudt omwaaien.' Ik haak mijn arm opnieuw in de hare. Ze reageert niet.

'Akkoord? Eerst naar Nieuwpoort?'

Ze haalt haar schouders op. Waarom doet ze zo grimmig? Ach, luimen heeft ze altijd gehad. Ze zal van streek zijn. Maken dat we in de auto zitten.

'Ik zal het voor de rest van mijn leven moeten horen.'

Daar gaan we. En we zijn amper halverwege. Ik weet hoe laat het is. Waaraan ik me kan verwachten voor we thuis zijn.

'Is het niet? Zal ik het niet moeten blijven horen tot mijn laatste snik?'

'Zoet.'

'Heb je gezegd: "Je zult het moeten horen tot je laatste snik"? Heb je het gezegd of heb je het niet gezegd?'

'Zoet.'

'Ik vraag je iets. Heb je het gezegd, ja of nee? Antwoord.'

'Laat me rijden, ge brengt me van de wijs. Subiet doe ik nog een ongeluk. Ik wil heel thuisraken.'

'We zitten aan de grond, mijn hele leven voor niets gewerkt, alles kwijt en dat zal je moeten horen, je hebt het gezegd, ik zal het je blijven verwijten, tot in je kist zal ik je ermee achtervolgen.'

'Zoet.'

'Hou die zoet maar voor je, ik vraag je of je het gezegd hebt, of heb ik het soms gedroomd? Antwoord!'

'Rika...'

'Antwoord. Als je blijft zwijgen, doe ik het portier open. Je kan kiezen.'

'Ja, ik heb het gezegd, Zijt ge nu content? Is het nu goed?'

Dat trieste, verbeten gezicht van haar. Maar ze zwijgt tenminste.

Verdekke, ben ik de vis in de koffer van de auto vergeten. Terug de lift in, naar beneden.

Zit ze roerloos op de bank. Ze heeft water opgezet. Voor thee.

'Ik heb hoofdpijn.'

Het gekende stramien. Ze heeft het briefje in elkaar gefrommeld waarop Rosa en Jean-Pierre verwittigen dat ze respectievelijk bij vrienden blijven logeren. Tot morgen. Kusjes. Ik steek hun tongen de ijskast in.

'Ik ga eerst een bad nemen, Rika. Daarna zal ik de garnalen pellen. Ik zal sole normande klaarmaken, rijkemenseneten. Kunt gij de patatten al schillen voor de puree?' Geen reactie.

Sole normande, voor het eerst in mijn leven gegeten met Sam Komkommer in de Panaché. Voor het eerst en het laatst, een eeuwigheid geleden. De geraniums op het balkon zijn uitgebloeid. Een bruine verwelkte troep. De Schelde, de Kathedraal, de Boerentoren, een goedkoop appartement met een duur uitzicht. Het water voor de thee kookt. Wil hij dat ik aardappelen ga schillen.

EPILOOG II

De *Volksgazet.* Soms denk ik: ik gooi die leugenachtige gazet buiten, die gazet van kust mijn voeten. De schaakrubriek. Op welke bladzijde staat de schaakrubriek ook weer? De finale tussen Leurentop van Bell Telephone en Renders van de NMBS. Die van ons heeft gewonnen. Zwart gaf op. Zijn stelling was natuurlijk hopeloos. De bel. Nu al? Veel te vroeg, mijn kind. En ik moet me nog opfrissen en omkleden. Me vlug in de spiegel bekijken.

'Hallo, wie?' Nee, verdorie, hij. Op het onverwachts. 'Op het tiende, Maurice, mijn naam staat naast de liftknop.' Hopelijk heeft hij me verstaan. Die krakende parlofoon. Hij, wat komt hij doen? Na al die tijd. Hem opwachten in de deuropening, anders weet hij niet eens welke van de vier deuren hij moet nemen, hier op die kale overloop. De lift stijgt. Een lawaaierige lift. Ge hoort hem tot binnen. Ongemakkelijk zullen we tegenover elkaar staan.

'Gij zijt nu de laatste die ik verwacht had. Lang geleden. Minstens twee jaar.'

'Van op de Wereldtentoonstelling, Raymond.'

'Kom binnen.' Hij steekt zijn hand uit, ik schud ze.

'Ik ben nu pas achter uw adres gekomen, Raymond.'

'Doe uw frak vijf minuten uit als ge wilt en zet u.' Hij hangt zijn jas over de leuning van de stoel, legt zijn hoed op tafel.

'Ik moet in de buurt zijn, een raming afgeven, ik ben te vroeg, ik dacht... Jongen, dat het zo is uitgedraaid. Dat het zover is kunnen komen.' Hij schudt zijn hoofd. Zie hem rondkijken.

'Ja, ik weet het, alles staat te dicht op elkaar. Sociale woningen zijn niet voorzien op mensen met een degelijk, zwaar meubilair.'

'Al met al valt het mee, ge zit hier niet slecht.'

Ge zit hier niet slecht. Hoe durft hij. Als ge zelf in een kast van een villa woont. Dit kan ik niet aan.

‘Ik wist van niets, Raymond.’

‘Maak dat oezelf wijs, Maurice. Rika zette al haar trots opzij en belde oe een keer op, of niet soms? Maar ge vertrokt juist naar Zwitserland, naar oe chalet. Als ge terugwaart gingt ge contact met ons opnemen.’

‘Maar als ik dát geweten had, Raymond.’ Klinkt er aarzeling in zijn stem? Vreest hij een uitbarsting of is dat maar een gedacht van mij?

‘Als ik dát geweten had. Ja, als ik dát geweten had, had ik het huis overgekocht en had gij het van mij kunnen terugkopen.’

Kust nu mijn kloten. Mijn hart begint levensgevaarlijk rap te kloppen. Ik voel me roodgloeiend worden. Hoe durft hij. Als hij dát geweten had. Me beheersen, dat ik hem geen ongeluk doe. Diep in- en uitademen.

‘Als, als, as, asse, asse. Asse zijn verbrande kolen, Maurice, daar zedde niks mee.’ Hij gaat voor het raam staan.

‘Prachtig uitzicht, Raymond. Ge ziet de hele Scheldebocht en de stad met zijn torens.’ Dat ik vanhier op mijn huis en mijn tuin kan kijken, dat ziet hij, ja.

‘Een spiksplinternieuw appartement van de socialewoningbouwmaatschappij Wonen en Dromen. Twee slaapkamers, een voor elk van de kinderen. Ik slaap op de bank. Iedere ochtend in-, iedere avond uitklappen. Niet slecht. Een mens wordt alles gewoon. Op mijn knieën naar Canossa was het, ge moogt het weten, naar het sociaal dienstbetoon, in een lokaaltje in het parochiehuis, bij schepen Verplaetse van de Christelijke Volkspartij, schepen van openbare werken. Die heeft voor dit appartement gezorgd, op voorspraak en dat ik de premie van de Wet de Taeye niet heb moeten terugbetalen. Daar mag ik feitelijk heel content voor zijn. Die vent kon het natuurlijk niet laten te zeggen: ‘Gij zijt tenslotte ook een parochiaan.’ Hij dacht waarschijnlijk in mij een verloren zoon te zien. Ik dacht, gij de mijn. Voilà, zo in het kort, zit het in elkaar.’

‘Geef toe, Raymond, die pilaarbijter heeft u niet wandelen

gestuurd, zijn die van uw gedacht ook zo grootmoedig?' Klopt hij me op de schouders. Denkt hij nu echt dat hij geestig is? En dat hij de culot heeft het woord grootmoedig in de mond te nemen.

'Ze hebben wel nazi's helpen vluchten naar Argentinië. In kloosters zitten er nog steeds ondergedoken. Wat gaan ze dan een arme sukkelaar als ik niet helpen. We hebben de eer aan ons gehouden, het huis verkocht gekregen, een week voor de deurwaarder de zegels zou komen leggen. Nadat de schulden waren afbetaald, bleef er juist genoeg over om mijn auto te financieren en voor de ijskast, een Frigibell, heb ik percent op.'

'Wat hebt ge gekocht?'

'Een Skoda Octavia. Hij staat, in het vak, uiterst links, tegenover de ingang van het flatgebouw. Van hier op het tiende lijkt het een miniatuurwereld, hè. Madurodam. Het grasveld, de struiken en de heesters worden goed onderhouden, dat moet ik toegeven.'

Maar wat komt hij hier eigenlijk doen? Zijn geweten sussen? Uit mijn mond willen horen dat hij het zich niet moet aantrekken? Wil hij dat horen?

'Ge moet het oe niet aantrekken, Maurice. Ginne mens vraagt oe dat ge't oe aantrekt, wat dat betreft, slaapt op oe twee oren.'

Doe ik hem schrikken? Ik wil dat hij ophoepelt. 'Herinnert ge het oe nog, Maurice? Rika met haar gezeur over die rustieke bank destijds, dat ge ons het geld wilde lenen aan een lage interest. Dat ge niet verlegen waart, ge had haar zo'n bank cadeau moeten doen, voor u niet eens een knop aan uwe frak. Och, waar had ik er nu moeten mee blijven, met een rustieke houten bank, alleen maar een sta-in-de-weg. En we hadden oe vader kunnen aanklagen, vokke Victor, de zuiper, de viezerik, de verwrongen geest. Kon zijn handen niet thuishouden. De... ge weet wel... we hebben het gelaten voor u. Laat het voor onze Maurice, zei Rika. Mijn stiefbroertje. Of ge haar pluchen beertje waart. Stank voor dank, en nu oe geweten komen sussen, want dat komt gij hier doen.'

‘Raymond, ik kom u mijn rouw betuigen.’

‘Dank u.’

‘Raymond.’

‘Het is grotendeels de schuld van die brouwer, hare monsieur Forban, die heeft ons gelyncht, gepluimd, de ploert. En ik zal oe nog wat vertellen. Ze had er ene aan de hand, oe knappe stiefzuster, pardon dat ik het zo zeg, vijftien jaar jonger en scheel, zo scheel als honderdduizend man. Het gebeurde onder mijn ogen. Ge wilt het eerst niet zien. Zij was in haar café, ik op mijn werk. Hij wilde met haar verdwijnen, naar het buitenland. Dat vond ze te kras, heeft ze zelf toegegeven. Op het einde jammerde ze: “Hoe kom ik van die engerd af?” Joeg hij haar de schrik op het lijf. Wilde haar voor hem alleen, haar volledig in zijn macht krijgen. Sloeg haar. Kwam er natuurlijk ook geen kat meer in het café en moest ik haar op de duur nog gaan beschermen tegen die zot.’

‘Jongen, ge hadt daar nooit uw handtekening mee mogen onderzetten.’

‘Mijn handtekening niet zetten, kende gij haar niet. Gaat ge het nog op mij stoken ook.’

‘Maar vertel me, hoe…’

‘Is ’t daarvoor dat ge komt? Wilt gij nu echt dat ik de hele geschiedenis weer ga oprakelen? Als ik u nodig had, waart ge in geen velden of wegen te bespeuren en nu ik een beetje op mijn positieven begin te komen, staat ge hier, op ’t onverwacht. Maar ik heb niets te verbergen… of denkt gij ook…’

‘Raymond.’

‘We zijn naar het graf van haar vader gereden. Op de terugweg van De Panne is het begonnen. Halverwege kreeg ze het ineens te pakken. Of ik het gezegd had, ja of nee. Ze bleef die vraag herhalen. Ik moest door de knieën, ze maakte me zo zenuwachtig, ze kon u tergen, ge hebt er geen idee van. Ik vloog bijna van de weg af. Ze dreigde ermee uit de rijdende auto te springen. Had ik het gezegd of had ik het niet gezegd? Ja, ik had het gezegd, klaar. Toen zweeg ze. Ze was op, denk ik. Dat had ik niet door. Toch niet dat ze er compleet doorzat.'

'En wat had ge dan gezegd, zoiets wreeds?'

'Natuurlijk heb ik haar 't een en 't ander naar 't hoofd geslingerd dat niet al te katholiek is. Wa wilt ge, er is zo veel gezegd.'

'Wat hebt ge gezegd?'

'Gaat ge me uitvragen?'

'Raymond.'

'Dat we aan de grond zaten, dat het haar schuld was en dat ze het nog zou moeten horen. Voilà, dat heb ik haar gezegd. Dat ze het zou horen tot haar laatste snik. Is dat nu een reden? Maar toen we thuiskwamen van De Panne was ze precies gekalmeerd. We hadden tong bij, krakend verse tongen, recht van den boot in Nieuwpoort, en mosselen en garnalen, en ik wilde sole normande maken. Eerst een warm bad, zei ik, schilt gij de patatten voor de puree al. Heeft ze gedaan. Toen is ze op de rand van het bad komen zitten, is ze begonnen mij het bloed van onder de nagels te halen. Alles was mijn schuld. Een stortvloed verwijten, valsigheden. Zíj was het slachtoffer en zíj zou nu voor de rest van haar dagen moeten horen dat het haar schuld was. Daar zou ze onder gebukt gaan. Ze zou geen leven meer hebben, trouwens, ze had nooit met mij een leven gehad. Mijn schuld, mijn schuld, mijn schuld. Alles was mijn schuld. Ik had de klanten buiten gekeken, ik had haar café kapotgemaakt, ik met mijn geëmmer had alles verbrod. Er was geen speld tussen te krijgen. Die lijzige, bloeddorstige toon. Die toon. Ik krijg hem niet uit mijn kop. Ik zou mijn oren eens goed moeten laten doorspoelen. Op de duur heb ik haar gesmeekt weg te gaan, dat ik me anders zou verzuipen en... Uiteindelijk is ze opgestaan en toen dacht ik, oef, rust. Tot hier op de etage aan de deur gebeld werd. Ik bleef in mijn bad liggen, ik had mijn haar juist ingezeept, ik dacht: Zij doet wel open, waarschijnlijk de buurman. Bleef de bel gaan, tot er hardhandig op de deur werd gebonkt. En dan, ja en dan, ik in mijne blote, druipend, met een handdoek om mijn lee naar de deur.

Duwde de politie me zonder iets te zeggen opzij. Zijn ze allereerst naar de badkamer gelopen. Achteraf bleek dat in mijn voordeel te pleiten. Ik wist toen nog altijd van niets, tot ik de koude tocht uit de keuken voelde komen, de gordijnen zag wapperen. Mijn eerste gedachte was: Ga ik haar achterna? Staat ge daar een paar minuten later naast een hoopje bebloede vodden, waar de politie vlug een zeildoek overheen heeft gegooid. Ik kan u verzekeren, dan blokkeert ge. Gelukkig waren Rosa en Jean-Pierre niet thuis. En ge weet ook, blikken in oewe rug, ge voelt dat. Ik keek naar boven, de door de ramen hangende koppen en de over de balkons hellende lichamen, of ze haar ook achterna wilden springen. Niet te tellen. Dat beeld vergeet ik nooit meer. En weet ge dat ik uren op het politiebureau heb doorgebracht. Eén iemand heeft haar zien vallen. Iemand uit het appartementengebouw hier tegenover, en die beweerde dat er mogelijk een tweede persoon mee op het balkon stond. Mogelijk. En mogelijk had hij een schermutseling gezien. Mogelijk, mogelijk, en daar wordt ge op opgepakt. Urenlang op de rooster gelegd, praktisch het hele nachtje door. Zijt ge totaal van de plank, moet ge dat meemaken. Ik wens het mijn ergste vijand niet toe.'

'Raymond.'

'Gesprongen of een handje geholpen, dat probeerden ze uit te vissen.'

'Raymond.'

'Voor hetzelfde geld hadden ze me een paar dagen in de amigo gestoken, of erger, was ik beschuldigd, was het compleet geweest.'

'Raymond.'

'Naderhand, die commissaire van police. Weet ge wat die tegen me zei? "Mijnheer Lahaut," zei hij, "hebt gij chance. Ik dok al jaren iedere maand de helft van mijn pré af aan die van mij, als zij maar eens sprong. Ik hing de vlag uit, zeker weten. Ik kan oe misschien inhuren." Eerst proberen oe erachter te draaien en dan zoiets durven zeggen.'

'Tact voert de politie niet meteen hoog in het vaandel, dat is bekend.'

'We hebben haar in strikte intimiteit begraven, zoals ze dat zeggen. Geen rouwbrieven, geen bericht in de gazet. Niemand verwittigd... Dat ik nu op een slaapbank in de woonkamer slaap, ik, zoon van een aannemer, dat me dat op mijn leeftijd moet overkomen.'

De tijd in de gaten houden. Godverdekke, hij maakt geen aanstalten op te krassen.

'Raymond, sorry, mag ik u iets vragen, hebt ge misschien iets fris om te drinken... een pilsje?'

'Zien of ik nog bier in de frigo heb staan. Ik drink nooit bier. Ik haal het enkel in huis voor de mensen hier op de palier. Voor wanneer die eens binnenwippen. Die mensen hebben me enorm bijgestaan tijdens die vreselijke dagen. Ik ga kijken, Maurice.'

De fles Moët & Chandon is intussen koud genoeg geworden. Een pakje Tuc, lekkere zoute koekjes, een blik nootjes. Voor straks. Twaalf flesjes Stella Artois. Twee keer zes in een kartonnen flessenrekje.

'Het laatste, Maurice.'

'Raymond, santé. Dat smaakt. Ik had zo'n dorst. Hoe is het met de kinderen?'

'Rosa wil hier vooral weg, die...'

'Begrijpelijk.'

'Tegen mij zwijgt ze, maar tegen haar nicht zou ze, beweert mijn schoonzuster, gezegd hebben: "Ik kan het ook niet helpen, maar verdriet om mama heb ik niet. En dat ze me zelfs dat ontzegt, neem ik haar kwalijk en daardoor ben ik ook kwaad op mezelf, want wat die ook heeft aangevangen, wie is er nu kwaad op zijn dode moeder, omdat ze er de schuld van is dat ge geen verdriet om haar dood hebt." Ze hoopt dat er voor haar moeder een beter leven in de sterren geschreven staat. Ze heeft tegenwoordig een zwak voor van die zweverige onnozelheid. Dan brengt ge uw kinderen op met hun twee voeten op de grond, beginnen ze met zielsverhuizing en aanverwanten te dwepen. Het zal wel weer overwaaien zeker.'

'Laat haar bellen. Dat ze een keer de bus neemt en tot bij ons komt. Zal ik eens met haar spreken.'

'Ik zal het haar zeggen. Als ze tijd heeft. Haar huiswerk. Ze leert Latijn en Grieks. Geen kattenpis. En hoe is het met Giselle?'

Wat kijkt Maurice me nu aan? Beter gezwegen. Het is geen leedvermaak. Dat hij dat niet denkt.

'Met Giselle goed. Maar ze leert geen Latijn.'

'Met Jean-Pierre ga ik mijne pere zien. Tussen hem en mij botert het niet, nee, het botst.'

Dat hij nu vlug dat glas leegdrinkt en maakt dat hij wegkomt. Alles is gezegd en de tijd dringt.

'Ik stap maar weer eens op, Raymond.'

Het blijft bij zeggen. Hij blijft godverdekke zitten waar hij zit. Achter zijn stoel postvatten, mijn handen op de rugleuning. Een stille wenk. Als hij hem snapt.

'Raymond, weet ge nog? We gingen de crème-glacemachine demonstreren. Dat moet er eindelijk eens van komen. We moeten afspreken. Gebruiken we haar nog eens. Ge koopt zoiets en als het nieuwe eraf is, wordt zo'n ding op het schap gezet.'

Hij kijkt op zijn horloge. 'Mijn klant wacht. Ik moet er nu dringend vandoor.'

Hij trekt zijn jas aan, zet zijn hoed op, zoekt zijn autosleutels, graaiend in zijn jaszak. Een verademing. Ja, en me nu een beetje sentimenteel bij de schouders vastpakken, de farizeeër. Stappen we samen naar de lift.

'Salut, kop op, ge hoort nog van mij.'

'Groeten aan Martha.'

Oef. De radio aanzetten. *Rigoletto*, 'La donna è mobile'. Me vlug opfrissen. Mijn hemd uit, met een washandje over mijn gezicht en mijn armen gaan. Mijn oksels. De haartjes die uit mijn neus groeien wegknippen. Het gewassen hemd op het kapstokje is droog, kan ik zo aandoen. Gemakkelijk, die kreukvrije hemden van tegenwoordig. De waslijn boven het bad. Een handig toestelletje. Maar uit te trekken en over de kram te halen, aan de overkant van de muur. En met een druk op een knop, floep, rollen de wasdraden als vanzelf weer op. Een wapperende was, een laken bol in de wind, is natuurlijk wat anders. Een propere col om. Mijn nieuwe cravate knopen. Grijze en blauwe strepen. Mijn haar, kaarsrechte scheiding. Veel valt er niet meer glad te strijken.

De bel. Rustig. Beheerst oe.

'Hallo. Op het tiende, Colette, mijn naam staat naast de liftknop.'

Ziet ge wel, het was kantje boord. Nee, Maurice had niet veel langer moeten blijven. De fles champagne bovenhalen.

AANTEKENINGEN

Achtendertigste breedtegraad – de grens tussen Noord- en Zuid-Korea.

Achttiendaagse Veldtocht – veldtocht van het Belgische leger nadat Duitsland op 10 mei 1940 het land was binnengevallen. Het verpletterende overwicht van de Duitse troepen verplichtte het Belgisch leger zich steeds verder westwaarts te verplaatsen. Koning Leopold III aanvaardde een onvoorwaardelijke capitulatie, waarop het hele leger krijgsgevangen werd gemaakt.

BSP – Belgische Socialistische Partij.

Chessman, Caryl – in de jaren vijftig zeer bekend geworden Amerikaanse moordenaar die 'de bandiet met het rode licht' werd genoemd omdat hij een rood knipperlicht dat leek op dat van de politie gebruikte als hij zijn slachtoffers op verlaten plaatsen overviel. Chessman werd na zijn terdoodveroordeling opgesloten in cel 2455 van de San Quentingevangenis, waar hij vier boeken schreef om zichzelf te verdedigen. Acht keer kon hij zijn executie verdagen, maar door een administratieve fout van de secretaresse van de rechter die hem nogmaals uitstel van executie wilde verlenen, werd hij op 2 mei 1960 terechtgesteld. In vele landen werden tevergeefs manifestaties georganiseerd om Chessman van de gaskamer te redden. Onder anderen Eleanor Roosevelt, Pablo Casals, Aldous Huxley, Norman Mailer en Christopher Isherwood kwamen voor hem op.

Chiro – een christelijke parochiaal georganiseerde jeugdbeweging. De naam komt van de Griekse letters chi (x) en rho (p), die naar Christus Koning verwijzen en het symbool zijn van Constantijn de Grote. 'Onder een Chirovaandel' wil zeggen onder de bescherming van Christus. De belijdenis staat centraal.

Collard, Léo – socialistisch minister van Onderwijs die in 1955 de toelagen aan het katholiek onderwijs verminderde en voor het katholiek onderwijs beduidend hogere schoolbevolkingsnormen vastlegde dan voor het staatsonderwijs, waardoor een schoolstrijd losbarstte.

Daily Worker – Britse communistische krant.

Dulles, John Foster (1888-1959) – Republikein, onder Eisenhower minister van Buitenlandse Zaken van de Verenigde Staten; principieel tegenstander van de Sovjet-Unie; speelde een rol tijdens de Koude Oorlog en de oorlog in Korea.

EBES – de verenigde energiebedrijven van het Scheldeland; voorloper van Electrabel.

Frut, de – ietwat laatdunkende benaming voor de *Gazet van Antwerpen*.

Gutt, Camille (1884-1971), Belgisch minister die verantwoordelijk was voor de ophefmakende geldsanering na de Tweede Wereldoorlog die o.a. tot doel had de geldhoeveelheid in te krimpen, de prijzen te stabiliseren en belasting te heffen op oorlogswinsten.

Huysmans, Camille (1871-1968) – Kamiel. Belgisch politicus; secretaris en voorzitter van de Tweede Internationale wiens briefwisseling met Lenin ooit werd uitgegeven; vechter voor de Vlaamse ontvoogding, schepen voor onderwijs en burgemeester van Antwerpen, voorzitter van de Kamer van Volksvertegenwoordigers, minister van Onderwijs, premier en minister van Staat; werd uiteindelijk op hoge leeftijd nog uit de BSP gestoten.

Imalso – Intercommunale Maatschappij van de Antwerpse Linker Scheldeoever.

KGB – voornaamste veiligheids- en inlichtingendienst van de Sovjet-Unie, actief in de periode 1953-1991.

Lahaut, Julien – communistisch senator uit Luik die op 11 augustus 1950, vlak voor de eedaflegging van koning Boudewijn, 'Vive la république' zou hebben geroepen en op 18 augustus

1950 aan zijn voordeur werd vermoord. Een moord die nooit is opgelost en waarover nu pas opheldering is vrijgegeven.

Nivrance-sur-l'Escaut – 'nergens aan de Schelde'; werd gezegd door mensen die niet op reis gingen.

NIR – Nationaal Instituut van de Radio; nu VRT.

Pallieterke, 't: 'satirisch' Vlaams rechts ultranationalistisch blad.

Segni, Antonio (1891-1972) – premier van Italië van 1955-1957; lid van de Democrazia Cristiana.

Spaak, Paul Henri (1899-1972) – socialistisch politicus; was van 1936-1966 bijna onafgebroken minister van Buitenlandse Zaken in België; in de internationale politiek verdiende hij zijn sporen onder meer als eerste voorzitter van de Algemene Vergadering van de Verenigde Naties (1945) en als secretaris-generaal van de NAVO (1957-1961).

Teilhard de Chardin, Pierre (1881-1955) – geoloog, paleontoloog, filosoof, theoloog; jezuïet en priester die 'het verschijnsel mens' door evolutie verklaarde en wiens werken pas na zijn dood werden gepubliceerd.

Thorez, Maurice (1900-1964) – Frans communistisch politicus; tot 1947 vice-premier in diverse kabinetten.

Togliatti, Palmiro (1893-1964) – een van de invloedrijkste leiders van het Italiaanse communisme.

VNV – Vlaams Nationaal Verbond, in 1933 opgerichte politieke partij die de bevrijding van het Vlaamse volk door politieke zelfstandigheid (federalisme) nastreefde en op de langere termijn een Groot-Nederlandse Volkseenheid voor ogen had. De partij was verwant aan het nationaalsocialisme en collaboreerde tijdens de Tweede Wereldoorlog met de bezetter.

IJzeren weg – het spoor.

Simone Lenaerts bij De Geus

Spinnenverdriet

Spinnenverdriet is gebaseerd op een strafproces tegen een vrouw die zich door haar wereldvreemde en vernederende echtgenoot dusdanig getergd weet dat ze alle normbesef verliest en hem in koelen bloede vermoordt.

Simone Lenaerts verwerkte dat gegeven in een aangrijpende roman over menselijke relaties die bewegen tussen genegenheid en haat, ambitie en neergang, moederliefde en wraak.